U0069140

# 余杰

《火與冰》作者
《亞洲周刊》「年度最尖銳評論獎」
美國紐約萬人傑基金會「萬人傑文化新聞獎」
香港湯清基督教文藝獎、紐約特雷恩基金會「公民勇氣獎」

卑賤的中國人

Contents 目錄

推薦序／怎樣不用裝也不像一個中國人——管仁健／5

推薦序／中國人如何擺脫「精神奴隸」的身分？——蘇賡哲／9

自　序／醬缸中的蛆蟲：不是醜陋，而是卑賤！／16

第一卷／大中華膠現形記

我在台灣遇到的陸生／26

誰要「攻佔台灣島，活捉林志玲」？／44

潑皮式的「愛國」可休矣／56

中國留學生何以化身紅衛兵？／63

義和團、紅衛兵與小粉紅的精神譜系／71

霸凌弱者是中國人的天性／79

誰有資格抵制洋貨？／88

魯迅傳人跪下去，納粹先鋒站起來
　　——評摩羅《中國站起來》及當下中國的國家主義逆流／97

大國似乎崛起，廁所依然骯髒／113

第二卷／綁匪與人質的聯歡

論中國股市及股民、賤民與獨裁者之關係／134

中國人從「比傻」走向「比惡」／141

馬雲是網路世界的蓋世太保／149

強國多賤民，賤民真愛國／166

彭明輝為何貶低台灣，稱頌中國？
　　──駁彭明輝《兩岸之間只有一個問題》／179
朱雲漢為何充當帝國化妝師？／187
與其「為父作倀」，不如擁抱自由
　　──吳思華的女兒、梁振英的女兒、史達林與卡斯楚的女兒
　　　　之比較／195
成龍：遠看是龍，近看是蟲／203
十三億不敢對綁匪說不的肉票／213

**第三卷**／奴國已無知識人
蕭功秦、胡舒立、柴靜：「灰色公知」三標本／224
屠呦呦獲諾貝爾獎是毛澤東的功勞嗎？／237
說謊是御用文人謀生的手段／243
莫將流氓當英雄
　　──我為什麼從來不看好艾未未？／250
陳映真為什麼不值得我尊敬？／262
姜維平為何誹謗劉曉波？／272
中美通吃的「香蕉五毛」
　　──駁李成「一黨專制下可以實現法治」／281
批評楊絳為何讓某些「公知」如芒在背？／289
誰，又不是憂鬱症患者？／296

**第四卷**／中國人三部曲
流氓中國／306
太監中國／338
優孟中國／370

# 怎樣不用裝也不像一個中國人

管仁健

一九四五年八月，日本天皇宣布向中美英法盟軍無條件投降，二戰結束，台灣重回所謂的「祖國」懷抱。十月國軍登陸台灣時，民眾用「歡天喜地、簞食壺漿」來形容也不爲過。可惜一年多後，立即爆發慘烈屠殺的二二八事件，事過七十年傷痕仍在。

相反的一九八四年《中英聯合聲明》決定了香港將於一九九七年七月回歸「祖國」，接著一九八九年北京又爆發六四事件，港人因悲觀和恐懼，出現了持續五年以上的大規模移民潮。然而主權移交後，卻沒有出現二二八這樣的慘劇。

李筱峰老師在解釋這兩個歷史事件時就指出，日治時代台灣與中國之間，出現了五十年的隔絕，尤其在一九三七年之後的八年抗戰。因爲不相往來，距離產生美感，讓台灣人對「同文同種」產生了遐想，也失去了警戒。相反的香港人對中國由於來往密

切，沒有任何不切實際的期望，也就不會有任何期望落空後的反抗與屠殺。

二零一七年在網路上瘋傳一篇〈怎樣裝得不像一個中國遊客〉，因為不只是台灣與香港這兩個中國一直強調主權的「神聖領土」，會對中國遊客團的素質瞠目結舌。歐美日本甚至東南亞各國，對於這些中國網民自認只是「文化差異」的種種脫序舉動，照樣也是難以接受。

因此在〈怎樣裝得不像一個中國遊客〉裡，作者提出了四十個建議，教民眾例如在公共場合講話要輕聲細語，最好是連你隔壁的都聽不見；到了餐廳要等服務生帶位，別看到有位就衝；不要因為是贈品，就貪小便宜，一次拿一大堆走；逛精品店要保持儀態、乖乖排隊；抵達旅遊景點時，盡量克制想在大門口合影留念的欲望；甚至連別在外做出搓腳等不衛生的動作，以及不要隨地大小便，這種連訓練過的貓狗都能做到的事，也被列為建議之中。

據說這篇文章是出自廣東出版集團《新周刊》旗下的旅行微信公眾號《九行》，既然出處是中國媒體而非港台，因此許多中國憤青怒批，「自己是中國遊客是件很屈辱的事嗎？我們憑什麼要在異國他鄉裝做自己不是中客？」、「中國人有錢，就是要讓外人知道，有錢說話就有底氣、聲音比人大，老外也有人這樣，不要醜化我們」；還有人直言，作者的文章通篇帶著輕蔑的語氣，「完全一副高高在上的樣子，這也是一種不文明！」

其實這種剛開放觀光所出現的亂象，在歷史上也非孤例。一九六零年代日本經濟起飛，觀光客也是讓各國頭痛。之後一九八零年代，台灣也步其後塵，「醜陋的台灣人」立即取代了「醜陋

的日本人」。所以有人樂觀的相信，只要熬過這段「陣痛期」，十幾年後甚至幾十年後，「醜陋的中國人」一定會其他新興國家取代。

但這種想法其實有盲點的，因為中國現在的問題已不是「醜陋」，而是流亡作家余杰所說的「卑賤」，這是集流氓、太監與優孟三種扭曲的性格於一身的結果。然而日本與台灣能擺脫「醜陋」的桎梏，卻是因為在政治體制上完全的走向民主自由，讓民眾有了自覺與懂得自重。

台灣在還有報禁的戒嚴時代，也有被當權者圈養的「異議作家」，在官方特准的大報上，發表這種「小罵大幫忙」的〈中國人，你為什麼不生氣〉，批評當時生活在台灣的是「一千八百萬懦弱自私的中國人」，成功地運用官方特許的「生氣」，搶奪了非法黨外雜誌的讀者市場。

這類「異議作家」非常懂得政治精算，是聖之時者，知道在什麼時候出什麼書最安全，又最能賺錢。反正只要罵這個人坐車不排隊、那個人隨地吐痰，這個單位官僚，那個組織失責，總之就是要大家為這些亂象「生氣」，甚至向政府大聲的表達出自己的憤怒。

但讀者被挑起了憤怒後，作者開出的解壓方式就只是像「扶一個瞎子過街」、「請鄰座不要吸菸」、「叫阿旺排隊買票」等等……反正只要不碰觸問題核心，不要提到當權者與其身邊鷹犬的劣行，不要討論政治與司法體制的改革，就這樣不斷轉移焦點，不斷到處放野火，最後結集成一本《野火集》，自然能名利雙收。

在〈中國人，你為什麼不生氣〉這一系列的文章裡，雖然作

者也譴責了「一千八百萬懦弱自私的中國人」對於不公不義、沒有尊嚴的環境麻木的忍受，如此苟活的「醜陋」。卻絕口不提戒嚴時代台灣這一切環境、社會、交通、消費問題的下面，還藏著一把政治的鎖。不解開這把鎖，向獨裁政府那樣治標不治本的「嚴打」，永遠改變不了這些亂象。

余杰是個多產作家，但他不會是個暢銷作家。真的，我從小在鉛字架旁長大，當了三十年的小編，從言論管制的青少年，到如今已是百花齊放的年代裡，我這糟老頭根本不用看，用聞的就知道這本《卑賤的中國人》下場是什麼。

如果余杰市儈一點，複製當年台灣戒嚴時代《野火集》那種模式，也來搞個〈中國人，你為什麼不生氣〉，配合天朝的需要，罵罵「十三億懦弱自私的中國人」，讓那些憤青的玻璃心，轉向消滅這一小撮「正不擇手段地破壞著中國國內穩定與和諧的藏獨、疆獨、港獨、台獨，以及異見領袖、死磕律師等西方勢力代理人」，立刻就能成為暢銷作家，而且還會是青年導師。

但余杰不識時務，偏要揭穿事實，把中國人「卑賤」的病因，直指向政治體制。偏偏在中國這裡，想要曲突徙薪的被視為瘋子，提油救火的反被尊為英雄，這才是比表面上呈現的亂象更難醫的絕症。

「怎樣裝得不像一個中國人？」其實不需如此麻煩的四十招，看了余杰這本《卑賤的中國人》，抓出專制政體深埋在你腦中的毒蟲，自然能擺脫「卑賤」，不用裝也不像一個中國人了。

（文史工作者、作家）

# 中國人如何擺脫「精神奴隸」的身分？

蘇廣哲

余杰先生和我並非素識，迄今尚未謀面，甚至不曾通過電話，他卻「貿然」邀我作序。

我也不避讓陋，欣然應約，完全是通過雙方文字帶來的精神契合、理念相同所致。我將余杰的這本名爲《卑賤的中國人》的新作細讀過後，益發覺得有一種心靈感通的莫名愉悅。

對中國民族性的批判，歷來以魯迅享譽最隆，余先生此書的成就，迥出魯迅之上，他立論無所謂「愛之深，痛之切」、無所謂「恨鐵不成鋼」，只是以一個大寫的「人」的標準、以普世價值的尺度，得出自身這個民族適切的評價：卑賤。

留意到余先生在書中多次引用過魯迅的言論，我自己在寫作時也同樣經常汲取魯迅的能量，魯迅有他恆久不滅、足供傳世的價值。但是，我和余杰，以及若干有反省能力的當代知識分子，對魯迅後半生的自我背叛、走向卑賤，已有相當清醒的認識和批判。

　　大家都知道，一個人在法庭登上證人台宣誓作供，他必須保證兩件事。首先，保證說的是眞話；其次，保證所說是事實的全部。因爲如果只是事實的局部，就可能誤導陪審團或法官。例如證人說，他在兇案發生前一小時看見被告走進兇案現場，這是事實，但他不說他在兇案發生前半小時又看到被告離開了。他這只說一半的證供，便可能陷被告於冤獄。

　　魯迅就是一個只說一半眞話的證人，被他誤導的民族在一九四九年迎來一個歷史上最黑暗的政權。他去世時，棺木上蓋了「民族魂」三個大字，這個民族魂其實和他批判的民族同樣卑賤，甚至更卑賤，因爲他是故意只作一半證供的僞證者、誤導者。和他同時代的知識分子中，魯迅對共產黨的邪惡認識得最深刻，但他在證人台上，即是作爲公共知識分子發言時，對共黨的邪惡是絕口不提的。

　　一個眾所周知的軼聞：毛澤東面對「如果魯迅活到解放後」的假設性問題時，答曰：「要麼是關在監獄裡繼續寫；要麼是識大體不做聲」。但揆諸魯迅生前的表現，他在沒有安危問題時不肯說出來的另一半事實，絕不會在「解放」後才說來危害自己。

　　魯迅很在意中共建政後自己的安危。一九三四年四月三十日，魯迅致函曹聚仁說，如果國民黨政權崩潰，而他未死，他「當乞紅背心掃上海馬路」。一九三六年，他向地下黨中較具交情的馮雪峰說：「你們來了，還不先殺我！」同年七月十七日，魯迅在寫給楊之華的信上說：「新英雄正要用偉大的旗子，殺我祭旗，然而沒有辦妥，愈令我看穿了很多人的本相。」這些極具穿透力的洞見，從還可以去掃街到可能遭受即時的危害，可知魯迅對共產黨的認識愈來愈深刻，危機感也愈來愈深。

有兩件事對魯迅的衝擊極大，首先是顧順章家人被周恩來殺害的事件。顧順章背叛中共，出賣中共地下黨，中共怎樣對付他都可以。但株連至完全不知道顧叛變的家屬，突顯出來的是，共產黨倘能執政，只會視人民的性命如草芥。顧家十多人被殺後，埋在後園，後來被挖掘出來，屍臭瀰漫上海十多條街道，報紙頭版頭條報導，魯迅是關注社會新聞的人，當然知道這件轟動一時、令人心寒的大事。因為是中共的罪惡，他便絕口不提。

第二件事是「左聯五烈士」事件。一九三一年一月七日，中共在上海召開「六屆四中全會」，數十名共黨重要人物在東方旅社開會，被工部局老閘捕房巡捕拘捕。案犯移交給國民黨政府後，二十三人遭到槍決，其中柔石等五人是「左聯」盟員。當時，上海的報紙已報導，他們是「共黨內訌」才被捕的，之後很多共產黨人包括夏衍、朱正等都說「五烈士」是共黨告密後慘死的。魯迅是左聯盟主，「五烈士」和他關係密切，決不可能不知道他們是死在自己人手中。共產黨向宿敵告密，借刀殺自己人，比國民黨卑賤得多。如果說魯迅鞭撻民族性的陰暗，何以絕口不提更卑賤的共產黨？

左聯時期，中共捧魯迅作為無知者的偶像，其實不將他當作自己人。因此，魯迅「總覺得縛了一條鐵索，有個工頭在背後用鞭子打我。無論我怎樣起勁地做，也是打。而我回頭去問自己的錯處時，他卻拱手客氣地說，我做得好極了，他和我的感情好極了，今天天氣哈哈哈。」我經常讀到他這段文字，心中浮起的感覺總是，魯迅你何以這麼賤，共產黨工頭打你，你還要「起勁地做」。

寫到這裡，余杰何以超越了魯迅已是很明顯的事：魯迅不是

一個具備誠信的「證人」，他說出一些事實，但不是事實的全部。余杰則沒有爲任何人隱諱，所以可信。現在這時代，中國的國民性比魯迅的年代更惡劣。國民黨的時候是官場腐敗，社會其他方面沒有全腐敗，今日則是各行各業全腐敗，是整個民族從精神上爛掉。

香港本土思潮興起，就是整個民族從精神上爛掉催生出來的新現象。一九八九年，香港人介入北京民運甚深，除了動輒一百萬、數十萬人的遊行示威外，更直接進入天安門廣場向學生提供實質援助。一九九七年香港主權易手，很多今日民主派頭面人物支持所謂「民主回歸」，要和大陸同胞共苦難。當年香港人以爲，中國人民是善良的，不幸被中共壓迫、奴役著，只要中共垮台，中國民主化，中國百姓便得到解放。在這階段，沒有人提倡和中國分離。

然而，二十年來，人們這種看法改變爲兩大醒覺。第一個醒覺是，中共原來是得民心的。中共如果不得民心，不可能贏得國共內戰；中共如果不得民心，不可能有文化大革命而又在浩劫中穩如泰山，今日的中國人更爲所謂「大國崛起」洋洋自得。有人說，六零年代大饑荒，他父親餓死了，翌日他竟然去要求入黨，今日「世界第二強國」行將「奔小康」，還能不支持中共嗎？

香港人的第二個醒覺是，中國人民整體來說並不善良，而是卑賤。這只要讀讀余杰先生在此書中的全方位揭露就可以明白，港人頻繁北上和大陸人到香港「自由行」的相互了解，更是具體印證了中國人的醜陋不堪。要中共垮台已大不容易，要改造十多億從精神上爛掉的人民更不可能，因此，香港人只好希望能夠和他們分隔開來，各走各路。

　　這就是香港本土思潮，分離意識的來源。二零一六年七月，中文大學民調結果顯示，十五至二十四歲的香港人近四成支持香港獨立；二零一七年一月，親共團體「幫港出聲」的民調，十八至二十九歲的香港人，有近半不支持反港獨。

　　余先生在本書所抨擊的，中國喝狼奶長大的年輕「小粉紅」，和香港這些支持港獨的年輕人，前者的奴性和後者的自主性，恰好是強烈對比。

　　余杰在書中說：「今天的中國人，包括那些拿著他國護照的海外華人，有多少人真正脫離了『精神奴隸』的身分？」我在加拿大一個電台擔任時評節目主持人，邀來某「海外華人」的頭面人物、也可以說是「僑領」，作為「平衡意見」的嘉賓。他的言論完全符合「精神奴隸」定義。我問：「你不是入了加籍，宣誓效忠女皇了嗎？」他居然答：「不錯，是宣了誓，但我邊宣誓邊用腳在地上劃 NO。」在莊嚴的入籍儀式中，他的腳本應跨進民主自由的加拿大，做一個堂堂正正的公民，他卻用它來說不，照樣要做中國的精神奴隸。

　　電台在加拿大，不是黨的喉舌，電台的台長應該是一個受人尊重、有一定社會地位的工作代表。然而有這麼一位台長，遠赴廣東久別了的故鄉探親訪舊，「欣然發現」小時玩伴的表兄弟已當上公安局局長。兩人重新「攬頭攬頸」再續舊誼，酒酣耳熱之際，局長慨然發了個公安證件給台長「玩玩」。台長回加拿大後，經常向人出示這證件，以中國公安的身分驕人。在台長和公安兩種身分之間，他顯然認為公安地位更高。

　　馬基亞維利（Niccolo Machiavelli）在《君王論》裡說：「使人懼怕比受人愛戴安全得多。」李光耀也說：「在受人愛戴與使

13

人懼怕兩者中作選擇，我一向都認為馬基亞維利是正確的。如果沒有人害怕我，我的存在就沒有意義。」這種專制統治的基礎理論，在中國體現的方式之一是公安的橫行霸道，電台台長以為在加拿大做受人害怕的中國公安，比受人愛戴的媒體負責人更有存在意義。這其實也是精神奴隸的表現。

余杰在國外與中國留學生的交往，說明知識分子有機會到國外自由的天地學習，其精神依然是中共的奴隸。我所見所聞同樣使人心情沉重。來自中國的高級講師吳小燕在多倫多大學演講，她朗讀了一些國內流行的「順口溜」，內容諷刺中國吏治腐敗和包括嫖娼醜聞的社會陰暗面。在座的中國留學生非常憤怒，指她不配博士和中國學者稱號，還問她是不是中國人。學生聲稱：吳老師說賣淫嫖娼在中國是普遍現象，是侮辱了所有中國婦女。更有學生站起來說，他從小在中國長大，對賣淫現象聞所未聞。說罷獲得全場掌聲。

事後，留學生們在網路上繼續追擊：「她已經背叛了我們民族」，並討論應該怎樣把這個「漢奸」幹掉。「幹掉」的說法，有時說得十分具體。在加拿大有沒有一千名中國間諜的爭議中，同一批中國年輕人在網上說要向中國國安部或總參情報部申請，「派一個行動小組把你們這些民族敗類給清除掉。告訴你，只要給你注射100cc的凝血劑，世界上又多了幾個癡呆；但這是對加拿大寶貴的醫療資源的極大浪費，所以這些人就應該拉去摘取器官，在死前為真正有價值的人作出貢獻。」奴才有時候確實比主人還要心狠手辣。

香港人不願做中國人，台灣人不願做中國人，藏人不願做中國人，維吾爾人不願做中國人。他們並不是將中國人當作一個劣

14

等族群來歧視，而是不願繼續醬缸中那種被奴役的命運。

那麼，中國人能否有機會擺脫卑賤的命運？從林昭到劉曉波，有一群靈魂高貴的中國人站起來了，可供願意「因真理，得自由」的中國人效仿。

余杰這本書是苦口的良藥，願意從卑賤走向高貴的中國人，應當好好讀一讀這本書。

（蘇賡哲博士曾任香港大專院校文史系副教授、香港作家協會秘書長，是港英時代加拿大唯一予以政治庇護的香港人。現今仍在各類媒體從事新聞評論。）

# 醬缸中的蛆蟲：不是醜陋，而是卑賤！

人若自潔，脫離卑賤的事，就必作貴重的器皿，成為聖潔。

——《聖經·提摩太後書》

我到台灣訪問時，雜文家柏楊已經去世，我無緣與他見面並向他表示感謝——他的作品是我少年時代精神啓蒙的引信。

若要列舉中學時代對我的價值觀的形成最具影響力的書，柏楊的《醜陋的中國人》必定是不能漏掉的一本。在八十年代末喧囂與騷動的中國，那本印刷和裝幀極爲粗糙、或許是盜版的《醜陋的中國人》跟蘇曉康的《河殤》、何博傳的《山坳上的中國》、劉曉波的《審美與人的自由》、金觀濤的《興盛與危機：論中國封建社會的超穩定結構》等書一起，並排放在我的枕邊，時時加以翻閱。這些書點燃了我對自由和正義的渴望。柏楊說：「中國人，是一個迷失在濃厚醬缸裡的族群，需要警醒。」他描述的中國人的種種醜陋面，都在我身邊眞切發生。「醜陋的中國人」是二十世紀末的「知識人」在沉痛反省之後，向自己民族所發出的

一記刺耳警鐘。

在沒有網路的時代，我歷盡艱辛，找到所有柏楊在中國出版的著作。如果少年時代沒有讀過柏楊那嬉笑怒罵、汪洋恣肆的雜文，我或許不會那麼早從中共的愛國主義洗腦教育中掙脫出來。前輩作家王鼎鈞評論說，柏楊本是小說家，首創以長篇小說的手筆寫雜文，塑造中心人物，組織邊緣情結，使「亂臣賊子懼」而有娛樂效果。從十五歲起，我從刻意模仿柏楊的雜文寫法，邁出了文字生涯的第一步。

沒有在柏楊生前與之見面，是我的一大遺憾。如何彌補未能與柏楊「同遊」的遺憾呢？我去了台南的「柏楊文物館」，也去了綠島人權文化園區中當年的監舍「綠洲山莊」。我步入柏楊做過的那間牢房，炎熱的六月，火燒島真如火燒。我在人權紀念碑上看到了柏楊手書的那句痛徹肺腑的話：「在那個時代，有多少母親，為她們被囚禁在這個島上的孩子，長夜哭泣！」

於我而言，向柏楊致敬，還有一件更重要的事情可以做：寫一本跟《醜陋的中國人》相媲美甚至超過它的書。從下筆第一篇文章，到結束最後一篇文章，中間橫亙著十九年時間，這本書，就是《卑賤的中國人》。

## 中國人，你為何「自願為奴」？

一九八四年，柏楊受邀訪問美國，在愛荷華大學演講「醜陋的中國人」，批判中國人的「髒、亂、吵」、「窩裡鬥」以及「不能團結」等，歸結到「中國傳統文化中有一種濾過性病毒，使我們子子孫孫受了感染，到今天都不能痊癒」。訪美的最後一站是紐約，當他再一次把中國傳統文化形容為「醬缸」時，一名聽眾

提出不同看法：「世界各國到處都有唐人街，中國人應該感到驕傲！」柏楊回答說：「唐人街不但不是中國人的驕傲，而是中國人的羞恥，看它的髒、亂、吵，和中國人對自己中國人的迫害與壓榨，實在是應該自顧形慚。」次年八月，《醜陋的中國人》由台北林白出版社出版，一時洛陽紙貴。緊接著，大陸版、韓文版、日文版、英文版紛紛問世。此後十多年，關於此書風波不斷，柏楊由此成為華人世界第一代「公共知識分子」。

「醜陋的中國人」這一富於刺激性的說法，在海峽兩岸和海外華人社會同步引發自五四時期魯迅的「國民性批判」之後又一輪民族性反省的高潮。八十年代後期，這本書在中國引起的**轟動**比在台灣還要大，那時正是中國思想解放的黃金時代，柏楊這位外來者不經意間成了點火者。在我的中學時期，柏楊是中國讀書人心目中的「文化英雄」，「有井水處必有柏楊」，連中學語文老師都拿柏楊的文章來當範文。

柏楊行文江河萬里，逸興遄飛，《醜陋的中國人》不是嚴謹的學術論著，柏楊本人並未對「醜陋」作出具體的定義。學者姚立民在《中國傳統文化的病徵──醬缸》一文中，梳理出「醬缸文化」的若干表現：對權勢的崇拜狂、自私與不合作、淡漠、冷酷、猜忌、殘忍、文字欺詐、對殭屍的迷戀和膚淺虛驕等方面。其實，在我看來，中國人的「劣根性」已非「醜陋」一詞所能形容，更準確的概括應當是「卑賤」。如果說柏楊在國民黨統治的台灣看到了「醜陋」，那麼我在共產黨統治的中國則看到了「卑賤」──跟「卑」有關的詞語有卑劣、卑鄙、卑微、卑下等，但都沒有「卑賤」的含義那麼豐富和深刻，它背後有一種自我作踐並自我炫耀的「自願為奴」心態。

　　生活在十六世紀、三十三歲即英年早逝的法國學者波埃西（Étienne de La Boétie），在學生時代完成的習作《論自願為奴》，意想不到地成為最早討論權力如何異化人性的傑作。在這本書中，作者只想弄明白這個問題：為什麼會有那麼多人、那麼多城鎮、那麼多民族，有時候竟能夠忍受一個獨夫暴君的為所欲為？億萬民眾何以低著腦袋、戴著枷鎖，奴隸般地屈從？他的結論是：是人民自我奴化，自割脖子。「他們可以選擇做臣民，也可以選擇做自由人；他們可以拒絕自由，戴上枷鎖，認同其不幸，或者繼續其不幸。」波埃西進而揭示了暴政的構成及其運行的奧秘：「獨裁者高高在上，他手下有五、六個心腹，這些人手下還有五、六百個下屬，然後有五、六千個爪牙，一直往下形成一張巨網，所有人都被網羅在其中。」

　　每個國家，都會有「自願為奴」的群體或時代。但惟有在中國，「自願為奴者」的比例接近百分之百，暴政延續的時間也最長──許多曾遭中國嘲笑的、茹毛飲血的「落後國家」，如今都已爭取到民主自由，只有中國仍被冰凍在前現代的「秦制」之中。「自願為奴者」的最大人格特徵和精神症狀就是「卑賤」，從義和團到紅衛兵再到「小粉紅」，從馮玉祥到周恩來再到溫家寶，此類自以為聰明的奴才，滿坑滿谷，數不勝數，我才想到或許我可以寫一本《卑賤的中國人》。

　　那時我想：真正完成《卑賤的中國人》這本書，非得要等我逃離中國之後。或許，只有身處異國他鄉，才能具備觀察和批判中國人「卑賤」特質的距離感，不再是「不識廬山真面目，只緣身在此山中」。換言之，惟有逃離醬缸，才能發現醬缸中蛆蟲般的人生是何等不幸。

蛆蟲們從不仰望星空。先後兩任中共外交部長都以「卑賤」為美、以「卑賤」為榮。唐家璇說：「如果中國共產黨不偉大光榮正確，那為什麼十四億生命願意投胎到中國來？」李肇星說：「你是一個中國公民，還有什麼比這個更光榮的？」無疑，這類人物就是我在書中要猛烈批判的對象。

## 中土已無「知識人」，舉世同唱「和諧歌」

「卑賤」人格由流氓文化、太監文化、優孟文化和三者合力形塑而成。我在此處所謂的「卑賤」，不是指社會身分和經濟地位上的卑賤，而是指精神和人格層面的卑賤。底層社會和邊緣遊民當然有卑賤的一面，但我不會像動輒「自我感動」的左派人士那樣，用「政治正確」的原料塑造「窮人高尚」的謊言；反之，我從加爾文（John Calvin）神學的精髓「人的全然敗壞」出發，發現窮人與富豪和權貴一樣，都是全然敗壞的罪人。窮，不會讓窮人變得更善良、更純潔。電影《盲井》中的故事不斷在現實生活中上演：有農民工花錢買來智障少年，假裝是自己的弟弟，將其帶入礦井深處謀殺，然後向礦主訛詐賠償費。這已然發展為一條生財之道。礦工之「心黑」，與煤老闆之「心黑」相比，似乎毫不遜色，人心之「黑」比煤炭的 色更「黑」。

在本書中，我的重點不是討論底層社會「黑惡化」的趨勢，作家廖亦武在其《中國底層訪談錄》中早已提供了無數鮮活的素材；我將著力於梳理中國「知識人」精神與人格沉淪的脈絡。顧炎武說，士之無恥，可謂國恥。晚明時，士大夫的心靈潰敗，跟今日中國「知識人」的賣身求榮何其相似！今天的中國，如同歐威爾（George Orwell）筆下的《動物農莊》，如同老舍筆下的《貓

20

城記》，如同宋澤萊筆下的《血色蝙蝠降臨的城市》，是非、善惡、正邪，完全顛倒。有良心和正義感的人，活得無比艱難；卑賤者偏偏如魚得水，飛黃騰達。

史學大師余英時提出了「知識人」這一概念，「知識人」是文明的守護者，是卑賤者的天敵。余英時倡導將「知識分子」一律換為「知識人」：「過去『分子』用得太可怕了。分子是右派分子、壞分子，什麼都在裡頭。我要恢復人的尊嚴」。由此，他提出了對「知識人」的全新定義：「中國知識人在自己的專業之外，還必須發揮公共知識人的批判精神，不為『勢』或『錢』所屈服。」以此衡量，當下之中國，誰符合「知識人」的標準？

當今中國，竊取「知識人」冠冕的，偏偏是那些卑賤者。倡導「新權威主義」的學者蕭功秦，先捧薄熙來的臭腳，然後向習近平三跪九叩，夢寐以求「被御用」而不得，宛如失戀者一般哀怨；號稱「中國站起來了」的作家摩羅，早已忘記自己曾以「恥辱者」自居，搖身一變成為向希特勒（Adolf Hitler）舉手致敬的納粹分子，得到官家賞賜的研究員職稱；《環球時報》總編輯胡錫進，苦口婆心地勸誡人民要理解和容忍腐敗這一「普遍現象」，自己卻因公款旅遊而遭到主管單位《人民日報》通報批評，並在民間自發評比的「人渣榜」上名列榜首；百歲老人楊絳去世，她留下的文章可以熬成一大鍋讓文青們食指大動的「心靈雞湯」，長壽是中國人最高的信仰，誰敢對長壽者不敬呢？這些人不符合余英時所說的「知識人」這個概念──他們有知識、有文化，卻沒有脊梁和良心。

在臭氣薰天的醬缸中，豈有冰清玉潔的身體與閃閃發光的靈魂？那些以「知識人」自居的「大師」，個個與獨裁者「精神同

構」。首先，他們都是「大中華膠」，一說起「祖國統一」，便兩眼放光，全身顫抖。中研院院士、著名作家、名教授，統統解不開大一統之魔咒，即便實現民主化的台灣，也有陳映真、李敖、朱雲漢、彭明輝、林中斌之流，欣欣然加入「中國崛起」之「大合唱」，偏偏看不到舞台背後普羅大眾的斑斑血淚，真是「不向蒼生說人話，偏向強權唱頌歌」。其次，他們都有「偶像崇拜」情結，從孔夫子崇拜到毛澤東崇拜，從溫家寶崇拜到習近平崇拜……第一個泡沫破滅了，就塑造第二個，樂此不疲，永不休止。沒有偶像，他們就活不下去；誰要戳破偶像，他們就跟誰過不去——我自然成了他們的眼中釘。第三，他們又都是「斯德哥爾摩綜合症候群（Stockholm syndrome）患者」——這個心理症狀早該改名為「北京綜合症候群」。被非法軟禁並被警察毆打的藝術家艾未未，到了德國之後卻大肆讚美中國是法治國家，出國才學會「愛國」；被薄熙來抓捕判刑的記者姜維平，為參與整肅薄熙來的習近平大聲鼓掌，無視習近平是加強版薄熙來的事實，進而誹謗獄中的勇士劉曉波。從英雄到小丑的轉換，何其迅捷！

## 中國人需要「心理革命」和「治療文化」

《卑賤的中國人》這本書只是邁出第一步——揭露事實，指出病症。如何醫治，如何讓中國人脫離卑賤的人格和精神狀態，目前我並沒有現成藥方。

德國心理學家約阿希姆‧馬茨（Hans-Joachim Maaz）在東德政權下度過大半生，後來供職於教會救濟會，在政府的監視和教會的限制下，艱難地從事心理治療工作。在蒐集了數千個病例之後，他驚訝地發現，精神疾病的患者來自社會各個階層：「全

東德人民的生活方式已嚴重失常，其範圍不僅圍於政治和社會領域，也波及科研、經濟、法律、藝術、教育，直至人際交往、日常文化等各個社會層面，更重要的是對個體心理結構也產生了影響。」他又發現，造成民眾精神疾病的罪魁禍首乃是專制體制本身：「長期的紀律教育、宣傳蠱惑以及不容任何異見的偏狹作法，帶來的結果必然是將外在的強制力轉化爲內在的壓抑。這一體系會長久地向個體施加影響，直至個體在心理機制上最後徹底完成自我奴化的過程，完成自我破壞的轉化。」

　　馬茨本人以「內在的流亡者」自居，他對體制有過反抗，付出了女兒失去升學機會的沉重代價；但他坦然承認自己只是做了「有限的反抗」，他願意深入思索過去慘痛的歷史，進一步認識個體的過錯和責任，而不是統統推卸到替罪羊們或政府的頭上。於是，他寫出《情感堵塞：民主德國的心理轉型》一書，寫作也算是一段自我療救的過程。

　　馬茨在分析東德官方的宣傳術時指出：「黨的宣傳手段就是表決心、獻忠誠，粗鄙的政治口號、荒謬愚蠢的政治運動，還有明目張膽的公開扯謊。所有一切的背後，其實都隱藏著一套心理戰術。」這彷彿就是對習近平時代的中國最強而有力的描述。馬茨指出，在黨的控制和規訓之下，出現了兩種人：第一種是受控於這些宣傳的人，簡單而天真，他們整日疲於奔命，無暇顧及其他，就像動物一樣，需按照主人規定的時間表得到馴養。第二種是有些不同意見的人，但在常年累月的宣傳中，他們的自主性和活力會被消磨殆盡。還有一些會被政治宣傳的粗俗和膚淺激怒的人，他們在理智和情緒上都出現強烈的抗拒和反感。然而，一旦表達出口，馬上就會受到懲罰、羞辱和排擠，當壓力持續到一定

程度的時候，他們的憎恨和憤怒便會自行慢慢消化，直到最終放棄排斥和壓力以獲得解脫，或者乾脆與施暴者同流合污。

對此兩類人，精明的獨裁政權做出了不同的定位與安排。「第一種人已習慣於服從，他們可以年復一年、日復一日地一直順應生存下去。第二種人經歷磨難和摧殘，可以說更具備接班人的條件，他們在事業上發展的領域寬廣無比，無論是在黨政國家機關、國家安全部門，還是軍隊和經濟文化高層。」如果說第一種人的特徵是愚蠢，那麼第二種人的特徵就是卑賤。愚蠢者是獨裁帝國的群眾基礎，卑賤者卻能躍升至統治階層。在中國，曾被劃為「右派分子」的朱鎔基，需要何等隱忍才能重新獲得黨的信任，熬成國務院總理？而長期被中國主流學術界排斥的諾貝爾醫學獎得主屠呦呦，在頒獎典禮上居然開口感謝毛澤東，難道是出於某種怪異的受虐狂心態？還有明明已成為美國人、在美國智庫任職的華裔學者李成，不遺餘力地為中共辯護，並用色彩斑斕的學術包裝紙來包裹這團「敗絮」。在此，我先指出他們的卑賤，進一步的心理分析有待受過心理學訓練的後來者完成。

跟民主德國政權相比，中共政權更加殘暴、下流和粗陋——共產主義的「東方化」，出現了中國、北韓、紅色高棉這樣的怪胎。未來的中國，需要有一本中文的《情感堵塞》，需要經歷一場「心理革命」以及隨之而來的「治療文化」。因為，與制度轉型相配合的是心理和精神轉型。一個公平與正義的國家，不可能靠一群卑賤者來建設完成。「卑賤」的人格和精神，構成了專制肆虐的土壤；若不破除「卑賤」的人格和精神，自由與秩序永遠不會從天而降。

# 第 一 卷

# 大中華膠現形記

　　我想反問那些嗜血的中國人：台灣並沒有傷害過你，你
爲什麼要去傷害台灣呢？台灣不曾推倒你的房屋、不曾
侵佔你的土地、不曾逼迫你的家人自焚、不曾挖走你孩
子的眼球，你對台灣的仇恨從何而來？

# 我在台灣遇到的陸生

文科是培養有認知的公民必不可少的科目。它教會人們通過間接經歷學會體會他人的情感，它培養的批判性思維在所有行業中都可以應用。只有通過接受領會人文學科所提供的一切，社會和個人才能真正強大。

——美國華裔學生／韓琳

　　首先，需要釐清「陸生」這個概念。「陸生」是對那些到台灣讀書的中國學生約定俗成的稱呼，其實更準確的說法應當是「中生」。我在這裡所說的「陸生」，還包括部分在台灣的大學和學術機構的中國訪問學者。

　　自從二零一二年流亡美國之後，我每年都到台灣訪問數月，也應邀到台灣各大學、公民團體、獨立書店、教會演講和座談。因此，有機會接觸到形形色色的陸生，不同背景和立場的陸生，不可一概而論。有的陸生成為我的摯友，有的陸生成為我的論敵。有的陸生永遠生活在一個封閉的陸生圈子內，以「強國人」或「趙家人」自居，對「破破爛爛」的台灣不屑一顧，誰要說「台灣不是中國的」，立即面目猙獰，口吐白沫；有的陸生則通過對台灣社會的觀察和思考，由民族主義者轉變成民主主義者，不僅

認同台灣人民習以爲常的民主自由價值，也從「住民自決」的意義上理解、同情和支持台灣人的本土意識和獨立意願；還有少數陸生，返回中國之後積極傳播台灣民主轉型的「正能量」，參與中國本土的人權活動，甚至因此成爲被秘密警察騷擾的對象。

二零一六年春天訪問台灣，我在各地遇到了不少一見如故的陸生。在王丹任教的中正大學，有讀過劉曉波、王丹和我很多著述的陸生們，熱切地跟我討論中國何時啓動民主化進程；在清大當代中國研究中心徐斯儉老師主持的工作坊，有陸生憤怒地譴責習近平對民間社會的殘酷打壓；在政大社科院的演講中，我遇到一位曾在已被關閉的民間機構「立人大學」學習過的年輕學子，他是一位基督徒，正在讀宗教研究的碩士，他對中國社會的精神狀況有精準的把握和分析。

更讓我欣喜的是，當我在台北市里山咖啡館舉辦的「哲學非星期五」講座時，與學者曾建元對談，有一個從中國南方以「自由行」方式來台灣的大學女生從頭聽到尾。會後，她告訴我，她雖然不是陸生，卻常常以「自由行」來台灣參加各類學術和藝文活動，認識了很多台灣學者文人和社運人士，對台灣的獨立書店和咖啡館亦情有獨鍾，回去之後嘗試組織類似的讀書會，希望以此聚集一群憂國憂民的年輕人。她買了我的好幾本書並請我簽名，我問她：「能順利帶回去嗎？」她仰起臉來，自信地回答說：「不怕，總能找到辦法。」

這幾年在台灣跟很多陸生接觸，我發現一個很有意思的規律：如果是願意尋求眞相和眞理的陸生，在台灣生活半年至一年左右，思想觀念就會發生翻天覆地的變化，原來中共黨國教育灌輸的意識形態就會崩塌，取而代之的是民主自由的普世價值。在

台灣稍顯陳舊和雜亂的建築與街道背後，是民主自由的政治制度和生活方式所呈現的迷人魅力，如果願意張開眼睛，敞開心門，不可能感受不到。

當然，也有不少死守黨國教育賦予「原則」的陸生，他們或出身於既得利益家庭，或不願重建一套新的價值觀，他們只相信中共官方媒體的宣傳，對於不一樣的觀點心存戒備乃至充滿仇恨。這類陸生跟我發生過好幾次硝煙瀰漫的交鋒。他們最不能容忍的是我在兩個方面的言論：第一，你居然在台灣「辱罵」國家元首習近平和執政的共產黨——即便中國有什麼不好，也是「家醜不可外揚」，你這樣做無異於「賣國」。可惜，在我看來，這是最典型黨國不分的思維方式。分開黨與國、政府與國家，乃是民主國家公民教育的基礎課。真正的愛國者，恰恰是最嚴厲地批判和監督執政者、執政黨的公民。

第二，你居然公開宣稱支持台灣獨立，支持西藏和新疆獨立，還要鼓吹四川獨立；你說中國和中華民族是「偽概念」，說統一、獨立、聯邦、邦聯等都是可以接受的、未來中國的選項，這就更是十惡不赦的「賣國」。但是，對我來說，人權高於主權乃是近代以來被文明世界接受的普世價值，若有人主張獨立，自可通過公投的方式檢驗之，為什麼誰有了主張獨立的言論，就要被中國的《反分裂法》治罪呢？

第一次衝突發生在東吳大學。東吳大學外交社請我去演講，並請長期關注中國人權議題的黃默教授對談。我的講題是《從毛主義到習主義：習近平正在掀起二次文革》。演講之後，黃默教授對於「習主義」能否成立有所質疑，也有歷史系教授對我批評

儒家文化持不同看法，問答環節還有陸生不同意我將習近平的反腐運動解讀爲權力鬥爭，我對這些問題都一一解答。各自存異，不必求同，本來就是大學成其爲「大」「學」的根本所在。

當我回到住處查閱當天的臉書訊息時，看到多個要求成爲臉友的申請。按照以往的習慣，我一般會點開對方的主頁，看看對方的身分及喜好，若是具備某些可以成爲朋友的共性，才會將其接納爲臉友。當我點開一位署名徐凌風的申請交友者的主頁，頓時發現一句最不堪的辱罵——雖然沒有點出我的名字，但徐凌風在剛發表的帖子中大剌剌地說：台灣雖有言論自由，但不能容忍「分裂祖國的人渣」胡說八道。

僅僅因爲我說了「獨立和自由價值是兩個不可分割的普世價值」，這位名叫徐凌風的陸生就氣憤成這樣，以至於對我破口大罵？如果他掌握權力，會不會向昔日那些對我施加酷刑的秘密警察那樣，恨不得上級立即下命令，直接挖坑將我就地活埋？

這名徐同學若只是在他的臉書上辱罵我一番，我跟他沒有臉友關係，我不會看到他的言論，那就只是他個人的情緒發洩而已。但是，他故意給我發來交友申請，以便讓我看到他的這番辱罵，這就是赤裸裸的挑釁了。有不同意見，他不是訴諸於心平氣和的討論，而是訴諸於氣急敗壞的謾罵，甚至以潑糞上門爲樂，這背後的心思意念，不正是漢娜·鄂蘭（Hannah Arendt）所說的「平庸之惡」嗎？

因此，我不得不在臉書上公佈徐同學的名字和言論，並評論說：「我當然不會用同樣的方式罵他是人渣，只是爲他的蠻橫、粗魯與獨斷感到悲哀。這位年輕的大學生被中共洗腦如此徹底，儘管在民主自由的台灣生活和學習，仍然不能讓自己的心靈因眞

理得自由。辱罵跟自己不同意見的人,並不能證明自己的觀點就絕對正確。彼此觀點不一樣並不重要,重要的是學習傾聽和思考對方的想法,而不是一遇到不同的看法,就發出惡毒的謾罵。要成為一個現代文明社會的公民,徐先生還有一段漫漫長路要走。」

我的這段評論,引發了很多臉友的留言評論。其中,一位朋友轉發一個名叫施天宇的東吳大學的陸生發言。比起徐凌風的粗俗辱罵來,施天宇的文字似乎更有反駁的必要。

施天宇說:我很好奇為何會請這位先生來東吳講座,還請黃默先生作陪,對於後者簡直是一種侮辱性的態度。余杰此人,說起來是個所謂「人權作家」,在我看來既不是作家(作品邏輯不通,毫無論據,簡直玷污作家之名),也無關乎人權——比六四的諸位走得更遠,余杰自一開始即是打著人權的旗號行著自己的目的(且一點都不「人權」地接受他人的反對意見)。

我的反駁是:東吳大學的學生社團可以自行決定邀請什麼樣的人來學校演講,這恰恰是施同學無法理解的台灣學術自由和言論自由。而黃默教授非常樂意來跟我對談,這也是由黃默教授的自由意志決定的。黃默教授長期關注中國人權議題,跟我有過多次會面和談話,我們彼此印象很好,施同學自然不必代黃默教授感到「受辱」——如果施同學誠實地說,因為我批判了習近平,讓他本人感覺受到了侮辱,我或許可以理解他的心態。

施同學以新聞檢查官的姿態評價我的作品,或許他從台灣學成歸國之後可以到中宣部任職,以後就可以查禁更多的、有可能危害黨國的書籍和文章了。可惜,中宣部並不信任那些在台灣學習過的年輕人,施同學或許難圓他的報國夢。

　　至於我是不是作家，有四十多本不同類別的著作為證，不是施同學一個人可以否定的。我當天演講的題綱，是從一篇嚴謹的學術論文中抽取出來的，這篇論文已提交美國加州大學的一個國際學術研討會並被接納，也在中研院這所台灣最高學術機構演講並廣獲好評。

　　施天宇說：那日的講座，聽聞歷史系的黃先生兆強也非常不滿（因余杰竟然不知天高地厚地批評了牟宗三和唐君毅），余杰先生怎不去批批這位教授，卻拿一個表達意見的學生做靶子？進而言之，余杰既然好為人師，就應當有義務闡述、表達自己的觀點，帽子誰都會扣，一個自詡為人師的人來給學生扣帽子，天下奇聞，足見此人格調之低，根本不應該出現在校園。

　　我的反駁是：當天現場確實有一位歷史系教授對我的觀點提出不同意見，我也將我對儒家文化的看法做了進一步的闡述。我的看法是：儒家理念在私人生活中，可以供提高道德修養之用；但在公共領域和政治哲學層面，無助於現代民主制度和人權觀念的建立，也就是說，內聖開不出外王來。這是我跟錢穆、牟宗三和唐君毅等新儒家的根本差異。那位自稱牟宗三弟子的歷史系教授不同意我的看法，並提出來跟我討論，再正常不過了，我為什麼要去批評那位教授呢？

　　反之，徐凌風對我進行惡毒的辱罵，我做出一點回應是必要的。我並不曾向徐同學「扣帽子」，我只是建議他學習文明的生活方式。

　　更讓我無法理解的是施同學的一個觀點：為什麼牟宗三和唐君毅不能批評？為什麼批評牟宗三和唐君毅就成了「不知天高地厚」？牟、唐二人難道是「天」和「地」嗎？我從來不迷信權威，

早在大學時代就撰文批評錢穆、季羨林等前輩大師，這正是「吾愛吾師，吾更愛真理」的「求真意志」的體現。我批評過錢穆，作為錢穆弟子的余英時教授仍然對我頗為欣賞，這才是有容乃大的胸襟和氣魄；而中國君臣、父子、師徒文化最可怕的地方就是，後輩不得批評前輩，從而扼殺了一切創造力和想像力。

施天宇說：余杰言「獨立和自由價值不可分割」，個人的獨立當然是自由價值的一部分，余杰卻把國家中特定地區的獨立和自由價值畫上等號（需知這位先生可是反對過民進黨的台獨黨綱呢）。此人才是真正以分裂國家為目的而行事的陰謀家（抱歉，這種陽謀或許稱之為小人才對）。

我的反駁是：施同學在展開對我的攻擊之前，實在應當認真做功課。我不僅沒有反對過民進黨的台獨黨綱，我還撰文批評過在民進黨內部提出凍結台獨黨綱的柯建銘、童振源、郭正亮等人，有關資訊，在維基百科網站關於我的條目下就可以找到。施同學為什麼要將我完全反對的觀點強加到我的身上呢？要麼是其學風粗疏草率所致，要麼是其故意顛倒黑白而缺乏做人的誠信。所以，「小人」之稱號只能回到他自己頭上。

而這段話的最後一句，終於讓我理解了施同學為何對與之無冤無仇的我那麼刻骨仇恨，原來是我動了他的「國家統一」的神主牌。統一被他視為理所當然的政治正確，而反對統一的意見，則被他歸入陰謀、陽謀的行列。

施同學攻擊我偷換概念，其實，我所說的獨立不僅僅是個人的獨立，也包括聯合國人權宣言中肯定的「住民自決」的原則。個人的獨立應當捍衛，一群人選擇自己存在方式的獨立意志為什麼就不應當捍衛呢？施同學單單接受前者，卻反對後者，只能說

明他是中共民族主義和國家主義洗腦教育的犧牲品。

　　施天宇說：余杰先生，我當然不會罵你是個人渣，做為一個讀書人，我會說你是行事沒有邏輯，論述張冠李戴，好為人師而又妄自尊大，行事不端卻又玻璃心靈的人。要不要在你的臉書上罵罵我？我可不怕出名呢。

　　我的反駁是：自詡為讀書人的施天宇，真不知道讀過幾本讓他心智趨向成熟和自由的書籍，他大概只讀過毛澤東和習近平的語錄。雖然我不喜歡像習近平那樣炫書單，但我願意開一張書單推薦施同學閱讀，比如歐威爾的《動物農莊》、海耶克（Friedrich von Hayek）的《通往奴役之路》以及胡適、殷海光和鄭南榕的文集。我不會像施同學辱罵我那樣罵他，我只希望有一天施同學被啟蒙之後，會為如今的這些言論感到羞愧。而施同學以後是否能出名，不是倚靠我點名「罵」之，而是靠施同學自己的不懈努力。

　　第二次我與陸生的衝突，發生在新竹交通大學。我受邀到交大以《台灣與中國關係的演變與展望》為題發表演講，在進入問答環節的時候，有五、六名陸生密集式地發問，焦點是反對我「汙衊」一天比一天更好的「祖國」。不過，比起東吳大學那兩位在臉書上謾罵的陸生，交大這幾位陸生的表達方式還算彬彬有禮，有一位陸生甚至巧妙地先讚美台灣人情味濃郁，表示他喜歡台灣，然後再回頭來質疑我──這樣做，或許可以將我跟在場的台灣人區隔開來。

　　在這些提問者中，有人自稱「代表」中國當代大學生發言，完全是一副央視播音員及外交部發言人的口吻；還有人質問說，你提到的浙江強拆十字架事件，只是來自西方媒體的報導，根本

不能說明中國沒有宗教信仰的自由；更有人自稱農家子弟，認為中國一切都在改進之中，中國的成就不能一筆抹煞，甚至滔滔不絕地背誦起習近平的講話來，讓我聯想到文革時代那些自以為真理在握、背誦毛語錄的紅衛兵。

對於這些質疑，我的回應是：第一，誰能「代表」中國當代大學生？有多少中國當代大學生投票給你，請你代表他們？你在台灣可以觀察到，每一個民意代表都是人們投票選出來的，沒有人可以不經過選舉而自己號稱充當眾人的代表。因此，你只能代表自己發言。第二，我引述浙江新一輪宗教迫害的材料，包括兩千多家教堂的十字架被拆毀、兩百多座教堂被拆毀、數十名牧師和信徒被拘押，不是來自《紐約時報》等西方媒體，而是來自溫州教會內部有心人的統計。蒐集資料的教會同工親身經歷了整個過程，每一座被拆毀的教堂、每一個被拆毀的十字架，都有詳細的時間、地點、人物的記載，我可以隨時更正完整的第一手資訊。第三，我並沒有否認中國社會在某些領域取得的進步，但這些進步不是執政黨賞賜的，而是中國各階層的民眾奮力爭取來的。正如我們回顧台灣的民主化進程時，不能認為解除報禁和黨禁是蔣經國晚年大發慈悲的結果，而必須看到幾代台灣黨外運動先驅的流血犧牲。另一方面，中國在某些方面的問題卻愈演愈烈，如環境破壞、人權狀況惡化、人性敗壞等，這些都需要知識分子給予嚴厲的批判。知識分子的天職就是批判不公不義。

那名自稱來自甘肅貧困地區，當場背誦習近平講話的男學生，對我講述我在流亡國外前，被中國國保警察騷擾家人，甚至遭受毆打至昏迷等遭遇表示同情，又表示尊重我的言論自由。但我反問說：我不是需要同情，而是希望年輕朋友們思考，一個

34

作家僅僅批評幾句領導人，就差點被酷刑致死，這樣的國家正常嗎？世界上唯一一位被關押在監獄中的諾貝爾和平獎得主是誰？是劉曉波。你們知道他的名字和事蹟嗎？（我在台北教育大學演講的時候，有一名陸生承認，她從來沒有聽過劉曉波的名字，也不知道劉曉波是諾貝爾和平獎得主。）劉曉波的罪名，不過是他參與起草《零八憲章》以及發表了一些批評中國時政的文章。你們去看看《零八憲章》，它跟法國人權宣言和聯合國人權宣言中的內容，究竟有多大差別？這就是因言獲罪。如果你們認為國家元首的面子比公民的言論自由權利更加重要，那麼，我和劉曉波的命運也隨時可能降臨在你們身上。

當我講到這裡，目光所及，發現那名同學的臉色也變得嚴峻起來。

有趣的是，演講結束之後，我發現這群陸生聚在教室的一個角落開會商議，相信他們正在檢討這場「攻防」的得失。有人大概要負責寫交給上級的報告，並以此獲得獎賞。無論如何，我仍然祝福這群年輕的陸生，今天晚上至少他們聽到了平生中從未聽過的一些「異端」的觀點，讓他們原有的「天然統」的觀念受到猛烈衝擊。他們會慢慢知道，那些神聖不可侵犯的理念，原來是可以加以質疑和反對的。我也相信，如果我的某一句話語如同一粒小小的種籽進入他們心中，假以時日，必定會開花結果。

如果說陸生捍衛中國的「榮譽」和「尊嚴」的言行，大抵是出於幼稚和蒙昧；那麼，某些訪問學者在台灣宣揚黨媒上的觀點，就很可能是「職業」使然。既然有「職業學生」，當然更有「職業學者」。

我可以分享跟兩名來自中國的訪問學者交鋒的經驗。

　　有一名自稱是台師大訪問學者的人，先後參加了我跟陳芳明教授在松山文創園區閱樂書店的對談以及我在中研院近史所的演講。每次問答環節，他都搶先發言並提出一模一樣的問題。其實，前一次他的提問，我已經耐心解答了，他知曉了答案，第二次根本不必再提同樣的問題。所以，他與其說是提問，不如說是要為我的演講「消毒」。

　　這位訪問學者的問題是：政治人物有多面性，是複雜的個體，不能全盤否定，全盤否定就是偏激之論。既然你說中國的決策不透明，那麼你書中的資料從哪裡來的呢？是不是你的臆想？你的書只能當小說看，不是嚴謹的學術著作。

　　我的回答是：首先，中國官方媒體已經有滿坑滿谷對習近平的吹捧了，有我一個全面否定他的聲音來平衡有什麼不好呢？知識分子就是雞蛋裡挑骨頭的人，我不僅批判中國的專制者，我也批評美國和台灣的政治人物。其次，我書中的素材，都取自中國官方的報導、西方和港台媒體的報導，我沒有特殊的管道能夠取得秘密材料，我只是將這些材料進行蒐集、整理、比較和分析。第三，我寫習近平等中共領導人的書，不是學術論文，也不是小說，而是政治評論，不同的著述有不同的書寫方式。如果你想看我的學術文章，建議可以看看研究近代知識分子心靈史的《徬徨英雄路》。

　　在中山大學中國及亞太區域研究所，也有一名自稱來自福建華僑大學的訪問學者，非常激動地提了一連串的問題：罵國家領導人是一種好的推動中國進步的方式嗎？不要以為西方民主制度就能解決所有問題，美國現在還不是問題一大堆；反之，中國的民主集中制運作更好。一九八九年你在哪裡？從後來的情形來

看，如果那些學生領袖奪權了，中國一定天下大亂。他們都跑到西方去了，他們之中有哪一個坐過牢？中國不是沒有言論自由，我的朋友罵共產黨罵了二十年，還不是安全無虞？

讓我震驚的不是這位學者的提問有多麼尖銳，而是一個人到了中年、當了大學教授，思想水準還如此低下，連西方民主國家中學生的水準都比不上。這樣的人當教授，又能教出什麼樣的學生來呢？我不禁為中國大學生感到憂慮。這位學者的問題個個都很容易解答：政治人物就是用來給民眾批評乃至辱罵的，用麥迪遜（James Madison）的話來說，公民有批評的自由，才能避免暴君的出現；民主當然不能包治百病，民主還需要共和、憲政、自由等觀念配搭，更何況邱吉爾（Winston Churchill）說過，民主是最不壞的制度。我還可以補充一句，沒有民主絕對是最壞的制度。一九八九年的時候，我還是中學生，在四川老家，雖然沒有參與學生運動，但中共開槍殺人卻讓我完成了自己的成年禮；後來某些學生領袖種種不盡如人意的表現，但卻不能否定學生運動的正義性，而坐過牢的學生領袖的名字，你從谷歌上花幾分鐘就可以搜到，在台灣任教的王丹就坐過幾年牢，所以，請你不要再以訛傳訛了。最後，你的朋友有在公開的媒體上罵共產黨嗎？他罵共產黨的言論有可能刊登出來嗎？如果只是在家裡罵，在朋友間的飯局上罵，那是私底下的言論，私領域的言論自由不是真正的言論自由。我的這些回答，終於讓這位訪問學者無言以對。

我在台灣與陸生的相遇，有愉快的經歷，也有非常不愉快的經驗。無論如何，台灣這個自由的寶地，為我與那些友善或不友善的同胞提供了相遇的機會，我對台灣心存感激。我相信，自由比專制更有吸引力，這是由上帝賦予人的天性所決定的。所以，

在台灣的陸生們，大部分總會有靈魂甦醒的那一天。未來，我們會在追尋自由的道路上並肩同行。

附錄一：

　　邀請我前去交大演講，一名負責學生社團的同學在臉書上的留言：

　　昨天余杰先生來交大演講，最大的動員者是中國政府，沒有啦～應該是說現場的中國人搞不好比台灣人還多。

　　到了 Q&A 時間，中國學生個個「磨刀霍霍向余杰」。有好幾位都大大地讚揚習主席，這對我來說是一個 culture shock。我們或許對中國有些想像，可是昨天是一個強烈的文化衝擊！（雖然這跟我之前認識的中國學生都不太一樣。）

　　余杰先生請他們跳過媒體對習主席的報導，抒發自己的意見就好，不料，這個中國學生說：「我說的這些，不是媒體的報導，也不是輿論，都是我自己的親身感受。」好像你跟習主席是多好的朋友一樣咧，不是透過媒體要怎麼「感受」習主席，難道跟習主席同桌共餐過？

　　昨天余杰先生的演講大致上我都同意，但是他認為台灣人應該多跟中國民間社會交往，中國民間社會有一股跟中國共產黨不同的力量，中國共產黨絕不等於中國。

　　好的，那我想問這種良善的中國民間社會在哪裡？雖然我承認交換生或許有受過某種程度的調查，也不能代表中國民間社會，但是如果連中國的交換生都表現出這種讚揚黨、歌頌黨、維護黨的立場，那到底中國民間社會在哪裡？

這種「讚揚黨、歌頌黨、維護黨的立場」的目的到底是什麼？我實在不太瞭解。是真心愛黨嗎？所以不容他人在國際上詆毀黨、還是成群結伴地出現在這種場合，要給做記錄的「馬英九們」證明「我有維護黨哦，我沒有縱容這些人詆毀黨哦」？

不過，我覺得昨天還有幾個重點：

一、透過「這些」中國學生的表現，形塑出了一種明顯的文化邊界。這種認異的過程，顯示出這是兩個不同的群體。

二、在今天的台灣，是一個自由民主的社會，就是可以享有很高的言論自由，可以批評黨，也不必維護黨，甚至不必歌頌黨；「而這些陸生的表現」根本讓我想到「敬愛的先總統蔣公」其實根本也沒有離我們太遠啊！

附錄二：

　　一位參與交大演講會的台灣人在臉書上發來的私訊（作者本人同意發表）

我是昨晚第二位發問，問您中國民主化可能性的那位台灣人，也就是拿著電腦拚了命打字、想要記下資訊供未來回味的小小工程師。看見您新的貼文，心中有些難過。

昨晚的問答時間，我有感受到陸生們的攻擊性，同時聽著他們的發問，我忍不住失禮地一直笑。倒也不是要笑他們迂，只是我彷彿看見了大學時期的我。

請容我稍稍講一點自己的小故事。

我生於苗栗縣，長於苗栗縣。苗栗縣在台灣是個頗特別的地方，在這裡國民黨怎麼選怎麼贏，幾十年過去了民進黨在這裡的

選舉毫無勝算，即使國民黨兵敗如山倒的二零一六大選，在苗栗也是穩當拿下兩席立委。這樣冥頑不靈的苗栗縣，被外縣市的人諷為「民主聖地」、「永遠過不了智力測驗」。

在這個地方長大的我，自然而然不對國民黨有什麼敵意，即使不見得聽過多少對國民黨的吹捧，一定很多人都聽過：「民進黨是亂黨」這樣的話術，且深信不疑。

高中的時候有幸讀了以自由學風著名的新竹高中，第一堂歷史課進來的是有名的張德南老師，頭沒幾句話就指著校長室的方向罵髒話，批校長是國民黨的走狗。剛上高中又逢叛逆期，看到這樣的震撼教育只覺得這個學校實在太有趣了，我喜歡這樣的環境。只是我不覺得國民黨有老師講得那麼糟，也許老師太偏激了。這是我回憶起來，最早的政治意識。

高中畢業就讀東海大學，運氣很好，也是個校風開放的環境。大一的歷史通識課，老師惡狠狠地撂下必考題：「中華民族不存在，這是必考題。誰敢寫錯就一定當掉！」我已經記不清後來老師有沒有解釋過這個複雜的脈絡，但我肯定在那之前他沒說過。當下我只覺得我從小被教育的「光榮的中華民族」、「堂堂正正的中國人」這樣的價值觀，在課堂上被老師用力地羞辱。抱著抗拒的心情，我幾乎不想聽這堂課。

曾幾何時，我竟然變成一個可說是標準的「台獨份子」。每當我想起自己立場的轉換，不免回憶起前述兩件事。

我不敢說我能體會您受過的不公，我真那樣講就太自以為是了，我只敢去想像那多可怕。然而我的成長脈絡，是相似於昨晚在場的陸生，我真切能夠體會他們的心情。不幸的，在場兩位老師（應該是吧，我並不認識）或許是因為地主之故，急忙想要

40

「矯正」些什麼，於是在場的火藥味就更濃了。

會後我看見他們集結了一圈。立場上我是局外人，心情就少了些顧忌，抱著好奇心，過去聽聽看他們在談些什麼，理所當然是跟這次論壇有關，同時有另外一位長者在對他們曉以大義，使得他們的討論零零散散，也沒什麼大意。

我（這通常是害羞內行的工程師）鼓起勇氣對在場同學說：「不好意思，我是台灣人，一個普通的工程師。很訝異這邊聚集了這麼多陸生，想要聽聽你們的想法，你們願意跟我說嗎？」

他們臉上瞬間都露出驚訝的表情，竟然會有台灣人想要聽聽陸生的想法。我也很訝異，強調了自己可能是標準的台獨份子，他們還是很願意跟我談。

於是，我們一行人在會場外聊天，直到十點半會場關門，意猶未盡還到旁邊的涼亭聊到十二點，一個不期而遇的小小沙龍就這樣開始了。

聊天的範圍，從言論自由、宗教自由、同性戀、台獨與華獨、周子瑜事件及中華台北隊的荒謬、台灣追求民主的過程與國民黨倒行逆施，提到了三權分立的概念，也略為碰觸了台灣憲政體制的問題（因為許多陸生也被教導台灣民主有問題），也講到了集會遊行法與陸生一定會有的擔心：「亂」。說實在，我不是社會學、法學出身的人，底子不夠深厚不敢講得過頭，我也知道他們在這些領域都是生手，我盡可能地把我看過的東西，整理之後分享給他們，並提了一些關鍵字給他們搜尋的機會。

尤其是提到選舉的時候，有人問了：「台灣到底是怎麼選舉的」，這個問題一拋出來，所有人的眼睛都亮了。他們很急切地想知道，這種事情怎麼可能進行？（幸運地，我不但有投票經

驗，還有幫忙輔選的經驗，這難不倒我。）

作為回報，他們很真誠地跟我說了內心的想法。有位同學是福建人，他說一九九六年台灣海峽情勢緊張的時候，他家鄉的長輩們根本就不想打仗，因為福建離台灣近，真打仗了很有可能先死他們。談到言論自由，也許是因為少了防衛心，他們很坦誠地說，的確覺得言論有管制，且有好也有壞，資訊不自由、新聞不自由，說什麼話大家都不能信，根本就無從判斷起事情的真偽。他們也對於五毛「水軍」很感冒，談到「帝吧」在臉書鬧板的事，也覺得不應該。

講到民主、自由等等的終極目標，我深深地感覺到他們與我沒有太大的差異。只是環境、教育、宣傳等等的影響，讓兩方對於通往終點的路徑想像很不一樣。

我並不想責備他們什麼，他們這樣太正常了。看看我們台灣戰後嬰兒潮的上一代，很多人就是這樣子去看待國民黨與中國。只是，我很幸運沒有經過苦刑的方式就看到了跟以往不同的歷史論述，使得我的價值觀產生了改變。而同樣沒有經歷過恐怖統治的年輕人，正在此時糾結著，自我反省著過往的認知是不是對的，這時候出現了防衛心態保護自我，這是完全能夠預測的。

恕我以比較不尊敬的方式來比喻，他們好比站在教堂外的苦人，好奇地想要看看教堂內是什麼樣子，這時候如果聽到門縫傳出聲音說：「外面那些人想幹嘛？是不是想偷我們的東西？」他們的反應可想而知：「誰稀罕？你以為我們真那麼窮？」也許就因為這樣，他們被推得更遠，彼此更不能理解對方了。

我想，是因為各自的生活經驗不同，看事情的角度也不一樣。幸運的生在沒有白色恐怖的台灣的我，在看見他們對於民

主、法治、自由的好奇心，那發光的眼睛，我深深地覺得中國民
主化的種子就在那裡。

# 誰要「攻佔台灣島，活捉林志玲」？

對年輕一代來說，中國兩個字所代表的，就是野蠻與暴力，就是殖民與壓迫。

——香港時事評論員／林忌

在中文推特圈上，我偶然發現有一則八零後年輕網民的留言：「攻佔台灣島，活捉林志玲！」毫不誇張地說，這是我在推特上看到最噁心的一句話，它散發著捷克作家克里瑪（Ivan Klíma）所說的「陰溝裡的氣味」，以及德國思想家漢娜‧鄂蘭所說的「平庸之惡」。這句話不是幽默，不是戲說，不是調侃，而是國家主義與民粹主義合流的法西斯主義的表徵，也是男權中心主義和極權主義的信仰者最不加掩飾的情緒宣洩。

這是一種赤裸裸的威脅，不僅是對被娛樂界譽為「台灣第一美女」林志玲的威脅，也是對兩千三百多萬台灣民眾的威脅。我不是林志玲及其親友，也不是其粉絲，但我覺得自己也被威脅、侮辱了。我不能坐視此種邪惡思想的泛濫，我是人類的一員，擁有上帝所造之人的尊嚴與自由，此尊嚴和自由與每一個人息息相關——喪鐘為誰而鳴？為我們每一個人而鳴。

## 這樣的「幽默」是希特勒和毛澤東崛起的精神基礎

暴力和對暴力的熱愛是一種傳染病。在網際網路沒有出現以前，有一種語帶威脅的、匿名的欺詐信件四處氾濫。我常常收到從郵局寄來、沒有發信人姓名和地址的某種信件，信中說：「你必須將此信複製後發給一百個人，否則你就會遭遇不幸、飛來橫禍。」後來，這類信件又升級為電子郵件和手機簡訊。

一般來說，人們會怎樣對待此類信件呢？真正聽從威脅者命令的人並不多，但大部分人漠然視之，不加深究。作家筱敏寫道：「我們頂多潔身自好，或者像我這樣躲閃開來，祈求厄運別沾上自己；也有一些人屈從，把那威脅轉嫁於旁人，求得自己的解脫，而以為這行為算不得作惡。結果，那子虛烏有的威脅，就通過我們的卑瑣懦弱而變得強大。與此同時，我們還親手培植了一個醜陋的信仰，讓一種陰溝裡的氣味充斥我們生存的空間。」在此意義上，人類生活環境的惡化，人類的受苦，人類的被奴役，多半是自找的。

我看到「攻佔台灣島，活捉林志玲！」這句貌似俏皮的話時，不禁想起以前收到過的此種信件。這是一種試圖將人當作傀儡操縱的暴力思維，暴力總是以奴役人的肉體和俘獲人的心靈為樂。這句話的背後，是兩個不容質疑的邏輯推導：第一，既然中國的軍事力量強於台灣，台灣就應當被中國所征服；第二，誰充當暴力的同盟軍，誰就能佔有林志玲這樣的台灣美女。當年共產黨軍隊向西北進軍時，不就瘋狂地叫囂「打下陝北榆林城，一人一個女學生」嗎？這是支撐中國社會結構的「元規則」，在此「元規則」之下，愛、憐憫與公義全部蕩然無存。

　　我不願接受此種「元規則」的統治和控制，並拒絕這種挑戰人類道德倫理底線的「平庸之惡」。我在推特上寫道：「這句話的背後是可怕的暴戾之氣，以及將女性當作玩物的男權中心主義心態，實在是無比邪惡。居然有人可以無恥到這種地步，我很懷疑他還是不是人。」

　　我的回應並不溫文爾雅，坦率地說，面對這句話我做不到心平氣和。我的回應發出去之後，很多網民立即用「不懂幽默」來反駁我。說那句話的人回敬說：「以余杰的智力，表演的最高境界也就是作正義狀了。」還有人說：「居然有人可以正經到這種程度，我懷疑他還是不是活人。」有人說：「開個玩笑，犯得著那麼認真啊。」有人說：「頭巾氣，明顯玩笑話呀。」也有人說：「老師理解的笑話是多麼不容易的事情啊，明顯的反諷都看不出來，莫非大腦比常人少幾個溝回？」

　　很遺憾，我確實無法領會和認同這種「幽默」。如果說此種表達也算一種「幽默」，那真是對幽默的羞辱。這也不單單是青春期的性幻想，如果有人呼喊「我要去台灣，我愛林志玲」，那才是一種無傷大雅的玩笑。而在「攻佔台灣島，活捉林志玲」這句話中，一「攻」一「捉」，雖然是虛張聲勢，卻也像模像樣。

　　在這種「年輕人的幽默」背後，是對暴力的欣賞和對權力的膜拜，這種心態不正是毛澤東和希特勒崛起的精神基礎嗎？江山是打下來的，美女則是打江山過程中的戰利品。對此，我要追問的是：攻打台灣島究竟有多麼正義？活捉林志玲又有多麼正義？既然有人自得其樂地侮辱女性，炫耀暴力，我為何不能理直氣壯地批評他們？

　　緊接著，那些捍衛「幽默權」的人們，一個接一個地跳出來

對我人身攻擊。有人說：「特定語境中的幽默需要意會，不理解沒關係，像個偽君子衛道士一樣怒不可遏地胡亂指責、扣帽子、打棒子，就顯得迂腐且惡劣了。」有人說：「兄台也要給幽默來個八榮八恥不成？」有人說：「這是代溝，不懂年輕人的幽默，心驚肉跳的揮舞起道德大棒。濤哥反三俗可能是同一心態。」還有人說：「動輒道德上綱上線，頗像某黨遺風。」

有人故意將我的批評言論與中共黨魁胡錦濤「反三俗」的行政命令相提並論，這難道不是故意妖魔化嗎？胡錦濤的「反三俗」以及「某黨遺風」，是以權力壓制乃至取消他不喜歡的娛樂方式，是「只許州官放火，不許百姓點燈」；而我批評某一充滿暴戾氣息的言論，僅僅是個人意見的表達，在批評的同時，我並沒有取消他人的言論自由。我贊同美國大法官小奧弗利·溫德爾·霍姆斯（Oliver Wendell Holmes）的觀點：「那些為我們所痛恨的言論，同樣有表達的自由。」比如，我是基督徒，我反感有人以焚燒《聖經》的行為表達反對基督教的立場，但我仍然認為這是其言論自由的一部分，不會剝奪他的基本人權。

另一方面，言論自由固然重要，但對某些言論批評和反思亦有必要。有一名維權律師反問說，既然你可以戲說溫家寶，為什麼不能容忍別人戲說明星？此一反問，實在缺乏法律常識：溫家寶是政府的首席公務員，是納稅人養著他，他必須接受來自民眾的批評、戲說甚至辱罵，這是政治人物必須付出的代價；而林志玲是明星，跟溫家寶不是同一類人，不是需要時刻被公眾監督的官員。更何況，「攻佔」和「活捉」不是幽默和戲說，不是批評和質疑，而是赤裸裸的恐嚇。

所以，我想反問那些以「幽默」自詡的人：「若林志玲是你

的姊妹、女兒或妻子，別人這樣肆意叫囂的時候，你情何以堪？尊重女性，對許多中國男人來說居然是如此困難的一件事，眞讓人感到不可思議。正如作家余世存所說，中國人很多還是『類人孩』。」我記得胡適說過，看一個民族的文明程度，首先看他們如何對待女人、孩子和動物。如此來看，中國人離文明遠矣。那麼多人將通過暴力和戰爭擄掠女人的說法當作「高等幽默」，而批評此「高等幽默」的我卻遭到眾人的圍攻，「非」被當作「是」，「是」被當作「非」，價值不僅錯亂而且顛倒了。

## 中共文化是打造「賤人」的文化

還好，推特上還是有許多明白人，支持我的清醒者也不在少數。有人說：「這種笑建立在別人哭的基礎上。」有人說：「我不覺得這種話很有趣，只覺得很流氓，素質低。」有人說：「我也沒有看出幽默在哪裡。意淫強國。」有人說：「和太平天國那群人沒啥兩樣嘛。」有人說：「殺心未除，國難不止。」有人說：「這次我支持余杰老師，糞根不挖出來，以後就會要命的。」有人說：「這是中國特色的流氓文化，獸性已完全侵入中國人的骨髓中。」還有人說：「批評任何人都是合法的言論自由，但隨意抓捕人卻是非法，包括威脅要活捉人家的女演員。這不是幽默，這是自殘，這是自輕自賤，這是猥瑣表演。當然人至賤則無敵，中共文化就是專門打造賤人的文化。」有人說：「明明就是狂熱愛國主義，物化女性。言論自由不代表可以公開發表涉及侮辱歧視的觀點。有的人宣揚民主，骨子裡還是暴戾。」有人說：「目前中國對待小孩和對待動物是一樣的，純屬私人娛樂用品！我們中國沒有愛，只有對金錢、物質、權力甚至小孩的佔有

慾！」有人說：「那些只是黨國六十一年的愚民灌輸出來的潛在暴民而已。我們只需問若有人要打到他們家去，活捉他們的妻女，他們樂意不？即可。我就是這樣對付說類似話的蠢材的。很有效。」有人說：「己所不欲，勿施於人。試問，有誰願意自己家庭的女性成為那樣幽默中的角色？」還有人立即回答說：「當然不樂意，但他們反對的不是活捉妻女這件事本身。不願被欺負，但樂於欺負人。」

是的，「攻佔」和「活捉」不是正常人的「夢想」，而是從毛澤東到習近平的一系列暴君和暴徒的夢想。共產黨如同電影《盜夢空間》中那個盜夢者，此種想法是其通過長期的宣傳和教育，潛移默化地植入大眾腦海之中的。中國人都是喝著狼奶長大的孩子，血管裡流淌著崇尚暴力的血液。在坐穩了奴隸的時代與沒有坐穩奴隸的時代之間，以後者居多，所以人們對「攻佔」和「活捉」擁有無限之期望。這就構成了中國的兩面性：一方面，中國人是殘暴的，欺負那些比自己更加弱小的同胞或少數民族時，向來心狠手辣。比如「文革」時期紅衛兵折磨「黑五類」的手段，比如共產黨軍隊對藏人的屠殺，納粹亦自嘆不如。另一方面，中國人在骨子裡又是怯懦的，當遇到更殘暴的敵人時，都爭先恐後跑去當漢奸，甚至不惜出賣妻女以保全自身。日本人打過來的時候，蔣介石和毛澤東跑得比老百姓更快，大半個中國都淪喪了，大半的中國人都樂於作「良民」。

如今，中國已然「大國崛起」。當中國宣佈 GDP 總量超過日本位居世界第二之後，許多「憤青」（其實是「糞青」）橫刀立馬，不可一世，彷彿中國立馬可以搞垮美國，主宰世界。如此，「攻佔台灣島」豈不是舉手之勞，順手牽羊？除了「攻佔」之外，

還要輸出中國價值，打造對外形象。一提起印度，大部分中國人滿臉不屑：那個窮國，有了民主制度又如何，還不如我們搞專制效率高。慢吞吞的大象，哪比得上飛上九天的大龍？然而，印度有「聖雄」甘地（Gandhi），有非暴力抗爭的崇高精神，與之相比，中國能輸出什麼價值？難道輸出「攻佔台灣島，活捉林志玲！」的「中國式幽默」嗎？在信奉叢林法則的中國，手中無一兵一卒的甘地恐怕只能死無葬身之地，還會被嘲諷為「天下第一大傻瓜」。中國沒有誕生甘地的土壤，只有大大小小的山大王攻城掠地，殺人越貨。

　　長期國家主義的宣傳和教育，以及兩千多年一以貫之的「大一統」政治和文化傳統，讓無數中國人一聽到「打台灣」便兩眼發直，手舞足蹈，比嗑了搖頭丸還要興奮。他們的血液流淌著狼奶，像狼人一樣，一到月圓之夜便蠢蠢欲動。台灣該打，西藏人該殺，新疆人該殺……總有一群比軍人還要好戰的百姓。中國人淪陷為「不文明」的一部分，成為擁戴暴君的暴民：中國人津津有味地喝狼奶，除了狼奶之外別無選擇，便以為狼奶是這個世界上最好的食物，甚至甘之如飴；中國人生活在這種陰溝的氣味當中，久而久之，意識不到這種氣味有多臭，當有人說「這裡真臭」時，他們惡狠狠地讓這個破壞「和諧」的人閉嘴。

　　「攻佔台灣島，活捉林志玲！」這句話，有人以為是「幽默」，是因為他身邊沒有一個活生生的台灣朋友，他不會考慮一個台灣人聽到這句「幽默」之後會是什麼樣的感受。台灣太無辜了，唯一的錯誤就是位於中國的邊上。我想反問那些嗜血的中國人：台灣並沒有傷害過你，你為什麼要去傷害台灣呢？台灣不曾推倒你的房屋、不曾侵佔你的土地、不曾逼迫你的家人自焚、不

曾挖走你孩子的眼球，你對台灣的仇恨從何而來？侵佔台灣的宏圖壯志，難道僅僅是中共當局一手炮製出來的肥皂泡？當「攻佔台灣島」成為普通人脫口而出的玩笑，成為「大家」不約而同的「集體無意識」，就比某個將軍熱衷於在作戰地圖上比比劃劃更危險了。

　　很多中國人想當然以為，全世界的人都過著跟自己一樣的生活，信奉跟自己一樣的成王敗寇的叢林法則。實際上，在今天的地球上，像中國人那樣生活的國家和民族並不多，大概只有北韓、古巴、委內瑞拉、伊朗等屈指可數的幾個地方。昔日的蘇聯和東歐各國也曾如此，羅馬尼亞作家諾曼・馬內阿（Norman Manea）描述齊奧塞斯庫時代的生活場景說：「到處都可以看到那個被稱為權力的惡魔在陰險地不斷擴張。在家裡，在思想裡，在婚床上，到處是黑暗的權力。在這個黑洞裡，是惡魔般的殘暴和根深蒂固的愚昧。獨裁者通過鎮壓證明自己的權力，人們在對獨裁者的偶像崇拜中不斷喪失自我。」獨裁者和專制制度是「平庸之惡」和「賤民文化」共同打造出來的。馬內阿感嘆說：「權力、愚昧和墮落滋長氾濫著。可怕的集體病症。恐懼，無情，人性的喪失，人的動物化。」這不正是當下中國人生活的寫照嗎？

## 中國是一個人獸不分的鬥獸場

　　在香港電影《投名狀》中，那個土匪頭子揮舞著大刀，率領眾人高喊道：「搶糧，搶地盤，搶女人！」這一幕，就是對中國的歷史與現實的最生動和最精闢的概括。

　　所謂《二十四史》和《資治通鑑》，說白了，就是「搶糧，搶地盤，搶女人！」八個字，或者用魯迅的話來說，就是「吃人」

兩個字。八零後的年輕網民，提煉出更具時代特徵的「攻佔台灣島，活捉林志玲！」十個字。

「攻佔台灣島，活捉林志玲！」不是一種需要保護和捍衛的「民間趣味」和「幽默風格」。相反，這是普遍的人性和中國的文化傳統，以及中共當代極權主義意識形態的「調色板」中最為幽暗和惡臭的部分。

毛澤東早就說過相似的話。毛澤東在其早年的《湖南農民運動考察報告》中說過：「土豪劣紳的小姐少奶奶的牙床上，也可以踏上去滾一滾。」一部中共的革命史，剝去其斑斕的油彩，就是一部「搶糧，搶地盤，搶女人！」的歷史。這群最不尊重私人產權的人，這群最不尊重女性和孩子的人，即「流氓無產者」群體，是毛澤東奪取天下的支柱力量。在此意義上，毛澤東就是「毛賊東」。

頑劣的毛澤東，為何能恣意擺佈數億民眾？在五零年代末、六零年代初大饑荒的年代裡，為何整個村莊的居民全部餓死，卻沒有人敢於揭竿而起？因為暴民與順民、獅子與綿羊往往只是一線之隔：在比自己更加軟弱的人面前是暴民、是獅子，在獨裁者面前卻搖身一變為順民、為綿羊。

英國歷史學者、紀錄片製作人勞倫斯‧呂（Laurence Rees）在《納粹：歷史的教訓》一書中探討了希特勒崛起的秘密。他發現，蓋世太保並不像後世想像的那樣規模龐大，無孔不入。以擁有一百萬人口的薩爾斯堡而論，當地僅有二十八名蓋世太保，而且將近一半的蓋世太保只從事行政工作。蓋世太保之所以雷厲風行，讓人聞風喪膽，是得到了民眾的高度支持。其處理的案件，百分之八十源於民眾提供的線索。那些「普通」的百姓，事無鉅

細地彙報有嫌疑的鄰居和同事的言行，不惜將每天都碰面、打招呼的鄰居和同事送入集中營。這也是毛澤東帝國穩固的秘密。希特勒和毛澤東不是怪獸，沒有《封神演義》裡千里眼、順風耳般的本領。若無那些貪婪、自私、殘忍、狹隘的民眾全力支持，他們不可能取得如此巨大的成功。

中國早已淪為不折不扣的「匪區」。作為毛澤東走卒的共產黨「十大開國元帥」，哪一個不是雙手沾滿鮮血的土匪頭子？左派御用文人、北大中文系教授孔慶東精心製作了一份《十大元帥情緣表》，統計出平均每個元帥有四點九個女人（不含沒有名分的），談及此一事時語多羨慕：「十大元帥全部活到六十歲以上，八人超過七十歲。在三人非正常死亡的情況下，平均壽命達到八十點一歲，其中五人活到八十九歲以上，跟他們身邊的女性恐怕也有密切的關係。」有過多次婚姻失敗經歷的孔慶東，對元帥們的豔福羨慕不已。這段話是對「攻佔台灣島，活捉林志玲！」的最佳註釋。孔慶東讚美元帥們「採陰補陽」的秘方，卻沒有探究過被土匪頭子們始亂終棄的女性們的悲慘命運。那些女子就像無知無覺的螞蟻一樣被「歷史無情的車輪」碾碎了。

毛的一生都在「攻佔」與「活捉」之中度過，與天鬥、與地鬥、與人鬥，他自己其樂無窮，老百姓卻生不如死。在毛澤東統治中國的近三十年裡，造成了八千萬中國人的死難。人吃人，由魯迅小說中的象徵，變成活生生的事實，中國沉淪為人獸不分的鬥獸場。直到今天，中國人仍然生活在毛澤東的陰影下，毛的思維方式和語言方式像吸盤一樣附著在中國的身上——習近平就是毛澤東的「變形金剛」式的升級版。

那些叫囂「攻佔台灣島，活捉林志玲！」的傢伙，是極權主

義體制的群眾基礎，是薄熙來敢於在重慶掀起「唱紅打黑」的「小型文革」的主流民意——習近平亦是他們當中的一員。習近平平庸到若是隱沒在人潮中，誰也認不出來的地步；但一旦得勢，他便如同豺狼一般兇狠蠻橫。

中國民運前輩王若望說過，每個中國人心中都有一個小毛澤東。周永康、薄熙來、習近平等官僚如此，任正非、史玉柱、馬雲等企業家如此，汪暉、劉小楓、莫言等學者文人如此，販夫走卒、三教九流多半亦如此。習近平是毛澤東的精神遺腹子，你、我、他，誰又不是呢？

中國就是一個放大的鬥獸場。當年，羅馬帝國的皇帝們為了達到震懾敵人、稱霸世界的目的，乾脆將人獸搏鬥、集體處決和劍鬥士對決這三項血腥表演融為一體。每逢競技慶典活動，在羅馬鬥獸場內，上午是人獸搏鬥，中午是集體處決，下午是角鬥士對決。其中，又以人獸搏鬥最為「壯觀」和慘烈。西元八十年，羅馬帝國皇帝提圖斯（Titus）慶祝弗拉維圓形劇場落成，在長達一百天的人獸搏鬥表演中，有九千頭野獸、三千名戰俘和犯人在血腥大廝殺中同歸於盡。西元一百零七年，為了慶祝達西亞（Dacia）之戰勝利，皇帝圖拉真（Trajan）舉行二十三天的慶典活動，有一萬一千頭野獸和更多的戰俘、犯人在人獸搏鬥中喪生，一萬多名鬥士進行了劍鬥士生死對決。那種人獸廝咬殺戮、人與人互相殘殺、血流成河的場面，多麼怵目驚心，多麼令人毛骨悚然。

這樣的殺戮每天都在中國發生。習近平時代不知不覺地降臨了，這是一個群魔亂舞、殭屍橫行的時代。在充滿沙和血的鬥獸場上，有人死去，有人吃人，「中國夢」前所未有地色彩斑斕。

　　中國是一座當代的所多瑪城。在最能體現現代性的推特上，「攻佔台灣島，活捉林志玲！」這句話，居然被相當一部分中國人視爲睿智的「幽默」和民間社會的活力所在，這只能說明一個事實：如果沒有價值的提升和精神的更新，僅有經濟的發展和技術的進步，中國人永遠無法步入文明的生活狀態。

# 潑皮式的「愛國」可休矣

我們的教育根本就缺少愛和平、愛人類的內容。對國家的
愛往往是通過對其他民族的恨表現出來的。

——中國政法大學政治學研究所所長／叢日雲

　　中華民國前總統李登輝訪問日本，在離開東京成田國際機場
的時候，遇到了一名男子向其投擲飲料瓶。李登輝受到驚嚇，險
些跌倒；李妻曾文惠則跌倒在地，擦傷膝蓋。當時現場一片混
亂，該男子立刻被日本警方拘捕。日本東京成田國際機場警察署
宣佈，該男子來自中國大陸，三十四歲，名叫薛義，是一名軟體
工程師。

　　在薛義被日本警方拘押期間，約二十人赴日本駐華大使館示
威，要求日本政府立即釋放這名「英雄」。示威者在使館外拉起
布條，高叫「李登輝是漢奸和日本人的走狗」等口號。這次示威
沒有受到警方的干涉，顯然事先得到了批准。中共當局對遊行示
威控制極其嚴格，雖然憲法中規定了公民有遊行示威的權利，但
具體設定的《遊行示威法》百般限制，幾乎將此權利取消於無
形之中。然而，中共當局對某些對其「無害」甚至「有益」的遊
行示威，往往網開一面。比如，中美撞機事件之後中國民眾圍攻

美國使館，反日風潮中民眾圍攻日本使館，即便出現若干暴力行為，警察亦袖手旁觀。當局居高臨下地賜予民眾「愛國權」，且在背後煽風點火；而一旦引發國際輿論的反彈，便立即號令收兵，潮水般的大眾頓時鳥獸散。可以說，在幾次「御賜愛國運動」中，官家的運作達到了「收放自如」的境界。

## 在這個神奇的國家，流氓成了英雄

日本電視反覆播放薛義在被捕瞬間的畫面。這名略顯肥胖的中國男子，頑童般地對著鏡頭吐舌頭、做鬼臉，不像是一個有教養的人士，倒與日本右翼暴力團成員的流氓外表十分相似。此人究竟是英雄，還是潑皮（流氓、無賴）？明眼人大致可以判斷。其言行舉止，究竟是為國增光，還是敗壞國人的國際形象，稍有常識之人自有結論。

在繳納了二十萬日幣罰款之後，薛義被日本警方釋放。於是，中共喉舌《人民日報》旗下、歷來以「愛國」著稱的《國際先驅導報》，立即做一則長篇專訪，企圖塑造出又一個「愛國英雄」來，以安慰那些本已無國可愛的民眾。

表面上看，薛義是一個莽夫，其實他是一個聰明人。他完全知道什麼是可以批評的，什麼是不可以批評的。裝腔作勢的反日、反台的言行舉止，自然能得到官家的賞識，更能得到愚民的歡呼。而一旦批評中共當局，便會立即被打入另冊，永遠不得翻身。

中共政權的工作效率十分低下，駐日本使館的外交機構也是如此。在薛義向日本警方提出會見使館官員的要求之後，整整等待了兩天時間，「祖國的親人」才前來探監。儘管如此，望穿秋

57

水的薛義，不敢對長官有絲毫怨言。接受媒體採訪時，首先便是對使館表示感謝，也是向黨和政府輸誠。他的分寸拿捏得相當準確。

面臨可能被日本政府遣返回國的命運，薛義表示他並不後悔。他如此描述當時的舉動：「李登輝的支持者都站在安全線外，我並沒一直和他們站在一起。買了飲料後，我回到旅客休息座位上等候。在聽到李的支持者高呼他名字的時候，我以比平常稍快的速度走到人群背後，找到一個相對來說人較少的位置，同時喝了一口飲料，以降低李的支持者和警察的戒心。事前我並沒有任何明顯舉動，所以他們不知道我的目的，也沒人阻攔。」於是，他順利地發出了那「驚天一擲」，終於一舉成名。他做一輩子的軟體也贏不來如此輝煌的名聲。

薛義為什麼選擇李登輝作為襲擊對象呢？他的回答是：「日本警察曾問我，周圍有那麼多人，而我為什麼偏偏要把飲料瓶投向李登輝？我當時就說了『擒賊先擒王』這句話。」參與日本駐華使館前要求釋放薛義的示威活動的另一名「愛國賊」馮錦華，即當年因為到靖國神社側門潑油漆被日方遣返的「愛國志士」，也有一番類似的解釋：「像李登輝這樣的民族敗類，只會受到人民的唾棄。薛義的行為是代表中國普通人發出了質樸的聲音，對『台獨』表達譴責，這是最重要的。」

李登輝是不是「民族敗類」，仁者見仁，智者見智。但是，薛馮二人有何資格代表「人民」作出斬釘截鐵的宣判？沒有經過他人的授權而妄自「代表」，這本身就是一種專制主義的思維。薛氏在現場看到了有許多李登輝的支持者，他為何不思考一下：為什麼這個「民族敗類」居然有如此眾多的支持者？這個被他們

58

認定爲「民族敗類」的人，爲何被另外一些人看作是台灣的「民主之父」？

## 由自戀成癖到自虐成狂的「愛國厲鬼」

這些「愛國賊」們顯然不知道如何使用一種文明的方式處理政見上的分歧，偏偏選擇暴力手段來恐嚇和威脅，這與塔利班和蓋達組織的恐怖主義行徑有何區別呢？此種作法不僅不能改善台灣民衆對中國的看法，相反將使得台灣的主流民意更加疏離中國。「台獨」意識的抬頭，至少部分是天安門屠殺的血與火給逼出來的，也是若干薛義式的「武林高手」給逼出來的。誰願意加入一個喊打喊殺、動刀動槍的「大家庭」呢？

在中國，「愛國主義」是一把「政治正確」的「尚方寶劍」。薛義宣稱：「我一直有自己的原則和立場，如果不做（這件事），我不知道今後將如何面對自己。」他還說：「愛國可以具體到很多方面，身在國外，應該知道自己的一言一行都代表著中國人和中國的形象。愛國不是空喊口號。面對對手，該示強的時候絕不應示弱。」他說的每一句話都像是從中學教科書中背誦而來的。他說得儘管頭頭是道，其「擲瓶」之舉卻是打自己的耳光。

因爲，強大的中國不是用飲料瓶子砸出來的。薛義的所作所爲，讓日本民衆和台灣民衆看到某些中國人醜陋、野蠻的嘴臉和扭曲、變態的心理，他們也許由此而蔑視、歧視那個「不文明的國家」。其投擲瓶子的舉動，不是張揚國權的舉動，乃是匹夫之勇；不是愛國，乃是害國。

過去一百多年以來，中國曾飽受西方列強的欺負，後來更是淪陷於本國獨裁政權的「自我殖民主義」，後者甚至比前者更壞。

此悲劇命運,「愛國賊」們功不可沒。雜文家易大旗指出:「他們的心理是扭曲的,其『國家主義』的民族情結,由自戀成癖到自虐成狂,他們把自己的民族想像成一個含怨之婦,想像成一個披散著長髮、吊著長舌、被人勒死的厲鬼,終日追魂索命,清算十代以上的血仇。」從童年時代開始,中國人便生活在一個被仇恨毒化的社會氛圍之中,仇恨的對象是「亡我之心不死」的西方帝國主義。然而,他們卻不敢對每天都在傷害自己、踐踏自己、凌辱自己的當權者說三道四。

清朝末年義和團的符咒沒有振興中華,毛澤東時代紅衛兵的打砸搶也沒有振興中華,九零年代憤青遍地「說不」的唾沫也沒有振興中華。潑皮式的愛國於今可休矣。其實,在日本居住的數十萬華人華僑中,亦有若干我所敬重的真正愛國者。比如旅居日本的東北漢子班忠義,數十年如一日為中國和韓國的日軍性暴力受害者呼籲和募捐,每年都跋涉萬水千山,將捐款親自送到每一名受害者的手上;又比如任教於日本某大學的湖南女子劉燕子,自費編輯發行中日雙語的文學刊物《藍》,水滴石穿地從事中日文化交流,並在日本為劉曉波、冉雲飛等獨立作家的自由與人權奔走呼號。他們對祖國的愛,落實到每一個生命上面,落實到每一片土地上面。薛馮之流的「愛國賊」,若對鏡自照,難道不覺得自己有多麼醜陋嗎?

## 台灣和日本不是你們的「公共污水溝」

從馮錦華的潑油漆到薛義的擲瓶子,當然都是「個人行為」,並沒有證據顯示中共當局在背後策劃和驅動。溫家寶剛剛在日本完成「破冰之旅」,胡錦濤剛剛接見中日兩國青年文化交流代表

團，中共當局並不願與日本的關係繼續惡化。所以，「擲瓶事件」並不在中共的預先計畫之中。但是，此種事件的發生，其思想淵源則是「六四」之後二十多年來中共當局極端民族主義的宣教，薛義這樣理工科背景的學生便是這種洗腦教育的結果。

歐威爾在《動物農莊》一書中揭示，狡詐的統治者往往會故意製造出一些「敵人」來，將他們當作公共污水溝，從而轉移內部的矛盾。台灣和日本就是共產黨政權刻意捏造出來的供民眾宣洩憤怒的公共污水溝。許多中國人一說起「台獨」，便如同好鬥的公雞一樣眼睛充血，羽毛豎立；但是，對於身邊被當權者欺辱、掠奪乃至殺害的同胞，他們卻視若無睹，冷漠如冰。他們的「愛國主義」呈現一種「逐近棄遠」的選擇：遙遠的日本、台灣、美國成為發洩心中怨憤的對象，同時還能讓自己顯得「愛國」，何樂而不為呢？

其實，「台獨」真的是中國的敵人嗎？「台獨」的主張傷害的僅僅是抽象的、虛幻的「大中華」的概念，「台獨分子」並沒有傷害任何中國民眾的切身利益。是誰製造了駭人聽聞的山西奴役童工事件？是誰命令荷槍實彈的軍隊殺害手無寸鐵的學生和市民？是誰迫使數千個村子的農民因賣血而染上愛滋病？是誰生產並銷售有毒奶粉導致成千上萬「大頭娃娃」的出現？是誰向俄羅斯卑躬屈膝並簽訂條約出賣大片國土？是誰感謝日軍發動侵華戰爭幫助中共奪取了江山？是誰造成了人類歷史上空前絕後的餓死三千萬人的大饑荒？該不是李登輝和那些「台獨分子」吧？

此次「擲瓶事件」，並沒有被炒作成又一次反日運動的導火線。薛義不得不承認，日本警方對其處置完全符合法律，他在拘留所的生活清閒而平安，不僅享有良好的飲食，還能讀書和鍛鍊

身體。他說：「日本警方的態度還算友善。私下裡他們也有人對我說，你的心情是可以理解的，但是扔飲料瓶是不對的。」薛大英雄也許不知道同胞陳光誠在本國監獄中的遭遇。作爲盲人的陳光誠，爲那些受歧視的殘疾人，爲那些被強迫墮胎的農婦提供法律幫助，自己卻被投進監獄，多次遭到警察毒打。兩相對比，日本與中國，哪個國家更文明、更遵守法治、更尊重人權？那麼，一身是膽的薛義，何不儘早回到祖國，像陳光誠那樣爲同胞的基本權益而奮鬥，並嚐嚐在祖國坐牢的滋味呢？

對於眞正的愛國者來說，需要做的事情，不是「將大刀向鬼子頭上砍去」，也不是將飲料瓶向李登輝頭上扔去，乃是貼近這片多災多難的土地，貼近這群多災多難的同胞。如易大旗所說：「眞正值得尊敬的愛國者，是使自己和所有同胞成爲其『人』的有志之士，他們從平凡的事體做起，關注家鄉社區的建設，從一草一木乃至爲細微末節之每一平方釐米的民主權益而抗爭……爲勞苦大衆的不平而疾呼，絕不對一切侵犯人權的權勢者低下自己的頭顱。」

批判專制的淵藪，盜來自由的火種；打破鐵屋的黑暗，帶來民主的新風。此方爲愛國之正道。

# 中國留學生何以化身紅衛兵？

當整個國家大聲叫囂愛國主義的時候，我不得不探究他們
手掌的潔淨和心靈的純潔。

──美國思想家／愛默生（Ralph Waldo Emerson）


　　當下中國的惶惑、僵化、冷酷、無趣，全都寫在習近平的這
張臭臉上。義和團和紅衛兵猙獰的陰影，亦在其臉上若隱若現。

　　好大喜功的習近平，出訪時的派頭超過了鄧小平、江澤民和
胡錦濤。習近平要求其訪問的國家給予最高級別的禮遇，比如，
到了英國就要乘坐英國王室的黃金馬車。

　　習近平更是命令所在國的中國使館組織大批僑民和留學生前
去熱烈「歡迎」。習近平兩次訪美，所到之處，即便是遙遠的愛
荷華州小鎮，也是一片五星紅旗的海洋。舉起五星紅旗的，當然
不是美國民眾，美國政府不會組織民眾去歡迎自己的總統和外國
元首。舉起五星紅旗的全都是黃皮膚、黑眼睛的面孔。

　　既然習近平上台後反覆命令要輕車簡從，不可迎來送往，那
麼這些歡迎者難道個個都是自費前往嗎？雖然這些歡迎者在接受
媒體訪問時異口同聲地說，他們是自發前來的，是出於對祖國和
領袖的熱愛。但有西方媒體調查指出，歡迎旗幟、衣服都是中國

使館提供的，使館給所謂的「僑領」大筆人頭費和好處費，被組織來歡迎的人可以得到不菲的「小費」，甚至還能被遊覽車載去當地唐人街最好的餐廳享受龍蝦大餐。

## 五毛提高了六百倍，還是五毛

習近平訪美時，被喻為「海外中央電視台」的鳳凰衛視，在新聞中反覆播放僑社及留學生熱烈歡迎習近平訪美的鏡頭。有一個鏡頭給我留下了很深的印象：一個稚氣未脫的留學生激動地說：「如果能見到習主席一面，那是我一生中最光榮的事情。」那一幕儼然回到了「文革」時代：某勞模與毛澤東握手之後，一個月都不洗手，其他人都跑來與之握手，以便能夠沾一點毛主席的「仙氣」。

那麼，習近平真有毛澤東那種「卡里斯瑪（charisma）」式的領袖魅力，讓臣民奮不顧身地為之獻身嗎？我當然不相信。即便是這個激動萬分的留學生，他學成之後是否會歸國服務，都還是一個未知數。

不是習近平有多大的個人魅力，而是「長袖善舞，多錢善賈」、「有錢能使鬼推磨」。一位生活在華府唐人街的朋友向我道出其中的內幕：早在習近平抵達華府的一個多星期之前，某僑社領袖就在唐人街拉人參加歡迎習近平的活動。該僑領開出的優厚條件是：乘坐大巴去歡迎習主席，每人可得到五十美元的酬勞，中午還可享用一頓有龍蝦的大餐。雖然龍蝦在美國並沒有在中國那麼稀罕，但這頓飯也是價值不菲。人人都可以大快朵頤，還有不限量的酒水享用。

而且，這五十美元的「勞務費」是現金交易，不會給領取者

64

帶來任何稅務方面的問題。否則，美國國稅局在查稅時就會追問：「這一筆是什麼收入？」那麼，那些生活在自由的美國，卻爲一點蠅頭小利向專制政權折腰的人，該如何回答呢？難道回答說：這是歡迎中國領導人來訪的「勞務費」？

看來，牆內與牆外確實有別。「五毛黨」一到西方，就升級換代成「五十美金黨」。五十美金，差不多是五毛人民幣的六百倍。看來，就連當「五毛」也要混到美國去，才有更好的收益。國內那些「五毛」可要眼紅了——我們忠心耿耿地爲黨國服務，爲什麼卻沒有這樣的優待，反倒是那些背叛祖國和人民的偷渡客，到了腐朽的帝國主義國家，就能得到偉大領袖的別樣垂青？

然而，「五毛」到了哪裡，仍舊是「五毛」，雖然「打一份工」的數目變了，其被權力豢養的本質並沒有變。華裔作家哈金在描寫移民生活小說《自由生活》中感嘆說，許多當慣了奴隸的中國人，身體到了西方，生活在自由世界，其精神卻像風箏一樣，看上去飛得很高，繩子仍被人家拽在手裡。那些貪圖蠅頭小利而出賣良知與尊嚴的海外華人，是不是這樣的風箏呢？

當年的義和團，奮不顧身地以血肉之軀撲向洋槍洋炮，把假的民間戲曲當成眞的生活本身；今天的海外愛國者，精打細算地舉起五星紅旗向習近平歡呼，他們知道這是假戲眞作；活動結束之後，便將五星紅旗扔得滿地都是。

## 「奴在心者」，生活在哪裡都是奴才

林琴南翻譯蘇格蘭小說家司各特（Sir Walter Scott）的《十字軍英雄記》說過，有一種人是「奴在心者」，即便被解除了奴隸的身分，也不敢走出莊園一步。而今天卻有不少中國留學生，

65

雖然在西方求學生活了多年，仍然是「忠黨愛國」的奴才，一聽說習大大來訪，立即跑去搖旗吶喊，立正歡迎，甚至還要攻擊前去抗議的異議人士和人權活動人士——奴才有時比主人還兇惡。

習近平訪問英國的時候，有一名英國男子，看不慣這群氣勢洶洶、挺習近平的「龍的傳人」，上前質問他們是否懂得言論自由及人權，並大力批評：「你們的國家主席是世上最大的人權剝奪者，很多英國人對你們的國家主席來到我們國家受到如此熱烈歡迎，感到噁心！」

這位男子比英國女王還勇敢。英國女王伊莉莎白二世（Elizabeth II）等到習近平返國之後，在白金漢宮出席花園派對，接見倫敦警察廳指揮官多爾西（Lucy D'Orsi）時，才意外地吐露心裡話。她得知多爾西是習近平夫婦訪英期間負責安保的指揮官，馬上就說：「噢！那真倒楣。」（Oh, bad luck.）

作為路人甲的「單車男」幾乎是「舌戰群儒」（不是儒，而是「愛國賊」）。他怒斥習粉們說：「你們在這裡表達你們的言論自由及權利，那你們是否認為，世上每個人都應同樣享有這些權利呢？包括在西藏、北京，以及任何地方？」

結果對方竟回答說：「我們都是中國人，請說中文，只說中文，OK？慢走不送！」北京痞子的本色暴露無遺。他們在人家的國家，不說人家的語言，反倒以說中文來躲避跟對方的辯論。可見這些官二代、富二代，美其名曰在英國留學，卻連語言關都沒有過。他們的身體生活在英國，可他們的靈魂生活在中國。他們在牆外，不用翻牆就能看到種種關於中國的真相，卻習慣於使用牆內被重重封鎖的微信。

一名中國女子建議這位「單車男」去關心蘇格蘭獨立就好，

嫌他管太多。但這名「單車男」並未罷休，當下回應說：「我支持蘇獨，但重點是蘇格蘭人不會像你們一樣，因為表達獨立立場而被逮捕。」他說，他關心這世上各角落人民的人權和民主。

「單車男」還霸氣說：「雖然我們的首相（卡麥隆 Cameron）會為了錢，對你們的國家主席所提出的任何事情都唯命是從，但很多英國人對此都感到厭惡。全世界很多人都不喜歡你們的主席，也不喜歡你們的國家剝奪了很多人的人權。」

後來，香港《立場新聞》找到該名「單車男」，得知他是在倫敦執業的律師包勒斯·蘭德（Paul Powlesland），他受訪時批評英政府「為錢出賣原則」，還表示當天經過倫敦時，曾有集會者阻止他與其他人理論，還聲稱來挺習是「工作」。

這群習粉被「單車男」駁斥得毫無招架之力，只弱弱地回應：「我愛中國，我愛我的國家。」他們不知道，真正的愛國是讓自己的國家成為民主、自由、受人尊敬的國家，而不是為獨裁暴政辯護，為奴才的身分自傲。

## 太監們都到西方留學去了

清末，法國使臣對中國皇帝說：「你們的太監制度將健康人變成殘疾人，很不人道。」

沒等皇帝回話，貼身太監姚勳搶嘴道：「這是陛下的恩賜，奴才們心甘情願。若不自我閹割，如何為主子服務？」

日前，美國副總統拜登（Joe Biden）在賓夕法尼亞大學畢業典禮上稱中國是「不能自由呼吸」的國家，立即遭到同樣的反駁。

拜登在講話中說，他不必擔心中國搶了美國人的午餐，因為「他們缺乏我們擁有的東西」。比如，美國擁有「開放和公平的法

律系統，活躍的風險投資市場，以及創新的思維」。拜登指出，最關鍵的能力是「另類思考」，「在一個無法自由呼吸的國家，你不能進行另類思考；在一個你不能挑戰正統的國家，你也不能進行另類思考」。

老實說，拜登是一個我很不喜歡的美國政客，他是個變色龍式的人物。他訪問中國時，盛讚習「強勢和務實」。習上台之後的所作所為，證明其「強勢」倒是有幾分，「務實」卻一點都談不上。習比江、胡更會誇誇其談，以毛氏厚黑學治國，宛如依附在毛屍上的蛆蟲。

不過，若不因人廢言，拜登的在賓大畢業典禮上講的這段話，確實說出了中美兩國的根本差異，這也正是那麼多中國學生要到美國大學學習的根本原因。而且，這番話不是他第一次說，在他二零一一年訪問中國時，在四川大學的演講中就說過。

殊不知，主子不急太監急，有那麼一些自尊心過於強烈的中國留學生，不能忍受拜登的講話，怒髮衝冠，拍案而起。這是千載難逢對皇上表忠心的時刻，可不能錯過了。

賓州大學沃頓商學院的中國畢業生張天璞說：「我認為拜登應該為他的不恰當評論道歉⋯⋯他的發言是一次羞辱，一場畢業演說為何會變得這麼政治化？」張反駁說：「我的祖先挑戰正統觀念甚至早於他的祖先前往美洲。」他起草了一份要求拜登道歉的公開信，這封公開信獲得了三百四十三人簽名。

這些名字一定要立此存照。劉曉波被關在監獄中，他們不寫信抗議；天安門母親不能悼念死去的孩子，他們不寫信抗議；毒奶粉、毒大米、老鼠肉，殘害同胞的健康，他們不寫信抗議；臉書和推特被封鎖，他們也不寫信抗議。偏偏要去抗議美國副總統

對中國現狀的眞切描述，他們實在是過於聰明了。

我對中國留學生群體的精神狀態並不樂觀，並非在西方自由世界生活過的人，就熱愛自由。埃及總統莫爾西（Mohamed Morsi）是美國南加州大學的工程系博士及助理教授，回到埃及照樣搞伊斯蘭原教旨主義的那套玩意。正如對海外華人的心態有深入研究的學者程映虹所說：「一個被專制制度和思想滲透了的人，在美國生活越長可能越討厭這個制度，於是成爲在自由民主之下讚美專制的自覺的奴才。」原來，太監們也都到美國留學去了。

## 強國留學生是西方大學的恩客嗎？

在全國人大的一次記者會上，貴州大學校長鄭強口出狂言，炫耀說是中國留學生拯救了英國的高等教育：「我剛從牛津回來，他們所有教授都講眞話，說如果不是中國高等教育的發展，給我們教育了這麼好的中國年輕人，到我們國外來讓我們看得高興，英國大概有百分之二十大學要倒閉，這是事實。」

不愧爲來自夜郎國的祭酒大人，如今終於可以在日不落帝國面前挺直腰桿，揚眉吐氣，一洗從鴉片戰爭以來的晦氣了。當年，欽差大臣林則徐宣稱，英吉利的洋鬼子個個宛如殭屍一般，連膝蓋都不會彎曲，一旦他們上岸來，用釘耙鐵鉤就可以將他們打得落花流水；今天，鄭強校長果眞有黃飛鴻般「男兒當自強」的豪氣干雲——你們牛津、劍橋有什麼了不起？如果不是我們爲你們提供滿坑滿谷的留學生，你們那老大帝國江河日下的疲態早就暴露無遺了。

網路上有好事者將中國「兩會」的照片作了戲劇化處理：將碩大的橫幅改爲「中國留學生家長會」，這個名稱倒是恰如其分。

從習近平、李克強以下，濟濟一堂的高官顯貴，有哪幾個人的孩子沒有在「亡我之心不死」的、萬惡的資本主義國家留學？鄭強校長的子女究竟是在貴州大學上學，還是遠赴重洋鍍金，值得網友來一番「人肉搜索」。

中國的北大、清華等一流大學成為留美留歐的「預備學堂」，中國的年輕一代絡繹不絕地出洋求學，乃至留在歐美工作和生活，為西方國家的 GDP 增長打拼，這不是中國高等教育乃至整個社會制度成功的標誌，而是失敗的徵兆；這不是中國的大學校長們的榮譽，而是莫大的恥辱。

然而，鄭強之流的「恩客心態」，已如癌症病毒一般在強國菁英當中蔓延開來。他們到香港搶購奶粉、日用品和奢侈品，而且居高臨下地訓導香港人說：我們來消費，來為你們提供工作機會，你們豈敢不歡迎？即便我們隨地大小便、闖紅燈、大聲喧嘩，你們也得乖乖忍受。強國菁英以為，若沒有自由行，香港人只能去喝西北風。然而，喝西北風不至於死，不能到香港買質量有保障的奶粉，強國的嬰兒就只能喝著三鹿毒奶粉變成大頭娃娃了。習近平的中國夢裡都是大頭娃娃嗎？

強國菁英也跑到台灣採購水果和海產，一筆筆的訂單都是政治交易。他們以為，既然買了台灣的水果和海產，台灣人就得感激涕零，恨不得馬上與中國統一了。然而，一旦太陽花學運呈現出年輕一代堅不可摧的獨立意志，強國的領袖們立即變臉，原形畢露，破口大罵：「不買你們的水果和海產，看你們只有死路一條！」

強國不是世界的恩客，世界也不是強國的娼妓。你們錢多，留著買冥紙，再增添一點霧霾吧。

# 義和團、紅衛兵與小粉紅的精神譜系

廣義來說，現在中共在位政治局委員都是紅衛兵，現在中共是由紅衛兵掌權。中共第四、第五代領導人的人生最主要的青少年時期，無不在文化大革命中度過。文革一定在他們今天的執政傾向中打下深刻的「烙印」。

——美國加州州立大學教授／宋永毅

　　蔡英文當選之後，中國百度「帝吧」的數萬成員翻牆「遠征」蔡英文的臉書，也順帶攻擊諸多台灣媒體和政治人物的臉書。流亡日本的異議漫畫家「變態辣椒」如此評論說：「這些小粉紅比過去的『自乾五』更加自信和無恥，顛倒黑白的能力升級了，還教訓台灣人要多瞭解中國，這些語言的無恥風格頗有習近平的統治神韻。他們甚至聲稱：『如果沒有網路長城的保護，台灣人早就被我們的唾沫淹死了。』」

　　由於這群年輕人對台灣的現狀極度無知，卻又「無知者無畏」，硝煙瀰漫中，他們「張飛打岳飛」般地誤中了某些熱愛中華人民共和國的國民黨名流。比如，「遠征軍」將剛剛落選的國民黨立委蔡正元當作蔡英文的弟弟，惡毒地咒罵其長相太過醜陋。長期以來奉馬英九和習近平之命，在立法院忠心耿耿推動

「兩岸服貿協議」的蔡前立委，倘若看到來自彼岸的、劈頭蓋臉的臭罵，將情何以堪？

這些「遠征軍」儼然以「小粉紅」自居。「小粉紅」這個說法來自於在中國人氣很旺的《晉江文學城》論壇，一開始只是形容這群九零後和零零後的少男少女們喜歡歐美日韓文化、追捧國際明星八卦、貪圖物質享樂。他們交流的場地稱為「帝吧」，「帝」原來是指某足球明星，現在明確指向「習核心」──帝國當然要有皇帝，帝國子民的幸福感和驕傲感在此溢於言表。

這一次「小粉紅」的集體遠征，徹底改變了「粉紅」這個曖昧詞語所具備的「小布爾喬雅」（小資階級）特質。多年以前，紅色文人郭沫若撰文批判沈從文的作品是「粉紅色文藝」，「粉紅色」顯然是貶義詞，而到了「小粉紅」的時代，「粉紅色」搖身一變成了褒義詞。這批年輕人由此宣示，他們不是被輕看的享樂主義者或物質主義者，而是激越的愛國者和忠誠的共產主義接班人。

## 「小粉紅」是喝狼奶長大的一群人

歷史學者袁偉時指出，這是整整一代喝著比三聚氰胺毒奶粉更可怕的「狼奶」長大的「新人」。「小粉紅」們大都成長於中國經濟高速增長而文宣、教育高度封閉的江澤民時代和胡錦濤時代，然後在習近平時代登上歷史舞台，集體亮相發聲。

「小粉紅」們不假思索地接受中共官方灌輸的民族主義和國家主義的意識形態。共產黨的種種罪惡，從大饑荒、文革和一九八九年的天安門屠殺，對他們來說是太過遙遠的、陌生的歷史，是黨國的敵人造謠的污蔑。他們只記得一九九九年中國駐南聯盟

使館被北約戰機轟炸後，民眾群情激奮地上街抗議；他們只記得二零一二年在中國數十個城市發生的反日遊行示威，砸日本品牌的汽車和日式餐廳的狂歡；他們只記得二零零八年北京奧運會的燦爛煙火和二零一六年習近平大閱兵的英明神武。於是，忠黨愛國就是他們的信仰。

「小粉紅」們不認為中國存在不自由、人權缺乏保障等問題。「翻牆」本是舉手之勞，他們卻認為沒有這種必要──他們不用臉書，而用微信；不用維基百科和谷歌搜索，而用百度。中國自己的社交媒體已足夠了，既然魚缸夠大，何必嚮往大海──大海中可能會有鯊魚呢。他們從不關心劉曉波、天安門母親、維權律師、上訪者、被歧視的少數民族和被城管凌虐的小攤販的命運，他們自以為是「趙家人」或「趙家人的外圍」，至少不是趙家的敵人，不是被權力任意欺凌的弱勢階層和群體──雷洋事件只是機率很小的偶然事件罷了，更何況其家人獲得了上千萬的巨額賠償。

「小粉紅」們更清清楚楚知道，跟誰站在一起能得到足夠多的好處，他們是學者錢理群所說的「精緻的利己主義者」。今天的中國，儼然就是歐威爾筆下《一九八四》的升級版，「如今，幾乎所有的孩子都變得很可怕」，「他們都被系統地訓練成了放肆的小野人，卻不會令他們產生任何反對黨的紀律的傾向。恰恰相反，他們崇拜黨和與之相關的一切。歌唱、遊行、旗幟、遠足、手持木槍操練、高喊口號，崇拜老大哥──對他們而言這些都是光榮的趣事。他們的兇殘是對外的，指向國家公敵、外國人、叛徒、破壞分子以及思想犯。」本該是天真無邪的孩子們，個個變成了最兇悍的打手。

　　「小粉紅」們不是像孫悟空那樣從石頭縫隙裡蹦出來的，他們有精神譜系，紅衛兵是他們的父輩，義和團是他們的祖輩，「排外」是他們的共性。對數以千萬計的「小粉紅」，黨國除了「忠誠」教育之外，還要施行不可少的「仇恨」教育。「小粉紅」們被告知，近代以來中國差點被西方列強「亡國滅種」，是共產黨從天而降，拯救了這個國家和民族。如今，西方列強仍然試圖阻止中國的崛起和復興，追隨西方列強「亡我之心不死」的陰謀的，就是各種西方大力扶持的「反華勢力」，比如：為美國服務的「賣國」知識分子（作家、記者、律師）、台獨勢力、香港那些「甘當英國殖民者走狗奴才」的港獨分子、流亡海外「人面獸心」的達賴喇嘛、信奉「恐怖主義」的疆獨勢力等等。「小粉紅」將以上這些「國家的敵人」當作標靶和箭垛，即便不能上戰場與之對壘，也要到網路上圍剿之。

## 「小粉紅」肆虐，表明文革並未真正結束

　　山東建築大學教授鄧相超因在微博發表否定毛澤東的言論，招致擁毛人士的圍攻，被其所在大學行政記過，責令停職、退休。鄧相超的微博被封，但他的聲音繼續在推特等社交網上出現。鄧相超教授說：「我已年過花甲，站了四十一年講台。我經歷過文革，我知道文革有多麼荒唐，多麼野蠻，多麼血腥……那個人是以多麼變態的心理而大開歷史倒車！我害怕文革重來！然而，在網路上又不斷出現文革的節奏。那麼多的網路紅衛兵──有人稱其為水軍，有人稱其為小粉紅。他們具有文革紅衛兵的基本特質，文革紅衛兵是奉旨造反，他們是奉旨發帖，奉旨罵人。」文革沒有結束，扶清滅洋的義和團也沒有結束，正如學

者資中筠沉重的感嘆：「百年了，上面還是慈禧，下面還是義和團，有點進步嗎？」其實，這句話可以稍稍加以修正：上面比慈禧還愚蠢，下面比義和團還奸詐。

「小粉紅」的肆虐，是當代中國教育失敗的標誌。六四的槍聲，終結了八零年代的思想啟蒙運動，中國教育又深陷於民族主義和民粹主義的泥潭。鄧相超教授為此感到痛心：「做為一名老教師，我對這些青年學子，為了所謂的承諾和少得可憐的『五毛』而喪失人格和突破底線，久而久之他們會成為什麼樣的人？我無比的傷心和擔憂。某些職能部門或者企業，他們對這成千上萬的青年能招之即來，揮之即去，大有文革領袖之遺風，我是無限的憤怒而又莫名的痛苦。」

「小粉紅」們的語言和思維方式，蠻不講理又缺乏邏輯推理和寬容精神。一言不合，立刻付諸謾罵，以最惡毒的語言樹立自信心。他們的表達方式千篇一律，沒有任何個性可言，因為他們接受的是同樣的、唯一的觀念。在現實生活中，他們可能是內向、怯懦的人，一旦在網上匿名出現，立刻顯得好勇鬥狠，強詞奪理。這些「小粉紅」在日常生活中或許暫時還保持謹言慎行，彬彬有禮，但在黨國需要的時刻，一夜之間就能變成踐踏一切人類文明和道德底線的義和團和紅衛兵，像庚子年間的大師兄那樣殘殺西方宣教士及其子女，像文革初期北京師範大學女附中的女學生那樣親手打死校長和老師，像少年薄熙來那樣用黃飛鴻式的「無影腿」踢斷老父親薄一波的幾根肋骨。

拯救「小粉紅」必須從改變中國的教育模式入手。在中國，食品安全問題引起人們的高度重視。近期，中國有三十五家餐館被發現非法使用罌粟殼提取物作為食品調料，這些餐館遍佈全國

各地，包括上海的餃子館、重慶的麵館等。然而，食品中的罌粟殼很容易發現，文化教育和新聞傳播中的「罌粟殼」卻很難被發現。食物中毒的人，只是個人身體機能受害；精神中毒的人，卻成為如同電影中的恐怖殭屍，會去加害別人——所謂「小粉紅」，不就是一具具披著粉紅斗篷的殭屍嗎？從某種意義上說，「小粉紅」是中共教育的受害者，但他們又是加害者，幫助掌權者攻擊、打壓進步人士。

## 「小粉紅」與習近平的共生關係

安布羅斯‧比爾斯（Ambrose Bierce）說過：「愛國主義，一堆隨時可以被任何野心家所點燃，去照亮他的名字的易燃垃圾。」當習近平執政以後，「小粉紅」們驚喜地發現，相比於戲子江澤民和工程師胡錦濤，一個魅力四射的領袖出現在中國政壇上。習近平長得雖然沒有薄熙來那麼帥氣，卻更有帝王的穩重與強硬的氣派。在毛澤東之後，第一個敢於對美國、歐盟和日本等強權說不的領袖終於出現了！

「小粉紅」們如獲至寶地將習大大當作新偶像來崇拜。他們在蔡英文臉書上灌水的圖片之一，寫著「王之蔑視」四個字。「王」就是習近平，這是赤裸裸地稱頌習近平有多麼強大和偉大——習近平是王，王不需要選舉，習近平比選舉產生的蔡英文高貴百倍，這就是「小粉紅」的思維方式。

習近平掌權之後，中國急遽走向法西斯（Fascism）帝國。今天中國效忠習近平的「小粉紅」，跟當年那些為納粹獻身的「希特勒的孩子」何其相似！德國學者吉多‧克諾普（Guido Knopp）在《希特勒時代的孩子們》一書中，詳細講述了納粹是如何一步

一步誘騙青年，利用他們的年少無知，給他們灌輸狂熱的思想，最終讓他們成為戰爭的犧牲品。第三帝國通過希特勒青年團等形形色色的組織將德國的年輕一代牢牢控制在手心，並對他們實施精神壓迫和剝削。希特勒在《我的奮鬥》中公然叫囂：「民族國家的整個教育工作的最重要的任務是，本能地、理智地在被託付給它的青年的心目中和頭腦中植入種族意識和種族感情。」

年輕一代很容易被誘騙，他們的知識還不足以對各種事件樹立自己明確的觀點。於是，希特勒青年團用一種荒謬的世界觀毒害了整整一代人的思想，大面積地、系統地給未成年的追隨者洗腦，讓人們從小就接收褐色的「思想意識」，然後他們果然從「希特勒的孩子」變成「希特勒的士兵」。

德國學者克萊普勒（Victor Klemperer）在《第三帝國的語言：一個語文學者的筆記》一書中，探討了納粹如何用語言來蠱惑人心。必須承認，希特勒和戈培爾（Joseph Goebbels）是宣傳大師，他們知道如何贏得人心。他們特別擅長使用「大詞」來征服民眾，「偉大復興」、「國家利益」、「集體榮譽」等。政治演講、致意的新方式、文章和文告、收音機裡的戰事報導、行進的隊列和納粹黨舉辦的其他大型活動、《衝鋒者》雜誌和納粹黨頂尖政治人物的言論、高速公路及新建的宏偉建築……這一切都是第三帝國的語言。

由於長期浸淫在第三帝國的語言之中，年輕一代如同被催眠了一般，接受了「日常生活之暴戾」而不自覺。當他們被唆使去毆打甚至殘殺猶太人的時候，他們不再有憐憫之心，因為官方媒體上說猶太人是「國家的敵人」；當他們被送上戰場的時候，他們興高采烈，以為自己參與到第三帝國的「永恆事業」之中。當

夢醒時分，他們才發現自己一無所有，傷痕累累。

昔日之納粹，就是今日之中國。《希特勒時代的孩子們》和《第三帝國的語言：一個語文學者的筆記》這兩本互相映襯的著作，應當成為中國中學教育的必讀參考書——當然，那得等到中共政權覆滅之後。這兩本書都是可以讓「小粉紅」重新回歸文明世界的「消毒劑」。

納粹和共產黨的邪惡，就在於它們善於激發、利用和操縱人內心深處的「幽暗意識」。尼采（Nietzsche）說過：「人和樹原本都是一樣的，愈是想朝光明的高處挺升，牠的根就愈會深入黑暗的地底——深入惡中。」所以，必須戳穿「小粉紅」們慣常使用的那些「大詞」，如「愛國」、「無私」、「正義」、「平等」等等，讓他們學會用正常的、健康的、質樸的、清新的語言來表達；也必須讓真理和自由之光照亮他們內心的黑暗面，驅除偏狹、仇恨、怨毒這些情緒，成為具有愛、悲憫、同情、良善這些品性的正常人。

# 霸凌弱者是中國人的天性

缺乏愛的地方，如何能夠不缺乏自由？所以說，真的，我們更不能對那些會同時傷害到愛和自由的作出讓步。

——法國文學家／卡繆（Albert Camus）

　　中國特別喜歡渲染近代以來被列強霸凌的「悲情史」，尤其是日本的侵略戰爭。二零一七年一月，中國教育部基礎教育二司下發函件，下令全中國中小學的教材，把以往中日戰爭的八年抗戰，全部改為十四年。有評論人指出，這種以政治凌駕於歷史的作風，就是中國對中史科的基本態度。

　　這個決定的背後操作者無疑就是習近平。明明是一九四九年之後出生的習近平，此前居然在講話中用煽情的口吻說，自己對抗日戰爭時期中國的苦難深有體會——他難道陪同彭麗媛看多了韓劇《來自星星的你》，也來一把穿越歷史的鬧劇？而且，習近平偏偏忘記了，中日戰爭最激烈時，他的老爸習仲勛及其上司毛澤東最熱衷做的事情，是在西北共產黨割據地區內大肆種植罌粟，提煉鴉片，然後與日佔區進行鴉片貿易。

　　說起近代的歷史，很多中國人立即出現一副苦大仇深狀，彷彿全世界都對不起中國。他們卻從來不承認兩千多年來中國對週

邊國家和少數民族的霸凌乃至殺戮。即便在中國的國勢江河日下之際，中央政府仍然屠殺境內回族、藏族、苗族、壯族、維吾爾族、蒙古族等，從來不曾手軟；干涉週邊朝鮮、越南、緬甸等國內政，也從不掩飾。

## 中國人從來就不愛和平

比起德國納粹對猶太人的種族屠殺，以漢人為主體的中國人對各少數民族的種族屠殺有著更為悠久的歷史。

蔣介石和毛澤東都很崇拜明代大儒王陽明，他們不會不知道王陽明曾經率軍屠殺西南地區的苗族等少數民族。王陽明一邊談論修身養性，一邊揮刀殺人，兩者皆不誤。王陽明標榜的「四大軍功」之一，是剿滅江西大帽山橫水畬族（客家人）政權。當時，膽敢稱王的「賊首謝志珊」及其六千名追隨者皆被王陽明率領的官兵斬殺。王陽明無情鎮壓原本自給自足、豐衣足食的西南少數諸民族，並設學校教「蠻夷」學會「尊君親上」；若不接受統治教化，「盡殺爾等而後可」。王陽明更堅信大一統的中央集權模式是天經地義的，「天下如一家，中國如一人」，「一家」就是皇帝的家天下，「一人」皇帝所有事情說了算。難怪蔣介石和毛澤東都將王陽明奉為楷模，蔣介石下令二二八屠殺時毫無「婦人之仁」，毛澤東下令文革全國武鬥時更是如羅馬暴君尼祿（Nero）一般嗜血如觀劇。

被中國人視為「民族英雄」的清末悍將、「中興名臣」左宗棠，在西北少數民族口中，則是「左屠夫，左剃頭」。所謂收復新疆，其實是一場對回民和維吾爾人的種族屠殺。左宗棠認為，「回民好亂」，「性與人殊」，必須「痛於剿洗」。戰爭之後，「以陝

80

西人數計之……其死於兵疾疫饑餓者蓋十之九，實回民千數百年來未有之浩劫。」左宗棠在同治八年（一八六九年）給朝廷的上書中，敘述甘肅東部的情形時說：「平、慶、涇、固（平涼、慶陽、涇川、固原）之間，千里荒蕪，彌望白骨黃茅，炊煙斷絕，被禍之慘，實爲天下所無。」當然，他認爲這是造反者自作自受。在《平定關隴紀略》一書中則記載說：「死者既暴骨如莽，生者復轉徙之他。蝗旱繼之，癘疫又繼之，浩劫之餘，孑遺有幾？方是時，千里蕭條，彌望焦土。」成千上萬人的死亡都微不足道，只要這場戰爭能讓中國的疆域擴大，就是「千古之偉業，不朽之盛事」。

　　對於中國人來說，爲開拓疆土而殺人，是天經地義的。中國人從來就不熱愛和平，除非自己處於弱勢地位的時候，才會打出「和平牌」。一旦腰包滿滿，財大氣粗，立即就磨刀霍霍，舞棍弄槍。所以，「若台灣宣佈獨立建國，一定開打」，確實是中國的主流民意。雖然中國只有一艘從烏克蘭買來的、不堪作戰的報廢航母，仍然要開過台灣海峽的中線，耀武揚威一番。中國對台灣的霸凌當然不止於此：在中國的壓力之下，台灣被國際民航組織排除在外，持台灣護照者也不准許進入聯合國總部參觀。在 SARS 病毒肆虐時，中國阻止國際衛生組織到台灣幫助防疫，中國何嘗尊重台灣人的生命安全？

　　中國對台灣的霸凌，連美國官員都看不下去了。此前負責亞太事務的美國助理國務卿羅素（Daniel R. Russel），在眾議院外交委員會的聽證會上，忍不住爲台灣打抱不平。他高度讚揚說，台灣是亞太地區的重要民主政體，無論是經濟或民主表現，都足以做爲鄰國的楷模。他強調，自己是台灣的鐵粉，但台灣受到中國

霸凌，被許多國際組織排除在外，參加奧運得用「中華台北」的稱號，正副總統與外交、國防部長也不能前往華府訪問，他認為這些問題需要改變。

中國人一面控訴更強者對自己的霸凌，另一方面卻又蠻橫地去霸凌比自己更弱者。這種國民劣根性，數千年未變。

## 被潑糞的趙薇，華麗轉身為潑糞人

在中國，加害者與受害者的角色常常是模糊甚至重合。趙薇在其導演的新片《沒有別的愛》中換掉男主角戴立忍，她充當了加害者的角色；而在十多年前，趙薇因不慎穿著有日本海軍軍旗符號的衣服，遭到中國的「糞青」們辱罵乃至現場潑糞（糞青果然與大糞有關），她是受害者的角色。那時，我和劉曉波都曾寫文章聲援她。

因為戴立忍被當作「台獨分子」，在中國民間輿論和官方的壓力之下，趙薇被迫作出撤換戴立忍的決定。《中國國防報》發表評論文章說，一切傷害民族感情的行為都會受到清醒民眾的反對和抵制，進而更遠離「藝術」和「票房」。《人民日報》則在微博上表示，愛國是底線，要站穩舞台，就要站穩立場；要贏得市場，就先贏得人心。出賣中國國土最多的中共政權，偏偏把愛國的旗幟舉得最高。於是，趙薇發表聲明，表示國家利益高於一切，撤換戴立忍。

最讓人不忍的是戴立忍。我剛在電影《獨一無二》中看到他出色的表演，他將那個雖然壞卻又壞得不徹底的騙子大亨演得維妙維肖。遭遇飛來橫禍，戴立忍在一份三千字的聲明中說：「我是中華民族炎黃子孫，根不會斷，身上流的血脈也不會斷。」明

明是台灣人，偏偏要給自己戴上子虛烏有的中華民族、炎黃子孫的帽子，不能不讓人哀其不幸。這不是戴立忍一個人的不幸，而是所有台灣人的不幸。

「中華民族」是梁啓超在清末時才炮製出來的新概念。自古以來，中國只有朝代，沒有民族國家的觀念。炎黃子孫又是什麼玩意？黃帝和炎帝的故事，即便是眞的歷史（其實，根本沒有過史料和實物能證明黃帝和炎帝的眞實存在，黃帝陵和炎帝陵都是後來偽造的），黃帝和炎帝戰場上是你死我活的對手，哪裡會有他們的後代通婚而形成的「炎黃子孫」？

當年趙薇的遭遇，比今天的戴立忍還要可怕。當時，糞青們身懷愛國利器，攻擊趙薇，無所不用其極。在《強國論壇》上，有網民討論怎樣對趙薇進行肉體侮辱——是先割她的乳房、還是先割她的鼻子或耳朵——以示對她的「軍妓」賣國行爲的懲罰。在新浪、網易、搜狐等網站論壇上，一些人在研究用什麼樣的雄性動物強姦趙薇才最過癮。後來，果然有糞青到趙薇演唱會的現場去潑大糞。

劉曉波在《中國愛國者的流氓相》一文中寫道：「愛國主義已經變成了精神流氓從事語言殺戮和人格猥褻的道義合法性來源。他們打著愛國主義的旗號，以匿名的方式進行野蠻的人身攻擊、人格侮蔑、獸慾宣洩和道德審判的利器。愛國主義不止是惡棍們的最後避難所，而且已經淪爲惡棍們手中揮舞的大棒。」不知道當時千夫所指的趙薇是否看到劉曉波這篇爲她申辯的文章。

如今，如果劉曉波有寫作的自由，一定會寫文章力挺戴立忍，而趙薇已然從昔日聲援的對象變成譴責的目標。

### 向蔡英文喊話的陸客是真勇敢嗎？

蔡英文總統在桃園機場視察時遇到一個陸客團，平易近人地跟他們交談了幾句。一位陸客突然喊「和平統一」，蔡沒有任何回應就離去。

中國的官方媒體大肆報導說，這名旅客很勇敢，敢於在「台灣地區領導人」和「台獨份子」面前喊出心聲，捍衛祖國統一。我不禁想，要是中國人個個都如此愛國，釣魚島早就收回來了，被蘇俄侵佔的百萬平方公里的領土也早就收回來了。當自己的房屋和土地被官府和房地產商聯手強佔時，他們默不作聲；一聽到釣魚島有事，以及台獨、港獨、藏獨、疆獨，他們立即熱血沸騰，恨不得「壯志飢餐胡虜肉，笑談渴飲匈奴血」。

這位陸客確實很勇敢，敢於在別人的國家行使言論自由權利。在他自己的國家呢？他如果在天安門廣場喊幾聲同樣的話，他能全身而退嗎？這名旅客的言行沒有什麼值得驕傲的地方，值得驕傲的是台灣，台灣已經是一個高度民主自由的現代國家，不僅台灣的國民享有充分的言論自由，來台灣的獨裁國家的遊客在旅行期間也擁有跟台灣國民一樣的言論自由——還可以購買到在中國看不到的種種禁書。

這些陸客在台灣有機會偶遇輕車簡從的蔡英文，卻不能在中國「偶遇」如臨大敵的習近平，這就是兩個國家的根本差別，這就是台灣不能跟中國「和平統一」的重要原因。中國的領導人出巡時，見到的每一個民眾，事先都要經過嚴格的「政治背景」審查，很多載歌載舞的民眾是由官員和警察裝扮的。習近平扮演的那場「包子秀」，那個被他摸頭的孩子居然在他面前表演歌唱

愛國歌曲，這齣戲是張藝謀親自導演的嗎？李克強到成都的菜市場，扮演屠夫的安全人員皮膚白皙，哪裡是終日為生計操勞的小販模樣？

　　中國人很聰明，知道在什麼人面前說什麼話。在蔡英文面前喊幾聲「和平統一」，不會有台灣警察將其抓走；但如果在習近平面前伸冤訴苦，就死無葬身之地了——中國那些房屋被拆遷、土地被強佔的「訪民」，只有流浪到了美國，在習近平訪美的時候，才有機會冒死滾到習近平的車輪下，艱難地告一次「御狀」。他們的處境比大清國的楊乃武和小白菜還不堪。

　　中國人的聰明，其實是一種卑賤。那個奧運會上隨口說出「洪荒之力」的少女運動員，居然引起全球媒體的關注。中國終於有運動員不是跪下來感謝領導、感謝黨和政府的栽培，會說幾句「人話」了，這是多麼巨大的進化啊。然而，當「洪荒之力」這個詞語成為年度熱詞時，這個女孩在被習近平接見之後卻對記者說，那是莫大的幸福，習大大跟我握過手，我要好幾天都不洗手，將這種幸福感多持續幾天。

　　冷戰時代，蘇聯人和美國人比賽誰的國家更自由。美國人說，我可以在白宮門口大聲喊杜魯門（Harry S. Truman）下台；蘇聯人說，那有什麼稀奇，我也可以在克里姆林宮門口喊杜魯門下台。當年的蘇聯人和美國人，可以換成今天的中國人和台灣人。

## 中國人感到最爽的事，是自己人殺自己人

　　一名中國旅客在香港因拒絕購物被活活打死，一時間中國網路上群情激奮，「懲罰」乃至「血洗」香港的言論層出不窮。有

人呼籲說：「忍無可忍！長點志氣，抵制香港！罷遊臭港，餓死港蝗！香港沒資格當中華民族一份子，將香港驅逐出中國做國際孤兒！」嚴密監控網路的中國網警偏偏對這類言論網開一面，暗暗鼓勵。

香港從來不是國際孤兒，香港是最國際化的自由港。瑞士洛桑管理學院公佈二零一五年世界競爭力年報，香港排名第二，僅次於美國。而且，香港年輕一代的本土意識愈發強烈，他們並不想成為中華民族的一份子。若香港獨立，其成就未必在新加坡之下，至少香港人的民主意識遠超新加坡。

更具諷刺意義的是，中國網民罵聲未落，案件真相已浮出水面：原來是一群謀財心切、暴戾成性的大陸人，在香港打死一位嘗試調停購物糾紛的大陸人，香港只是案件的發生地，案件跟香港人毫無關係。中國人自己殺自己人，在中國國境之內從來不是新聞，在國境之外發生，中國人的生命頓時變得珍貴了。

差不多與此同時，中國駐菲律賓宿霧總領事宋榮華與另外兩名領事館職員在當地一家餐廳遭到槍擊，宋榮華受重傷，兩名職員證實不治。中國的民族主義小報《環球時報》正要以此義正詞嚴地譴責與中國存在領土爭端的菲律賓治安混亂，不能好好保護中國外交人員，甚至要威脅派遣航母去追討兇手，卻發現事件真相讓人難堪：兇手是一名領事館女性工作人員的丈夫，夫妻兩人均遭菲律賓警方拘押審訊。《環球時報》不得不承認該案涉及「內部糾紛」，所謂「內部糾紛」，無非財色二字。

近年來，在美國連續發生數十起中國留學生或華裔學生殺害或凌虐自己人的重案。紐約檢方表示，在巴魯克學院，十九歲的鄧俊賢在參加名為「玻璃天花板」的儀式後死亡。他被蒙住雙眼

並且背負一個裝滿沙子的背包，嘗試穿越結冰的庭院。三十七名被告中有五人面臨三級謀殺罪指控。

　　另一起發生在加州的中國留學生凌虐同學案，據受虐女孩在庭上陳述，十幾個人對她施以酷刑，包括打耳光、菸頭燙乳頭、剪頭髮、逼下跪、吃砂子，竟連續虐待七小時。年輕學子動用酷刑凌虐同儕，如此殘暴，實在駭人聽聞。更荒誕的是，犯案者的父母是中國的土豪，赴美幫助兒子處理善後事宜，居然提出重金收買受害者的建議。他們以為美國跟中國一樣，即便殺人放火，也能用錢擺平。結果，他們犯下賄賂重罪而遭到羈押。

　　魯迅早就說過，中國是一個人吃人的神奇國度。以前，閉關鎖國，外人不知，多少傳奇故事，中國人自己讀得津津有味。如今，在全球化的浪潮中，中國人遍佈全世界，中國人彼此之間的殺戮和凌虐，成了一幕全球巡演的行動劇。

# 誰有資格抵制洋貨？

中國的奴才自以為已晉身統治階級，他們以當奴才為榮，
高興得不得了，會遊說自己的子女和親戚也加入這一行。

——香港作家及傳媒工作者／陶傑

　　五四運動張揚民主、科學，是其功勞；但引入民族主義、排
外思想以及不分青紅皂白地「抵制洋貨」，是其害處。中共建政
以來，遮蔽追求民主和科學的五四，卻啓動激進民族主義的五
四。國際國內一有風吹草動，當局便煽風點火，讓民眾暫時有了
上街遊行的自由，但反對的對象必須是「亡我之心不死」的西方
帝國主義。而被徹底洗腦的糞青們就像「打了雞血」一樣亢奮起
來：洋貨要焚燒，國貨當自強！

## 反法：誰買得起法國的奢侈品？

　　二零零八年北京奧運前夕，奧運聖火傳遍世界，卻在某些國
家遭到阻擊，其中最積極反對的是流亡藏人群體。雖然溫和的達
賴喇嘛公開表示，不願杯葛北京奧運會，但還是有很多藏人忍不
住利用這個機會表達對中國侵佔其家園的憤怒。

　　中國的愛國糞青們在電視上看到聖火傳遞被擾亂的場景，頓

時同仇敵愾，人肉搜索究竟是哪些敵國敢在幕後支持藏人。一查才發現，在中國大城市遍地開花的家樂福超市的法國母公司，原來贊助過達賴喇嘛。於是，家樂福成了首當其衝的靶子。

其實，家樂福超市銷售的絕大多數都是中國生產的物品，無非白菜饅頭、牙膏牙刷、兒童玩具之類，沒有幾樣是法國製造的奢侈品。遭到抵制之後，家樂福被迫將諸多貨物退給中國的供應商和廠家，倒楣的還是中國人自己。而且，少去家樂福一次，少買幾個蘋果柳丁、青菜蘿蔔，就能打倒法國帝國主義嗎？

平心而論，中國老百姓有資格愛國，卻沒有資格抵制真正的法國貨。尋常老百姓家裡，可能擁有動輒數萬元的路易士威登高檔背包嗎？可能設置酒窖儲藏昂貴的法國紅酒嗎？老百姓用不起道道地地的法國貨。抵制法國貨的偉大使命，自然而然落到富人身上。

中國的富豪們是些什麼人？中國社會科學院曾完成一份《全國地方黨政部門、國家機關公職人員薪酬和家庭財產調查報告》。該報告披露：黨政幹部形成了一個擁有社會特權的有產階層，其中地廳級以上的幹部是官僚特權階層。二零零六年世界銀行報告稱，中國百分之零點四的人口掌握百分之七十的財富，美國是百分之五的人口掌握百分之六十的財富，中國的財富集中度居世界第一位，中國是全球兩極分化最嚴重的國家。

眾所皆知，中國的富豪大部分是貪官和貪官的家人。一位在中國居住了二十多年的美國官員，一針見血地指出：中國的問題，其實很簡單，就是那麼大約五百個特權家庭的問題。這五百個家庭，加上他們的兒孫、親友及身邊工作人員，構成了約五千人的核心體系。他們之間還存在著普遍的通婚聯姻的關係。他

們壟斷權力，形成利益集團，竭力維護現狀，並製造了「一旦民主，就會天下大亂」的謊言。十幾億中國人民，都成了這個小集團的人質。

這個小集團正是奢侈的法國貨的忠實擁戴者。以前，他們打「飛的（出差時坐飛機）」到巴黎拉法葉百貨公司購買超級奢侈品；如今，這些專賣店開到北京上海等「與國際接軌」的城市，甚至比總店還富麗堂皇，他們可就近購物。黨國要員們鼓動以憤青為主體的老百姓以抵制法國貨的方式來愛國，自己卻不願放棄法國貨所帶來聲色犬馬的樂趣和幸福。

近日，中國一個房地產富豪團赴台灣炒樓，成為台灣新聞界熱情追捧的熱點，他們以享受到類似章子怡的待遇而沾沾自喜。但他們又不願被定位為「富豪」，希望台灣記者以「企業家」來稱呼他們。這個觀摩團的帶隊者為鳳凰衛視的總裁劉長樂，據傳有國安人員的背景，再三對台灣媒體說：「我們不是毒蛇猛獸。」

團員當中有一對珠光寶氣的夫妻，乃是北京頂級豪宅項目棕櫚泉的擁有者曾偉、楊蓉蓉。媒體一度盛傳曾偉是曾慶紅的兒子，曾偉予以否認，但其身世仍不為外人所知；楊蓉蓉是中共某高官的女兒，富貴驕人。這對夫婦如果沒有特殊的背景，在侯門深似海的北京城，如何拿到寸土寸金的土地並點石成金呢？

楊蓉蓉的「貴氣」裝扮，讓見多識廣的台灣媒體人跌破眼鏡：她手提一款價值十萬美元的愛瑪仕包包，腕上佩戴的則是價值七十萬人民幣的香奈兒 J12 的鑽石手錶。除了皮膚是黃色的，她渾身上下的行頭都是法國貨。她的一件首飾便足夠普通百姓吃喝一輩子。

無疑地，即便有一萬名百姓到家樂福去購買日用品，集腋成

90

袞，亦難敵楊蓉蓉這樣的貴客對法國奢侈品的傾力支持。換言之，只有像楊蓉蓉這樣的高等華人，才有資格和能力抵制法國貨。一旦這類高等華人抵制法國貨，法國佬便真的要向中國人屈膝投降。但這些血統純正的太子黨們，為什麼不會像草根出身的憤青們那樣熱血沸騰地愛國呢？

憤青們的眼光應當集中到楊蓉蓉們身上，憤青們應當去招攬楊蓉蓉們說：「走，我們愛國去！」

## 反日：中國人能斷絕日本的紙尿褲嗎？

據《日本經濟新聞》報導，日本產的花王妙而舒紙尿褲在中國的價格相當於在日本的兩倍，每片兩塊多元人民幣。二零一五年，日本向中國出口的紙尿褲類產品（包括衛生紙等）比前一年增加了百分之九十三。在中國也有很多通過非正式管道採購紙尿褲的銷售商，在淘寶網等網購管道上，日本生產的紙尿布深受買家歡迎，供不應求。

中國因在南海的野蠻擴張而成眾矢之的。海牙國際常設仲裁法院（PCA）就南海主權爭端做出仲裁，指出中國不享有在南海「九段線」內「自古以來」的權益。一時之間，習近平當局亂了方寸，中國外交官居然無中生有地造謠說，法官團隊中有日本籍法官──既然是日本人，必然就是反華的。日本永遠是中共對外洩憤時的「公共污水溝」，儘管日本跟南海爭端無關──日本跟中國的爭端在釣魚島和東海。

除了中國人以外，全世界都清楚知道，日本早已不是當年咄咄逼人的軍國主義國家，而是一個在國際社會循規蹈矩的模範生。對於與中國在東海的諸多爭端，日本也向海牙國際法院提出

裁決申請。對此，中國糞青更是惱羞成怒，再來一次拒買日貨的把戲如何？然而，從五四運動至今，中國人抵制日貨不知多少次了，哪一次成功了呢？

抵制日貨的主力應當是中國的上層社會和中產階級。普通人用不起進口的日貨——在奧運開幕式和紀念抗日戰爭勝利七十週年大閱兵典禮中，那些被檢閱的民眾和士兵，屁股下面都夾著紙尿布，肯定不是日本貨，而是國產貨。

除了那些卑微的「被檢閱者」只能使用當局提供的「國產尿布」之外，稍有身分的中國人不會放棄給自己的孩子使用日本尿布。中國人愈是仇恨日本，愈是要千里迢迢跑到日本去搶購日貨。先富起來的一部分中國人，讓自己的嬰孩吃日本生產的奶粉，用日本生產的尿布。天朝人口眾多，嬰孩也多，將日本商店中的奶粉和尿布統統買光，讓日本的孩子沒有奶粉吃、沒有尿布用，這算不算一種別出心裁的愛國方式呢？如蝗蟲一樣的中國人，還要將日本商店中的電子鍋和電子馬桶全都買光，讓日本人沒有電子鍋煮飯吃、沒有馬桶沖屎尿，這算不算是用另一種「沒有硝煙的戰爭」打敗了日本呢？

遺憾的是，似乎沒有哪個中國糞青願意像當年日本的神風敢死隊那樣，懷著必死之心為祖國獻身；也沒有哪個中國糞青願意像韓國的民族主義者那樣，到日本使館門口切下一根手指以示抗議。中國的愛國者早已修煉成為精明的「愛國賊」——他們很愛國，用砸爛別人的日本品牌汽車的方式來愛國，卻不願扔掉掛在自己脖子上的日本品牌的相機。就連大閱兵的新聞報導，央視和《環球時報》的記者也用日本的名牌攝影機和照相機來記錄。而此前主管文宣的政治局常委李長春，居然在觀禮台上用日本相機

拍個不停。上行下效，民間又怎能例外呢？

　　魯迅早就知道了中國人愛國之虛妄。一九三一年，魯迅在《宣傳與做戲》一文中說：「離前敵很遠的將軍，他偏要大打電報，說要『為國前驅』。連體育課也不願意上的學生少爺，偏要穿上軍裝，說是『滅此朝食』。」一九三二年，魯迅又在《中華民國的新「唐・吉訶德」們》一文中，對上海灘的「青年援馬團」做了極其辛辣的諷刺。當東北的馬占山起兵抗日之後，上海的一些青年組織了「青年援馬團」，聲稱要徒步去黑龍江支援馬佔山。魯迅寫道：「不是兵，他們偏要上戰場；政府要訴諸國聯，他們偏要自己動手；政府不准去，他們偏要去；中國現在總算有一點鐵路了，他們偏要一步一步的走過去；北方是冷的，他們偏只穿件夾襖；打仗的時候，兵器是頂要緊的，他們偏只著重精神。這一切等等，確是十分『唐・吉訶德』的了。然而究竟是中國的『唐・吉訶德』，所以他只一個，他們是一團：送他的是嘲笑，送他們的是歡呼；迎他的是詫異，而迎他們的也是歡呼；他駐紮在深山中，他們駐紮在真茹鎮；他在磨坊裡打風磨，他們在常州玩梳篦，又見美女，何幸如之。其苦樂之不同，有如此者，嗚呼！」

　　中國的歷史是循環往復的歷史，今日之反日「糞青」，彷彿是昔日「青年援馬團」的轉世。

## 反美：誰敢進麥當勞和肯德基？

　　海牙法院就南海爭端做出仲裁，中國一敗塗地。愛國賊們當然不甘失敗，必須找出幕後真兇：海牙所在的荷蘭是個彈丸小國，大概不會有膽量跟我天朝作對，一定是美帝國主義在背後搞鬼！

　　於是，中國有數十個城市發生了若干民眾圍攻肯德基和麥當勞等美式速食店的「群眾運動」。河北的一家肯德基門口拉起了一面橫布條，那是最早出現抵制活動的地方。「抵制美日韓菲，愛我中華民族，」布條上寫道，「你吃的是美國的肯德基，丟的是咱老祖宗的臉。」

　　最有趣的是網上流傳一段影片：一女子對店內用餐的顧客說：「美國都欺負到咱們身邊了是吧！大家都在吃，都在給美國人造炮彈！」她又走近點餐櫃台勸人別消費，又說：「咱們不可能上前線去打仗，但是支持一下習主席是吧！」該女子又走到另一位女食客處宣傳，但對方發現她正在用蘋果手機拍攝，就指著她大喝：「摔了！你給我摔了（蘋果手機）！這樣大家都出店！你摔！」這位愛國女青年真是太粗心大意了，既然要出面抵制美國貨，就應當手拿國產的山寨版手機，豈能拿著美國人發明的蘋果手機？這不是賊喊捉賊嗎？

　　更有網民起草了抵制沃爾瑪、麥當勞、肯德基、星巴克等美國企業的倡議書，一時應者雲集，恨不得滅此朝食、盡顯天朝威風。中國人堪稱全球最愛國的國民，不再是當年孫文感嘆的「一盤散沙」，誰敢對中國有所不敬，全國上下便一致行動，齊心合力，哪國的洋人不為此心驚膽顫？

　　今日之中國已經「雄起」，遠非昔日「百姓怕官，官怕洋人」的滿清王朝。中國是全球最大的消費市場，十三億人口擁有的消費能力不可等閒視之；中國也是全球最大的勞動市場，全世界有多少產品都是中國製造？如果十三億人齊心協力抵制美國公司，美國公司大概就只有死路一條了；如果十三億人口都不給美國人生產產品，美國人就只能喝西北風了。

　　既然美國人不給中國人面子，中國人就不給美國人利益，看誰的損失更大？龐大的抵制計畫還可以繼續延伸下去：僅僅抵制超市、速食、咖啡是不夠的，對美國而言，只能傷其體膚，而不能動其筋骨，痛其心肺。電影《投名狀》中的土匪頭子被招安之前說：「當匪，就要當大的。」中國對美國「舶來品」的抵制，也要挑最大的來抵制，所謂打蛇打七寸，擒賊先擒王。那麼，什麼是美國的「心臟」呢？

　　首先，中國人要抵制網際網路。網際網路是美帝國主義發明的「奇技淫巧」，其目的是腐蝕我大中華之人心。孔子說：「非禮勿視，非禮勿聽，非禮勿言，非禮勿動。」網際網路帶來了各種各樣亂七八糟的東西，網戀、豔照、騙子、流氓，讓偉大的文明古國斯文掃地。故而，要愛國便戒網，要「愛國」便不能當「網民」，「網民」的身分與愛國的誠心不可相容，「網民」的身分就是賣國行為的標誌。愛國賊，從今天起告別網路，讓美帝國主義的攻心之計不能得逞。

　　其次，中國人要抵制波音飛機、通用汽車、蘋果手機及一系列電子產品。中國的大飛機計畫呼之欲出，據說很快能生產出與波音相媲美的大飛機。在此之前，只要是愛國者，就應宣佈拒絕乘坐波音飛機；在我們自己的大飛機沒有升上藍天之前，誰坐飛機誰就是漢奸。（當然，先要從習近平做起，習近平的專機就是從波音公司訂購的。）中國生產的大飛機，需要一個實驗的過程。按照愛國經濟學家楊帆的建議，愛國賊們要義無反顧地去當實驗品，如果飛機掉下來，便光榮地成了烈士，何樂而不為呢？中國別的資源不多，就是人多，每次死個幾百人，算得了什麼呢？只要中國人一不怕死、二不怕苦，總有一天中國的飛機會超

過波音！然而，等到中國公佈自行生產的大飛機之後，人們才發現發動機等關鍵部件都是美國等西方國家生產的，所謂自行生產，不過是組裝而已。

第三，愛國賊不能將愛國停留在口水上，一定要付諸實際行動。愛國賊們要像「文革」的紅衛兵那樣，上街當糾察。一旦發現有人手拿蘋果手機、腳蹬 NIKE 運動鞋，無論何人，立即搶奪過來，當場予以銷毀；一旦發現有人乘坐美國品牌的豪華轎車，無論何人，立即讓其下車步行，並奮力將該車砸毀。另外，要對那些使用淘寶上買來的冒牌貨的國人實行獎勵，中國滿坑滿谷都是冒牌貨，馬雲不是說「我冒牌，我光榮」嗎？還要增加十倍的冒牌貨產量，如此這般，真貨就會在中國絕跡，美國各大公司就會破產，中國不就高揚國威了嗎？

廣大的愛國賊們，你們有這樣的氣魄和眼界嗎？

# 魯迅傳人跪下去，納粹先鋒站起來
## ——評摩羅《中國站起來》及當下中國的國家主義逆流

無賴們用愚蠢作了偽裝。

——英國浪漫派詩人／威廉·布萊克（William Blake）

　　香港文化人梁文道為中國作家摩羅的《中國站起來》一書寫了一句評價：「真是文氣浩瀚，佩服。」沒有想到，摩羅真還將這句評語當作讚語，堂而皇之地印在封底——不知梁文道的名字能促進多少銷量。對於此種唾面自乾式的扮豬裝傻，對人性的黑暗估計不足的梁文道，大概只能以苦笑應對吧。

　　在被包裝得花枝招展的《中國站起來》一書中，摩羅有一句慷慨激昂的名言：「一九零九年，看不到中國的崩潰是有眼無珠。二零零九年，看不到中國崛起的趨勢也是有眼無珠。」在中文推特圈上，我看到一句更為精妙的點評：看不到中國的亂象卻夢囈崛起的，不是有眼無珠而是魚目混珠。

　　從一九九零年代中期至今，從《中國可以說不》到《中國不高興》，再到《中國站起來》，形成「文氣浩瀚」的「中國人三部

97

曲」。這三本書的思想觀念層層遞進，清晰地顯示出當代中國法西斯主義思潮從萌芽到發展再到成熟的軌跡。這些充滿陰溝中臭氣的爛書在票房上的巨大成功，無非依靠兩大靈丹妙藥：一是民族主義，二是民粹主義。在任何時代，民族主義和民粹主義都能吸引一群如法國學者古斯塔夫‧勒龐（Gustave Le Bon）所說的「烏合之眾」。民族主義和民粹主義正是法西斯主義的兩大思想淵源，也是中共的最後兩根救命稻草。

今天的中國正在沿著法西斯的道路高歌猛進，雷根（Ronald Wilson Reagan）執政時期的白宮顧問麥克‧勒丁（（Michael Ledeen））博士，在《遠東經濟評論》上發表一篇題為《北京擁抱經典法西斯主義》的文章，他指出：「中國是經典的法西斯主義，第一個非常成熟的法西斯主義。少量的經濟自由，沒有政治自由，正是法西斯主義。」BBC中文網專欄作家蒙克在《當今中國、戰前德國與世界大戰警告》一文中說，把中國崛起可能挑戰世界秩序，同一戰和二戰前的國際關係相提並論，似乎已經成為西方國際關係討論中的一個經常性話題。倫敦政經學院的戰略問題學者克里斯托佛‧考克（Christopher Coker）也認為，人類的理性被高估是造成歷史誤判的主要原因，中國目前的外交政策越來越喪失理性。

這是一個需要戈培爾的時代，有多少野心勃勃的失意文人自願獻身呢？這一次，摩羅押對了寶，不像一九八九年，這個單純的青年教師糊里糊塗地站在學生那一邊，去郵局拍電報要求罷免李鵬，結果差點被關進監獄——如今，中共黨魁習近平是強硬的民族主義者和民粹主義者，以民族主義和民粹主義為新的信仰的摩羅，可以獲得一隻金飯碗了。

## 「恥辱者」是如何變成無恥之徒的？

　　一九九二年，鄧小平發表「南巡講話」。既然總設計師說了不問姓「社」姓「資」，全民經商熱潮很快席捲全國，對物質的慾望成為國人唯一的慰藉。中國從「六四」之後被西方制裁和孤立的處境中解脫出來，加入全球化進程。隨著經濟的快速增長，意識形態的真空越發凸顯，原有的馬列主義和毛澤東思想無法繼續蠱惑人心，民族主義和傳統文化熱便應運而生。官方的政治需要和商人的經濟利益一拍即合，一群狡猾的書商順勢炮製出《中國可以說不》，網際網路時代之前的第一代「憤青」粉墨登場。

　　《中國可以說不》的出現，是八零年代具有理想主義激情的知識分子投靠主旋律的標誌性事件，也是民族主義和民粹主義走向商業化的開端。《中國可以說不》這個名字頗值得玩味。這是一個祈使句，不是「中國必須說不」，而是「中國可以說不」，因為那時中國的權貴資本主義剛剛起步，中國還沒有跟西方叫板的經濟實力。鄧小平反覆教導說，要「韜光養晦」，不出頭，不爭霸。這幾名作者對當時官方色厲內荏的心態拿捏得恰到好處，對當時中共的內政與外交政策呼應得絲絲入扣。他們「說不」的對象是西方，而不是天安門屠殺之後手上沾滿鮮血的劊子手。他們深知，對西方「說不」不用付出任何代價，反而會得到當局的鼓勵和「愛國賊」們的掌聲；而對中共「說不」則萬萬不可，肯定會被封殺、被喝茶、被和諧乃至被投進監獄。

　　物換星移，到了二零零八年《中國不高興》出籠，作者依然是當初那幾個有文人氣的商人，世界金融風暴來勢洶洶，中國經濟「一枝獨秀」。在此背景下，這幾名作者與中國的當權者一樣，

今非昔比，麻雀變鳳凰。如果當年小心翼翼地『說不』是中國的一個選項和可能性，那麼如今的「不高興」則是理直氣壯地顯示某種實際存在的情緒。這種情緒激烈而狂躁，一方面迎合憤青群體「一無所有」的精神狀態，另一方面又試圖以撒嬌的方式展示給西方人看——我們不高興了，你們看著辦吧。

而一年之後橫空出世的《中國站起來》，則不僅是「不高興」的情緒的宣洩，更是站起來「欲與天公試比高」的具體行動。從《中國可以說不》到《中國不高興》整整用了十二年，從《中國不高興》到《中國站起來》只用了十二個月，這就是「中國崛起」的「加速度」。用摩羅的話來說，這是他「外爭國權」的一大壯舉。從憤世嫉俗的「恥辱者」進化到「真理部」的編外幹部，其間只需要一次華麗轉身。一個熱愛甘地的人，怎麼會對希特勒五體投地？誰也沒有想到，從甘地到希特勒，摩羅只走了短短幾步。

這十年來，摩羅取得的最大成功就是由奴隸熬成奴才。記得八零年代的中國有一部很走紅的電影，名叫《從奴隸到將軍》，摩羅當不了將軍，但在爭相賣身的御用作家中，也算是拔得頭籌。當大家都無恥時，無恥就不再是一種惡劣的品行；當「恥辱者」變成無恥之徒時，無恥就成了一張暢通無阻的良民證。學者蕭瀚說，摩羅的成名作《恥辱者手記》的真名該叫「中國人站起來了」，因為知恥而後勇；相反，《中國站起來》的真名該叫「恥辱者手記」，因為若不是無恥到某種程度，寫不出這樣的書來。借用中國當代詩人北島的句式就是：無恥是無恥者的投名狀。

為此書作序的「不是經濟學家的經濟學家」宋鴻兵說：一九四九年，毛澤東揮筆寫下「別了，司徒雷登」；二零零九年，我

們振臂吶喊「別了，美國模式！」這裡的「我們」顯然自視爲「民族英雄」毛澤東的傳人。殊不知，當年剛剛告別司徒雷登的毛澤東，立即與蘇聯簽訂條約，出賣的國家利益之多，讓近代中國所有對外條約望塵莫及。左派對歷史和現實都很無知，對此我並不感到意外。對於「史詩般的吶喊」，我略略感到奇怪的是：偉大領袖在天安門城樓上宣稱「中國人民站起來」之後，在長達六十多年裡，中國人民難道沒有站起來，或者說站起來一瞬間後又跪下去，直到二零零九年，才由一個文弱書生摩羅宣佈中國站起來了？「站起來」是只能由偉大領袖宣佈的事實，哪裡輪得到弱不禁風的摩羅僭越，難道這個「臭老九」比偉大領袖還偉大？

《中國站起來》的作者自命爲集「三個代表」於一身的國子監祭酒。書中最讓我作嘔的一句話是：「我看見工人農民的血汗正在澆築著中國崛起的基座。」那些被羞辱、被欠薪、被壓榨、被「黑煤窯」的工農大眾，那些在祖國「暫住」的農民工，是否認同這種「低人權優勢」，是否心甘情願地用血肉奠定「中國崛起的基座」？一不小心，數億工人農民就被這個當過「盲流」，如今登堂入室躋身文化名流的文人給「代表」了。這個爬到權力基座中下層、分得一點殘羹冷炙的「不恥辱者」，對工農大眾的心思意念不感興趣，他不經授權而擅自「代表」人民的方式，跟電視上那些代言假藥的明星有異曲同工之妙。

這十年來，我眼睜睜地看著這個昔日的友人一步步地從「絕地戰士」變成「黑武士」。幾年前，我送給他一本我的新書《不要做中國人的孩子》，希望他瞭解那些死於天安門屠殺的孩子，死於三鹿毒奶粉的孩子，死於山西黑窯的孩子，死於四川大地震的孩子的悲慘遭遇，從而洞悉中國人民苦難的根源。在摩羅的

成名作《恥辱者手記》中,有一篇題為《城裡的姨媽》的散文,栩栩如生地描述了城市貧民的困窘與堅韌,曾讓我感動不已。造成千千萬萬「城裡的姨媽」無盡苦難、造成千千萬萬孩子死不瞑目悲劇的,難道是早已被毛澤東「別了」的西方殖民者嗎?在天安門廣場上向手無寸鐵民眾開槍的,難道是裝備精良的美國大兵嗎?大饑荒中數千萬民眾被活活餓死,難道是因為萬惡的美帝或蘇修的封鎖嗎?近年來,孫志剛之慘死、唐福珍之自焚、趙連海之被囚、錢雲會之被殺、雷洋被「嫖妓死」,難道是美帝和日寇在背後施加黑手?

這些罄竹難書的苦難,並非「帝國主義」造成的,乃是盤踞在中國人頭上的中共政權造成的。動了中國人乳酪的,不是憤青們臆想出來的「亡我之心不死」的外敵,而是獨裁專制的共產黨和孕育這個黨的中國人自身的劣根性。這就是卑之無甚高論的常識。無視此常識的人,要麼是知識結構存在嚴重缺陷,要麼是道德品質墮落極深。若是前者,還有救治的辦法,網上有一名九零後的中學生說,以前他是民族主義「憤青」,學會「翻牆」看牆外的世界之後,不到一個月就覺悟成了自由主義「右派」;但若是後者,那就無藥可救,因為對於這類人來說,不墮落就沒有辦法實現賣身求榮。

如今,在這個無視常識、扭曲事實的「過於聰明的中國文人」的行列之中,在「余含淚」與「王羨鬼」之外,又多了一個昔日哭天喊地的「恥辱者」。

## 背叛自由,以毛為聖

《中國站起來》是對八零年代啟蒙主義和自由精神的全盤否

定，是對「五四」倡導的民主和科學價值的全盤否定，是對近代以來中國知識分子尋求有尊嚴的生活方式的努力的全盤否定。與之對應的，這本書也是對鄧小平、江澤民、胡錦濤和習近平時代的權貴資本主義和次法西斯主義的全盤肯定，是對毛澤東時代的紅色極權主義的全盤肯定，是對慈禧太后和義和團式的閉關鎖國、殘民以逞國策的全盤肯定。一貶一褒，表明作為曾經追求民主自由的當代知識人之一員的摩羅，選擇以最卑賤的方式向權力下跪──難怪那個喜歡三跪九叩「古禮」並親自實施的錢文忠教授，欣然為之作序。

德國思想家西奧多，阿多諾（Theodor Wiesengrund Adorno）說過，奧斯維辛集中營之後，寫詩是野蠻的；同樣，「六四」屠殺之後，任何向「國家」拋媚眼的行為，都是對死難者的侮辱。某些學者名流忘記了包括中國人生活在「動物農莊」裡的可悲處境，分到一點糧草，便聲嘶力竭地為「和諧社會」和「大國崛起」充當吹鼓手。當然，他們知道這個社會不夠和諧，老百姓對「今上」有諸多不滿。這時，就需要歐威爾所說的「公共污水溝」轉移公眾注意力。西方帝國主義、殖民主義便成了順手牽來的「替罪羊」。

當局對於反西方的「吶喊」向來都鼓勵和縱容。當反日遊行人山人海之際，當局特意給眾人準備好扔向日本大使館的磚頭。這一次，《中國站起來》倡導反擊西方的口水戰，官方亦樂觀其成，動員若干中央級媒體為其提供周到的「後勤支援」。雖然摩羅在一九九零年代未曾出現在中宣部的黑名單上，但「知錯能改，善莫大焉」，浪子回頭金不換。從黑名單躍上紅名單，如同鯉魚跳龍門。將「倚天劍」賣予「帝王家」，帝王不會讓投誠者吃虧。

　　這是一場沒有硝煙的戰爭。既然為帝王而戰，那麼帝王的敵人，便是摩羅的敵人。除了帝國主義者和殖民主義者覬覦我天朝大國的陰謀之外，還得像當年劃「右派」一樣劃出一群賣國賊和漢奸來。摩羅找到「漢奸」的代表人物，便是蔡元培、陳獨秀和胡適，當然還有他要「謝本師」的精神導師魯迅。他說，如果不是這些「漢奸」的風言風語，自我菲薄，中國的偉大崛起又怎麼會遲到半個多世紀呢？

　　摩羅用一連串煽情而空洞的排比句攻擊胡適，如此惡毒的文字，即便放在五四年毛澤東掀起的批判胡適運動中也毫不遜色——「最無能的男人總是抱怨祖宗沒給他留下更多的財產，最無知的精英總是抱怨大眾過於愚昧聽不懂他的偉大思想，最無恥的失敗者總是歌頌強盜劫掠時打斷他一條腿給他開創了生命新境界，胡適博士三者兼備焉。」如果當年毛澤東讀到如此文字，說不定龍顏大悅，提前將姚文元的職位賜予摩羅。然而，胡適不是用這種粗陋的謾罵就可以打倒，余秋雨一九七四年在文革派控制的媒體上發表《胡適傳》的時候就嘗試過了。作為胡適反面的余秋雨和摩羅，不過徒增笑柄而已。

　　「五四」不是不可以反思，思想史學者張灝以「幽暗意識」反思「五四」激進的社會改造思路，是一種極好的反思方式。同樣，胡適不是不可以批評，胡適確存在某些侷限甚至錯誤，如過於信服杜威（John Dewey）的實用主義。但是，給胡適扣上「賣國賊」的帽子，不是批評，而是污蔑。我可以斷言，摩羅沒有讀過《胡適全集》、《胡適日記》等原始資料，也沒有研究過胡適的若干著作。這是在展開嚴肅批評之前必須做的功課。胡適對中國傳統文化的熟悉與研究，比起葉公好龍的毛澤東不知強多少倍，

更是既自卑又自戀偏偏不讀書的摩羅所望塵莫及。對中國傳統文化，胡適是「去其糟粕，取其精華」，毛澤東和他的精神後代們則是「去其精華，取其糟粕」。

　　歷史學家余英時在《胡適與中國的民主運動》一文中指出：「胡適雖以『反傳統』著稱，但是他在推動中國的民主運動時，卻隨時隨地不忘為民主、自由、人權尋找中國的歷史基礎。他承認中國歷史上沒有發展出民主的政治制度。但是他並不認為中國文化的土壤完全不適於民主、自由、人權的移植。」胡適在晚年發表的演說《中國傳統及其將來》中，認為中國文化中的人文精神和理性精神足以構成接引民主與科學的「中國根柢」。對此，余英時闡發說：「這一點對於今天中國大陸爭取民主、自由的人更具有重要的啟示。胡適從不把中國傳統看成籠統一片；相反的，他對傳統採取歷史分析的態度，他要辨別其中哪些成分在今天還是有生命力的，哪些是已經僵死的。」這樣的論述跟《中國站起來》一書中唾沫橫飛的謾罵相比，哪一個更接近事實與真相呢？

　　畢竟胡適是死老虎，在批判完胡適之後，摩羅立即將矛頭對準當下所謂的「崇洋媚外」者，他描述說，「中國的某些精英人物就像西方殖民勢力安置在中國的思想警察」。這種說法跟幾年前攻擊中國自由主義知識分子是美國中央情報局特務的王紹光暗中唱和。他們知道哪些人是官方不喜歡的人，攻擊、辱罵乃至妖魔化這些人，可以得到官方的賞識和獎勵。

　　很不幸，我就是持續多年不能在中國發表一個字的、所謂「精英人物」中的一員。作為被當局封殺者，我如何完成「西方殖民勢力」任命給我的「中國的思想警察」任務呢？我只知道

每年有幾十天時間，國保警察在我門口「站崗」，不准我踏出家門及會見朋友。將警察的受害者污蔑為「思想警察」，只有摩羅才有如此豐富的想像力。僅有想像力是不夠的，還要有告密的行為。這種卑劣而陰險的告密行為，連普通的五毛黨都不屑去做，摩羅卻樂此不疲，可以載入學者冉雲飛撰寫的《中國告密史》中。

摩羅自以為讀了幾本「人類學」著作（其實大多是西方極左派的胡編亂造之作），就可以對中國和世界局勢指點江山，激揚文字。他既反對普世價值，也反對近代化和全球化。在他看來，「自由貿易的真相是搶劫」，「自由市場的真相是槍炮和霸權」，「自由競爭的真相是不讓別人發展」。按照他的設想，中國乾脆退出世貿組織，乾脆像北韓一樣切斷與世界聯繫的網路，乾脆像毛時代那樣實行統購統銷的計劃經濟，那才是中國最「獨立自主」的時代。

毛澤東曾賭氣說，我要帶著江青上井岡山打游擊；而摩羅給未來中國開出的藥方則是「尊王攘夷」，這個藥方跟毛澤東賭氣的狠話相映生輝。這些搖著羽毛扇的縱橫家，真該去投靠毛新宇少將，通過運籌帷幄，合縱連橫，將毛三世推上皇位，如此方可實現其帝王師「澄清宇內」之夢想。

從揭露說謊到以說謊為榮，真如《聖經》中所說，人心比萬物都詭詐。我想起十年前我與摩羅、孔慶東一起編纂的《審視中學語文教育》一書。該書因質疑魏巍《誰是最可愛的人》，揭露韓戰之真相，遭到教育部和中宣部圍剿，出版社也被停業整頓。如今，摩孔二人「覺今是而昨非」，恨不得跑到北韓去當宣傳部長。此二人變化之快，令人瞠目結舌。韓寒說過，通往北韓的道路，是由每個人的沉默鋪就的；他卻不知道，中國還真有「直將

北韓當天堂」的、「過於聰明」的「副教授」和「副研究員」（由於他們的出色表演，前面的「副」字很快就去掉了）。

同樣是以「中國」為論述對象的著作，在《中國站起來》一書中，我看到的是顧影自憐和胡言亂語；而在財經作家蘇小和的《我們怎樣閱讀中國》一書中，我看到的卻是理性與睿智──蘇小和在《每個人的全球化》一文中寫道：「我看見新一代的中國人在相對寬闊的資訊通道中自由遊走，在財務相對自由之後，年輕的人們開始追求行走的自由和心靈的自由。雖然仍有人坐井觀天，仍有人畫地為牢，但世界已經為我們打開，每個人都在全球化之中，只要有足夠的懷疑精神，只要學會在多元狀態下思考，我們就再也不會輕易被遮蔽，被矇騙了。」換言之，全球化就是自由化，自由化就是去愚昧化，沒有人可以依靠昔日的名氣充當別人的「導師」。難怪那些「左狂人」對「自由」二字恨之入骨，因為在這個資訊越來越自由流通的時代，要想騙人可沒有資訊封閉的毛時代那麼容易了。

## 「準法西斯」的「真人秀」

《中國站起來》是一本向希特勒《我的奮鬥》致敬的作品。摩羅在接受媒體採訪時說：「就反抗西方而言，希特勒是有其合理性的。」以此推導，集中營和大屠殺也是有其合理性的。在中國之外的任何地方，恐怕找不到幾個所謂的「知識分子」敢於如此不加掩飾地挑戰人類的道德底線──讚美希特勒屠殺猶太人的伊朗總統阿赫瑪迪・內賈德（Mahmoud Ahmadinejad）算是摩羅值得尊敬的戰友之一。

《中國站起來》一書，一邊向當權者諂媚，一邊煽動仇恨，

鼓吹暴力，其文字之粗糙、審美之醜陋與精神之卑瑣互為因果。
這正印證了我長期以來的觀點：思想的敗壞必然導致文字的敗
壞。且看作者自己概括的中心思想：「本書所要強調的是，我們
要儘早擺脫殖民時代所加給我們的精神創傷，我們應該挺起精
神脊梁，以飽滿的民族自信和文化自信走向崛起之路，以逢山開
路、遇水架橋的偉大氣魄，將今天崛起的趨勢變為明天崛起的現
實。」正是無數像小學生作文一樣的大話和空話，支撐起這本臭
不可聞的垃圾書。乍一看，還以為是大躍進時代「農民詩」的集
錦。優美的中文被糟蹋到此種地步，讓人目不忍睹。

　　左派為了實現烏托邦的狂想，不惜殺人如麻。摩羅在書中模
仿希特勒、毛澤東和波爾布特（Pol Pot）的語氣宣佈說：「我們
甚至應該以戰爭動員的方式，組織全民族的力量，為保證這一次
崛起的成功而殫精竭慮，誓死拼搏。」連中共當局都不敢輕言
「戰爭動員」，這個昔日高舉人道主義旗幟的作家，卻如同當年在
北京城殺人殺紅眼睛的嗜血的士兵一樣，公然喊打喊殺。摩羅儼
然以國防部長自居，更要像當年的慈禧太后那樣宣佈向萬國開
戰。

　　可惜，共軍從來就不具備抵禦外敵的勇氣，從來就不曾有
「壯志飢餐胡虜肉，笑談渴飲匈奴血」的豪情，他們只會屠殺本
國民眾，從天安門殺到西藏，再殺到新疆，如魯迅所說，他們只
知道屠戮婦女和嬰孩！這樣的一支軍隊無法滿足這個內心怯懦的
文人的戰爭夢。那麼，要過戰爭癮，摩羅只能報名去參加塔利班
或伊斯蘭國。

　　虧得摩羅還自稱為佛教徒，跟許多人像模像樣地談經論道。
當西藏有那麼多溫和的僧侶和佛教徒遭到中共軍隊殺戮時，當達

賴喇嘛被中共官僚辱罵爲「人面獸心」時，他爲何一言不發呢？他哪有半點佛教徒的慈悲與愛心呢？摩羅先生，不要用佛教徒的身分來掩蓋法西斯主義者的本質。法西斯主義是如同瘋牛病一樣的病毒，它徹底敗壞人的思維和理性，道德和倫理。我們與希特勒、戈培爾、史達林、毛澤東之間的不同，不僅僅是觀點的差別，而是靈魂上的迴異。患上法西斯病症的人，不僅僅觀點出格和邏輯混亂，更是人品全然敗壞。

　　法西斯主義的病毒讓人的精神鈣化，甚至永遠無法復原。我很少見到法西斯主義者覺悟成爲民主主義者和自由主義者的，我倒是時常見民主主義者和自由主義者蛻變爲法西斯主義者，摩羅不是第一個，也不是最後一個。曾經被摩羅視爲精神導師、與之有過長達三十年友情的學者吳洪森，一針見血地指出其「變臉」的眞相：「在表面的狂熱之下，是出於功利主義的選擇。」是的，沒有信仰的支撐，有幾個人可以靠著個人的力量，勝過殘酷的打壓、無邊的寂寞與長久的清貧呢？那種重返文化舞台的虛榮心，那種一字千金的貪婪，眼目的情慾與今生的驕傲，會讓高度自戀的文人病急亂投醫。爲了一己之私利，可以扭曲歷史，可以顛倒黑白，可以泯滅良知——有多少文人走上這條不歸路？

　　摩羅辱罵胡適「最無知」、「最無能」、「最無恥」，因爲胡適批判的物件正是他所倡導的殘忍、野蠻與愚昧。胡適說過：「今日還是一個大家做八股的中國，雖然題目換了。小腳逐漸絕跡了，夾棍板子、砍頭碎剮廢止了，但裹小腳的殘酷心理，上夾棍打屁股的野蠻心理，都還存在無數老少的心靈裡。今日還是一個殘忍野蠻的中國，所以始終還不曾走上法治的路。」《中國站起來》便是這樣一本鼓吹小腳、夾棍板子、砍頭碎剮的書。

　　摩羅本名萬松生，其筆名取自魯迅的《摩羅詩力說》，一度被錢理群教授譽爲「精神界戰士譜系的自覺的傳承者」。如今，錢理群對其唯有一聲嘆息。而魯迅早已料到「城頭變幻大王旗」的身後事，早已料到「被背叛的遺囑」是一種必然。既然與魯迅絕交，與舊我絕交，不妨將這個筆名歸還給魯迅，重新取一個向毛澤東致敬的筆名吧。我建議美其名曰「萬愛東」，就是萬松生愛毛澤東，或者是萬分熱愛毛澤東，如此就能跟污蔑上訪者是精神病的北大教授孫東東，以及「三媽教授」孔慶東稱兄道弟了──三個「東」可唱一台戲。

　　眞人秀，說到底還是「秀」。到了最後，表演者分不清哪些是表演，哪些是自己的生活。在中國，鼓吹愛國主義、民粹主義這些玩意的人，從來都不當眞，清楚知道這是「眞人秀」。希特勒是個徹頭徹尾的法西斯主義者，摩羅和他的朋友們則是「言論的法西斯」──他們不敢像希特勒那樣眞的動刀動槍，這是中國的「幸運」嗎？摩羅也沒有去伊拉克和阿富汗打游擊，他只能算是「準法西斯主義者」，以法西斯主義的雜耍賺點小錢而已。別看他嘴上信誓旦旦，如果生活在抗戰時代，他或許就是才華與風雅都要遜色九分的胡蘭成。

　　這類人從未愛過國家，從未愛過身邊的同胞，從未愛過孫志剛、唐福珍、李旺陽和陳光誠，這類人只愛自己，只愛權力與金錢。他們是儒而非儒，是佛而非佛，滿口甘地，滿紙德蕾莎（Teresia）修女，骨子裡還是蘇秦與張儀，還是希特勒與毛澤東。對於這種大言不慚的「愛國賊」，英國文學家 C.S. 路易斯（C.S. Lewis）指出：「他愛國，是因爲他認爲祖國強大而美好，即因她的優點而愛她。她像一個運轉良好的企業，身在其中滿足

了他的自豪感。她若不復如此，情況會怎樣？答案清楚明瞭：『我們便速速棄之而去。』船隻下沉時，他會棄船而去。這種愛國主義出發時鑼鼓震天，旌旗飄揚，實際卻趨向變節和沒落。」

雖然摩羅恨透了魯迅，我還是要引用魯迅的名言來教導他，魯迅說：「我們從古以來，就有埋頭苦幹的人，有拚命硬幹的人，有為民請命的人，有捨身求法的人，……雖是等於為帝王將相作家譜的所謂『正史』，也往往掩不住他們的光耀，這就是中國的脊梁。」是的，真正的愛國，乃是愛這片多災多難的土地和生活於其上的多災多難的同胞；真正的愛國，乃是奮起對抗那些讓大多數民眾都難以「好好生活」的特權階層與權貴集團。真正的愛國者是劉曉波，是丁子霖，是蔣彥永，是劉賢斌，而不是那些「說不」的中國人、「不高興」的中國人和「站起來」的中國人。

這篇文章，算是割席斷袍。對於這個靈魂跪下來、嘴裡卻宣稱站起來的「恥辱者」，我只剩下一句話可說：「你把良心典當到地獄裡，你拿什麼贖回來呢？」


附記：

本文原名為《誰動了中國人的乳酪？——從〈中國站起來〉等「中國三部曲」看當下的法西斯主義思潮》。完成之後，又做了一定的修訂與補充，並改為新題目。最近十多年來，國家主義和民族主義正在成為中國官方的新意識形態，在此過程中，還會有若干像摩羅這樣的御用文人投入鼓吹者的行列。從昔日倡導自由、民主的獨立知識分子，變成如今狂熱的毛派和民族主義者（法西斯主義者），「摩羅變臉」在當代中國不是孤立的個案，而

是一種有普遍性的現象，有必要作出分析與探討。

二零一零年第八期和第九期的《讀書》雜誌，連載了學者許紀霖的評論文章《走向國家祭台之路》。該文以《中國站起來》一書的問世和作者的轉向為個案，分析了當今中國的「民族主義狂飆」。作者認為：「這股狂飆，從反西方與反啟蒙出發，配合中國崛起的時代背景，從守護民族傳統的文化保守主義逐漸發展為崇拜國家的政治保守主義，最後聚焦於中國道路、中國模式的另類現代性訴求。」作者指出，一些知識分子之所以由人道主義蛻變為虛無主義，並走上國家乃至權力的祭台，很大程度上是因為浪漫主義所具有的雙重曖昧性，使之與人道主義分道揚鑣。但我認為，摩羅等人「轉向」的原因並沒有如此複雜，說到底，是尋求真實可靠的信仰而不得，最後成為個人名利之心的俘虜。他們選擇被招安的命運，一言以蔽之，就是「屁股決定腦袋」。

# 大國似乎崛起，廁所依然骯髒

二零零四年九月二十八日上午十時五分，正值重慶市石柱縣黃水鎮中學課間休息，該中學唯一的公共廁所女廁所地面發生垮塌，八名女生迅速掉進地面下的糞池，另有三十餘名女學生受傷或受到不同程度驚嚇。事件發生後，四十二名學生被送到黃水鎮醫院救治。據女生王靜講，當日上午大約十點鐘左右，學生們下課後，湧向校內唯一的廁所。剛踏上便槽，便感到地面在鬆動；隨後聽到「咚」的一聲巨響，王靜與七位女生一起墜入糞坑。王靜嚇壞了，奮力爬上來，然後從牆面的破洞處爬了出去。聽到巨響後，在外等候的學生一邊奔跑，一邊向老師求救。

——《華西都市報》

廁所似乎是一個不能登大雅之堂的話題，中國的君子要「遠庖廚」，更不會拿廁所來說事。

## 中國的 GDP 趕超了日本，廁所的清潔呢？

有趣的是，晚清思想家康有為在《大同書》裡描繪如此「大同社會」的廁所：「以機激水，淘蕩穢氣，花露噴射，花香撲

113

鼻,有圖畫神仙之跡,令人起觀思雲,有音樂微妙之音,以令人科平清靜。」世界上真有這樣的廁所嗎?在訪問日本期間,我發現日本的許多廁所,不亞於康有為的美好想像。我在日本坐過新幹線和各種普通火車,也到過大中城市和鄉村,從來沒有發現任何一個廁所存有異味。日本人的廁所不僅實用和衛生,他們甚至將某種詩意帶到廁所之中——詩意與廁所這兩種最不相干的東西,在日本居然融合在一起。谷崎潤一郎在《陰翳禮讚》一書中有一段描述:「雖然日本式的茶室也很不錯,但日本式的廁所更是修建得使人在精神上能夠安寧休息。它必定離開母屋,設在濃樹綠蔭和苔色青青的隱蔽地方,有走廊相通。人們蹲在昏暗之中,在拉窗的微弱亮光映照下,沉醉在無邊的冥想,或者欣賞窗外庭院的景緻,此情此景,妙不可言。」這不是文人故作風雅之語。

日本人愛清潔的生活習慣古已有之,在近代化的過程中奮力向西方學習現代化的生活模式,原本整潔的廁所,安置了現代化設施之後,更讓人賞心悅目。專門研究廁所文化的美國學者朱莉‧霍蘭(Julie L.Horan)在《廁神:廁所的文明史》一書中指出:「日本的幕府將軍和皇室宗親們都以新奇別緻的糞便處理之道而沾沾自喜。日本城市的廁所、衛生系統的有條不紊和高效節能也是意料中事了。」日本人歷來善於將日常生活藝術化,有了現代科技的幫助,廁所更是顯得美輪美奐,成為傳統與現代完美融合的典範。

近年來,「中國崛起」之說讓「東亞病夫」感到洋洋得意。中日比較成為一時之顯學,人們普遍認為未來的趨勢是:中國日益強大,日本逐漸衰落。霍元甲、黃飛鴻的夢想似乎實現了:二

零一零年，中國的 GDP 超越日本，躍居世界第二。由此，中國成為亞洲第一強國。但是，任何人只要看看中日兩國的廁所，便會得出迥然不同的結論。

美國社會學家羅斯（E. A. Ross）於一九一一年訪問中國，他在《病痛時代》一書中寫道：「中日兩國最大的差別就在於整潔程度方面了。」他批評說，中國人好像不怎麼注重保管和修理的藝術。一提起「中國」，人們腦海中就會浮現出如下種種情景：用破草席搭起的絲毫不能避風避雨的帆船，傾斜的殘垣斷壁，下榻的寺廟屋頂，長滿苔蘚，鬆鬆散散的瓦礫，參差不齊的茅草屋頂，腐爛惡臭的頂棚，搖搖晃晃的屏風，還有傾斜破爛的路面。而在日本，羅斯看到完全不同的景象：任何東西都是極其整潔的，修剪整齊的茅草屋頂，洗刷乾淨的牆壁，明亮的草席，保養良好的路面，也看不到到處亂扔的垃圾。他稱讚說：「我所去過的地方，只有荷蘭和英國的部分城市能與之媲美。」此種差別並不完全是由經濟水準的差異所造成的，因為清潔自己的家庭並不需要耗費太多錢財。此種差異乃是生活方式和文明程度的差異。

這樣的差別直到今天仍然沒有改變。中國的廁所之骯髒與日本的廁所之整潔，依然形成明顯的對比。雖然今天中國的學者們津津樂道於「二十一世紀是中國的世紀」的偽命題，雖然今天中國已經擁有上海、北京、廣州、深圳等超級規模的「國際大都市」，但中國仍然罕有「沒有臭味的廁所」。營造高樓大廈和街道易，需要的只是技術和金錢；而保持廁所之一塵不染難，需要的乃是民眾普遍提升的文明素質。

如果從廁所這個視角來觀察中國，中國是一個「不文明古國」。一種不能解決廁所問題的文明，必然是一種殘缺不全的文

115

明。中國人擁有獨步全球的飲食文化，在吃的方面花樣翻新，卻沒有花一點功夫去解決「吃了之後怎麼辦」的問題。說日本的廁所比中國的廁所文明，千千萬萬中國憤青們必定要罵我是「滅自家志氣，長倭寇威風」的「漢奸」。我不怕被歸類為「漢奸」，我只知道我說的是事實。從廁所這一小小的細節便可以看出來，中日兩國的差異，乃是文明與不文明的差異。

當年，北洋艦隊比日本艦隊強大，但日本人一看到中國士兵在炮台上曬衣服，以及其廁所臭氣熏天，便有了必勝的信心。今日亦是如此，比較兩國廁所的差異，甚於比較兩國的汽車和衛星的差異。道理很簡單：一個管理不好廁所的國家，自然也管理不好軍隊、學校和政府。一九二零年代，日本在發動侵華戰爭之前，許多軍校學生在滿鐵公司的資助下到中國各省採訪調查，實際上是蒐集情報。後來，這些被稱之為「滿鐵調查」的文獻，成為近代中國研究的重要材料。其中，有一名日本士官生在報告中寫道：「在支那最富庶、最繁華的城市裡，其公共廁所亦骯髒不堪。這個國家的政府沒有管理能力，這個國家的國民也沒有自治能力。」數十年之後，這段話對中國而言依然是可畏的警鐘。

如今，中國的網路有很多看上去「愛國愛到海枯石爛」的憤青，咬牙切齒地呼喊反日口號，並發起諸如反對日本加入聯合國安理會常任理事國的簽名活動等。我個人認為，比上網喊幾句口號和簽一個名字更為重要的，是老老實實地將每一間廁所打掃得乾乾淨淨──那些高喊口號和鄭重簽名的「愛國者」當中，究竟有沒有在公共廁所裡便後不沖水的傢伙呢？喊幾句口號，簽幾個名字，既不能弄髒日本的廁所，也不能潔淨自己的廁所。憤青們砸了幾輛日本車和幾個日本餐廳便回家睡覺去了，既不能讓我們

變得更文明，也不能讓日本變得不文明。而我可以確認的事實是：什麼時候，中國人將廁所整治得比日本的更加潔淨了，中國就有了傲視日本的眞正理由；什麼時候，中國人學會自我管理和過文明的生活了，中國就有了讓日本肅然起敬的品質。

## 廁所的差異，就是文明的差異

正如人離不開廚房，人也離不開廁所。廁所是文明的起點和焦點，在美國首都華盛頓的史密森尼博物館群中，有一間展示美國生活的博物館，在其中，我看到了各個時期老百姓家中廁所的樣板，一種廁所對應著一個時代，構成了一部鮮活的普通民眾生活史的橫斷面。我們離不開廁所——根據世界廁所組織（其英文名 World Toilet Organization，簡稱 WTO，恰好與世貿組織的簡稱相同）提供的數據，每個人每天大約上廁所六至八次，一年就是大約兩千五百次。算下來，一個活八十歲的人，一輩子竟有兩年以上的時間耗費在廁所裡。看來，「如廁」（或用中國古人更爲含蓄的說法「更衣」）實在是每個人生命中的一件大事。所以，成立一個正式的國際組織來研討七十幾億人的「如廁」問題，怎麼也不能認爲是「小題大作」。

廁所從骯髒到清潔，從簡陋到精緻的變化，乃是人類文明進程中一個重要的參數和指標。在室內衛生工程出現之前，世界是個發臭和疫病滋生的場所，歐洲若干次黑死病肆虐，都跟城市和鄉村缺乏基本的糞便處理辦法有關——中世紀一次最可怕的黑死病，居然讓歐洲損失三分之一人口。在漫長的中世紀，歐洲文明程度最高的法國，幾乎所有的城市，無論大小，其廁所同樣不潔。法國歷史學家布羅代爾（Fernand Braudel）在其巨著《15 至

18 世紀的物質文明、經濟和資本主義》中寫道：「一七八八年，巴黎的茅坑掏不乾淨，成爲一大問題，連科學院也表示關注。人們一如既往地從窗戶傾倒便壺，街道成了垃圾場。」那時候，巴黎人長期習慣於在杜樂麗花園「一排紫杉樹下大小便」；瑞士衛兵把他們從那裡趕走以後，他們就到塞納河兩岸去行方便，於是塞納河畔「既不雅觀，又臭不可聞」。就連皇太子本人也經常在臥室裡對著牆壁便溺。列日、卡迪、馬德里與上奧弗涅的小城市同樣骯髒。通常有一條運河或一道激流流經這些小城市，名曰：「糞河」，「居民什麼東西都往河裡扔」。布羅代爾這樣書寫自己民族的歷史，一向自尊的法國人並沒有斥之爲「法奸」。

朱莉‧霍蘭在《廁神》中指出：「起初人們都在遠離家門的地方進行排泄。隨著人類在智力和社會化方面不斷向前推進，衛生制度也取得了緩慢而細微的進展。某些文明使用的廁所比其他文明先進得多。還有一些文明則表明，在保持衛生方面，人類同動物相差無幾。」廁所的差異，顯示著不同文明之間的距離；廁所的變異，對應著人類文明前進的腳步。在工業革命之後的現代化都市裡，廁所管理是一項極其複雜的工程——在拿破崙三世（Napoléon III）時代，傑出的建築史和規劃師奧斯曼（Baron Georges-Eugène Haussmann）奠定了巴黎城市的基礎，他所設計的下水道工程，使得巴黎眞正成了「花都」。可以說，沒有奧斯曼設計的下水道，就沒有現代巴黎的浪漫情懷。此後，奧斯曼的設計迅速爲其他歐洲城市所效仿。在各大城市的市政府之中，出現了配備眾多人員、專門負責廁所及其相關項目的市政部門。

那麼，中國的情況如何呢？中國的史書是一部「帝王將相的家史」，其中多半只能找到帝王將相的廁所的記載，而對老百

姓家中廁所的情況甚少描述。《周禮‧天官冢宰》中寫道：「宮人掌王之六寢之修，為其井匽，除其不蠲，去其惡臭，共王之沐浴。」鄭玄解釋說：「匽，路廁也。」可見，從周朝起，中國的宮廷內便設立了廁所，但只供皇帝專用，且有專門人員負責清潔衛生。漢代以後這一職位制度化了，《漢宮儀》中說，漢武帝時期，孔安國為侍中，「以其儒者，特聽掌御唾壺，朝廷榮之」。這就是專制文化的最大特點：在皇權至上，在「普天之下，莫非王土；率土之濱，莫非王臣」的中央集權體制下，任何人只要有機會接近皇帝，便有可能獲得顯赫的權力和無數的金錢；所以，即便是端著痰盂跟在皇帝屁股後面接皇帝大小便的職位，人們亦趨之若鶩，以為無比尊榮。孔夫子昔日周遊列國，惶惶如喪家之犬；孔安國今日侍奉皇帝，雖臭尤榮。

　　明清兩代，帝國版圖大大擴張，宮廷的建制也迅速膨脹。以「天子」自居的皇帝，居住在號稱擁有九千九百九十九間半房間的紫禁城裡，大殿、寢室、書房、御花園、博物館等樣樣齊備，偏偏就是沒有一間廁所。當年皇宮裡住著數千人，上至天子，下到小太監和宮女，這麼多人的大小便問題如何處理呢？據相關資料記載，皇帝方便的時候，一般不出大殿，由近侍、太監和宮女在一旁服侍，直接便於馬桶之中，再送出殿去。宮中各色人等的排泄物均裝於木製馬桶之中，並集中於專門的糞車上，迅速運出宮廷。因此，紫禁城中雖然沒有一個廁所，卻能夠保持清潔。

　　宮廷之外，可就無法保持整潔了。燦爛的文明只限於宮廷之內，只被皇帝和他的大小老婆們享有。皇帝只關心他的宮殿，宮殿之外百姓的生活是他所不知道的，他才不管老百姓是否在糞便中掙扎呢。明代文人王思任在《謔菴文飯小品》中，將偉大的京

城比喻成一個巨大的、散發著惡臭的廁所。由於城內寥寥可數的
幾個公共廁所都是收費的,「故人都當道中便溺」。婦人們也都將
便器中的糞便和尿液直接倒在街上,街道上「重汙疊穢,處處
可聞」。詩人褚維塏有《燕京雜詠》云:「汾澮曾無惡可流,糞
除塵穢滿街頭。年年二月春風路,人逐鮑魚過臭溝。」下有附註
曰:「都城溝道不通,二三月間滿城開溝,將積年污穢厗街左,
觸鼻欲嘔,幾不能出行一步。」《燕京雜記》的描繪讓人觸目驚
心:「京城二月淘溝,道路不通車馬,臭氣四達,人多佩大黃、
蒼朮以避之。正陽門外鮮魚口,其臭尤不可向邇,觸之至有病亡
者。此處爲屠宰市,經年積穢,鬱深溝中,一朝泄發,故不可當
也。」

　　北京和上海是近代以來中國拿得出手的兩個「門面」。一位
十九世紀晚期遊歷中國的西方觀察家,用「可怕」來形容北京:
「排水設備向來破敗不堪,僅僅由幾條貫穿於城裡各處、傾倒垃
圾的碩大溝渠組成。而所有的溝渠早已淤塞不通,雖然每日有
潮汐漲落,城市的各個角落都彌漫著令人作嘔的氣味。」一八九
九年,美國《芝加哥新聞報》的記者這樣描寫他在北京的感受:
「該城氣味濃烈,可觀之處則少之又少。……房屋低矮破舊,道
路全然未加鋪砌,總是泥濘不堪、灰塵僕僕,且由於缺乏下水道
和污水坑,城市的污穢景象簡直難以言喻。」而愛德華・摩爾斯
(Edward Morse)在《東方便所》中如此描述他看到的上海:「一
進入上海小鎮,用扁擔挑著敞開的木桶的男子便迎面而來。他們
是大糞搬運工,沿著固定的路線穿過城市。倘若跟隨這些掏糞
工,你會發現,他們走到附近的溝渠兩側,將木桶的汙物嘩啦一
聲倒入敞艙駁船或另一種船舶裡,汙滿爲患時,船隻便被牽引到

鄉間的稻田裡，廢物被胡亂倒進水中。溝渠少有流動，至少還不足以清除綠色淤泥，改變渾濁發黃、滿是污穢的水質。可就在這條船旁，人們正舀水來飲用和燒菜做飯咧。」今天的北京和上海早已脫胎換骨，但許多鄉村仍然如同百年前那樣，人們在露天的環境下隨意大小便，或者廁所與豬圈合二為一。

　　日本學者中野孤山於一九零六年赴成都任學堂教席，將一路的見聞寫成《橫跨中國大陸──遊蜀雜俎》一書。一方面，他讚揚說：「以四千年光輝燦爛之歷史，遼闊廣袤之疆域卓絕於世者，乃中華民國；擁有五億國民、一統堂堂之天下者，乃中華民國；以天然沃土吸引世界，以豐富資源誇耀天下者，乃中華民國。」另一方面，他又如此描寫道：「街道上污水四溢，他們視而不見；屎尿遍地，塵埃飛揚，他們毫不在乎；食物上爬滿蚊蠅，他們懶得驅趕；對渾濁的飲用水，他們更是無所謂。對清潔呀衛生呀什麼的，他們似乎不加考慮。」具體到沿途旅店裡廁所的情況，他描述說：「廁所也不是沒有，只是設施不善而且極不衛生。其中大部分廁所都與豬圈並排著。在一個大坑上架著橋板，橋板只有一塊，看上去很是懸乎。解手時蹲在橋板上，要麼與豬相對，要麼屁股沖著豬，二者必居其一。由於橋板不牢靠又狹窄，而且還有一半已經腐朽，因此，遵照孔子『危邦不入』之教誨，旅客就在寬敞的庭院或安全的室內牆角方便。」這不是所謂的「帝國主義」或「殖民者」居高臨下的視角，而是毫無誇張的寫實──直到一百多年以後的今天，我到中國的許多農村去，發現廁所的狀況依然如此。中國在諸多方面發生了翻天覆地的改變，但廁所卻呈現為「停滯的帝國」。

## 「沒有門的廁所」與失敗的「新生活運動」

「沒有門的廁所」，是許多海外人士到中國鄉村「如廁」時的第一感受。

台灣中天電視台播出綜藝節目《紅色風爆》，該集節目主題為「兩岸藝界大不同」，孟廣美是嘉賓之一。作為經常在內地工作的藝人，她在節目中大談在內地上廁所的「不堪經歷」。她說，一次在內地某廣場上採訪，內急想上廁所，按照工作人員的指示去找廁所，「我進去一看，是一排排水溝，連綿有一公里，上百個白白的屁股排成一排，還此起彼落，兩個人面對面還可以聊天……」在其他嘉賓的哄笑聲中，她接著說：「內地人不說洗手間而必須說廁所，內地的廁所很多都沒有門，即使有，內地人也大都不關門！」

孟廣美的言論除去上下文被放在網路上，如同一石濺起千尺浪，千千萬萬愛國憤青們好不容易找到一個安全的「萬矢的」。有人說這是惡毒無比的「反華言論」，有人說從此抵制孟氏演出的電影和電視，有人說要打電話上門去恐嚇之，有人說要去抄這個資產階級小姐的家……孟廣美在中國一下子成了「人人得而誅之」的「民族敗類」。

孟廣美的遭遇顯示，中國仍然處在充滿暴戾之氣的「後文革時代」，憤青們乃是紅衛兵的變種。在「群情激奮」之下，清醒的聲音總是少數。《南方都市報》評論員長平指出，孟廣美說的雖然是真相，但她的錯誤在於對「聽眾」的精神狀態沒有充分的評估：「尤其是你說到一個因自卑而變得極度自尊的族群的時候，你必須具備一定的同情心與理解力。」儘管事後孟廣美被迫

道歉，但「民意」並不接受，憤青們繼續辱罵。對於憤青「受傷」的心態，長平分析說：「他們並不真正關心內地廁所臭還是不臭，也並不關心是不是真的準確。可以肯定的是，在孟小姐道歉之後，甚至在她被憤青們封殺之後，內地的大多數廁所還是臭氣薰天。」面對「我臭我怕誰」的叫囂，夫復何言？

我在網上讀到一篇題為《中國人，你為什麼這麼髒？》的文章，痛斥中國人種種骯髒的生活習慣。文章說，香港學者謝劍撰文談及出國旅遊的同胞，希望國人要注意基本的禮儀和常識，以免使得國家蒙羞。謝劍在飛機上遇到一個來自中國的旅行團，「他們不會說英文又不會沖廁所，經濟艙五個廁所全部被淤塞，空中服務員被迫開放商務艙應急，亦瞬間失靈，把整個飛機搞得人仰馬翻」。另外一個例子是：香港迪士尼開業之後，內地成千上萬旅客前去遊玩，諸多家長居然讓七八歲的小孩就在園區的草坪上大小便，迪士尼的管理人員說，這種情形在世界各地的迪士尼乃是首次出現。許多香港市民投訴說，若干內地遊客甚至縱容已經上小學的孩子在地鐵中小便，被旁人制止時，他們居然破口大罵說：「我們來消費，養活了你們香港人，你們閉嘴。」

一九三零年代，蔣介石曾經發起「新生活運動」。蔣介石猛烈抨擊他的同胞們的垂頭喪氣、野蠻以及缺乏理性。「他們的衣服與房屋凌亂不堪，他們隨處吐痰和小便，」蔣介石說，「由於沒有原則，他們以吸煙、賭博、嫖妓來消磨他們的生命。」然而，「新生活運動」轟轟烈烈地展開，卻悄無聲息地失敗。原因在於，統治者只知道居高臨下地教育人民，卻不知道讓政府和政黨洗心革面，切實為民眾服務。英國作家喬納森・芬比（Jonathan Fenby）在《蔣介石傳》中寫道：許多新生活的規則都非同尋常

且非常明智，比如那些倡導健康的生活方式，整潔、接種疫苗和消滅蒼蠅與蚊子等。但是，這類資訊從來沒有傳達到大多數文盲農民中間，在任何情況下，這些農民更加關心自己的生存，而不是把帽子戴正，把廁所打掃乾淨。

小小的廁所與高高在上的政府之間，存在著某種必然的聯繫。評價一個政府的管理水準如何，不是看這個政府修建了多少高樓大廈，也不是看它制訂了多少繁文縟節的文件法規，只需看這個國家的公共廁所乾淨與否。若管理不好公共廁所，也就管理不好一個城市和一個國家；若處理不好排泄物，也就無法避免大規模公共衛生危機的出現和疫情的爆發。據《三千年疫情》一書介紹，中國歷史上的許多重大疫情，都與缺乏衛生的外部環境，尤其是乾淨的廁所有密切關聯。因此，廁所不僅是文明的標誌，也與人類的生死存亡息息相關。

讓人遺憾和羞愧的是，直到今天，蔣介石在「新生活運動」中倡導的若干原則，比如保持廁所的清潔等，仍然未能在中國普及和根植。如果說某些偏僻的鄉村尚處於「人畜同居」的狀況，乃是因為窮困的緣故；那麼，在許多大城市的五星級大酒店的廁所裡，臭氣如影隨形，這就不單純是經濟發展水準的原因了——看來，經濟水準上「先富起來」的那部分國人，在文明程度和文化修養上並沒有「先富起來」。

## 世界廁所的進步，中國總是慢三拍

喜歡追腥逐臭的人畢竟是少數，大部分人還是希望生活在清潔的環境之中。那麼，如何告別臭氣沖天的生活呢？

抽水馬桶的發明，堪稱一場「廁所革命」。雖然抽水馬桶只

有四百年的歷史，但其萌芽卻可以追溯到更古老的年代。遠在古埃及、古希臘和古羅馬時代，已經有類似水沖馬桶的裝置存在。在四千年前，希臘克里特島上的克諾索斯皇宮就已裝置了備有木製坐墊和小水池的廁所。中國考古學家在河南省商丘的西漢王墓中，發現了一座陪葬的水沖馬桶裝置。這個石頭做的馬桶有馬桶座和扶手，可以通過管子用水沖洗。然而，這些抽水馬桶的雛形並沒得到重視、改進和推廣，在歷史長河中靈光乍現，又迅速消失在漆黑的夜空之中，並沒有造福於普通大眾。

中國古代的權貴富商們挖空心思，想了很多辦法消除廁所的臭氣。《世說新語》中記載，當時的權貴石崇上廁所時，有十多名婢女伺候，且「置甲煎粉、沉香汁之屬」，以此掩蓋糞便的臭味。然而，這些辦法皆「治標」而不能「治本」。林語堂曾到歐美諸國宣講源遠流長的中華文明，給聽眾留下極為深刻的印象。某次演講之後，一位聽眾提問：「林博士，如您所說，中華文明確實有許多超過西方文明之處，但是西方文明是否也有超過中華文明的地方呢？」林語堂略作思考狀，然後答道：「有的，譬如抽水馬桶。」話音剛落，全場哄然大笑。其實，聽眾們不必哄堂大笑，林語堂也並非有意蔑視西方文明。這句看似戲謔的回答背後，道出了東西方文明的一大差異。

抽水馬桶不是「不能登大雅之堂」，相反地，它的發明說明了西方文化優於東方文化的地方在於，它不忽視對人類日常生活的關注、對人的尊嚴和自由的關注。抽水馬桶的發明解決了「人如何有尊嚴地上廁所」的問題，比所謂的「四大發明」更有價值。

抽水馬桶第一次出現在中國人的視野中，是在一八六六年。滿清的外交家張德彝在《航海述奇》中描述乘坐的西方「行如飛」

號輪船的感受時,寫到了船上的抽水馬桶:「兩艙之中各有一淨房,亦有閥門。入門有淨桶,提起上蓋,下有瓷盆。盆下有孔通於水面。左右各一桶環,便溺畢則抽左環,自有水下洗滌盆桶。再抽右環,則汙物隨水而下矣。」當他抵達歐洲住所,才發現當地中等以上的人家中均配置有抽水馬桶。

抽水馬桶不單單是一個單獨的器具,它需要有自來水和下水道系統的配套。一九零八年,北京成立「京師自來水公司」,隨後有了下水道,抽水馬桶漸漸在少數高官顯貴家中出現。據袁世凱的女兒袁靜雪回憶,袁任大總統時所住的居仁堂內即安裝有抽水馬桶,可是袁大總統嫌「那個味兒不好」,堅持使用特別訂做的木製馬桶。袁世凱在晚清的高官中是最為西化的人,卻也不能接受抽水馬桶,可見生活習慣比思想觀念更加頑固。

中國的大學,最早使用抽水馬桶的是清華大學,這與它「留美預備學堂」的身分有關。清華的許多建築都嚴格按照美國標準設計建造,清華人幸運地提前告別早廁。《水木清華》一文中記載:「一九二二年春天,高年級學生從平房宿舍搬進當時十分罕見的大樓,樓裡有暖氣爐和鋼絲床,廁所裡還有淋浴間和抽水馬桶。」比起其他大學的學生來,清華的學生屬於「超前享受」。但是,當時在清華讀書的梁實秋也指出:「不過也有人不能適應抽水馬桶,以為做這種事而不採取蹲的姿勢是無法完成任務的。」

俗話說,北大老,清華洋。北大引進抽水馬桶比清華遲了很久。北京大學的前身京師大學堂成立不久,光緒二十五年頒佈了《京師大學堂禁約》。該「學生守則」中有如下條款:「戒咳唾便溺不擇地而施。屋宇地面皆宜潔淨,痰唾任意,最足生厭。廳堂

齋舍多備痰盂。便溺污穢，尤非所宜。是宜切記，違者記過。」
這些條款所針對的並非販夫走卒、引車賣漿者流，乃是從士大夫
中精心挑選出來的「精英階層」──那時，能到京師大學堂就讀
的大都是官僚子弟，世家後代。就是這些「精英人士」，依然保
持著「隨地大小便」的陋習，使得皇帝不得不親自頒佈禁令約束
之。

　　這不是一個笑話──直到今天，北京大學學生宿舍樓（尤其
是男生宿舍樓）裡的廁所，照樣臭氣薰天。許多身為狀元、榜眼
和探花的「天之驕子」和「高等華人」，大小便之後根本懶得伸
手拉一下水箱的繩子。即便配有抽水馬桶，廁所的骯髒狀況並未
改觀。校方多次在廁所裡張貼「來也匆匆，去也沖沖」之類的告
示，收效甚微。我不知道，這些連廁所的清潔都不願維持，卻時
刻以「黨國精英」自居的北大人，在「一屋不掃」的前提下，如
何實現「掃天下」之大志？骯髒的廁所是我在北大求學期間最糟
糕的記憶，也是我不願意過集體生活的重要原因。半夜裡上廁所
的時候，生怕就陷入同學們佈下的「糞便陣」之中。我想，哪天
北大學生宿舍的抽水馬桶乾乾淨淨了，哪天北大的教育就成功一
大半了。

　　抽水馬桶固然重要，如何對待抽水馬桶更加重要。抽水馬
桶被美國人評為「人類有史以來最偉大的發明」，然而，它在喜
歡「宏大敘事」的中國並沒有得到應有的評價。但我認為，抽水
馬桶比核彈、飛機和電腦這些物品更加重要。生產抽水馬桶的公
司在廣告中說：「我們的產品能夠保護您孩子的靈魂。」這不是
誇張之語。抽水馬桶為文明與不文明劃出了一條界限。褚雄潮在
《抽水馬桶識別文明》一文中指出：「抽水馬桶為人們帶來了作為

人的尊嚴。」為什麼這樣說呢？正如這位作者分析的那樣：「用抽水馬桶就與蹲茅坑有本質的區別。它雖然並不強迫你用完廁所後用水沖洗，但它確實有一桶水，在你的背後，好像在隨時準備清洗你的後腦勺——假如你不把你的善後工作做得乾乾淨淨的話。……它在客觀上幫助人們確立這樣的理念：己所不欲，勿施於人。如果你在這樣的情況下還是一走了之，那只能說明，你腦子裡的東西比你的廢棄物更糟糕。」看看若干無比骯髒的中國公共廁所，你不得不承認：許多同胞腦子裡的東西比他們的排泄物更骯髒，而中國的啟蒙事業尚任重道遠。

## 奈波爾（V. S. Naipaul）：從廁所看「受傷的文明」

在晚清的筆記中有這樣一則小故事：清朝最後一任兩湖總督瑞澂，一九一零年到漢口微服私訪，在怡園劇院附近隨地小便。這裡是租界的地盤，結果他被印度巡捕去罰款，最後由英總領事親自接出來才了事。堂堂封疆大吏，飽讀詩書之輩，卻有隨地小便「蠻性的殘留」。難怪洋人要在他們修建的公園門口掛著「華人與狗不得入內」的告示了。可見，怎樣大小便，乃是「有尊嚴的生活」和「沒有尊嚴的生活」的分野。

諾貝爾文學獎得主、英國作家奈波爾對東方社會持嚴厲的批判態度，他深切地洞見了第三世界國家可悲的「自我殖民主義」的現實。他發現，在這些地方，「不可隨處小便」變成了「小處可以隨便」。在奈波爾的諸多遊記中，皆把廁所當作透視一個國家和民族文明程度的切入點。在《印度：受傷的文明》一書中，他用尖刻而不乏悲憫的語言描述了孟買貧民區中可怕的現實：「穿過這些地段，我們一路無話，在噴湧的細流、煙頭和彎曲的

人類糞便之間擇路而行。清理糞便是清潔工的事情，在清潔工到來之前，人們都心安理得地生活在他們自己的糞便之間。」從某種意義上來說，對骯髒的適應與麻木，也就是對自由和尊嚴的自動放棄。如果生活在糞便之中亦能安之若素，那麼人類還有什麼道德倫理可以遵守的呢？這樣的人生是毫無指望的人生，不自愛者豈能得到他人之愛？

由於貧窮與絕望，人們變得麻木不仁，人們的嗅覺出現了不可思議的「錯位」。奈波爾描述了一幕人與牛在糞便中爭鬥的場景：「每個開放的空間都是茅坑；就在這樣一個地方，我們面前猛地出現了一番地獄般的景象。兩頭饑餓的孟買街頭母牛被拴在那兒，翻攪起人類和他們自己的糞便；而現在，它們被兩位饑餓的女人拉出這片沼澤地，周圍喧囂一片，四周的人發出陣陣助威的喝彩，他們聚集在這個孤立、笨拙狂亂的景象旁，如同聚集在糞堆上的圓形劇場。」類似的場景，在印度乃至其他第三世界國家的城市貧民區和鄉村無時無刻都在上演。這就是一幕日常生活的悲劇。

一生致力於在印度建設新式廁所的公共衛生專家賓德什瓦爾‧帕塔克博士（Dr. Bindeshwar Pathak），曾經講述過一個故事：一名印度農村婦女給她在城裡打工的丈夫寫了一封信。她在信中寫道：「你回家時不要給我帶首飾。我更希望你帶錢回來，那樣我們就可以在自己的家裡裝一個抽水馬桶了。」在印度，七億多人的家裡沒有廁所，不得不在露天或使用便桶大小便。據估計，印度每年有近五十萬人死於與腹瀉有關的疾病。由於缺乏適當的衛生設施，直接導致許多印度人，特別是兒童，感染其他胃腸病和寄生蟲病。缺乏衛生設施還造成了深遠的社會影響。在人

們依然露天大小便的農村地區，婦女只能在日出前或日落後大小便。賓德什瓦爾醫生說，這種違反自然的限制給身體造成壓力，而且剝奪了婦女的隱私和尊嚴。

是的，印度、伊拉克、埃及、土耳其、柬埔寨……還有更多古老的國家，包括中國，都深陷於「受傷的文明」泥沼之中無法自拔。這些文明古國，擁有浩如煙海的古代典籍和深奧莫測的哲學思想，擁有金碧輝煌的宮殿和巧奪天工的藝術，但它們與生活在自己糞便之中的大多數窮人的日常生活究竟有什麼關係呢？一種文明，如果它不能為其多數民眾創造出一種有尊嚴的、不匱乏的生活方式，它還有什麼理由被人們繼續頂禮膜拜呢？

中國的媒體從來都是報喜不報憂的，人們只看到所謂「新農村建設」的輝煌成就，而沒有記者願意或敢於將鏡頭對準一家家的廁所。農民家中設置了現代化廁所的屈指可數，糞便仍然是農田裡重要的肥料。偉大領袖說，手上沾著糞便的人心靈最高尚。於是，人們競相「比髒」。即便在北京市中心，仍然有數以萬計的簡陋如「一個坑、兩塊磚、三尺土牆圍四邊」的公廁。數以百萬計的老城區居民，家中沒有獨立的廁所，他們「如廁」需要步行數百米甚至一公里之遙。這些公共廁所數量亦遠遠不足，以重慶最繁華的渝中區為例，這個近六十萬人口的區，僅有公廁兩百個左右，平均三千人才擁有一個公廁。

中國的公共廁所環境之惡劣，讓外來客人毛骨悚然。一九九八年，美國總統柯林頓（Bill Clinton）夫婦訪問中國，其中有遊覽長城的日程。他們的先遣人員因為廁所問題向中國提出外交交涉：第一夫人希拉蕊（Hillary Clinton）不能到沒有水沖的便坑上「解決個人問題」。中方花了近二十萬元在柯林頓夫人到訪的長城

附近修了一個裝有空調和座椅的廁所。當然，這樣的優待只有美國總統和第一夫人可以享受到，普通的中國人與之無緣。

「造廁所比造『神州五號』還難」，這是鄭州一位市民的牢騷。一九九三年，在實施「全國農村廁所及糞便處理背景調查和今後對策研究」時，中國第一次獲得了全國性的相關資料，並且這個資料的嚴峻也讓人吃驚：全國衛生廁所普及率僅有百分之七，糞便進行無害化處理的僅有百分之十三，一億兩千萬農村人口無廁所可用。中國廁所的衛生狀況位居世界最低的第四等級，甚至比不上印尼、斯里蘭卡等我們瞧不起的鄰居。

聯合國兒童基金會的鄭惠明女士指出，不衛生的廁所正是中國農村最大、最難改造的污染源。它導致了環境衛生狀況惡化，與之相關的疾病如痢疾、傷寒、霍亂、病毒性肝炎、蛔蟲病、鞭蟲病等，嚴重危害著人們的健康。因為廁所的骯髒，中國每年有六十六萬例痢疾，十九萬例病毒性肝炎，近兩億人感染蛔蟲病、鞭蟲病、鉤蟲病等，每年有八點三六億人次發生腹瀉。五歲以下兒童發育遲緩的有四千三百八十萬人，百分之四十五的兒童感染了蛔蟲，百分之十三的兒童感染了鞭蟲，每年有近三萬兒童死于腹瀉，血吸蟲病在一百一十九個縣尚未控制。

所謂「受傷的文明」，其實是一種「不文明」。可以烹飪出千百種菜餚，卻不能打掃乾淨廁所，這種文明是必須接受質疑的文明；可以耗費億萬鉅資舉辦奧運和實施登月計畫，卻不能為民眾修建整潔的廁所，這樣的政府是不盡責的政府。一個號稱崛起的大國，大部分民眾只能在惡臭的廁所中方便，這本身就是一個莫大的諷刺。

從中國的廁所文化中，可以發現人是不被尊重的。中國的公

共廁所，很少有專門供殘疾人使用的、爲殘疾人設計的空間。我在訪問美國期間發現，美國任何一處公共廁所，除了男女的分別之外，還專門設置有供殘疾人士使用的廁所。有的地方還爲「親子」設置專用廁所，讓攜帶嬰幼兒的父母一起進去，幫助孩子換尿布。這些體察入微的細節，體現出一個文明社會對人的關心和尊重。在這樣的社會裡，作爲一個公民，尤其是殘疾人或者帶著孩子的父母親，一定會感到相當的溫暖。

中國作家張承志很喜歡高談闊論所謂「清潔的精神」。他欣賞「文革」時代中國「清潔的精神」，儘管那種「清潔」是以毛主義血腥的方式實現的。我的看法與他截然相反：在實現「清潔的精神」之前，中國人應當謙卑地低下頭來，先將每一間廁所清潔乾淨。沒有清潔的廁所，肯定沒有「清潔的精神」。一個生活在豬圈中的國家，是沒有資格奢談精神上的「清潔」的。

**第二卷**

# 綁匪與人質的聯歡

中國究竟有什麼奇蹟呢?除了錢以外,中國什麼也沒有。錢也只是被少數人壟斷,不是被大眾分享。成就「中國模式」的三大因素是:對數億奴隸勞工的殘酷壓榨、對環境的毀滅性破壞以及對能源的掠奪式開發。正是學者秦暉定義的「低人權優勢」,吸引台商前去彼岸「與狼共舞」,其結果往往是「飛蛾撲火」。

# 論中國股市及股民、賤民與獨裁者之關係

大小無數的人肉的筵宴，即從有文明以來一直排到現在，
人們就在這會場中吃人，被吃，以凶人的愚妄的歡呼，將
悲慘的弱者的呼號遮掩，更不消說女人和小兒。

　　　　　　　　　　　　　　——中國現代作家／魯迅


　　二零一五年七月以來，中國股市崩盤，股民如喪考妣，網上
哀鴻遍野。

　　對於鬼哭狼嚎的股民，我沒有絲毫的同情心。在我看來，中
國所有的股民，在某種意義上都是共產黨政權的共謀和幫凶。他
們是斯德哥爾摩症候群患者，妄圖在中共權貴的人肉盛宴中分得
一杯殘羹冷炙，卻沒有想到，黨國賞了他們一碗地溝油，吃得他
們上吐下瀉，這難道不是咎由自取嗎？

　　曾有一名故作「中庸」的學者教授撰文反駁我說，股民無
辜，你對股民的批評是往人家的傷口上撒鹽。我不禁啞然失笑：
中國從來不缺少此類同情心泛濫，卻沒有基本的是非、真假判斷
的知識菁英。他們裝模作樣地跟弱者站在一起，卻從來不敢向強
者嗆聲。他們的觀點和文章基本上對任何一方都是「無害」的，

他們的安全也是有充分保障的——不會有抄水錶的人半夜敲門。對此，魯迅說得好，中國的文人士大夫，要麼是官和商的幫忙和幫閒，要麼是大眾的幫忙和幫閒。

股民並不都是無辜的，是貪慾讓他們將股市當作賭場。既然上了賭桌，哪能次次都贏到大滿貫呢？明知賭場是銷金窟，還要去揮金如土，最後淪為不名一文者，當然不值得同情。同樣的道理，明知股市是共產黨權貴圈錢的陷阱，是周孝正教授所說的「有組織的詐騙集團」，還要去孤注一擲，最後血本無歸，當然也不值得同情。

所以，有一位評論人毫不留情地指出：「在中國這樣一個極權大國，人們對於經濟、政策等的認識，都要被歸結於對極權的認識：如果經濟可持續增長，那麼極權是有能力發展經濟的；如果政策能夠影響利潤的走向，那麼極權是願意和民眾分享利潤的。人們對於經濟基本面、政策等的信心，也就可以歸結為對於極權的信心——因此，在中國投機股市，事實上是在投機極權。」

而 BBC 中文網的評論文章中也指出：「中國股市今天這個局面，政府的政策干預是始作俑者。但是，政府沒有像當年強制居民買「愛國大白菜」那樣強行攤派買股，更沒有把刀架在股民的脖子上。」即便經歷了此次哭天搶地的股災，也沒有多少人清醒過來：「沒有人在反思中國的股市為什麼成了賭場，中國的股民為什麼成了賭徒。政府還在指望下一個救市措施能奏效，股民還在寄望於「下一把」一定能『撈回來』。」這樣一種「周瑜打黃蓋，一個願打，一個願挨」的共謀關係，還將持續多久呢？

是無窮盡的貪婪之心，導致股民們失去常識判斷。那些上市

公司在實體經濟領域並沒有亮麗的盈利表現，他們的股票爲什麼能一路長紅呢？

是根深蒂固的奴性，導致股民將再次翻盤的希望寄託在政府和領袖身上——我們都乖乖地當奴才了，宅心仁厚的皇上總要賞一口飯吃吧？

「一個深信祖國會強大的中產階級被消滅了，」中文網站上流傳甚廣的一篇文章如是說。「一個讓奮鬥十年的中產階級資產完全消失的股災。中國夢，對我們而言，眞的只是夢。」文章作者是一名損失了大部分積蓄的投資者。

這個夢實在是太沉了，也太長了。夢中的人兒，你們熱情地擁抱北京奧運會，擁抱三峽大壩，擁抱高鐵；你們憤怒地砸別人停在街頭的日本品牌的汽車，你們凶神惡煞地辱罵達賴喇嘛，你們每天行禮如儀地觀看央視的新聞聯播。你們大口大口地吃習大大最喜歡的慶豐包子，你們齊聲高唱那首獻給習大大的頌歌——開篇的歌詞是「中國出了個習大大」，明確無誤地參照了文化大革命期間頌揚毛澤東的歌曲《東方紅》。接下來的歌詞同樣充滿崇拜之情：「多大的老虎也敢打。天不怕嘿地不怕，做夢都想見到他。」

那麼，現在就到了該爲你們的輕信付出代價的時刻了。俄國作家杜斯妥也夫斯基說過，不是每個人都是罪人，但每個人都要承擔責任。占了便宜，總要還的；透支了未來，總要付出代價的。

就在你們跟隨習近平「中國夢」的旋律翩翩起舞的時候，難道沒有想到終將會有曲終人散的那一刻嗎？就好像當年投票給希特勒的德國人，最終無法避免被送上戰場充當炮灰的命運一樣。

　　股民，順民，臣民，賤民，暴民，說的是同一個群體。長久以來，你們對天安門母親暗夜中的哭泣充耳不聞，你們更不知道誰是曹順利和李旺陽。最後，你們在股災中跳樓自殺，還能贏得多少人的同情呢？

　　在我看來，所謂的股民（以一個股民有三口之家計算，在中國超過一億人，其數量超過中共黨員和基督徒。中共黨員和基督徒中，也有相當數量的股民），其實都是賤民。既然你們選擇了「奴在心者」的存在方式，也就不能怪掌權者不將你當作值得尊重的公民。

　　慶豐包子鋪門口的長龍，與毛主席紀念堂門口的長龍，都不是官方刻意組織和安排的，而是人民自發和自動的。毛澤東死掉之後，賤民們已經很久很久沒有遇到過像習大大這樣望之如雲霓的領袖了。而且，領袖居然臨幸為平民百姓提供餐飲的慶豐包子鋪，要不山呼萬歲都不行。

　　一九一二年，大清的宣統皇帝退位，但皇帝崇拜並沒有從中國人心中消失。習近平的出現和毛澤東的出現一樣，絕非歷史的偶然。有什麼樣的賤民，就有什麼樣的獨裁者應運而生。

　　二零一五年，報考北京工業大學的藝術類考生被要求畫一幅習近平的畫像，作為入學考試的部分內容。《北京晚報》在報導這項考試時稱，年輕考生看到這道題後頓生敬仰。其中一名考生說，「沒想到在大學招生專業考試這樣的場合能『遇見』習大大。」文革真的成了「過去式」嗎？

　　今天投入股市的中國人，與當年投入文革的中國人有本質的區別嗎？七月六日，長沙火車站站前廣場，電子螢幕上出現了巨大的標語：「A 股保衛戰，能參戰就參戰，沒子彈也吶喊。」這

是最典型習近平式的「人民群眾喜聞樂見」的語言風格，它讓胡錦濤那刻板無趣的言辭頓時相形見絀。習近平是操縱賤民心理的大師，他有過漫長的底層生活經歷，像毛澤東一樣知道賤民的喜怒哀樂。這兩句話像興奮劑一樣讓人民陷入迷狂狀態：戰鬥吧，這個政權，始終沒有擺脫戰爭狀態；吶喊吧，這群愚民，在吶喊中走向死亡。

在台灣，太陽花學運中的年輕人喊出「自己的國家自己救」的口號；而在中國，心甘情願的賤民們卻默默祈禱說——「習大大啊習大大，您是大力神，您是『救市主』，我們的股票要由您來托住！」在這群賤民眼中，習近平是無所不能、全知全能的上帝，小小的股市，必定在其掌控之中。即便在短短幾天之內，中國股市蒸發的財富相當於一個墨西哥的總產值和七個希臘的總產值；但人們還是相信，只要習大大發威，所有損失都能補償回來，還會獲得意想不到的驚喜。

習近平的強勢愈發襯托出李克強的弱勢，國務院的部長們全都定睛於強勢的黨魁和元首習近平身上，將弱勢的國務院總理李克強視若無睹。股市崩盤，經濟下行，「李克強經濟學」受到《人民日報》點名置疑。那麼，習近平是否會一不做、二不休，一舉廢掉李克強，自己出馬兼任國務院總理？黨魁兼總理，在中共的歷史中並非沒有先例。毛澤東的接班人華國鋒，一度身兼黨主席、軍委主席和國務院總理三個黨、政、軍最高職務。

然而，將李克強當作替罪羊拋出去，並不能讓習近平平安著陸。股災發生後，清華大學社會學系教授、習近平的論文導師之一的孫立平，在新浪、微博上不點名批評昔日的學生習近平才是災難的罪魁禍首：「這兩年我們似乎是在努力建立一個權威

高度集中，內部一切行動聽指揮，在各個領域保持高度動員和控制能力的體制。但這次股災，讓人們看到這種體制的三個侷限。第一，最好的人才可能已經不在這個體制，如金融人才；第二，無法保障執行層的責任感，他們做的一切都是給上面看；第三，權力有界限。」他又說：「眞的沒有人才也就不說了，更要命的是，就是最優秀的人才，在這裡也得用最笨的方式來做事。在這樣的情況下，換人都沒用。」

這幾句含蓄的批評，使孫立平的新浪微博一度被封。帝師的身分，並不能讓孫立平擁有基本的言論自由，頂多讓他不至於像劉曉波那樣被關進監獄。

賤民們可沒有帝師的膽量，豈敢批逆龍鱗？他們寧願做被獨裁者包養的豬，他們覺得在動物農莊裡面活得很愜意，總比在森林裡食不果腹、衣不蔽體好吧？二奶、三奶、四奶……都可以是賤民追求的人生目標。沒有共產黨，哪裡有永遠的牛市？沒有共產黨，哪裡有沖天的房價？沒有共產黨，哪裡有做不完的中國夢？

賤民的人生觀是，活著就是一切！思想史家孫隆基說，中國一般老百姓的生活意向，歸根到底就是一個「養」字。每一個人都幾乎將全副心思放在「養」自己的身體（亦即是「美食」與「補身」）。「養」老婆，「養」孩子（亦即是安身立命，生男育女），「養」上一代（亦即是「孝」）。在中國人眼中，使普天之下「皆有所養」就是「大同」境界，讓人人都「有一口飯吃」，就會使「天下太平」。如此，習近平才會理直氣壯地拋出「砸鍋論」——是我給你們飯吃，你們誰敢砸我的鍋？如此，賤民們才會眼巴巴地盼望習大大出手「救市」，點石成金，化險爲夷。

共產黨最邪惡的地方就在於，它挑起人性中貪婪、自私、怯懦等黑暗面，並利用這些黑暗面成為其統治機器的一部分。因此，作為獨裁者生長土壤的賤民精神不翻轉，習近平就能永遠在龍椅上作威作福。若要推倒習近平，首先就要改造賤民的精神結構。

# 中國人從「比傻」走向「比惡」

我們生活在一個必須選擇當受害者或劊子手——別的什麼
都沒有——的世界裡。這樣的抉擇並不容易。我總覺得事
實上並沒有劊子手,只有被害人。我是說到頭來,當然。
但此一真相並未廣為人知。

——法國文學家／卡繆(Albert Camus)

　　曾經擔任習近平博士論文評委會成員的北京清華大學社會學
系教授孫立平,當初在給貴為封疆大吏習近平的論文評分的時
候,大概只能違背良心,讓其平安通過。孫立平從未炫耀「國
師」的身分,他知道習近平並無真才實學,其論文也不是自己撰
寫的。對於這個當局強加給他的「學生」,他當時只是被動地接
受。對於一名正直的學者來說,那是一段恥辱的經歷。所以,孫
立平要雪恥,習近平上台後的種種倒行逆施,讓孫立平無法視若
無睹,他在社交媒體上高分貝地發言批評。

　　社交媒體上的隻言片語不足以讓人全面理解孫立平的學術思
想。孫立平對轉型期中國的反思,大都收錄在《重建社會》一
書。孫立平在此書中警告說,中國社會正在不可遏制地走向「潰
敗」——社會動盪是指嚴重的社會衝突會威脅政權和制度的基本

框架，而社會潰敗則是社會肌體的細胞壞死，機能失效。「說得形象一點，動盪好比是健康的身體被別人打傷了，而潰敗則是自身的組織或細胞出了嚴重的毛病。」孫立平對中國社會的觀察、研究和評論，具備了「天下興亡，匹夫有責」的「大丈夫」精神，以及卡繆所倡導的現代知識分子熱愛自由、警惕權力的品格。

## 「底層淪陷」與「全民比惡」

當代中國上層社會的爾虞我詐，勾心鬥角，薄熙來、王立軍從狼狽為奸到反目成仇就是一個典型的例子；而窮人與窮人之間也互相欺騙、傷害、乃至殺戮，這讓馬克思主義的「全世界無產者聯合起來」的學說不攻自破。

從人性的本質而言，窮人的「壞」與富人的「壞」是一樣的。「窮人比較善良」，「窮人比較有道德」，只是某些左派文人一廂情願的臆想。中國社會的敗壞，不僅是富人和官員的敗壞，而是全民的共同墮落。老百姓對腐敗採取聽天由命、無可奈何的態度：「誰坐到那個位置上都會腐敗，我當了官也一樣。」難怪魯迅嘆息說：「對於這樣的群眾沒有法，只好使他們無戲可看倒是療救，正無需震駭一時的犧牲，不如深沉的韌性的戰鬥。」

在中國，腐敗不僅是經濟問題，政治問題，更是道德問題。腐敗的肆虐，讓中國進入「全民比惡」的惡性循環。在山西大批童工在黑窯被作為奴隸勞工的事件曝光之後，孫立平拍案而起，撰寫了多篇評論文章。他指出，驅使奴隸童工的磚窯主人，並非煤老闆那樣一擲千金的富翁，而是年收入甚至比不上赴沿海打工的農民工的窮人。山西黑窯事件呈現的，是典型不斷惡化甚至達

到變態程度的底層生存生態，「是在生存生態不斷惡化背景下底層的非法化生存，以及底層與底層的互相踐踏與折磨」。底層生存生態不僅在惡化，而且在「黑惡化」。「黑惡化」比「黑社會化」還要嚴重，因爲傳統的黑社會在一定程度上遵循「盜亦有道」的倫理，比如一般不會傷害鰥寡孤獨、老弱病殘等人群；而今天「黑惡化」的底層社會，則不斷上演突破法律和人倫底線的慘劇。

桃花源式的鄉村早已不復存在。社會不公義導致人心敗壞。花錢買下一名有智障的「盲流」，帶到礦上做工，伺機將其殺害，僞造成礦難，再找人冒充其家屬，向礦主索取巨額賠償金──這是電影《盲井》裡的情節。這樣的故事卻在江西省撫州市東鄉縣虎圩鄉眞實上演。

據中國官方媒體「新華視點」報導，二零一一年三月十一日晚上，東鄉鉛鋅礦業有限責任公司的礦井發生事故，一個奄奄一息的礦工被工友們抬到井口，並在送往醫院途中死亡。死者身分證上的名字叫吉魯史格，來自四川金陽縣。和他一起來的還有五名礦工。他們一個星期前才來到礦裡，三天前才辦好工傷保險。

三天以後，兩個自稱是死者親屬的人來到礦裡，還帶來有死者「妻子」簽名和手印的委託書。「他們一來就獅子大開口，要我們給一百二十萬元。」公司方面的代表李樣堂說。兩名自稱死者親屬的人毫無悲痛之情，目的明確，直指賠償金。當地公安人員正好到礦裡走訪。派出所所長鄒曄隱約感覺這起礦難有問題。經過調查發現，死者的身分證和戶口簿都是假的。東鄉縣公安局立即將兩名自稱死者親屬的人和一同來做工的五名礦工扣押起來。經過審訊，冒充死者親屬的犯罪嫌疑人盧幾且交代，前一年十月，他們開始謀劃殺人詐騙，花五千兩百元從四川省雷波縣一

個居民手裡買來一名有智障的流浪漢，爲他製作了金陽縣的假身分證和戶口名簿。三月初，他們帶著這名流浪漢到東鄉鉛鋅礦業有限責任公司打工。十一日晚上，他們將流浪漢從通風井推下去摔死。

這個活生生的案件正是孫立平「底層淪陷」概念的例證。古語說，「竊鉤者誅，竊國者侯」，上有竊國者的專橫，下有竊鉤者的殘暴。有一位中國作家說，中國文學最缺乏的是想像力。我的答案恰恰相反，現實的殘酷與荒謬早已超過任何人的想像力，中國作家不需要過於豐富的想像力，只需要把看到的現實臨摹下來，就是動人心魄的文學。中國作家真正缺少的，不是想像力，而是面對現實的勇氣和良知。於是，在作家停筆的地方，社會學家孫立平站了出來。

## 政府授權作惡，民間以暴易暴

今天的中國，並非戰亂與饑荒的年代，而是經濟高速增長的年代，本不應發生「人相食」的慘劇。但一樁接一樁現實版的《盲井》，不是「人相食」又是什麼呢？兇手爲發財，孤注一擲，殘殺那些更爲弱勢的智障人士，用孫立平的話說，是「由於底層資源的有限，爲了獲得哪怕是比別人稍稍有利一點的位置，就不惜手段，甚至傷天害理的事情也幹得出來，這就是嚴重惡化的底層生存生態的事實」。禮崩樂壞，暴力成爲人們改變自身生存狀況的唯一選擇。

中國經過三十年的改革開放，經濟迅速發展，「蛋糕」似乎越來越大，絕大多數中國人不再像毛時代那樣「一窮二白」。但官僚體系腐敗的加劇、貧富懸殊的擴大和社會公正的匱乏，使數

億底層民眾陷入憤怒乃至絕望中，瀰漫於社會各個角落的暴戾之氣有甚於明末和清末。無論貧富貴賤，大家都覺得如同生活在好萊塢電影《2012》，世界即將毀滅的末日中。

中國的制度轉型，無疑也是社會重建的過程。孫立平以「重建社會」為其研究的主題和著作的題目，便是希望由此找到一條代價最小的轉型路徑。二零一二年十二月，孫立平在一次公開論壇中，當著諸多高級官員和官方智囊的面，嚴肅地指出過去十年來實行的「維穩」政策是對法治的大破壞、大倒退。政府為達指標而不擇手段，縱容甚至鼓勵下級用違法方式完成脫離實際的「任務」，令法治惡化，而且越走越遠。由於「政府公共職責的全面喪失，基層社會秩序的嚴重紊亂，社會正義的根本性缺失」，造成中國社會從上到下各個階層全都呈現「潰敗」之勢。那麼，這種統治模式還能維繫多久呢？他預測說：「十年可能到不了，五年可能差不多。」既然政府授權作惡，民間就只能以暴易暴。

孫立平以菲律賓為例，說明由「腐敗」導致的「潰敗」對社會轉型造成的困擾：在菲律賓前總統艾斯特拉達（Estrada）因腐敗而倒台時，美國一家媒體評論說，這個國家的腐敗所造成的內傷，可能需要一百年時間為之還債。當腐敗成為習以為常的生活方式，不以為恥的價值，人人欲誅之又人人欲得之的東西的時候，整個社會生活便被扭曲。

不過，在我看來，中國的情況比菲律賓更惡劣。孫立平沒有注意到中國與菲律賓之間的一個重要差異：菲律賓有悠久的天主教傳統，天主教會在菲律賓是社會公正和個人良知的倡導者，也是政府與民間溝通的橋樑。菲律賓在馬可斯政權垮台之後經過幾次政治動盪，最後都是由教會出面調和朝野衝突，讓社會重新走

上正軌。而在中國，由於政府長期打壓，沒有形成深入人心、資源雄厚、積極參與公共事務的教會體系及公民組織。政府與民間缺乏社會力量作爲有效的黏合劑，兩者因利益分歧日漸背道而馳，到了某個臨界點，就容易發生大規模的、你死我活的暴力衝突。

## 道德教化無濟於事，制度變革方爲正道

二零一零年，針對中國不斷發生的嚴重的食品安全事件，時任總理的溫家寶在講話中承認：「誠信的缺失、道德的滑坡已經到了何等嚴重的地步。」溫多次強調「道德」一詞，此前更是用「道德」勸誡房地產商。這與胡錦濤放棄「依法治國」走向「以德治國」的思路不謀而合。「六四」屠夫李鵬的女兒、中國電力「一姐」李小琳，在二零一二年的「兩會」上，提議建立公民道德檔案，「我覺得應該給每個公民建立一份道德檔案，以此來約束大家，每個人都要『知恥』。此議一出，網上罵聲一片。有網民說，該提案可謂「年度笑話」！更有網民怒吼：「建議先從李小琳做起，從李鵬全家做起，給李鵬建一份一九八九年的『道德檔案』。」

可見，單單挑出道德問題唬弄民眾，迴避制度之弊端，是捨本逐末，刻舟求劍。清末的曾國藩喜歡搞道德教化那一套，民國的蔣介石掀起聲勢浩大的「新生活運動」，結果都收效甚微，無疾而終。胡錦濤上台之初便提出「八榮八恥」，重蹈前人之覆轍。習近平上台之後多次呼籲，要建立社會主義的道德觀和價值觀。然而，習本人即爲無德之人，何有倡導道德之魅力？上樑不正，何以正下樑？

　　孫立平切入中國社會問題的角度，是公共政策和政治制度的變革，而非道德倫理的空喊。在《重建社會》中，孫立平談到中產階級的「無產化」，談到農民工第二代在城市遭受的「身分歧視」，談到行業腐敗和基層腐敗，談到為什麼人們對罪惡無動於衷，這些問題都需要制度層面的變革才能解決。在社會貧富懸殊不斷拉大的情況下，「底層的淪陷將是一個不可迴避的話題。這個問題首先不是一個道德的問題，而是一個社會結構的問題。」底層社會的「黑惡化」，不僅是因為窮困，更是因為他們感到活得沒有尊嚴，沒有希望，貧富懸殊的差距演變成社會與政治權利的不平等。他們或者選擇暴力反抗現存秩序，或者去傷害比其更弱勢的群體，整個社會如洪水猛獸般走向無序。

　　這一項鐵的事實，就連幫助鄧小平撰寫南巡講話的「文膽」、中共宣傳系統的高官周瑞金都忍不住在博客中說：「今天最大的問題，並非貧富間、官民間的財產和收入差距，而是這種階級的、階層的分野正在大規模世襲。草根階層失去向上流動的可能，並在愈演愈烈的通貨膨脹中生活得窘迫；中等收入階層由於高房價等產生了嚴重的被剝奪感；新富階層則出現嚴重的移民傾向；官商勾結的『特殊利益集團』則陷入撈一把是一把的末世瘋狂。」雖然中國的 GDP 持續增長，但大部分普通民眾並未從中獲利，致使中國民間戾氣瀰漫，社會潰敗一觸即發。

　　那麼，如何改變社會走向潰敗的趨勢？孫立平指出，政府的正確做法應當是「通過合理的資源配置，保護和改善下層的生存生態，避免底層的淪陷」。而其中最為關鍵的問題是，公共政策不能滿足於將下層「不出事」作為最高目標，而是要改善下層生存的生態，使得那裡成為一個「可能比較困苦，但仍然有生存機

會，有向上流動希望的空間」。換言之，讓生活在底層的民眾感到未來有希望，生命有尊嚴，才能有真正的和諧與穩定。

中國的政治改革不是缺少所謂的「理論建設」，孫立平等學者提供了明智的建議。孫立平的《重建社會》一書，既是寫給廣大讀者的，也是寫給習近平的。老師的逆耳忠言，學生願意傾聽嗎？習近平會不會繼續犯「可憐夜半虛前席，不問蒼生問鬼神」的錯誤呢？就目前習近平的表現來看，導師忠告，如風過耳，堅持我行我素，終將頭破血流。

# 馬雲是網路世界的蓋世太保

若沒有中國大陸這樣特殊的錢權恩寵體系當作靠山，沒有
政治權力幫忙開道，馬雲和阿里巴巴不可能有今天，而馬
雲已經如何，未來又將如何知恩圖報呢？

——中正大學傳播學系教授／羅世宏

當二十多年前網路進入人類生活以來，自由開放的世界日益
依賴於自由開放的網路。網際網路可以造福世人，每個人都能在
網際網路上自由發言、創作、學習和分享。任何組織、個人或政
府都不能控制網際網路。網際網路是連接世界的紐帶，所以每一
個網路的使用者都應全力保護它。

網路自由是言論自由和資訊自由的重要組成部分。二零零九
年，一群中國作家、律師、藝術家和網路活躍人士發表了一份
《網路人權宣言》。該文件指出：「我們注意到，網路公民傳播的
時代不可阻擋地來臨。公民記者通過手機、數碼相機拍攝事件，
傳播事實真相，已經成為時尚和新潮；網路也給公民提供出無
限創意空間，通過博客、播客、網路論壇甚至是轉傳等途徑，表
達意見。我們認為，關心公共事務是公民的責任，而關注網路言
論自由也是網路公民的責任。網路公民合法地發表言論，報導真

相，是行使公民權利，也是促進這個古老文明注入以個人幸福與基本人權為核心價值的新血液，促進全體國民的福祉，因之應該予以鼓勵、善待和寬容。」這是數億中國網民的心聲。

中國官方拒絕正面回應該宣言中提出的訴求。近幾年來，中國官方的實際做法與宣言所追求的理想背道而馳。中共大大加強對網路的控制，防火牆越修越高，讓當年的柏林牆望塵莫及；中共對運用網路發表意見的公民瘋狂打壓和迫害，從諾貝爾和平獎得主劉曉波到新公民運動的倡導者許志永，都是「網路文字獄」的受害者。在美國人權機構「自由之家」發表的年度全球網路自由調查報告中，中國成為網路自由打壓最嚴重的國家之一，排名居全球倒數第三。

在此情勢之下，中國的網路企業何去何從？作為一家崛起於網路、市值僅次於古歌而位居世界第二的網路公司，阿里巴巴本應成為網路自由的倡導者和捍衛者。然而，掌控阿里巴巴的馬雲卻迎合中共當局對網路的管控，並配合中共當局達成限制網路言論自由的舉措，扮演著網路時代蓋世太保的角色。

## 馬雲幫助中共將中國變成「動物農莊」

在由中國網民票選出來的二零一四年打壓網路言論自由的十大事件中，阿里巴巴封鎖「一五一十部落」事件名列前茅。「一五一十部落」是鳳凰衛視記者閭丘露薇等人創辦的部落格風格的新聞網站，言論尺度稍稍大於中國的幾個大型新聞門戶網站，其中特別集中了一些自由派知識分子和網路寫手的評論文字。正當「一五一十部落」的讀者愈來愈多時，阿里巴巴旗下的網域服務商萬網，關閉了它的網域名稱 my1510.cn。「一五一十部落」的官

方微博表示：「短時期內我們對恢復網站不能做出樂觀的預期。」

阿里巴巴公開支持中共修築網路防火牆，阻止資訊自由流通。二零一四年十月二十一日，某阿里巴巴高管（＠阿里老叢）就網友高春輝對北郵學生參與 GFW（防火牆）的批評做出回覆，回覆稱 GFW 是當年「體制內有遠見的人」所做出的折衷方案，保護了網際網路的年輕生命，不應過分敵視。這名高管的看法，顯然符合馬雲一貫的立場：共產黨永遠是對的，老百姓永遠是錯的。當然，這也符合阿里巴巴自身的經濟利益和壟斷地位：如果中國沒有防火牆，中國消費者可以自由購買亞馬遜、eBay 等美國購物網站上貨真價實的物品，專門賣假貨的阿里巴巴還有什麼競爭力呢？可以說，沒有防火牆，就沒有阿里巴巴。這是阿里巴巴在中國「一枝獨秀」的秘密所在。

二零一六年十月二十一日，馬雲應邀到中央政法委作講座，中國官媒體可以對這次講座保持低調，其重要性被大大低估。馬雲以「科技創新在未來社會治理中的作用」為題，講了一堂「前沿科普」課，堪稱史無前例。現場加視頻，全國政法官員追隨馬雲經歷了一場「頭腦風暴」。中央政法委領導現場主持講座；公安部、最高人民法院、最高人民檢察院領導分別在主會場或分會場聽取講座；全國政法綜治系統除辦案、執勤、值班之外有三千六百個分會場，一百五十二萬警員通過視頻系統在各分會場聽講。

首先，馬雲大拍中共政法委的馬屁：「中國有十三億人，有多複雜！我認為，這個工作（監控人民）沒有理想主義是做不出來的。強大的理想主義，對於未來的擔當和各種方法，我是充滿敬仰之情。」蓋世太保的工作，確實需要宗教般的熱忱來支撐。

在馬雲看來，十三億人民都是需要防範、監控的敵人。馬雲認為，「上醫治未病，中醫治欲病，下醫治已病」，數據時代就是預測未來的時代，「整個數據時代最重要的事情，是要做到事前諸葛亮，就是有預防機制」。所以，阿里巴巴不僅僅是一個點石成金的賺錢機器，更是可以幫助黨國收集民眾「大數據」的監控工具，讓當局預先識別誰是好人，誰是壞人，「壞人根本走不進廣場」。

馬雲的說法並不誇張。在網路時代，阿里巴巴已深刻地揳入中國民眾的日常生活，可以隨心所欲地蒐集每一個使用者的私人資訊。據說，杭州這個馬雲的故鄉和發家的城市，阿里巴巴跟民眾的日常生活的相關性，甚至不亞於政府部門。人們可以不用現金和信用卡，只用淘寶「支付寶」，就能完成所有各種消費，購物、吃飯、打車、汽車加油、購買機票和高鐵票，無一不能。從某種程度上說，馬雲可以深入每一個使用者的人生，可以將這一切數據全部呈送中共當局。

此前，馬雲與中共警方早已有過親密合作。廣東交警曾分兩批前往阿里巴巴接受大數據採集與應用培訓，浙江公安也利用阿里巴巴的大數據能力成功完成 G20 期間安保情報預測保障。政法委的網站上顯示，阿里巴巴在大數據運用上，有十餘年安全風控和打擊網路黑灰產業的積累，經驗來自於實戰又運用於實戰，這正是中央政法委邀請馬雲講課並希望學習和借鑑之處。「通過學習和應用在大數據組織、加工、計算和挖掘方面的能力，政法部門可以利用大數據預測預警，實現防患於未然；大數據即時處理突發事件，以利指導決策；大數據模型可即時抽查，用其亡羊補牢。實現社會治理手段和效果上的巨大提升，這正是中央政法委

看重並運用阿里巴巴大數據能力的目的。」

馬雲如此忠心耿耿地獻計獻策，中共政法委當然對其「投之以桃，報之以李」。政法委的網站上披露：「中央政法委充分肯定了阿里巴巴運用大數據協助社會治理的能力和潛力：各級政法機關要以合作姿態利用好企業、社會的數據資源，通過共同研發、購買服務、項目外包等多種方式，發揮好大網際網路企業在社會治理中的重要作用。」由此可見，阿里巴巴今後一定能得到政法委「外包」的若干監控人民的項目，輕鬆賺取金山銀山。反之，有了馬雲的鼎力相助，每個警察都能「眼觀四面，耳聽八方」，政法委也能輕而易舉地將廣袤的中國變成一處密不透風的「動物農莊」。如果說習近平就是《一九八四》裡「全知全能」的「老大哥」，那麼馬雲就是「老大哥」的眼睛和耳朵。

## 馬雲是六四屠殺的支持者

馬雲曾接受香港《南華早報》訪問，公開為鄧小平「六四」屠殺的決策辯護，由此觸犯眾怒，被網民贈與「馬小平」的芳名。馬雲的原話是這樣說的：「你在這個當口上，好像鄧小平在六四當中，他作為國家最高的決策者，他要穩定，他必須要做這些殘酷的決定。這不是一個完美的決定，但這是一個最正確的決定，在當時是最正確的決定。任何時候，一個領導者是必須要做這樣的決定。」後來，馬雲否認他說過這段話，採訪他的記者在壓力之下被迫道歉，收回報導。但該記者仍然遭到《南華早報》的解僱，不得已公佈採訪錄音，馬雲確實說過這段話。

或許經過這次事件的衝擊，馬雲覺得還不如出資購買《南華早報》，使之成為自己的私人企業，那樣就能對其如臂使指，操

控自如了。而且，這也符合中共的「大外宣」戰略：中共直接出資購買了不少海外媒體，親共的商人們也都摩拳擦掌地配合——連陳光標也揚言要購買《紐約時報》了。馬雲跟陳光標不是一個重量級的企業家，不會說大話，但一出手就真的收購了香港久負盛名、中產階級最愛讀的英文報紙《南華早報》。然後，對《南華早報》的編輯記者大開殺戒，全部換成中宣部信得過的人物，使之成為宣揚中國聲音、中國價值的御用媒體。

幾年前，我在推特上引用家鄉的一句俗語形容馬雲——「醜人多作怪」。有不少網友評判我「以貌取人」，說我的評論有人身攻擊之嫌。但是，幾年之後，馬雲一樁接一樁醜惡的作為，證明了這句民間諺語對其何其適用。林肯說過，在四十歲之前，男人相貌醜陋可以怪父母；四十歲之後，則只能怪自己。因為，「相由心生」，良心被狗吃掉的人，自然只能長著一個奇醜無比的狗頭。

關於「六四」屠殺，連屠夫鄧小平生前都不敢視之為豐功偉業，中共的官方悼詞中對鄧小平在此事中的作用語焉不詳，鄧小平的官方年譜更是遮遮掩掩，欲蓋彌彰。而當時力主開槍殺人的中共高官李鵬、陳希同等人，更是先後在海外出版回憶錄和日記，竭力撇清他們在這場大屠殺中的罪責。那麼，馬雲的這番理直氣壯的言論，難道是公開表明他有要做「鄧小平第二」的政治野心？

恐怕馬雲有此賊心而無此賊膽。當時，馬雲主動對「六四」問題表態，是向中共當局繳納一張大大的「投名狀」，此舉很大程度上是受湖南商人曾成傑被秘密處死事件的刺激。馬雲與以「非法集資」入罪的曾成傑都是商人，馬雲的支付寶等產品是更

加隱蔽的「非法集資」，他的「罪」只會比曾氏大而不會更小。所以，表面上風光顯赫，多財善賈，但內裡的恐懼戰兢只有他自己知道。在紅朝當商人，哪怕你富可敵國，金屋藏嬌，在強大的「無產階級專政」面前，亦如履薄冰，寢食不安。

於是，馬雲自以為是地用讚美六四屠殺來向黨表示忠心。殊不知，這一來反倒給主子帶來更大的麻煩。在商場縱橫捭闔、無往不勝的馬雲，一旦涉足政治領域，立即成了幼稚園中懵懂無知的孩童。本來想誠惶誠恐地拍馬屁，未曾想到一下子拍到馬腿上，一定會被高頭大馬踢個鼻青臉腫。

可見，馬雲的政治水準不過爾爾。他只能當阿里巴巴董事局主席，而沒有跟彼岸國民黨的「馬主席」並駕齊驅的本領。不過，香港還有另外一位「馬主席」，在冷血無恥上，可以跟馬雲來一場世紀 PK。

中共在香港的傀儡政黨民主建港協進聯盟的黨魁馬力，曾對香港媒體表示，「六四」中不可能有學生被坦克車輾成肉餅，「找一頭豬來測試一下便知道能否變成「肉餅」了。如此輕佻而卑劣的言論，觸犯眾怒、千夫所指。學運領袖王丹在網上「建議」馬力躺到坦克車下面，如果沒有變成肉餅，他會向馬力道歉。馬力不敢捨命一試，儘管他已患上癌症，已是一副殘敗不堪的臭皮囊。

接下來，等待馬力的命運是：賴活不得，好死也不得。沒過多久，他就到地獄中去跟鄧小平「相見歡」去了。馬力不單是死於癌症，更死於人神共怒，就連其黨友、香港立法會主席曾鈺成也露骨地評論說：「馬力確實說錯話了，他因此賠上了性命。馬力雖患了癌症，但若然不是發生這件事，他不會這麼早去世的。」

如今，馬力早已步入了地獄的那條不歸路，而馬雲正在大步流星地接著走。《聖經》中說，他們行可憎的事知道羞愧嗎？馬力和馬雲等人毫不羞愧，在他們的生活中，從不知羞愧為何物，「他們必在仆倒的人中仆倒」。儘管馬雲頂著亞洲首富的冠冕，但他還能招搖過市到幾時呢？

## 馬雲是假貨王國的國王

馬雲不僅僅是一個商人，他還是數百萬淘寶店主的「衣食父母」，他甚至成為被某些人供奉起來頂禮膜拜的「現代財神」。

馬雲創造了新的消費方式和消費文化，比如一年一度的「雙十一」網上購物節。「雙十一」是阿里巴巴人為創造的購物節，故事始於九零年代初，「光棍節」的概念流行，商家們鼓勵單身男女，沒對象也要對自己好，要給自己買禮物，來對應相應的「情人節」傳統。而後淘寶抓住商機或者自行創造了商機，到如今演變成全球最大的網上購物節。二零一六年，淘寶「雙十一」購物節請來籃球明星 Kobe、足球巨星貝克漢夫婦等人助陣，美國零售巨頭梅西百貨等也紛紛加入，結果成交額高達一千零三十億人民幣（一百五十億美元），創下歷史紀錄。

然而，一個月以後，美國貿易官員表示，他們將阿里巴巴旗下的淘寶網列入全球假貨氾濫最嚴重的「惡名市場名單」中。四年前，阿里巴巴投入巨資，成功遊說美國官員將其從這份名單中移除。隨著品牌擁有者越來越多抱怨平台上假貨氾濫，淘寶網再次被列入該名單，對馬雲而言，這是一個令人尷尬的挫折。

根據美國貿易代表辦公室公佈的報告，目前淘寶網上的假貨多到令人無法接受的地步。報告指出，假貨不僅對美國創意、創

新產業構成嚴重的經濟威脅，諸如汽車零件等低劣仿冒品也對不知情消費者帶來潛在的公共健康威脅。一家大型汽車製造商指出，阿里巴巴平台上至少有百分之九十五印有其商標的產品疑似為假貨。

美國服裝鞋類協會（American Apparel & Footwear Association）是一家代表許多淪為中國假貨受害者的行業組織。該協會CEO 朱厄尼塔·達根（Juanita Duggan）表示，她的組織一直在與阿里巴巴就「可以更好地保護品牌」的各種辦法進行密集會談，結果卻總是碰壁。達根說：「我們一直反反覆覆繞著圈子，毫無進展。」

擁有 Gucci 和 Yves Saint Laurent 等多個品牌的法國奢侈品集團開雲（Kering），對阿里巴巴提出了起訴，指它侵犯了其商標，販賣假冒商品，「提供了在線平台，以及其他所需要的必要服務」。馬雲則反駁說，寧可輸掉官司和賠錢，但絕對不可能和對方達成和解，並相信自己會贏得尊嚴和尊重。

二零一六年五月，國際反假聯盟（International Anticounterfeiting Coalition）在其他成員的強烈反對，並對阿里巴巴和該組織領導層之間的經濟往來提出質疑後，被迫放棄了讓阿里巴巴加入聯盟，因為這本來是一項聯合打假行動的一部分。人們質疑說，讓造假者參加所謂的打假，本身就是一大諷刺。

富比士雜誌在一篇題為《無法阻擋：他的兩千億帝國建立在假貨之巔，沒有人可以對此做什麼》的封面文章中說，看上去「不可摧毀」的巨無霸公司阿里巴巴，在很大的程度上其實是建立在販賣違法的假冒貨品之上。由於中國政府的保護，外國政府和公司似乎無法制止阿里巴巴的這種做法，而且，該公司的創建

者馬雲也從未嘗試過這樣做。

馬雲在紐約證券交易所獲得全球最大 IPO（首次公開募股）融資，募資高達兩百五十億美元。阿里巴巴的稅收比之前兩個財年的稅收翻了一番，高達一百二十三億美元。馬雲的個人身價達年兩百一十八億美元。如果阿里巴巴從其購物網站杜絕假貨，會出現什麼情況呢？麥卡特公司的資深產權律師哈里‧勒溫（Harley Lewin）表示：「他們會破產。」

馬雲當然不願看到自己破產。他還要高調為阿里巴巴的假貨文化辯護。馬雲說，他「對奢侈品沒有好感」，「對於它們可以賣到這麼昂貴感到荒謬」。他甚至建議說，這些公司應當「反思其經營模式」。這真是「賊喊捉賊」，如此一番論述，馬雲彷彿成了對抗奢侈品文化、倡導簡樸生活的「當代英雄」。他故意抹殺奢侈品背後的設計、創意所具備的無形財富，而以一種共產黨當年「打土豪，分田地」式的「光棍」心理，佔據道德至高點，由無惡不作的盜匪變身為俠肝義膽的羅賓漢。

馬雲又認為，自己為中國無數低收入者提供了機會，讓他們可以開設自己的公司，改善生計。「打假」不是一件非黑即白的事，除了保護品牌企業外，也要保護賣家，所以不能簡單地要求賣家把貨品拿下。他自己明明是家纏萬貫的富豪，卻又自以為是地充當窮人的代言人：我們是窮人，所以我們可以偷，可以搶，可以巧取豪奪，這又是共產黨「造反有理」的混蛋邏輯。看來，馬雲確實是共產黨孕育出來的怪胎，跟共產黨穿一條褲子。馬雲坐實了中國是假貨王國的事實，而他儼然就是假貨王國的國王。

## 馬雲不是台灣的救星

當今的亞洲首富，不是香港的李嘉誠，不是台灣的郭台銘，而是中國的馬雲。

馬雲不僅在中國被視為點石成金的神人，在台灣也藍綠通吃。日前，台灣師範大學校方不顧一批有良心的師生的反對，執意授予馬雲名譽博士頭銜。

馬雲在台灣春風得意馬蹄疾。台灣媒體人羅世宏描述了這樣的場景：在鎂光燈聚焦下，在台灣大學體育館，面對台下坐滿的年輕聽眾，馬雲說了傳誦一時的順口溜：「晚上想想千條路，早上起來走原路」。他要台灣的年輕人勇於夢想和創業，因為「現在是創業最好的時代！」在台灣，馬雲除了慷慨分享他的勵志心靈雞湯和百億基金，也長期蓄積了他在台灣的雄厚人脈。

馬雲在台灣的演講中表示，台灣的年輕人要抓緊時機去中國賺錢：「如果你想到大陸創業，請跟我聯繫。」馬雲認為，過去十五年中國發生天翻地覆的變化，尤其在經濟領域，出現過去從未見過的人跟企業，且這些多半是年輕人及網路企業；反觀台灣，過去十五年少見新的企業、企業家，這是值得反思的事。他儼然以台灣的導師和救星自居了。可惜，台灣各界對這種赤裸裸的統戰政策缺乏警惕之心，放任馬雲這個中共太子黨的馬前卒到台灣來收買年輕人的心。馬雲不是背景單純的民營企業家，而是共產黨的頂級太子黨們的白手套。北京《新京報》曾經在一篇報導中指出：「馬雲跟十位領導人有過交流，習近平、李克強、張德江、俞正聲、王岐山以及汪洋等現任領導人，還有國務院前總理朱鎔基、溫家寶等。習近平訪美、訪英時，兩次跟隨出訪的中

國企業家中就有馬雲。」

　　台灣方面尊崇馬雲，顯然不單單是他有錢，更是因為他可以通天。當馬雲演講完走下台時，作為主持人的海基會前董事長江丙坤說了一句恭維話：「謝謝阿里巴巴主席馬雲先生，還是這個『馬主席』厲害。」江丙坤妙語一出，引發現場哄堂大笑。

　　當時，國民黨剛剛在九合一選舉中大敗，國民黨的「馬主席」在驚濤拍岸的反對聲浪中辭去黨主席之職。長期擔任國民黨副主席的江丙坤，或許早就對「前馬主席」的剛愎自用感到不耐，這一次，乘機幽了「不識途的老馬」一默，並向富可敵國的「小馬」拋出媚眼。江丙坤的潛台詞是：台灣這個地方，誰有錢誰就是老大，誰有錢，誰就可以念叨阿里巴巴的咒語，台灣的大門就可以為之洞開。

　　那麼，彼岸的馬主席真的能拯救台灣積弱的經濟嗎？

　　馬雲在演講中，將自己塑造成一個白手起家的傳奇人士，似乎可以跟微軟的比爾‧蓋茲（Bill Gates）、蘋果的賈伯斯（Steve Jobs）等人並肩而立。然而，在其他一些場合，他卻坦承自己成功的秘訣，不是技術創新，不是管理卓越，乃是權謀厚黑，官商勾結。

　　財經評論家蘇小和在《馬雲的短視和阿里的價值》一文中指出，馬雲對這些市場經濟層面的一般性常識不感興趣，更對中小企業的市場土壤並無感恩之心，反而在國際性的會議上，公開宣稱自己主要的工作是整合政府關係。這樣的表述隱含了很多曲折的意思。有人說身為董事長，馬雲如此言說，表明阿里巴巴的核心價值其實不在於市場創新，而是在於他們的政府關係。有人說馬雲深知在中國創業不易，各種艱難，不足為外人道，如果不處

理好政府關係，估計馬雲和阿里巴巴早就死過很多回了。當然，也有喜歡爆猛料的媒體，白紙黑字地寫了馬雲擁有如何了不得的政治背景和官家資源，因此他才可以在這個不健全的市場體系裡左右逢源，一路向前。蘇小和尖銳地指出：「馬雲雖然身處一個繽紛的網際網路時代，但他的商業價值譜系和最有效用的商業方法，依然是傳統得不能再傳統的官商結合模式。」

用一個更加形象的比喻，馬雲就是網路時代的胡雪巖。胡雪巖是晚清的一代鉅賈，因攀上左宗棠，參與朝廷的軍費匯兌和軍用物資的轉運而暴富。小說家高陽有洋洋數卷的《胡雪巖》，將胡雪巖的政商網路與晚清的內政外交演進，絲絲入扣地描繪出來。胡雪巖不是現代企業家，馬雲也不是現代企業家。今天的中國離晚清並不遠，仍然是一個「朝中無人，豈可言商」的神奇之地，仍然未能建立起一套保護私有產權、鼓勵技術和文化創新的現代企業制度。

那些海峽兩岸渴望發財、渴望成功的馬雲粉絲們，夢想著生命裡出現「昨天還在大街上擺地攤，時刻準備著被城管暴打，今天就可以跑馬圈地、上市圈錢」的奇蹟，卻不仔細掂量馬雲暴富背後的奧秘：別人弄了幾個億的民間集資，結果人頭落地，但馬雲的「支付寶」不僅吸收天量的民間資金，而且大張旗鼓做起貨幣基金的大生意。別人倒買倒賣一些假冒偽劣產品，很快就進了監獄，但淘寶網上不賣贗品幾乎不能生存的「潛規則」，監管部門就是視而不見。這是什麼原因呢？難道是馬雲長得太帥，大家都被他迷倒了嗎？

那麼，渴望自主創業的台灣青年，能複製馬雲的成功軌跡嗎？能以馬雲為人生的榜樣和標杆嗎？

## 川普會見馬雲是自由世界的恥辱

二零一七年一月九日，即將就職的美國當選總統川普，在紐約川普大廈與阿里巴巴董事會主席馬雲舉行了一場「偉大的會談」。兩人按議程討論了在未來五年內阿里巴巴為美國創造一百萬個工作崗位的計畫。

川普在會面之後對媒體說：「我們有一場偉大的會面，馬雲是一位偉大的企業家，是世界上最好的企業家之一。他愛著他的國家，他也愛美國。我和馬雲將一起做一些大事。」馬雲則表示：「中美關係應該加強，應該更加友好。我認為川普很聰明，他非常開放地去傾聽，我告訴他我如何推進貿易，特別是推進小企業和跨境貿易。」馬雲跟川普會談，談的不僅是生意，他居然像中國外交部長那樣暢談起中美關係來，儼然有晚清官商胡雪巖那樣左右政局的派頭。由此推測，馬雲確實充當著中共當局傳話者的角色，他是來幫習近平探路的。

在我看來，川馬會談是川普當選之後外交活動中最大的敗筆，幾乎抵銷他跟蔡英文通電話的正面效應。川普當選之後的大部分言論及核心團隊人選，讓人眼睛為之一亮，顯示下一屆美國政府有變革的可能性。我不吝給予熱情讚揚，甚至因此遭到不少希拉蕊粉絲的咒罵。然而，對於此次「川馬會面」，我只能予以強烈的批評。對政治人物，如果他某些方面做得好，就給予肯定；如果某些方面做得不好，就給予批評。對事不對人，忠於良心和真理，是公共知識分子和獨立知識分子的天職。

我感到迷惑不解的是，難道川普事先對「馬雲是誰」一無所知嗎？他的團隊沒有給他任何關於馬雲的背景資料嗎？或者，川

普受到錯誤資訊的誤導，才如此讚賞馬雲及其企業？如果是因為後者，我們必須將正確資訊傳達給川普，讓他知道這樣一個事實：馬雲的阿里巴巴公司是美國價值和美國利益的敵人，這個假貨王國嚴重地損害了美國的智慧財產權，它不可能造福於美國。

二零一五年一月二十八日，中國工商總局公佈了《關於阿里巴巴集團進行行政指導工作情況的白皮書》，指出淘寶網正品率在中國網路交易平台最低，只有百分之三十六。也就是說，淘寶上有百分之六十四是山寨假貨。馬雲立即與讓一般商人低聲下氣的工商總局展開一場罵戰，隨即搬出一群權勢薰天的幕後主子，輕而易舉地逼迫工商總局與之「和好」，一場信譽危機得以輕鬆解決。

那麼，誰是馬雲的幕後主子呢？或者說，馬雲是哪些人的馬仔呢？二零一四年七月二十日，《紐約時報》發表了一篇長篇調查報告，通過分析阿里巴巴向美國證券交易委員會提交的 IPO 申請書，勾勒出馬雲背後複雜詭譎的政商關係。阿里巴巴的股東涵蓋了中國的主權基金、博裕資本、中信資本、中國國家開發銀行的國開金融、新天域資本等。這幾個投資機構由一群有通天之能的太子黨掌控，如前總書記江澤民嫡孫江志成是博裕資本合夥人之一，開國元老陳雲之子陳元曾任國家開發銀行董事長，前政治局常委賀國強之子賀錦雷是國開金融副總裁，解放軍開國上將王震之子王軍是中信資本母公司中信集團董事長，現任政治局常委劉雲山之子劉樂飛是中信產業投資基金管理有限公司董事長兼CEO，前副總理曾培炎之子曾之傑是中信資本總經理，前總理溫家寶之子溫雲松則是新天域資本創辦人之一。有這群父輩是中南海主人的大人物撐腰，馬雲當然能點石成金，獨家獲得運作網上

銀行「支付寶」的特權。

　　如果把馬雲的故事放在美國，善良的人們能夠想像此種場景嗎？——比爾・蓋茲、賈伯斯的成功，是因為他們將柯林頓、布希（Bush）、歐巴馬（Obama）等幾位總統的家人都拉到公司裡當董事，然後借助白宮的力量壟斷市場。

　　而這恰恰就是馬雲成功的秘訣。馬雲不是技術天才，也沒有設計天分，他唯一的長處就是知道緊緊抱住太子黨的大腿。說白了，馬雲是太子黨集團的代理人和「白手套」，或者說「馬仔」。別看他今天躊躇滿志，大言不慚，一旦哪一天他得罪了當道者，立即就會被錦衣衛拿下，億萬家財統統充公。他在太子黨們眼中不過就是一隻隨時可以捏死的臭蟲罷了。君不見，富比士富豪排行榜上的中國富豪們，有多少在獄中痛苦地呻吟？

　　不過，馬雲比其他富豪更加安全的是，他直接參與中共控制人民的大數據工程之中，他成了當局的利益共同體和幫凶。近年來，中國出現了多起阿里巴巴告密事件：有人在淘寶上賣港台版「禁書」，淘寶網迅速將賣書人和買書人的資訊交給警方，導致賣書人遭到重罰，買書人也被警察致電，強迫其將書交到派出所。這種做法，跟當年雅虎將師濤等異議人士的電郵內容呈送中共國安部，成為他們被判重刑的證據，簡直如出一轍。當年，在美國國會的聽證會上，蘭托斯（Thomas Peter Lantos）參議員嚴厲斥責雅虎總裁楊致遠說：「你們是商業的巨人，也是道德的侏儒！」本來，馬雲在美國應當受到同樣的斥責，沒有想到如今他卻成為川普的座上賓，被譽為「偉大的企業家」，春風滿面地從川普大樓中出來，阿里巴巴在股市上的股價應聲而漲。遺憾的是，作為納粹集中營倖存者，痛恨極權暴政、珍視民主自由的蘭托斯參議

員已經去世，環顧今日之美國，誰是能為普世人權大聲疾呼、新一代的「蘭托斯」呢？

　　川普應當認識到，共產黨一手扶植起來的馬雲絕對不是一個「偉大的企業家」，恰恰相反，馬雲是自由、創新、勤勉等美國企業最珍視的價值的對立面和終結者。馬雲是支持鄧小平發動六四屠殺的冷血動物，是購買《南華早報》並解僱若干說真話的編輯記者的新聞自由的殺手，是山寨和假貨王國的國王，也是中共頂級太子黨的馬前卒。如果川普誤讀馬雲，必定會讓美國自掘墳墓。

# 強國多賤民，賤民眞愛國

你說祖國強大了，你不怕美國航母和核彈，我信；但我不信你不怕公安、城管和拆遷隊。你說祖國強大了，你不再擔心西方列強的欺負，我信；可你見了李剛的兒子們你還要繞著走。你說祖國強大了，你終於不吃英國鴉片了，我信；可照樣避不開地溝油和三鹿奶粉，你的孩子避不開毒疫苗。你說祖國強大了，中國人民終於可以挺直腰杆做人了，我當然信；可是你還得擔心家人的醫療保障，孩子的教育公平，房價不論是買還是租，你還是覺得很貴。你說祖國強大不強大和你有個毛關係？

——網路段子

中國的奴隸制度堪稱世界之最。美國的奴隸制和俄國的農奴制廢除之後，民衆之奴性迅速灰飛煙滅。然而，中國卻施行一種隱蔽的、滲透到精神當中的、具有中國特色的奴隸制度。評論人鍾祖康說過：「中國人之奴性有一種古今中外奴隸制度相形見絀的特色，就是做奴隸的往往不覺得自己是奴隸，而最爲令人嘖嘖稱奇的是，中國人奴隸通常會比奴隸主更熱衷的去捍衛這個奴隸制度。」今天的中國人，包括那些拿著他國護照的海外華人，有

166

多少人眞正脫離了「精神奴隸」的身分？

## 為何中國的「形象大使」全都是「外國友人」？

中國的腰包鼓起來，便要精心設計其對外形象了。中共知道，其國際形象有礙觀瞻。在黨魁親自掛帥的「大外宣」計畫中，有一項是「國家形象宣傳片」的製作。其中，包括長達三十秒的《人物篇》廣告短片，以及十五分鐘的《角度篇》專題長片。前者將由國務院新聞辦投入鉅資，在諸多國際主流媒體上購買黃金時段，循環播放。

這部片子當然要由政治局審定。出現在短片中的，是當局精心選擇的五十個名人，包括體育明星姚明、鄧亞萍、郎平，文藝界明星郎朗、宋祖英、譚盾、吳宇森、甄子丹，宇航員楊利偉，水稻專家袁隆平，以及網際網路新貴馬雲、丁磊、李彥宏等人。該片主創人員透露，這五十個人爲了宣傳國家形象，全部都是「零片酬」，所以該片「製作成本並不高」。

正如韓寒諷刺主旋律電影《建國大業》中的演員大半都是白求恩式的「外國友人」一樣，第一部「國家形象片」的主要演員們，絕大多數也是「外國友人」，至少是拿著歐美國家綠卡的「準外國友人」。面對媒體質疑，承擔這一「重大政治任務」的上海靈獅廣告公司董事長沈贊臣解釋說：「我們偏重於考慮這些人在世界上都比較『眼熟』，外國人看到他能想到中國。」

這個回答讓人啼笑皆非。在十三億人當中，難道找不出五十個心口如一的「中國人」嗎？如果說「眼熟」是首要標準，那麼歐巴馬內閣中的華人部長朱棣文以及美國駐華大使駱家輝，豈不更加「眼熟」？不妨請他們當中國的「編外形象大使」。可惜，他

們是如假包換的美國人,除了長著華人的面孔之外,跟中國政府,跟共產黨黨文化毫無關係。

好人、能人都移民了,剩下來的,是不足以「代表」中國的中國人。這就是製片人的邏輯。片子中的這五十個人,真能代表共產黨中國嗎?比如,導演吳宇森出生在廣州,五歲時移居香港。如果不是香港自由寬鬆的文化氛圍,他能成為獨具風格的電影導演嗎?吳宇森於一九九零年代闖蕩好萊塢,成為世界級的電影導演,他依託的是好萊塢的人才選拔機制。

既然吳宇森的成功跟共產黨中國毫無關係,他為何熱衷於在《建國大業》和《建黨偉業》中「跑龍套」,以及參加這部《人物篇》的「義務」出演呢?這並不表明吳宇森多麼愛國,而是他深知中國是其電影的主要票房市場。通過此類活動,可以跟中共當局搞好關係。關係通達,買賣才興旺。這是一本萬利、財源滾滾的商業高招。

中國社科院在一份報告中哀嘆,近二十年來,數十萬精英人才移居國外,少數「海歸」也只是看中當下中國賺錢的機會,暫時回來「裸居」。《華爾街日報》專欄作家張濤諷刺說:「淘金淘銀無需國界,愛惜個人的羽毛也無可厚非,但非要腆著臉打出『建設祖國』的旗號,而與此同時口袋裡裝著在星條旗下宣誓後拿到的護照,這種拙劣的包裝就太不厚道了。」在這群代表中國國家形象的「偉人」當中,「身在曹營心在漢」者究竟占多大比例呢?

## 脫北者也比中國人高級

在種族歧視被視為嚴重的「政治不正確」的時代裡,說某一

個國家或者某一個民族的人更高級或更低級，說不定就會被告上法庭。

而說脫北者比中國人高級，更會引發一場中國的民族主義暴動：我們是「天朝人」（乾隆皇帝發明的「天朝」這個名詞，在美劇「字幕組」的翻譯中，取代了「中國」這個平淡無奇的稱呼），我們是「強國人」（香港人看到潮水一樣湧來的「水貨大軍」和「北姑」時，便如此稱呼這群隨地大小便的中國人），豈能拿我們跟那些食不果腹、衣不蔽體的逃離北韓的難民相比？

然而，據韓國的《朝鮮日報》報導，由於歐洲國家承認北韓的脫北者爲難民，並給予居住權和福利津貼，有些中國人盯上了這一福利政策，北京出現了把中國人訓練成脫北者的「補習班」。該報導引述消息人士稱，居住著大量韓國僑民的北京望京地區有兩個「假冒脫北者」的補習班。這些補習班教授中國人有關朝鮮的知識，虛構脫北故事，幫助他們通過歐洲的脫北者難民審查。消息人士還稱：「『假冒脫北者』補習班與朝鮮的中介合作，僞造在咸鏡北道茂山礦區或會寧市機械工廠工作過的身分證等，還教授學員們歐洲國家經常會問的朝鮮現況等。」

我離開中國之前，多年居住在北京東北部的望京，那裡是有名的韓國城，居住著數十萬韓國人。那時，我還沒有聽說過「脫北者製造班」這樣的機構，也許那時中國人逃離中國的慾望和決心沒有今天這樣強烈。

習近平趾高氣揚地宣稱，他將帶領中國人民「實現中華民族的偉大復興」。然而，中國民眾的願景跟習近平截然相反：中國民眾根本不聽習近平的號令，急不可耐地逃離這艘即將沉沒的鐵達尼號。中國官方常年向民眾灌輸「社會主義榮辱觀」，但那些

不爭氣的人們，居然以做中國人爲恥，以移民海外爲榮。

第一等的中國移民，當然是用投資移民等方式堂堂正正地移居歐美發達國家；第二等的中國移民，則移居新加坡、香港等亞洲國家和地區；第三等的中國移民，奔赴作爲中國政府援助對象的非洲和南美國家。如今，又出現了第四等的中國移民，即假扮脫北者逃離中國的中國人。

中國人將自己裝扮成脫北者，比歌王麥可・傑克森（Michael Jackson）自己的皮膚漂白容易得多。中國人應當感謝國境旁邊還有一個金家王朝統治的、哀鴻遍野的北韓，更應當感謝偉大領袖毛主席——如果當年不是毛澤東力主「抗美援朝」，南北韓早就在美國的主導下統一了，今天也就沒有了脫北者這個特殊的人群，而中國人也就不可能戴著脫北者的面具，利用歐洲人過於泛濫的同情心，到歐洲去過好日子了。

## 「漢奸情人」豈能扮演「主席女友」？

繼《建國大業》之後，中共爲慶祝九十歲生日，又投入鉅資拍攝主旋律電影《建黨偉業》。從《建國大業》到《建黨偉業》，從「大」到「偉」，可見黨高於國，黨凌駕於國之上，正如共產黨長期以來宣稱的那樣，「沒有共產黨就沒有新中國」。所以，解放軍是「黨軍」而非「國防軍」。

在《建黨偉業》開機的新聞發佈會上，最引人矚目的，不是年輕演員黃覺和周迅（他們分別扮演中共創始人之一的李達及其夫人）——儘管他們高調宣誓說，「演完這場戲後想入黨」；而是以民國學生裝露面的湯唯——她出演的是毛主席的初戀女友陶毅。近兩年來，湯唯基本上沒有在公衆場合露面，因爲她有一紙

廣電總局封殺令在身。

當《色戒》引發某高層領導不滿之後，廣電總局不敢對揚名奧斯卡獎的國際級導演李安說三道四，柿子挑軟的捏，宣佈封殺剛剛出道的湯唯。他們說這是「對事不對人」，換言之，就是「對角色不對人」，誰讓你扮演一個居然愛上了漢奸、喪失立場和鬥志的民國女孩呢？

湯唯成為無辜的犧牲品，李安亦公開發言為其辯護。又有廣電總局相關人士作出另一種解釋：因為擔心湯唯的「一脫成名」會給青少年造成負面影響，所以減少她的曝光率。然而，究竟是誰在對青少年施加「不良影響」呢？不是虛構的電影，而是現實生活中包養二奶、三奶乃至殘殺二奶、三奶的大小官員們。

魯迅評《紅樓夢》時說過，「道學家看見淫，才子看見纏綿，革命家看見排滿」，《色戒》亦可如是觀之。彼岸的馬英九，看了《色戒》後說，抗日青年的壯舉，讓他熱淚盈眶，固然也是一種愛國秀。更等而下之的是對岸那些宣稱「以德治國」的黨國衛道士們，他們看到《色戒》中的裸體鏡頭便抓狂，只能說明自己心中有鬼。對此，李安表示，湯唯是個好演員，《色戒》是個好電影，「不看才可恥」。但是，盛氣凌人的廣電總局，不放過纖纖弱女子湯唯，因為這個角色觸犯了「只能讓我來淫，不能讓漢奸來淫」的道德標準。

落寞兩年之後，湯唯尋覓到這個絕對「政治正確」的機會復出。《建黨偉業》的導演黃建新說：「湯唯的身上有一股青年女學生的朝氣，我非常喜歡，於是我們一致想到邀請她。」如果用《聊齋誌異》的筆法來寫，就是水晶棺中的那具毛殭屍看到了《色戒》，覺得湯唯比江青和張玉鳳更美，遂欽點其扮演念念不忘的

初戀女友。

據網友披露的資料，《建黨偉業》中宣稱「義務出演」、不拿報酬的各路明星，全都手持外國護照，甚至是新加坡、泰國等東南亞小國的護照。只有湯唯是唯一如假包換的「中國人」。楚楚可憐的湯唯，如果有了扮演「主席女友」的經歷，就如同遞了投名狀，買了護身符，以後誰還敢刁難她呢？刁難她不就是刁難主席的女友及主席本人嗎？

不過，身分可疑的毛太孫毛新宇，對「爺爺」的這段戀情不予認可，更不同意由湯唯這個「不純潔」的女演員出演爺爺的初戀情人。這位冒牌「史學博士」憤憤然地表示，據其研究，這段劇情嚴重失實，爺爺一生最愛的女人是奶奶楊開慧。可惜，知「祖」者非「孫」也。楊開慧在被國民黨處死前，早已被毛狠心拋棄。陶毅這個初戀女友在毛太祖心目中的地位如何姑且不論，倘若江青同志或張玉鳳同志聽到「老毛最愛楊開慧」的荒誕說法，一定會笑得花枝亂顫。

忠奸一定要分明。黃導演豈能只講審美不講政治？皇太孫毛新宇雖然不是廣電總局局長，其言論卻一言九鼎。到了《建黨偉業》最後成片時，毛的初戀女友陶毅這個角色，整個都被刪除了。湯唯如一縷青煙消失得無影無蹤。看來，從「漢奸情人」變成「主席女友」，還得翻越一座座高不可攀的山巒。

## 「燒報紙」與「打小人」

一九三三年五月十日，在德國柏林歌劇院廣場，納粹的宣傳部長戈培爾發起了焚書活動。看著燃燒的火焰，這個擁有博士學位的納粹頭目對現場的大學生和衝鋒隊員宣佈，為德意志精神掃

清道路的「德意志革命爆發了」。

二零一一年十一月十七、十八日，在中國山西太原和河北石家莊，有毛派人士購買大量的《南方週末》等報刊，集中焚燒並掩埋。對此，北大中文系毛派教師孔慶東在微博上喜出望外地說：「人民對漢奸媒體已經出離憤怒（憤怒的程度已經達到了極點）了。」

焚書是中國人的發明，秦始皇是始作俑者。二十世紀，將焚書這種「行為藝術」發揮到登峰造極的，是希特勒和毛澤東。德國作家魏德曼（Weidermann）寫過一本名為《焚書之書》的著作，集中描述了九十四名德語作家被納粹焚燒的作品。這些作家的書被焚燒，大部分人因此失去了讀者，失去了家鄉，甚至失去了生命。「我尊重所有作品被第三帝國燒毀的作家，」自己的著作也被燒毀的約瑟夫・羅特（Joseph Roth）於一九三五年寫道，「因為火精煉了他們，使他們變得完美，使我瞭解他們。」讓人欣慰的是，最後的勝利並不屬於納粹：二零零八年，值焚書七十五周年之際，在德國出版了「焚書叢書」第一輯共十種。當年那些作品被焚燒的作家，以一種超越時間的方式在一個新的世紀裡破土而出。

焚書不是專制制度的頂峰之作。德國詩人海涅（Harry Heine）說過：「在焚燒圖書的地方，最後也勢必焚燒作者。」毛澤東時代的標誌就是焚書和殺人。毛在床上堆滿了線裝書，手不釋卷，韋編三絕，似乎也是個博覽群書的讀書人。但是，毛從中汲取的全是陰森可怕的權謀術與厚黑學，同時他不允許老百姓選擇自己喜歡的書來讀——除了他的語錄和選集等寥寥可數的幾種書籍，其他的都是要焚燒掉的「封資修」（封建主義、資本主義、修正

主義）。毛澤東深知，愚民是最好統治的。

　　而此次發生的「人民群眾」焚燒報紙的事件，則表明「文革」並未眞正結束，毛澤東的陰影仍然籠罩在中國大地上。在今天的德國，焚書者被視爲踐踏文明的底線；而在今天的中國，毛派們則在硝煙與塵埃中狂歡，甚至在網上得到不少人的支持。

　　難道焚燒了一份報紙，就能消滅自由的思想嗎？毛派焚燒報紙的行徑，讓我想起了在南方見到過的所謂「打小人」的活動。「打小人」是一種流行於香港、廣東民間的巫術儀式，希望借由此種巫術驅逐、報復「小人」。這樣的活動一般在陰暗的地方進行，例如橋底。我在香港的銅鑼灣及灣仔之間的鵝頸橋下，便看到了「打小人」的奇特景象。焚燒報紙的毛派人士，眞該申請一筆維穩經費（公共安全開支），奔赴香港鵝頸橋下，與「打小人」的大媽們一起向世界各國的遊客表演這種極具中國特色的民俗。

## 孔子和平獎的鬧劇何時收場？

　　孔子做夢也想不到，在他死後兩千多年，中共的一群御用文人會竊取他的名字設立一個所謂的「孔子和平獎」。共產黨對孔子的利用，和對儒家糟粕的發揚光大，臻於登峰造極的地步。

　　孔夫子殺了少正卯一個人，穆加比（Robert Mugabe）屠殺了兩萬人。所以，辛巴威總統穆加比榮獲「孔子和平獎」，乃是實至名歸，正如主辦單位頒獎詞所說，穆加比「克服種種困難，致力於打造國家的政治與經濟秩序，同時強而有力地支撐了泛非洲主義與非洲的獨立」。

　　不過，還是有雜音傳來。消息傳到該國之後，反對派的人民民主黨秘書長莫憂（Gorden Moyo）隨即發言表示，對於穆加

比的獲獎感到「極度噁心」，他並以「瘋狂的孔子和平獎」（The insanity of the Confucius Peace Prize）為題發表評論指出，穆加比用血腥、暴力、縱火與殘暴手段，打造建構了長達三十五年的獨裁統治。

二零一零年，身在獄中的人權鬥士劉曉波榮獲諾貝爾和平獎之後，《環球時報》發表文章建議，中國政府應另起爐灶設立「孔子和平獎」，利用孔子的知名度，宣示中國的和平觀和人權觀。我是在軟禁中，國保警察扔掉的一張破報紙上看到這則評論的。

沒有想到，果然有「有識之士」將這個創意變成了現實。由一群所謂的「民間立場」的學者出面，掛靠在「中國鄉土藝術協會」之下（該協會是中國「一級協會」，國務院文化部直屬單位），創設了一個與諾貝爾和平獎唱對台戲的「孔子和平獎」。被挪威諾貝爾委員會激怒的中共當局，樂見有愛國者挺身而出捍衛國家尊嚴。

第一屆「孔子和平獎」頒發給完成「國共第三次和談」的國民黨榮譽主席連戰。那時候的連戰，還沒有進化到如今放膽參加北京大閱兵的地步，不敢到北京領取這個燙手的山芋。但在頒獎典禮上，司儀現場宣佈，「由於眾所皆知的原因，連戰先生今天未能親到現場領獎，為此，我們邀請了一位小朋友，代連爺爺上台領獎。」並聲稱連戰已默認領獎。

一炮沒有打響，內訌卻已爆發。主辦該獎的「民間機構」一分為二，互相攻擊。主人見勢不妙，不再餵食，文化部發文將雙方統統逐出門庭，並在聲明中表示該獎項的設立違反了有關規定。至於究竟是哪些規定，則語焉不詳。

但是，愛國者的愛國心百折不撓，主辦方以「中國國際和平

研究中心」名義，於二零一一年十月改在香港註冊成立（該組織不在北京註冊，而在香港註冊，本身就是一個絕妙的諷刺。幸虧中國還有一個香港，可以寬鬆地註冊形形色色的非政府組織）。

於是，又悻悻然地公佈了第二屆「孔子和平獎」的評選結果：獲獎者爲俄羅斯總理普丁（Vladimir Putin）。普丁是習近平唯一打心眼裡崇拜的、活著的外國政治人物，該機構頒獎給普丁，習近平當然很高興。

普丁本人及俄國政府卻從未對此一獎項作出任何回應。倒是普丁領導的統一俄羅斯黨的網站上，迅速發表了不受抬舉的言論：該網站援引俄羅斯著名記者的評論說，「這個獎一錢不值」。普丁不僅沒有親赴中國領獎，也沒有派俄國駐華大使去領獎，主辦方只好找來一名俄羅斯留學生代爲領獎。習近平錯過了一個向偶像頒獎的良機，好不遺憾。頒獎典禮上，北大中文系教授、長期吹捧薄熙來的毛派學者孔慶東宣讀了普京獲獎的理由。「普丁在擔任俄羅斯總統和總理期間，政績斐然，給俄羅斯人民帶來了福祉。特別是，普丁在二零一一年春夏之交，堅決反對北約轟炸利比亞，爲維護世界和平做出了傑出貢獻。」然而，普丁的反對並未拯救格達費（Muammar Gaddafi）政權覆滅的命運。

除了該委員會的十六位評委（據該活動的承辦者之一、自稱詩人並也曾獲得提名的譙達摩表示，「孔子和平獎」評審委員會成員多數是中國哲學界大師，水準優於諾貝爾和平獎評委會的五人。）之外，俄國也有人認爲普丁獲此獎「當之無愧」。俄羅斯紀念碑人權中心領導人、人權活動家奧爾洛夫（Oleg Orlov）評論說，中國人權紀錄惡劣，普丁同樣不尊重人權，中國把這一搞笑獎項頒發給普京，可謂臭味相投。他還說：「如果更臭名昭著

的辛巴威總統穆加比設立某個獎項，然後頒發給普丁，普丁會更當之無愧。」

奧爾洛夫（Orlov）倒是未卜先知：穆加比雖然沒有設立一個獎項頒給普丁，兩年後，穆加比本人卻成了跟普丁一樣的榮穫「孔子和平獎」的當代偉人——只不過，在普丁與穆加比之間，隔著另一個獨裁者，即統治古巴長達半個世紀的卡斯楚（Raúl Castro）。「孔子和平獎」得主們，可以組成一個「獨裁者俱樂部」了。（可憐的連戰同志，在民主的台灣參加選舉連戰連敗，未能煉成掌權的獨裁者，有獨裁之心，而無獨裁之實，只能退一步海闊天空，成爲台灣躍居富比士富豪排行榜的唯一一名政治人物。）

穆加比獲獎，不是大新聞，如果曾在「史詩巨片」《孔子》中扮演孔子的香港巨星周潤發出席頒獎典禮，以孔子的扮相給穆加比頒獎，那才有可能成爲大新聞。發哥在銀幕裡上天入地，彈無虛發，昔日「小馬哥」勇闖龍潭虎穴的雄姿英發、風流倜儻猶存，一定會給頒獎典禮增色不少。而穆加比比發哥更是英明神武，他於一九八一年建立由朝鮮訓練的「第五旅」，對付異議人士和實施種族清洗，戰無不勝，所向披靡，屍橫遍野，血流成河。發哥在電影裡扮演過神機妙算、乾坤大挪移的賭神，而穆加比更是現實生活中的賭神——辛巴威曾在電視上舉辦過公開的樂透抽獎，摸出來的頭獎名單赫然就是穆加比本人。所以，若是主辦方能說動發哥前去頒獎，再請習近平蒞臨發表重要講話，必定是吸引世人眼球的大新聞，也會讓北歐蠻夷之邦的炸藥獎之頒獎典禮黯然失色。

孔子長眠於地下兩千多年了，歷朝歷代統治者爲其建廟封

王，他只能默默忍受。如今，又出現孔子學院和「孔子和平獎」等「怪現狀」，孔子還是無法起死回生、阻止自己的名字被盜用。只有孔家後代出面稍加澄清：孔子第七十六代、香港天主教正義和平委員會幹事孔令瑜批評說，對中共自設「孔子和平獎」以打擊諾貝爾和平獎的舉動表示心痛。而歷史學家余英時評論說：「大家把這個東西當作笑話看，但看完以後，不能不感覺到痛心。我們五千年的文化，又經過五四以後吸收了西方文化，在三四十年代，無論中國文化、西方文化的研究，都到了相當高的程度。到今天會墮落到如此不堪的地步，這是真的不能想像的。」

「斯文」就是這樣「掃地」的。而更大的羞辱接踵而來：穆加比的發言人聲稱，穆加比拒絕領取這個「來歷不明」、「缺乏公信力」的獎項。這比起很多孔子學院因為侵犯學術自由和言論自由，被西方的大學關閉來看，是更大的羞辱——連非洲獨裁者都不屑於與之為伍。那麼，被羞辱的是孔夫子還是共產黨？還是兩者兼而有之？

# 彭明輝爲何貶低台灣，稱頌中國？
## ——駁彭明輝《兩岸之間只有一個問題》

邊緣人利用農民「打天下」是中國史上的一種傳統。毛和他的黨也確實在很大的程度上繼承了這一傳統，不過他們打下天下後所建立起來的不是傳統的「專制王朝」，而是現代的「極權黨朝」而已。

——歷史學家／余英時

在台灣《蘋果日報》讀到彭明輝教授的大作《兩岸之間只有一個問題》，爲之大跌眼鏡：這位有相當學養和影響力的學者，對兩岸問題尤其是中國現狀的瞭解居然如此淺薄和荒謬，其論點與國際主流輿論的立場以及中國普通民眾的感受格格不入。彭教授雖然是劍橋畢業的博士，但他的專業是工程技術，遠離社會人文，一旦脫離其專業領域，其議論便有可能違背常識，甚至不如一名普通大學生高明。

作爲台灣知識分子，對台灣的現狀作出反思和批判，是理所當然的，也是「在地」知識分子的職責與使命所在。但是，犯不

著在自我批評的同時，一味美化和羨慕中國。正如美國知識分子天天挑美國社會的毛病，但他們不會認爲北韓是美國效仿的對象。如果彭教授貶低台灣和稱頌中國的立場在台灣知識界得到普遍認同，我不得不深感憂慮。

## 不要豔羨那艘老鼠紛紛逃離的沉船

彭教授認爲，「廿一世紀的兩岸關係只有民生的競賽是眞的」。這個論點可靠嗎？如果沒有民主自由，沒有人權保障，民生乃是空中樓閣。希特勒當年解決民生問題不遺餘力，在一九三零年代的歐洲國家，德國工人最早實現家家有汽車，享受免費的度假療養。但是，在納粹統治之下，統治者今天可以賞賜你一個麵包，明天卻可以將你關進集中營，你願意過這樣的日子嗎？

彭教授生活在民主自由的台灣，民主自由對他而言，就像是空氣一樣，不需要特別強調。但是，在極權主義肆虐的中國，民主自由仍是可望而不可及的奢侈品，有那麼多人因爲爭取基本的公民權利而被捕下獄。彭教授卻以民生爲唯一指標，漠視民主和民權，與共產黨的觀念不謀而合：「人權就是吃飯權。」

在彭教授筆下，中國在全球一枝獨秀，中國人似乎生活在天堂裡。他認爲，中國的文創產業發展比台灣更積極而迅猛，「未來台灣的第一流人才或許將紛紛爲大陸所用」。他又認爲，「當台灣的電子媒體激情地在操弄統獨與省籍情結，並且在新聞報導上無腦化時，有檢查制度的大陸媒體卻供給民眾遠比台灣更優質而豐富的國際資訊和視野。」這些看法與龍應台此前所說的「中國媒體上有大量的國際新聞報導，故而中國比台灣更開放」如出一轍，卻與事實不符且有悖常理。

　　沒有言論自由、思想自由、學術自由、新聞出版自由、宗教信仰自由的中國，怎麼可能有生機勃勃的文創產業？被共產黨壟斷的媒體，從事的是愚民洗腦工作，即便有大量國際新聞報導，其目的也是煽動民族主義和民粹主義，而不是提供多元資訊讓民眾作出獨立判斷。比如，伊拉克戰爭時，中國的央視誇耀說，海珊（Saddam Hussein）政權固若金湯；利比亞內戰時，央視再次為獨裁者、「中國人民的老朋友」格達費加油。此類報導既不「優質」，也不「豐富」，正如中國網民們所嘲諷的，中國官媒的新聞報導給受眾的印象是：中國一片光明，西方一片漆黑，中國人民幸福快樂，中國領導人忙忙碌碌。

　　彭教授擔心中國的居住環境越來越好，台灣人紛紛移民中國，這是無稽之談。陰霾籠罩、毒奶粉肆虐的中國，有多大的吸引力呢？我從未聽說全世界人民爭先恐後移民中國，反倒是越來越多的中國人正在逃離故土。德國《世界報》發表了一篇題為《中國超級富豪成群向外逃》的署名文章，敘述了中國富豪申請移民的情況。報導稱，二零零九年至二零一一年，共有六萬多名來自大陸的超級富豪向加拿大申請移民。二零一一年，駐香港加拿大領館收到的投資移民申請，占當年全球申請總數的百分之八十六，而百分之九十九在香港提交的申請來自大陸富豪。由於人數過於龐大，加拿大政府凍結了這個吸引全球投資移民的項目。《南德意志報》亦報導，雖然習近平標榜「中國夢」，中國富豪的夢想卻是「離開中國」。北京的中國與全球化研究中心指出，有百分之六十擁有百萬美金資產的中國富豪申請了美國提供給富有投資者的 EB-5 移民簽證或有相關考慮。文章以知名企業家、「俏江南」餐廳創始人張蘭為例稱，這名連鎖餐廳董事長兼朝陽區政

協委員根本未設籍北京，早已入籍外國。在中國的網路上，人們普遍哀嘆，富人離開中國就如同老鼠逃離正在沉沒的船隻。

中國對包括台灣在內的全球一流人才並沒有吸引力，人們最多來此暫住一段時間，撈一筆錢就離開，很少有人決定定居中國。而中國一流的知識分子，要麼像劉曉波、許志永那樣被關在監獄中；要麼在無奈之下逃離中國，如被中國社科院開除的政治學者張博樹、六四之後曾下獄的憲政學家王天成、被北大解聘的經濟學家夏業良、法律學者和人權律師滕彪博士……這份名單越來越長。這些流亡美國的中國知識分子，若組建成一個智庫，其水準必定讓中國社科院、北大、清華望塵莫及。

## 從「與狼共舞」到「飛蛾撲火」

中國究竟有什麼奇蹟呢？除了錢以外，中國什麼也沒有。錢也只是被少數人壟斷，不是被大眾分享。成就「中國模式」的三大因素是：對數億奴隸勞工的殘酷壓榨、對環境的毀滅性破壞以及對能源的掠奪式開發。正是學者秦暉定義的「低人權優勢」，吸引台商前去彼岸「與狼共舞」，其結果往往是「飛蛾撲火」。

彭教授對中國之「強」五體投地，卻沒有深入觀察和分析。而對香港民眾來說，「強國」是一種對中國極具厭惡與極端排斥的蔑稱。台灣陸委會主委王郁琦在南京大學演講時，引用中央大學校長羅家倫的名言，「強而不暴是美」，委婉規勸咄咄逼人的中共。這種規勸會有效果嗎？

中國確實強大起來了。不僅用近兩千枚導彈對準台灣，還要控制整個太平洋。二零一四，中國公佈的軍費開支達一千四百八十億美元，已持續十多年的年增長率高於百分之十。中國正在打

造一個潛艇艦隊，力求超過美國潛艇艦隊的規模；同時，還準備建成三個航母編隊，發展成亞洲規模最大的海軍力量。

中國不是上門來送禮物的天使，而是窮兇極惡的新興納粹。菲律賓總統艾奎諾（Aquino III）批評中國如同納粹德國一樣威脅鄰國。在曾經孕育了希特勒和納粹主義的德國，也有類似看法。德國前外長菲舍爾（Joschka Fischer）在《南德意志報》撰文，在一戰爆發一百周年之際，他把目光投往東方：「回憶 1914 年夏天，引發最大擔憂的是東亞地區。因為幾乎與史書如出一轍，那裏聚集著當時那場災難的全部要素：該地區軍備精良，在今天這意味著擁有核武器，有中國這樣一個正在崛起的世界大國，存在大國對抗、懸而未決的領土和邊界問題、朝鮮半島衝突、歷史遺留問題和虛榮心，幾乎不具備合作的甚或一體化的衝突解決機制，而是一味爭奪權力，而且互不信任。」作者特別指出，中國已經大步流星地走在軍國主義之路上，西方民主國家必須早作準備。

中國的有識之士也持相似看法。公共知識分子、作家慕容雪村在《紐約時報》中文網撰文指出，共產黨媒體長期煽動的仇日情緒在網路上充分顯現出來。在鐵血論壇、四月網等「愛國」青年聚集的網站，「殺光日本狗」、「滅絕日本人」之類的話語隨處可見。有人甚至會提議發動一場比賽，看誰先殺死一萬個日本人。二零一二年，中日在島嶼主權問題上的緊張關係，在中國引發一系列反日騷亂。西安事件尤其引人注目，二十一歲的蔡洋用一把 U 型鎖砸穿了日系車主李建利的顱骨。在接受採訪時，蔡洋的母親說明了這種狂暴的「愛國」情緒其來有自：「打開電視，大部分電視劇都是關於抗日的。怎麼可能不恨日本人？」

中共當局引誘民眾發洩仇恨的對象，不僅是近代以來屢次侵略中國的日本，也包括施加頗多恩惠給中國的美國，當然少不了不願意「回歸祖國懷抱」的台灣，以及不願臣服於中國殖民統治的香港、西藏和新疆。那些口口聲聲說要「鏟平台灣」的「愛國」青年，是怎樣煉成的呢？不正是彭教授所心儀的「優質」媒體和教育的產物嗎？在中國，千千萬萬個摩拳擦掌的蔡洋正在茁壯成長，台灣可以高枕無憂嗎？

台灣有良知的知識分子當警醒，充當警告眾人「小心火燭」的更夫之角色。反之，倘若知識分子像見利忘義的商人與政客——如「賣台旺中」的郭、蔡、連、吳——諸人那樣，甘做共產黨暴政的同路人和辯護者；那麼，利令智昏必然導致開門揖盜，台灣的民主自由將危在旦夕。

## 「同文同種」的幻象與奔向自由的願景

在彭教授的大作中，還有一段讓我匪夷所思的話，他說：「看著滯美不歸的老一輩讀書人，甘願忍受種族歧視，在異文異種的地方當二等公民，你就知道：發揮個人才華，以及讓後代看得到未來，這往往比政治地位的平等更重要。但是，站在今日的台灣，你看得到下一代的未來嗎？」言下之意，對於華人來說，美國不是一個「同文同種」的國度，不是好去處；台灣日漸沒落，沒有多大希望和前景；而在中國這個沒有民主政治的國家，反倒可以讓人盡其才，反倒可以讓下一代看到激動人心的未來。所以，台灣人趕緊放下「莫須有」的統獨爭議，對中國趨之若鶩吧。

姑且不論統獨之爭是不是「偽命題」，單看「滯留」、「忍受」

等辭彙，就可感受到彭教授字裡行間搖曳生姿的「大中華中心主義」迷思。在全球化、地球村的背景下，居然還要遵循「父母在，不遠遊」的陳舊觀念，讓我不得不嘆息：這究竟是二十一世紀大學教授的言論，還是兩千年前木乃伊的陳腔濫調？

彭教授內心深處反美和反西方的思維模式，在這個段落裡暴露無遺。所謂「種族歧視」、「二等公民」，完全是自卑者的「自我受虐想像」。他無比迷戀「同文同種」的生活環境，但是，一個人難道只有在「同文同種」的地方才能發揮其才能嗎？如果「同文同種」的地方充滿極權暴政，它還是一個美好家園嗎？「同文同種」是一個肥皂泡般的幻象。即便在歐美國家，「唐人」常常遭到「唐人」的欺詐，而且此類案例多半發生在「唐人街」。

彭教授視之為「畏途」的美國，是一個多元文化的移民國家，只要你足夠聰明，足夠勤奮，就可以實現夢想。愛因斯坦（Einstein）在並非「同文同種」的美國，生活得比曾經的祖國德國好得多。諾貝爾文學獎得主、詩人布羅茨基（Joseph Brodsky），在祖國蘇聯被當作「社會寄生蟲」押往勞改營勞動改造。到了美國這個異國他鄉，布羅茨基反倒有一種如魚得水的感覺，他毫不掩飾對美國的熱愛就是對自由的熱愛：「我個人所喜歡的，就是在這裡我能獨自待著，做我能做的事情。我因此無限感激環境，感激這個國家。這個國家始終讓我著迷的，就是個人責任精神和個人首創原則。我有一種回家的感覺：我比本地人更像是美國人。」他奔向自由，人生大放異彩。

華人在美國的生活，並非彭教授想像的那麼不堪。就華裔傑出人士而言，趙小蘭、朱棣文、駱家輝等人在美國經過個人奮鬥，成為部長、州長和大使，他們難道是「二等公民」嗎？諾貝

爾物理學獎和化學獎的多位華裔得主，他們的學術突破都是在美國自由寬容的學術環境中實現，難道他們在美國不能發揮其才華嗎？獲得美國人文領域最高獎項「克魯格獎」的余英時教授，曾對我說，他關於中國文化的研究，幾乎全部是在美國的大學完成的。他對沉淪的中國沒有「鄉愁」。一個生命個體，倘若自我的力量足夠強大，不必依附國家、民族之類的「宏大敘事」，在天地之間，他是一個完完全全的「世界人」。

華裔作家哈金也是如此。哈金是美國國會圖書獎得主，是美國最有名的華裔作家。他在一次採訪中說：「我在中國生存了二十九年，這是我個人存在的一部分。我不能說因為它過去了而跟現在沒有關係。但是你又不能把它全背著，會背不動的。對你生活有意義的，就一定要繼續。如果很多東西只能帶來副作用、只能產生壓力，令你的生活艱難、痛苦，那你就寧願不要。因為你到另一個地方生存，就是一個過程。這個旅程當中你不能帶上一切。」哈金對華人群體中濃得化不開的國家主義和民族主義意識形態，有深切反思：「我在大陸的時候，常說『中國人是最優秀的』，完全是理想化的人格類型，很有宗教色彩。我們把國家當成唯一的信仰，就是因為我們沒有別的信仰，國家經常成為我們唯一的、完全的。最後就把國家神話了。」這段話好像就是對著視「同文同種」為命根子的彭教授說的──比「同文同種」具有更高價值的，是人的自由、權利和尊嚴。

毅然選擇離開納粹德國的文豪湯瑪斯・曼（Paul Thomas Mann）有言：「自由在哪裡，祖國就在哪裡。」在我看來，這就是自由人與奴隸的差異。

# 朱雲漢爲何充當帝國化妝師？

我欺騙了良心，如今我要坦白：

我曾讓自己和別人受到蒙蔽，

我沒發出警告：深淵就在前面！

　　　　──德國政治學家／豪斯霍費爾（Karl Haushofer）


　　當中國變得財大氣粗之後，拍馬屁、抱馬腿者爭先恐後，中共豢養的多如牛毛的御用文人自不必說，在中共的統治範圍之外，此類人物亦數不勝數，如德國前總理施密特（Helmut Schmidt）、美國前國務卿基辛格（Henry Kissinger）、花旗銀行董事庫恩（Robert Lawrance kuhn）、美國霍普金斯基金會中國部主任李成、香港影星成龍和溫兆倫等等，這個聲名顯赫的「人渣榜」越來越長了。台灣學者（學閥？）朱雲漢亦使盡渾身解數，擠了進去，在其中佔有一席之地，終於可以分享這場「人肉的盛宴」了。

　　然而，平地一聲驚雷，剛剛與北京進入「蜜月期」的朱雲漢，在中國漢辦撕書事件中一下子被打回原形，不得不承受「胯下之辱」：二零一四年七月，在葡萄牙舉行的歐洲漢學學會第二十屆雙年會的開幕典禮上，中國國家漢辦主任許琳要求主辦方將

會議手冊上第五十九頁有關蔣經國基金會贊助部分全部撕掉。要求不果，許主任遂作河東獅吼，親自率領一群嘍囉動手撕書。這群撕書者或許沒有留意到，蔣經國基金會的執行長是大名鼎鼎的朱雲漢，而朱雲漢是近年來關於「中國模式」的最為忠心耿耿的鼓吹者。難道這是一場「大水沖了龍王廟」的「美麗的誤會」？

## 漢辦撕書，雲漢受辱

「漢辦撕書」事件發生之後，台灣外交部提出嚴正抗議，歐洲漢學學會亦發信譴責此一破壞學術自由之舉。就連中國國內的網路輿論，也大都對此種粗暴野蠻的舉動不以為然、冷嘲熱諷。納粹焚書，中共撕書，可謂一脈相承、臭味相投。納粹德國的結局一目了然，共產中國的未來會陽光燦爛嗎？

一如既往，中共黨報《人民日報》旗下的法西斯黃色小報《環球時報》，隨即發表社論力挺「漢辦撕書」。這篇題為《漢辦主任在國際會議「撕書」不丟人！》的社論，大概出自「一號五毛」胡錫進之手。

社論首先攻擊台灣方面的「小動作」——「隨著大陸的實力和國際影響力與日俱增，台灣的國際空間一再被壓縮，台灣需要做的是認清大勢，主動順應，為推動兩岸統一做出貢獻。但遺憾的是，台灣方面總是既近視又遠視，就是不願意面對現實，喜歡搞一些小動作，比如在國際會議上鑽營，獲得點台灣的國際存在感，這越來越無聊，也越來越沒用了。」然後將撕書升級到愛國的高度上：「任何懷著愛國心的中國人，遇到這樣的事，都很難坦然處之，這不是某個人的私利，而是國家大義。國家漢辦作為參會方，對這樣的事沒有回應，不做質詢，那才是失策。『撕書』

188

是一種簡單明瞭的方式，表現出堅決的態度。」既然撕書是向黨國表忠心，誰還敢對其說三道四？

　　這一次，中共不顧朱雲漢多年來在海外幫助其拓展「軟實力」，毫不留情地給他一記響亮的耳光。朱雲漢痛徹肺腑，無法保持沉默，破天荒接受與之價值觀迥異的《自由時報》記者鄒景雯的專訪（藍營的《中國時報》和《聯合報》不會因這一事件放過他，這兩家報紙不敢發表批評中國的新聞報導）。在題為《政治箝制學術：中國在歐洲漢學界栽跟頭》的報導中，朱雲漢分析說，過去這十年，中國官方發現不能高舉著官方馬列主義、共產主義的意識形態，回過頭去把孔子、傳統的東西搬出來。「但他們在具體做法上，仍然在其官僚體系的思維下，中國大陸的教育部，對於他們的大學，也許像台灣三十年前，是非常清楚的指揮與階層關係，大學校長聽命部長，院長聽命校長。這次的錯誤，表現了他的習性，體制就是這個樣子，在國內頤指氣使的指揮那些學者，到國外就不自覺的以為可以比照。到今天，他們還沒有真正去融入世界的主流。」

　　朱雲漢批評說，中國大陸的做法，綁上許多意識形態或外交目的，反而得不到先進國家學術主流的認可，也會扼殺學術本有的活力與創造性。「在他們自己國內就應該做很多的改變，不能老用政治箝制學術。這次栽了一個跟頭，在歐洲造成群情激憤，一次就消耗掉了過去長期的經營，他們應該會有些學習吧。」挨了中共的耳光之後，朱雲漢似乎稍有覺醒，終於承認存在著超越於國家和民族之上的世界主流和普世價值。學術的自由和獨立，也包含在世界主流和普世價值的範疇之內。

## 朱雲漢為何認為中國「不必融入世界主流」？

　　然而，翻檢朱氏此前一以貫之的觀點和論述，我卻發現他是「中國模式」在台灣最不遺餘力的吹鼓手。朱雲漢曾在台灣大學作過一場名為《中國大陸興起與全球政治經濟秩序重組》的演講，真是「滿口荒唐言，一筆糊塗賬」，玷污了台大作為台灣最高學府的聲譽。

　　在那場演講中，朱雲漢斬釘截鐵地宣稱：中國模式在全世界的意識形態版圖上，在美國式資本主義和西歐式民主社會主義（福利國家）體制以外，開創出了第三條道路。「它會逼著第三世界所有國家的政治精英重新去思考，怎麼樣去平衡正當程式，維持國家治理能力，取得最好發展結果，應該用什麼樣有效的制度、安排和策略來追求它們之間的平衡。」將朱雲漢的前後言論逐一對照，可謂自相矛盾，破綻百出。

　　朱雲漢認為，中國經濟的崛起得益於中國的政治體制。「中國共產黨這個體制摸索奮鬥三十年，這三十年並沒有白費。很多人以為中國一九四九年到改革開放三十年都浪費掉了，是完全黑暗時期，這個認知本身就是錯誤的。中國這個時期以高昂的社會代價──很多人因此而犧牲──去建構了改革開放的基礎。……另外，中國完成了一場相當徹底的社會主義革命，因為它把私有財產權，尤其是最重要的土地資本集體化，不是國有就是集體所有。而這個龐大的集體資產，大部分是國有資產，是中國後來三十年快速發展的資本。」

　　這段論述是為習近平「前三十年與後三十年和諧統一」的觀點背書。此種辯護詞可以原封不動地套用到納粹德國頭上：如果

不是希特勒匆忙發動對外戰爭，納粹當年的經濟發展才是讓中國望塵莫及的奇蹟呢。當年，納粹德國的工人就有甲殼蟲汽車開，也有條件優良的療養院住；今天，中國的農民工和下崗工人卻宛如現代奴隸，或開胸驗肺，或跳樓自殺。如果你是一介平民，你願意生活在哪個時代，哪個國家？

這段論述中最無恥、最冷血的部分是：朱雲漢用「很多人因此而犧牲」一筆帶過共產黨政權用暴力奪去數千萬民眾生命的這一事實。在中共殘民以逞的統治下，許多人在和平年代死於比納粹屠殺猶太人的種族屠殺更慘烈的「階級屠殺」，許多人在「風調雨順」的三年中死於中共人爲製造的大飢荒。若非朱雲漢的長輩逃亡到台灣，恐怕早已淪爲孤魂野鬼，哪裡輪得到他在此胡說八道？而中共以「分田地」爲名獲得農民的支持，從而打敗國民黨；但一旦奪取政權，立即又從農民手中奪走土地。這是以國家的名義實施的巧取豪奪，在朱雲漢眼中，居然成了一種理所當然的、優良的發展方式。

接著，朱雲漢又對後三十年的中國塗脂抹粉。「最突出的設計是一黨專政。這個體制看起來和世界潮流有點格格不入，但它的重點在於一黨專政如何維持政治穩定和治理能力。這裡面有幾個值得注意的地方。一個是它解決了繼承危機問題和個人獨裁的問題。中國大陸建立了一些制度去克服這兩個問題，一個是任期制，一個是接班制。這一體制解決了個人獨裁問題，貫徹集體領導。政治局常委就像非常強勢的總統──這個總統是由九個人一起做，下一屆政治局常委可能是由七個人一起做。各自有各自的分工，但最重要的決定要尋求共識。」

所謂「集體總統制」，其實是中共御用學者胡鞍鋼對胡錦濤

191

時代不得已的、「寡頭共治」的統治方式的概括，朱雲漢掠人之「美」而不加註釋，不是剽竊又是什麼？其實，「集體總統制」並未定型，只是由胡錦濤的弱勢地位而衍生出的暫時局面。習近平剛一接班，便自我加冕為「紅朝皇帝」，設立多個小組並自任組長，打亂原有的權力格局，一個人集十四個重要頭銜於一身，成為毛之後最有實權的中共黨魁。「習式變法」將胡錦濤實行十年的「集體總統制」一舉摧毀，將政治局變成軍機處，原來的同僚，變成如奴僕般為其個人服務的軍機大臣，個人獨裁再度成為事實。

而「周永康、薄熙來、徐才厚、令計劃」這「新四人幫」的垮台，顯然不因為腐敗，而是因為要搶班奪權。這種你死我活、血肉橫飛、赤裸裸的權力鬥爭，顯示中國的權力交替並未形成一種文明、穩固的「定制」。沒有多黨競爭和全民選舉，權力的交接永遠不可能以穩定與和平的方式完成。中共政權連黨內的權力分配都不能順利達成，對社會的控制又怎能如臂使指呢？如今的中國，烽煙四起，民怨沸騰，所謂「穩定壓倒一切」，每年耗資七千億人民幣來「暴力維穩」，才勉強維持，這難道是一項光榮而美好的經驗嗎？哪個第三世界國家願意學習呢？

## 反共就是反對「不文明」的暴政

濫用台灣的言論自由和學術自由，為中共的專制、獨裁、暴政張目的朱雲漢，居然混成了台大政治系教授和中研院院士，並執掌蔣經國基金會的龐大資源，可見「卑鄙是卑鄙者的通行證」，可見台灣社會尚未建立起對民主、自由、人權、憲政的普世價值的充分認同和尊重。

　　很多台灣朋友說，太陽花學運如同一面照妖鏡，照出人與妖之別。果然，太陽花學運期間，朱雲漢在《天下》雜誌第五百四十四期發表「台灣離民主崩壞還有多遠？」一文，質疑「為何少數抗議學生，可以強制阻撓由一千六百多萬合格選民選出的立法委員正常行使憲法職權」。當然，他不會質疑執政黨的立法委員為何敢於在三十秒內強行通過自取滅亡的「服貿協定」，而只會如同蜀犬吠日那樣對覺醒的公民社會氣勢洶洶地叫囂。

　　朱雲漢熱愛共產黨的獨裁暴政，自然對從「反共」到「媚共」一夜變臉的國民黨政權傾心支持。他執掌蔣經國基金會龐大的資金，縱橫學界，締結朋黨，成為不可一世的學閥。殊不知，該基金會既然以「蔣經國」冠名，就當遵循蔣經國的訓導。對於彼岸的共產黨，蔣經國說過兩句最經典的話——「我們在任何情況下都絕不會同中國共產黨進行任何形式的談判，我們過去的經驗已使我們有了足夠教訓，無論如何不能相信共產黨人。」「只有在中國大陸的人民擺脫共產主義時，我們才會坐下來同任何人談判。」朱雲漢已經背棄蔣經國所奉行的原則，為什麼不「毅然」辭去蔣經國基金會執行長的職務呢？

　　中共政權從來都對所謂的「同路人」薄情寡義，無論你如何拱衛和諂媚，它照樣要逼迫你接受胯下之辱——唯有如此，才能證明你百分之百對它服服貼貼。《環球時報》引以為傲的「漢辦撕書」，在任何一個文明人眼中，都是一件不文明、反文明的行為，就連朱雲漢這個媚共先鋒都忍無可忍了。撕書不文明，那麼六四殺人呢？這樣一個既撕書又殺人的政權，這樣一個殺死孩子不許母親哭泣的政權，不管你身在何方，豈能不挺身反對？如今，香港已經被中共的暴政吞噬，昔日的皇家警察淪為今日的中

共公安：習近平掌握了「宇宙真理」，對台灣伸出魔爪。竭澤而漁、易子而食的「中國模式」，不僅奴役十三億中國民眾，而且對外輸出，危害全球，有識之士豈能坐以待斃，無所作為？

近日，六四學生領袖、在台灣任教的王丹在《蘋果日報》發表了一篇題為《有些事情，事關文明》的文章。王丹說：「我從來不諱言，我的政治立場是反共的。」當年，兩蔣時代的台灣，「反共」為國民黨的統治提供意識形態的支援，反共是可以封妻蔭子的好事。那麼，在今天這個「反共」不再時髦，唯有「媚共」才能升官發財的時代裡，王丹為何還要「選擇這個很老派的政治立場」？

對此，王丹的回答是：「不錯，中共很強大，也帶動了經濟增長，但是同時，這個政權的某些做法完全是與人類社會經歷幾百幾千年，辛辛苦苦建立起來的文明規範背道而馳；更為嚴重的是，他們依仗著他們的強大，迫使太多的國家，太多的政客，太多的人，對於他們這種破壞基本文明的行為裝聾作啞，淪為共犯。這樣的中共，是在用暴力強迫人類社會跟它一起在文明的海面上向下沉淪。只要是對自由稍微有一些文明期許的人，有什麼立場不去反共嗎？」毫無疑問，反共也是我一以貫之的立場，即便這是一段孤獨的、少有人走的路，我亦風雨兼程，無怨無悔。

而聰明絕頂的朱雲漢，究竟是唾面自乾，繼續當中共的走狗，還是洗心革面，站起來做人呢？

# 與其「爲父作倀」，不如擁抱自由
## ——吳思華的女兒、梁振英的女兒、史達林與卡斯楚的女兒之比較

真理必叫你們得以自由。

——《聖經·約翰福音》

　　反課綱微調運動期間，馬政府的教育部長吳思華成爲千夫所指的人物。國民黨立委蔡正元貼出一篇 PO 文，註明是「吳思華小孩的貼文」。文中稱讚父親，強調「沒有任何人比我更瞭解，他是怎麼樣一個人，他總是耐心傾聽來自各方意見，他不激烈偏激，他不強勢專制，他讓我學會包容多元聲音！」

　　文章言詞激烈地爲父親辯護說：「你我都有家人，當你的家人被扣帽子，控訴爲殺人兇手，撒冥紙掛黑白照，你們能平心靜氣的入睡嗎？每天夜裡，我在床上獨自看著一篇篇網路的謾罵攻擊，一篇篇留言的諷刺消遣，心碎與憤怒讓我痛哭失聲，你們在罵的到底是誰？」

　　文章甚至認爲，吳思華遭受了不公正的網路霸凌，唯有女兒出來挺父親：「在網路霸凌的社會，多少人的沉默，只是爲了自

身利益，輿論能毀滅人格及名譽，今日成為政治鬥爭，選戰操弄的犧牲品，我卻因他為教育中道的理念，堅守崗位孤軍奮戰，感到無比驕傲。是的，我的爸爸是吳思華，我永遠以他為榮。」

文章註明是八月三日留下，八月六日被登載於新黨的全球資訊網，由鄭師誠轉PO，強調是「吳思華三十一歲的女兒所寫的文章」。

照理說，三十一歲的人，應當具有獨立思考和分析判斷的能力了。但是，吳家女兒的這篇文章恰恰表明，她是國民黨洗腦教育大獲成功的產品。這篇文章為人們提供了一個現場解剖奴隸精神世界的絕好樣本。

## 「好父親」與「壞部長」可並行不悖

兒女愛父親是人之常情。金正恩熱愛父親和爺爺，毛新宇也是如此，不足為怪。即便是殺人如麻的獨夫民賊，在家中也有可能是溫柔的丈夫和慈愛的父親。納粹黨衛軍頭子希姆萊（Himmler）親自教子女彈鋼琴，公務不繁忙時還會下廚做一桌好菜給一家人品嚐。然而，這能反證集中營殺害六百萬猶太人的慘劇跟他無關嗎？

所以，對於那些具有分裂人格的公眾人物，尤其是政治人物而言，不能輕信其家人的描述，更應當觀察他們本人在公共領域的表現。他們的家人更不宜自以為是地宣佈，只有自己最瞭解他們，外界的看法統統都是「不美麗的誤會」。

女兒鏗鏘有力的辯護，改變不了白紙黑字的事實：首先，挑起這場政治鬥爭的，不是反對教育部和吳思華的中學生和民眾，而是用「霸王硬上弓」的手段推行新課綱的教育部和吳思華。黑

箱課綱本來是上一任教育部長的遺留問題，吳思華這個任期只有一年多的教育部長，若眞有歷史感，就應當撥亂反正，至少擱置爭議。然而，因爲貪戀權位和討好上級，他對黑箱課綱的亂攤子全盤照收，不惜爲此對抗主流民意，逼死一名風華正茂的學生。

其次，吳思華難道眞如他女兒所說的那樣，是在「孤軍奮戰」嗎？女兒眼中「孤膽英雄」一般的父親，並不是孤軍奮戰。在吳思華背後，站立著賣國求榮的馬英九和整個國民黨威權餘孽集團。而在馬英九和國民黨背後，又站著掌握十三億中國民衆生死大權的習近平和共產黨既得利益集團。吳思華不是古人所說的「雖千萬人，吾往矣」的、有著嶙峋風骨的獨立知識分子，反之，他是國共兩個狼狽爲姦的專制權力團體的馬前卒。

再次，女兒眼中父親堅持的「教育中道的理念」，根本就是一個子虛烏有的騙局。國民黨對歷史課程大刀闊斧地變更，就是要取消台灣的主體性，回歸大一統、大中華的天朝史觀，從而與中共的洗腦教育同流合污。但國民黨又無法完全掩蓋兩蔣時代「漢賊不兩立」、「殺朱拔毛」、「光復大陸」的遠大理想。所以，國民黨在兩者之間自相矛盾，左支右絀，無法整合出一套可以說服自己的歷史敘事，又如何以之教育大衆呢？

所以，就連一位來自中國河南的陸生也憤而投書台灣《蘋果日報》，譴責國民黨無恥地消費中國人民。比如，在修改了的課綱中，隻字不提在抗戰中國民黨悍然炸開黃河大堤，造成數十萬無辜民衆死難，以及此後兩年中原大災引發饑荒，三百萬人被餓死等種種惡行。這位陸生寫道：「我原先是一個中華民族主義者，在中國各地尤其是上海遇到的各種針對河南人的地域歧視和在台灣的經歷改變了我，使我認識到沒有本土力量的民衆很容易

被強大的外來集團壓迫，也不能得到應有的尊重。林冠華同學的死激勵了我，讓我冒險寫出了這篇文章。台灣獨立運動無疑是台灣民主化最為重要的力量，我衷心期待你們最終取得成功，並與中國人民建立和平友好的外交關係。我也將盡我所能，為我的家鄉以及被中國政府統治的各地民眾的民族獨立和人民解放運動貢獻自己的力量。」

三十一歲的吳家女兒，是否應當平心靜氣地讀一讀這篇來自彼岸的、跟藍綠對立無關的、比她更年輕的作者的文章呢？

## 香港禮賓府裡「斯德哥爾摩症候群」之樣板

台灣有救父心切的吳思華的女兒，香港則有「叫聲父親太沉重」的梁振英的女兒，兩人隔海相望，心有靈犀，真是一對絕配。

《明報》前總編輯劉進圖在光天化日下被兇徒連斬六刀，令公眾憂慮有惡勢力想令新聞界「滅聲」。香港特首梁振英的次女梁齊昕卻在臉書上留言說，「襲擊與新聞自由究竟有甚麼關係？」又批評「有人見到冰山一角就下各種結論」。

此類冷血言論招致臉友強烈反彈。有人認為是「有其父必有其女」，梁齊昕面對網民排山倒海的批評留言，不但沒有關閉其臉書帳號或改為私人分享狀態，更若無其事地上傳生活照，有如其父梁振英面對民意批評仍自我感覺良好一樣。

香港影星杜汶澤回應說：「當妳試圖展示妳的腦袋的同時，世界亦看見妳無知和冷血的一面。」梁齊昕則發炮還擊：「杜汶澤先生，請問你是誰？」，並叫他回去拍戲。杜汶澤再回應說，不在意梁齊昕是否喜歡自己的電影，亦不需要聽從吩咐不去關心

時事；被問「你是誰」的他答道：「我只不過是個有良知的香港人！」杜汶澤的回應，隨即大獲網民好評。

梁女的戰鬥力比吳女還要強，或許背後是港台兩地不同的文化背景。吳女用煽情的筆法塑造父親的偉大形象，在台灣打悲情牌往往是最有效的招數；梁女則單刀直入地與那些有名無名的對手辯論，捍衛父親和特區政府的尊嚴。不過，她們文字背後的思路是一樣的：雖然你們是大多數，但你們是民粹、是暴徒、是蠢豬，所以對你們不屑一顧；而眞理永遠掌握在少數人手中，掌握在當權者手中，你們聲音再大，又有什麼用呢？最後還是我們說了算。

不過，若是演員不夠專業，喜劇一不小心就會演成悲劇。或許梁齊昕自己也沒有想到，報應會來得如此之快——生在特首之家，帶給她的後果，並不只是炫耀昂貴的時裝和包包的特權，以及留學英倫的風光生活，還有被如狼似虎的父母凌虐的悲慘遭遇。

梁齊昕與諸網友論戰後不久，突然在臉書上發布一連串帖子，說被母親唐青儀推向牆及掌摑，救護車曾奉召到達特首禮賓府，但空車離開。她被父母禁錮，承受不了，想跳樓，想離家出走，甚至發狠話說，「就算父母這一刻逝世，也不會理會，甚至將來不會出席母親的喪禮。」先前，梁齊昕曾經在臉書上發表疑似自殘的照片。《信報》向其求證，她承認曾經自殘，而且不止一次。

一屋不掃，何以掃天下；一家不和，何以打造和諧香港？支持率跌至谷底。馬英九相彷彿的梁振英，全盤否定女兒踢爆的有關事實，對媒體說，只要用常識判斷，一個二十多歲的人，怎可

在禮賓府被非法禁錮。梁振英表示，早上知道到有救護車及警察到禮賓府，即時趕回去瞭解。警察當時指無人受傷，因此救護車離開。被問到梁齊昕是否被母親打，梁振英堅稱沒有。

那麼，在這樁羅生門式的事件中，父女倆誰是說謊者呢？公眾傾向於相信梁齊昕的話——雖然她被杜汶澤斥之為「腦殘」，但她還不至於編造謊言醜化父母，況且她身上的傷口看上去栩栩如生，不像是用電腦拼圖軟體製作出來的。

「香港公主」被家暴的遭遇，但願不要發生在台灣的部長女兒身上。而要真正避免此類事件發生，當事人必須積極展開「自救」。「自救」的方式是：不要聽天由命地做「斯德哥爾摩症候群」患者，若父親倒行逆施，要立即奮起反抗，走一條與之背道而馳的道路。

## 像史達林的女兒和卡斯楚的女兒那樣：「背叛」是最大的光榮

吳家女兒和梁家女兒學習的榜樣，不是拿著美國綠卡招搖過市的馬家女兒，而是與父親的陰影抗爭的史達林的女兒斯維特拉娜（Svetlana）和卡斯楚的女兒阿林娜・費爾南德斯（Alina Fernández）。

加拿大歷史學家羅斯瑪麗・蘇利文（Rosemary Sullivan）在《史達林的女兒》一書中指出：這個女孩面臨的可能是世界上最棘手的父女關係，她居然能夠成長起來，真是令人驚訝。這位傳記作家評論說，史達林常常跟女兒玩名為「女主人」的遊戲，小小的斯維特拉娜發號施令，俄羅斯的獨裁暴君則是她謙卑的秘書，假裝對她畢恭畢敬。一九三五年，為了討九歲的小公主高興，這個將恐懼植入俄國人心靈的男人自稱「斯維坦卡女主人不

幸的秘書與可憐的農民 J·史達林。」

　　但是，赫魯雪夫（Nikita Khrushchev）曾說，「史達林對女兒是貓對耗子的柔情」。斯維特拉娜長大後，不再相信父親講的童話就是俄羅斯的現實——她牢牢記得母親死亡的那一天，宮廷裡的人們驚慌失措的模樣；母親究竟是自殺還是被父親所殺，永遠是一個謎。之後，斯維特拉娜選擇了一條「叛國」之路——與其說是叛國，不如說是背叛父親和極權體制。蘇聯官方媒體先是對這一難堪的事實保持沉默，然後組織御用文人寫文章詆毀和醜化她。她一笑置之，先到印度，再到美國。然而，自由不是說有就有：對於普通的西方人而言，自由是從小就適應的生活方式；但對於斯維特拉娜這樣的「公主」來說，自由是一個漫長的摸索和適應的過程，如同剛纏足的中國女人放開裹腳布，會帶來撕心裂肺的疼痛，但你必須放開它，否則你就永遠殘疾了。

　　斯維特拉娜的後半生處於不斷地離婚、不斷地逃離之中，一度靠版稅過著相當富有的生活；一度又經濟窘迫，迫近破產的邊緣。人們從未忘記她是史達林的女兒，提起她經常會用「我真不敢相信史達林的女兒會幹這個」（比如「會拖地板」）這樣的句式。然而，「她最終從那個矮小、端莊，偶爾尖叫，臉色鐵青的斯維特拉娜，變成了和父親完全不同的人。」她沒有讓血統決定自己的人生，在不可逾越的命運面展現出極強的適應能力。

　　與之相似，卡斯楚的女兒阿林娜·費爾南德斯也是一名「叛逆之女」。阿林娜與父親一直不合，三十七歲那年喬裝打扮離開古巴，流亡美國。她在邁阿密為媒體撰稿，開始接觸古巴的流亡者並被他們的經歷深深打動。她說：「他們當中的不少普通流亡者，也大都遭受了牢獄、酷刑甚至家破人亡。而這些令人難以置

信的悲慘故事，我在古巴是聞所未聞的。後來隨著大家一起舉辦抗議古巴當局的聚會等活動，我們逐漸相互瞭解，不少人還和我成了不錯的朋友。」

阿林娜在接受中國作家周勛訪問時透露了一個有趣的細節：「我在三、四歲時就有了離開古巴的衝動——當時我像所有的孩子一樣，非常喜歡看電視上播放的動畫片，可每每當我看到緊要處，父親就從電視螢幕上跳出來，大聲而激情地講著我聽不懂的話題，而這時候正在播放的動畫片不得不中斷，我便守在電視旁等著他講完後再繼續看動畫片。可往往是我等得實在熬不住睡了一小覺醒來，他還興致勃勃地在電視螢幕上講著，我就很沮喪。後來聽從墨西哥回國定居的鄰居小朋友講，在他們那兒，動畫片是連續播放的，甚至還有個專門給孩子們看的頻道，我就有了一個強烈的念頭：能到那裡去該有多好呀，可以持續不斷地看動畫片。等我長大了一定要去那裡——能連續看動畫片的地方！所以誰也沒想到，看動畫片竟然是我叛逃的最早原動力。」看來，沒有人願意聽獨裁者長篇累贅的演講，包括獨裁者的女兒。沒有人願意生活在沒有言論自由的國度，包括獨裁者的女兒。

自由是世界上最美好的東西，是自由激起了史達林的女兒和卡斯楚的女兒反叛的渴望。當獨裁制度連獨裁者的女兒都不能吸引的時候，獨裁制度的喪鐘就響起來了。

仍然被有形無形繩索綑綁的吳家女兒、梁家女兒、馬家女兒和更多的「王謝堂前燕」們，像史達林的女兒和卡斯楚的女兒那樣，勇敢地邁出奔向自由的第一步吧。

# 成龍：遠看是龍，近看是蟲

成龍獲得奧斯卡終身成就獎，這件事，真是經典的西方對於東方無知到極點的案例。……成龍的言行，其實跟奧斯卡學院主張的藝術與人生的普世標準背道而馳。頒給他這個獎，說明頒獎者對成龍本人，對東方世界的隔膜與冷淡，甚至是冷血一般的不在乎。稍微有點良知的人，也不會把這個獎項頒發給成龍這樣的人。

——北京天安門六四學運領袖之一／王丹

對於中共政權的專制本質，香港的普羅大眾比學者名流、官員商賈們有更清晰的認識。就在香港民眾為普選等各項權利和自由奮勇抗爭的同時，影視明星陣營也出現了巨大的分裂，何韻詩、黃秋生、周潤發、杜汶澤等人寧願付出失去中國龐大市場的代價，也要支持和參與佔中運動；而成龍、王晶、溫兆倫等人則主動充當中共的吹鼓手，以此換取中國賞賜的殘羹冷炙。他們攻擊香港民眾捍衛民主制度的鬥爭，貶低台灣的民主成就，偏偏就是不敢對中共專制政權說一個「不」字。他們打著「愛國」的幌子，其實是基於自私自利考量而選擇成為「媚共先鋒」。

## 醜陋的不是香港人，而是成龍

　　成龍一向以「愛國者」自居，對香港市民的民主訴求橫加指責。他舉例說，英國利物浦球隊來香港表演，特首董建華出現的時候，幾千球迷向董喝倒彩。對於這幕場景，成龍評價說：「我覺得香港人好醜陋。」他進而指責「七一」五十萬人大遊行「破壞香港形象」，讓他的影迷不敢到香港來。

　　成龍此言一出，引發許多網友的憤怒。有網友指出，成龍長期以來言行不一，滿嘴仁義道德，一副陽光大使的形象，私生活卻一塌糊塗。當年，成龍與影星吳綺莉發生婚外戀情並生下私生子，被媒體曝光後還堅持不認帳，哪裡有一點男子漢大丈夫的英雄氣概呢？還有網友呼籲說，大家聯合起來杯葛成龍的新片，果然該片票房十分慘澹。還有網友給香港旅遊局發電子郵件，建議取消成龍作為香港旅遊大使的身分，因為成龍侮辱了香港市民。

　　看到成龍的言論，我認為醜陋的不是香港市民，而是成龍本人。有人為之困惑：「成龍大哥」一向妙語連珠，這次為什麼說出這樣的混帳話？我想，這並非偶然的「口誤」，而是其內心深處真實思想的表露。

　　不久之後，成龍在上海某公眾場合評論台灣大選，辱罵台灣大選「是一個笑話」。成龍口無遮攔地評論香港、台灣的政治，一副「無知者無畏」的派頭。與此同時，他又對中共獨裁政權保持「紳士風度」十足的沉默。他攀附上了薄熙來、周永康，成了中國公安部欽定的禁毒大使——誰知他的寶貝兒子房祖名卻在北京因吸毒被捕，這是何等巨大的諷刺！

　　現實生活中的成龍，與電影中扮演的英雄角色之間，存在著

完全的錯位。日常生活中的成龍，並沒有電影中的英雄大俠們的良知和正義感，觀眾當然也沒有必要如此要求他。但讓觀眾無法接受的是：成龍對社會議題發表顛倒黑白、指鹿為馬的言論，跟電影中那些反面角色倒是如出一轍。所以，有網友打趣說：成龍是演英雄的人渣，黃秋生是演人渣的英雄，周潤發是演英雄的英雄，王晶是演人渣的人渣。

　　長期在美國和香港生活，成龍對民主制度和言論自由卻缺乏基本的瞭解。他不明白，向特首喝倒彩，是香港市民受法律保護的民主權利，也是香港市民言論自由的體現。向特首喝倒彩，不僅不能說明香港人「好醜陋」，反倒說明香港人敢於表達跟政府不同的意見和感受，香港人有優質的民主素養和明確的民主訴求。中國人敢於向黨國領袖喝倒彩嗎？北韓人敢於向金家父子喝倒彩嗎？昔日的伊拉克人敢於向海珊喝倒彩嗎？不敢。香港人大可高聲向特首喝倒彩並為此自豪。

　　在香港數十萬市民都在為自身權益而上街遊行時，成龍關心的卻是他的電影的發行。在他心靈的天平上，反對「二十三條」和爭取普選的重要性比不上一部電影的票房。我猜想，即使五十萬香港人都被關進監獄，成龍大哥也不會奮發神威將他們拯救出來。只要還有影迷看他的電影，在他看來這個世界就是「天下太平」的。香港市民與傀儡特首及其背後的北京獨裁者之間的抗爭，成龍自告奮勇地成為邪惡力量的幫凶和幫忙。

　　向特首喝倒彩，驗證了香港仍然是一個自由社會，也呈現出特首在香港市民心目中究竟是何等地位。也許「成龍大哥」覺得，按照中國人的傳統觀念，「家醜不可外揚」──特首就算有千般不好，萬般不是，也不該在外國人，尤其是利物浦球隊這

樣「著名」的外國人面前袒露出來。我卻認為，這是一種自卑而可笑的「小人之心」。像利物浦球隊隊員這樣的英國人，從來不會有「維護領袖的權威」的想法，他們看到香港市民向特首喝倒彩，只會對香港的民主和自由留下深刻的印象，而不會像成龍那樣認為香港市民「太醜陋」。因為，即便在文化傳統深厚、貴族氣息濃郁的英國，也有許多人對地位崇高的王室不滿。在報刊和電視上，都會出現關於王室的花邊新聞。英國人習以為常了。如果按照成龍的邏輯，英國記者成天暴露王室醜聞，豈不更加「醜陋」？

我建議，成龍應當向武俠世界的另外一位大哥——阿諾·史瓦辛格（Arnold Alois Schwarzenegger）好好學習學習。阿諾宣佈競選加州州長之後，在一次集會上，一名反對者向他投擲一隻雞蛋，正中其肩頭。阿諾從容脫去外套，在講演中不忘幽這名攻擊者一默：「通常我的早餐是雞蛋夾火腿腸，現在雞蛋有了，卻還缺少火腿腸，這位朋友在會後能否再給我一根火腿腸？」香港市民並沒有把雞蛋扔到成龍身上，僅僅因為向特首喝倒彩以及「七一」大遊行似乎影響了其新片的宣傳推廣，成龍便氣急敗壞地辱罵起來。如此胸襟和氣度，如何與阿諾大哥相比呢？

## 成龍是「辱華」的罪魁禍首

中國的憤青們喜歡製造辱華的新聞，章子怡在電影中與「金毛獅王」般的洋人調情是辱華，鞏俐加入新加坡國籍是辱華，德國人設計的避孕套上有希特勒和毛澤東的頭像是辱華，巴黎市授予達賴喇嘛榮譽市民的稱號是辱華……於是乎，「華」變成誰也碰不得的圖騰，誰碰了就被罵得狗血淋頭。

　　但是，「華」不是抽象的概念，「華」總得有人出來「代表」。習近平當之無愧，雖然他未經人民選舉，但畢竟是名義上的國家元首和三軍統帥；姚明和劉翔也當之無愧，他們在西方的知名度比習近平還高，多少雪了一番「東亞病夫」之恥；而李小龍和成龍同樣當仁不讓，他們的面孔在全世界家喻戶曉，他們的功夫滅了洋人的志氣，長了自己的威風，不是「民族英雄」又是什麼呢？

　　然而，成龍在好萊塢混太久，漸漸染上洋人的習氣，戴上有色眼鏡看待自己的同胞。他的「中國人該管起來」的觀點，用印度裔英國作家、諾貝爾文學獎得主奈波爾的話來說，是典型的「自我殖民主義」：將西方人當主人看，將中國人當奴才看。換言之，他認為中國人不配享有自由和人權，只配當勞改營中的囚徒。而成龍自己，當然不在其中，他想到美國就到美國，想到香港就到香港，想到北京的鳥巢就到北京的鳥巢，因為他是「大哥」。

　　我不知道憤青們為什麼沒有注意到如此明目張膽的辱華言論並群起而攻之。大概成龍大哥的拳頭了得，沒有人願意被他打得鼻青臉腫吧？更重要的原因在於，這些言論是北京當局欣賞的，批評跟香港黑幫有染的成龍大哥，就是跟另一個更大的黑幫——共產黨——過不去，誰敢虎口拔牙呢？

　　香港大學學生會主席否認天安門屠殺，被港大學生依法罷免，港大畢竟還是民主治校；而成龍公開侮辱全體中國人，他的中國電影家協會副主席的職位卻巋然不動，可見電影家協會不是單純的民間組織，而是官方包養的「二奶」。雖然「辱華」，但是「擁共」，或者更準確地說，是以「辱華」的方式來達到「擁共」

的目標，所以成龍大哥的仕途和「錢」途必將一片光明，在中國賺得金銀滿缽，說不定下次還可以榮升港區人大代表或政協委員呢。

雖然成龍大哥讓他的私生子放棄美國國籍以示「愛國」，但他們一家老小沒有一個放棄香港特區護照，換上中國護照的。這幾年，有那麼多中國藝人，以「傑出人才」身分，從北京移居香港，因為「香港護照比較好用」；那麼，愛國愛到骨子裡的成龍大哥，為什麼不從香港「反向移民」到北京，做一個言行合一的巨人呢？

## 成龍應當向張寶華學習如何愛國

媚共不是愛國。共產黨信奉的是來自西方的馬克思主義意識形態，共產黨殺害的全是最優秀的中國人。所以，真正的愛國者必然跟共產黨勢不兩立。

在港人中，其實也不乏真正的愛國者。我就遇到一位極有中國情懷的同齡人，她就是記者張寶華。西元二千年，年僅二十七歲的張寶華被派到北京工作，向當時的國家主席江澤民提問「欽點」特首的問題。江澤民竟破天荒在鏡頭前發脾氣罵記者「too simple, sometimes naive.」（太簡單，有時很幼稚）。後來，張寶華說：「我當場真是不懂得怕！一切發生在電光石火間，我只是專注他的講話。」正因為不懂得怕，她才能以最平靜、最專業的態度處理整件事。

後來，張寶華曾經談及她為何選擇從事新聞事業。一九八九年的「六四」屠殺，牽動了全球華人的心，當時張寶華只有十六歲。就在坦克車駛進天安門廣場的同時，她發現世界不只侷限於

書本、校園裡，「那些與自己年紀相仿的中國學生，爲何他們會關心國家，關心社會，甚至不吃飯，到廣場內靜坐，那一刻眞的很震撼！」她認爲社會要進步，人民必須知道事實的眞相，辨別是非。就是抱著這個單純的信念，她立志成爲一名記者，爲大家尋求眞相。

張寶華曾送我一本她寫的書《新聞背後》。在這本書中，她詳細描述了在內地訪問的經歷。有一次，她到四川省涼山州採訪，到了美姑縣一個海拔兩千三百多米的山村。那裡的人們生活在原始狀態之中，極度的貧困讓她難以相信。張寶華寫道：「村民所有的衣服和鞋，全是破的，他們個子很小，很瘦，臉上沒有光彩，也沒有希望，攝影師拍攝他們時，他們只是殭屍一樣地站著，任你拍攝。更令人感慨的，是我發現這裡的人竟然要與牲畜擠在同一個狹小的空間裡，彷彿牲畜比人更珍貴。一個家庭一年不足三百元人民幣的收入，比國家定下來的貧困線還要低許多。」

這個赤貧的村莊並不是罕見的個案，在西部地區這樣的村莊隨處可見。村裡大部分的孩子都失學在家，因爲家裡需要孩子們參加各種繁重的勞動。包括村裡的幹部在內，沒有人知道什麼是九年制義務教育，絕大多數村民都是文盲或半文盲，他們對外面的「文明世界」一無所知。沒有老師願意到這村裡任教，村民家中沒有一本藏書。從小生活在香港優越環境中的張寶華感嘆說：「我不禁想，一個國家在發展經濟的同時，爲什麼農民一點都不能受惠呢？今天的上海已經稱得上是全世界矚目的現代化都市之一，然而我眼前的這些農民，這些孩子的苦樂卻無人過問。……試問，當人的生命連豬狗都不如，當人的生存喪失了價值時，社

會的希望何在？」誰能回答她的問題呢？

成龍應當好好讀一讀這本書，應當好好像張寶華學習什麼是真正的愛國。

## 獸首統戰，假貨稱王

台灣故宮博物院南院隆重開幕，成龍捐獻的圓明園獸首複製品在其中隆重展出。

兩名年輕人潑漆抗議，寫上「文化統戰」字樣，並拍照在臉書上傳播。儘管遭到警方訊問，他們毫不退縮。

這兩名抗議者是一對情侶，一個名叫陳儀庭，一個名叫陳妙婷，他們在臉書上表示，「做為台灣人，決不接受文化侵略與殖民。」他們指出，對台灣人來說，獸首展覽是莫大的侮辱以及剝削，是站在大中國本位的立場去侵蝕台灣本土文化。故宮南院作為一個立基於嘉義的文化據點，嘉義更作為一個二二八國民黨血洗台灣的重要歷史象徵之一，竟然展出如此羞辱台灣人的贗品，這無疑是殖民者驕傲展現統戰的成效。他們進而認為，自己現在做的是身為台灣人最基本的反抗，是台灣人對尊嚴的勇敢捍衛。

這一事件折射出太陽花運動之後，台灣的年輕世代不再是任國共兩黨擺佈的「草莓族」。另一方面，習近平上台之後暴戾恣睢的天朝主義，在台灣年輕世代心中激發出強勁奮發的本土意識和獨立意志。「獸首」是何物也？「獸首」不過是圓明園水池裡的水管，既沒有太大的文物價值，也沒有太大的藝術價值。幾年前，中共以國庫中的資金，勞師動眾地從歐洲購買此類「獸首」，成龍等「愛國藝人」也紛紛搖旗吶喊，彷彿一旦獸首歸國，中國就此雄起。中共當局更是宣揚「珍貴文物終於回到祖國懷抱」，

　　並藉機煽動狂熱的民族主義情緒。這本身就是一場令人作嘔的「愛國秀」。文物界的專家學者揭露說，此類「獸首」並無太大的考古和藝術價值，但他們的聲音卻被消音了。

　　對於成龍而言，他在獸首上的投資當然要追求高額回報。他以此為題材拍攝了一部愛國主義電影《十二生肖》，得到黨國控制的院線在場次安排上的優待，贏得數億票房，真是名利雙收。對比起因為支持佔中而被中國電影業冷凍的黃秋生、杜汶澤，成龍真是個一本萬利的生意人。

　　這一次，成龍再次看準時機，在台灣故宮南院開幕之際，讓獸首廢物利用，鹹魚翻身。既然馬習會在新加坡登場，成龍企圖以這種軟性統戰手腕，再度獲得中共器重。那麼，台灣人豈能照單全收，落入其統戰陰謀之中？更何況，在台灣故宮南院展出的是幾件粗製濫造的複製品，這些複製品只會大大拉低故宮南院作為國家級博物館的水準和聲譽。

　　那麼，「圓明園」又是什麼東西呢？英法聯軍焚燒圓明園這一事件，被後來國共兩黨的「近代悲情史敘事」描述成一大「國恥」。其實，當時大清王朝統治下的民眾，對圓明園的漫天大火無動於衷，不聞不問。因為，那是專制帝王耗費億萬民脂民膏打造的、單單供其個人玩樂的花園。不要說普通百姓不能入內欣賞宛如仙境般的美景，一代權臣李鴻章也曾因私自走入圓明園的廢墟而遭到嚴厲懲罰。那場戰爭，許多百姓視之為「皇帝戰爭」，也就是說，那是皇帝跟洋人的戰爭，跟大家沒有多大的關係。

　　關於圓明園的命運和大清朝的命運，還有一個更具諷刺意味的故事：晚清詩人龔自珍的兒子龔半倫，帶領英法聯軍把圓明園洗劫一空，然後又做英國公使的翻譯，代表英國和恭親王談判，

百般刁難。這樣的行為，按照中國的儒家傳統而論，當然是遺臭萬年的「漢奸」了。於是，恭王怒道：「你等世受國恩，卻為虎作倀甘做漢奸！」龔半倫立即毫不客氣地反駁說：「我們本是良民，上進之路被爾等堵死，還被貪官盤剝衣食不全，只得乞食外邦，今你罵我是漢奸，我卻看你是國賊。」這句反駁，何等痛快淋漓、擲地有聲！

　　台灣故宮南院最終拆除了獸首贗品。太陽花運動之後的台灣年輕人，有勇氣，也有智慧，讓垃圾回歸垃圾的本來面貌（無論是成龍還是獸首），也讓中共及其御用戲子的統戰陰謀像肥皂泡般灰飛煙滅。

# 十三億不敢對綁匪說不的肉票

目前中國數量急遽攀升的群體事件和抗議活動並沒有有效地連接起來，毛澤東說過的一句名言現在要反過來講了，現在是「星星之火，沒有燎原」。這是由於在中共的「消防隊」努力之下造成的結果。所以，我的論點是，足以造成中國出現崩潰或民主化的力量是不到位的，而維持威權政權的力量卻是實實在在存在的。

——美國漢學家／黎安友（Andrew James Nathan）

　　中共喉舌《環球時報》發表社論，譴責此前在宣誓時口稱「支那」的兩名香港新科立法會議員：「梁遊二人必須被徹底逐出立法會，這已經是全體中國人的要求和意志。我們相信這個強大的國家有能力兌現人們的這一意志。」十三億中國人再一次沒有經過公投就被「代表」了。

　　中國人雖然滿坑滿谷，卻都是沒有自由意志的奴隸，是被綁匪綁架、控制、洗腦的「肉票」。一九八九年，肉票們終於鼓起勇氣走向街頭，向當局討要自由，要來的卻是殺氣騰騰的坦克和機關槍，一夜之間，北京血流成河。果然，如鄧小平所料，殺人換來了穩定，換來了肉票此後三十年的沉默是金，以及綁匪此後

三十年的爲所欲爲。

六四之後，中共逐漸探索出一套統治中國可以固若金湯的模式。牛津大學社會學與社會政策系榮譽教授斯坦‧林根（Stein Ringen）近期出版了一本名爲《完美的獨裁：21世紀下的中國》的新書，他認爲西方學術界對中國的經濟成就存在根本性的誤解，大大忽略了中共統治的黑暗面。林根指出，中國是一個「完美的獨裁政府」，用專制（Autocracy）等字眼形容中國的體制太過溫和，所以他創建了一個新字──管控專制（Controlocracy）。這裡所說的「完美」當然不是褒義詞，而是比喬治‧歐威爾在《一九八四》中虛構的「大洋國」更加綿密、精緻的控制系統。

在中共的管控專制下，人民不需要被下令去做某些事情，而是由人民自發地自我控制、自我審查，不去做那些「不應該做」的事情。中國投放大量資源在監控部門，例如約有二百萬人監視網際網路，並操縱輿論走向。林根指出：「如果你是一個獨裁者，應該去中國學習，因爲沒有國家比中國做得更好。」所以，菲律賓和馬來西亞的「準獨裁者」紛紛「棄美投中」，虛心向老大哥學習。

在完美獨裁、天羅地網之下，十三億肉票無力反抗。正如有網友所諷刺的那樣，十三億人的最後意志，是移民西方國家。然後，在澳洲皇家植物公園大便，在巴黎羅浮宮噴泉洗腳，在雪梨歌劇院上映毛主席樣板戲，在洛杉磯表演升旗儀式，在日本偷竊馬桶蓋子，在香港街頭跳大媽舞，然後說自己很愛、很愛這個「很黃、很暴力」的法西斯政權。

## 流氓與警察，尿壺與口香糖

上海灘黑幫頭目杜月笙晚年流亡香港，曾忿忿然對身邊的人說：「蔣介石拿我當夜壺，用過了就塞到床底下。」夜壺本該塞到床底下，難道要拿到桌面上當茶盆嗎？這一句話既是這位大亨對蔣介石怨恨的發洩，又是對失寵後淒楚處境的哀嘆。

抗戰勝利後，杜月笙自以為曾經幫助過國民黨剿共及抗日，勞苦功高，想撈個有影響的職位過過官癮。他把目光定格在上海市市長上，上海是其經營二十多年的地盤，誰能與之爭鋒？杜將這一想法透給長期合作的特務頭子戴笠，戴笠再把杜的請求轉達蔣介石，卻如石沉大海。道理很簡單，蔣雖是杜在青幫中的拜把兄弟，但蔣更是廟堂上一臉正氣的委員長和總統，不會把上海市長的要職賜予一個公認的流氓頭子。如此，才有了杜的那番無比憂鬱的感嘆。

薄熙來麾下的警察頭子王立軍，也有一番跟杜月笙惺惺相惜的感嘆。王立軍是平民子弟出身，靠個人流血流汗地打拼，才有一片自己的天地。作家周力軍在一篇題為《王立軍一語成讖》的文章中說，一九九六年冬，他受公安部金盾影視文化中心委託，前往鐵嶺採訪王立軍，之後創作了電視連續劇《鐵血警魂》並出版同名長篇小說。

當時，在撫順的澡堂子裡，兩人稱兄道弟，赤裸相對。王立軍對周力軍說了一番心裡話：「我心裡很清楚，我就是當官嘴裡的一塊口香糖，嚼得沒味兒的時候吧唧（咀嚼的聲音）吐地上，指不定黏在誰的鞋底子下。」周力軍在這篇文章中寫道：「我注意到，說完時，他急忙用手捧水抹臉，我知道他流淚了。」接

著，王立軍又說：「人們都說英雄流血不流淚，我現在是流血流汗又流淚。」

這就是對王與薄之間關係的最佳概括，也是周永康與江澤民之間關係的最佳概括。周比王高出好幾個級別，但其本質是一樣的：他們都是主人豢養的惡犬，都是主人每日必須的尿壺，是主人口中不停咀嚼的口香糖，有甜蜜的開端，卻從未善始善終。周永康混到「黨和國家領導人」的行列，一度奴僕如雲，寶馬香車，但他比那些被他迫害的對象更缺乏安全感。如今，爲習近平服務的孟建柱、郭聲琨、傅政華們，難道日後就有好下場嗎？

杜月笙、王立軍和周永康這三個人，都出身貧寒，心懷大志，拚命往上爬。殊不知，爬得越高，摔得越慘。周永康作惡比王立軍多，下場比王立軍慘。王立軍或許能熬到出獄那一天，周永康卻只能在獄中終老。我倒有一個小小疑問：如果王立軍、薄熙來和周永康在秦城監獄放風時相遇（按照秦城監獄嚴格的管理制度，這種情況絕無可能出現），他們是相逢一笑泯恩仇，圍坐一桌打麻將？還是拳打腳踢，咬作一團？

薄和周相繼落馬，並不意味著中國的天就亮了。習在意識形態上實行的，是「沒有薄熙來的薄熙來路線」；習在社會維穩領域實行的，是「沒有周永康的周永康政策」。中國的天仍然是一片漆黑。習近平換上了新的鋥亮尿壺，而爭當尿壺的人，仍然排成長龍。中國人從來不會從前車之鑑中吸取教訓。

## 全國人大是共產黨的「附隨組織」

中國全國人大常委會副秘書長、基本法委員會主任李飛在人大記者會上，回應記者有關香港《基本法》釋法的問題時說，「全

國人大是莊嚴、守規矩的地方，不像一些地方，不守規矩。」這是本年度最具喜劇色彩的金句，可以載入中國的史冊。

杜月笙的「尿壺說」和王立軍的「口香糖說」，用在李飛所謂「莊嚴、守規矩」的全國人大身上，也嚴絲合縫，妥貼得很，比溫文爾雅的「橡皮圖章說」更生動活潑。全國人大從來就不是西方意義上具有獨立立法權的國會，而是共產黨的「附隨組織」。全國人大如同一所養老院，充斥著從黨政第一線退休下來的官員。他們中的大部分人並未經過選舉，不能代表民意，也沒有任何法律常識和法治精神。

六四屠殺前夕，全國人大的部分有識之士希望真正充當一次最高權力機關的角色，發揮斡旋功能，避免血腥殺戮，卻被鄧小平等老人幫恣意踐踏和羞辱。從那以後，全國人大受到共產黨更嚴密的控制，由政治局的一名常委出任人大委員長，人大委員長是排名第二或第三的人物。而全國人大中又設有黨組，由黨組監督全國人大的運作，監督者本身淪為被監督的對象。這種制度設計，只能產生「一黨獨裁，遍地是災」的結果。

全國人大唯一的光榮是在一九八九年。那年春天，學潮湧動，時任全國人大委員長的萬里，計劃出訪加拿大與美國，五月十日，在出國訪問前最後一次中央政治局會議中，表示將提議在全國人大常委會設立政府廉政委員會，得到總書記趙紫陽的贊同。可是，六四鎮壓之後，這個建議被束之高閣。

萬里出訪之後數日，學生絕食抗議，國內形勢惡化。由於全國人大名義上是《中華人民共和國憲法》規定的最高權力機關，相當於國會議長的萬里在北美成為眾人矚目的焦點。趙紫陽希望萬里迅速回國，由全國人大召開緊急會議解決當下的難題，此一

想法尚未實施，趙紫陽本人就被老人幫非法罷免。而萬里隨即成為老人幫的囚徒，他於五月二十五日提前回國，卻被安排轉道上海，由時任中共上海市委書記的江澤民接機並將其軟禁。兩天後，萬里被迫發表支持鄧小平的言論。在當天的元老會議上，老人幫決定拖延萬里返回北京的時間，他們選定的下任總書記江澤民則先赴北京「熟悉情況」。直到五月三十一日，萬里才被允許回到北京，那時已物是人非。

當時，黨內改革派人物、全國人大常委胡績偉也提議召開全國人大常委會緊急會議，行使憲法賦予最高權力機關委員們的基本權力，試圖用民主與法治的方式解決問題。胡績偉徵集到多位人大常委的簽名並將呼籲書公開發表，由此成為全國人大常委會六十年來，委員努力行使權力的第一人。然而，此事在六四後成為胡績偉的一大罪狀，當局成立專案組對其審查。次年三月，胡績偉被四川省人大和全國人大分別撤銷其代表和常委等職務。

晚年的胡績偉曾撰文揭露全國人大的真相：「八九民運被鎮壓，大規模的政治批判和組織清洗席捲全國，還談得到什麼民主？！人代會制度是社會主義民主的根本制度，但以黨代政，包辦和決定一切，人代會成了黨的下屬組織和政府的附屬單位。黨中央變成專制獨裁的最高權力機關。北京發生大屠殺，常委會不能問也不敢問，連開一次緊急會議來議論一下都不行，這樣的最高權力機關，這樣的民主和法制，被標榜為社會主義的高度民主，哪裡有一點民主的氣味呢？」

而李飛這個甘心為奴的官僚，顯然不知道全國人大有過一段曇花一現、企圖掙脫尿壺命運的歷史。

## 愛熊不愛人的中國人

據媒體報導，有一頭名叫比薩（Pizza）的北極熊被圈養在廣州正佳廣場的「極地海洋世界」內，被困於一個玻璃缸中，在狹小的空間內來回跑動，並且反覆用力甩頭。有動物專家指出，比薩可能有精神低落的跡象。有關影片在網路上流傳之後，網友稱之為「最悲傷的北極熊」。很快，中國有超過一百萬人簽署請願書，要求將「比薩」轉移到別處。

從喜歡吃熊掌，認為熊掌是補品，到為北極熊的「熊權」簽署請願書，中國人在文明程度上又大大進化了一步。中國官媒允許報導這類體現「社會主義精神文明建設成果」的事件，況且負面報導指向的不是政府而是某商場。

當百萬簽名者自我感動得熱淚盈眶之際，我的問題是：這一百萬為「熊權」發聲的中國人，有沒有真正關心過人權呢？

日前，賈敬龍因擊殺暴力拆遷其婚房的地方惡霸，雖然自首仍被處以死刑。對比之下，薄谷開來毒殺了英國人，卻能免於死刑並迅速獲得減刑。草民殺官員要處死，官員殺死草民或洋人卻能成為「減少死刑」幌子下的受益者。簽名向最高法院呼籲「刀下留人」的中國公民只有數千人，遠遠少於百萬人的「愛熊者」。

先愛人，還是先愛動物？《論語‧鄉黨》中有一段記載：「廄焚。子退朝，曰：『傷人乎？』不問馬。」意思是：孔子的馬棚失火。孔子退朝後，問：「傷到人了嗎？」而沒有問馬。顯然，若問馬而不問人，就不符合儒家仁愛的原則。如今，「愛熊不愛人」，卻是社會主義新中國的時尚。

愛人是危險的，誰敢為劉曉波、許志永的自由呼籲呢？誰願

意為被抓捕的人權律師的家人伸出援手呢？僅僅因為是劉曉波的妻子，無罪的劉霞被非法軟禁六年多，身患多種疾病，她的命運比起玻璃缸中的北極熊好嗎？僅僅因為是人權律師的家人，他們就被房東驅趕，孩子不能上學，他們的命運比玻璃缸中的北極熊好嗎？

至於中共暴政下其他少數民族的悲慘處境，關心的人更少：主張漢族與維族和解的伊力哈木（Ilham Toxti）被判處無期徒刑，充滿愛心的漢人們視若無睹；上百名藏族僧俗為捍衛宗教信仰自由自焚而死，充滿愛心的漢人們同樣事不關己，高高掛起。

用錢理群教授的話來說，今天的中國人早已煉成了「精緻的利己主義者」，他們會精心算計每個行動的安全係數及得失比例，虧本的事情絕對不做。為北極熊請願，有百利而無一害，政府不會按照名單上的簽名順藤摸瓜，一一查處，卻能博得關心動物、充滿愛心的美名，何樂而不為呢？然而，為良心犯及其無辜的家屬呼籲，豈不成了他們的同類，成了「國家的敵人」？這種事情，「過於聰明」的中國人是絕對不會去做的。

每一個暴君的身後，都是成千上萬的賤民。習近平稱「核心」，文革重演，不是他一個人的獨角戲，他背後有無數的順民充當背景。這些卑賤的中國人，我不是他們的同胞，也不是他們的同類。

## 「馬克思、毛澤東、鄧小平和釋迦牟尼其實是一個人」

據新華社報導，列席中共十八大的中國佛教協會副會長學誠法師，在讀完十八大報告後感慨道：佛教倡導「莊嚴國土，利樂有情」，其目的都是為了人民離苦得樂，過上幸福美滿的生活。

十八大報告不僅關注人民群眾的生活富足，更深入到人們的心靈幸福。由此，他對媒體說了一番驚人之語：「我也覺得，馬克思、毛澤東、鄧小平和釋迦牟尼其實是一個人。」他是佛教協會副會長，還是中共地下黨員？

佛教變毛教，和尚變官僚，這也是河蟹社會才有的奇觀。在今天的中國，能夠享受「生活富足」和「心靈幸福」之人，除了中共權貴之外，就是學誠、永信（少林方丈）之流的酒肉和尚。中國的諾貝爾獎得主，要麼流亡海外，要麼被囚監獄，要麼以沉默不語（莫言）爲筆名，沒有一個感到很幸福很和諧，遑論普通百姓？唯有這些部級、廳級和尚，食有魚，出有車，還能列席黨代會，離《西遊記》中那些裝神弄鬼的國師也就一步之遙。共產黨雖然聲稱信奉無神論和唯物主義，但共產黨的黨魁大都頗爲迷信，喜歡結交高僧法師。據說，江澤民當年續任兩年軍委主席之後，便是經過一名上師的點撥，才決定急流勇退；如今，這些列席十八大的和尚，莫非是習近平請來說明勸退胡錦濤的？

和尚跑來爲十八大助興，顯示中共統戰工作有聲有色，成果卓著。也許，這個和尚還是共產黨的秘密黨員呢。但是，共佛合流，多少顯得不倫不類。共產黨信奉馬列主義，其老祖宗馬克思對宗教深惡痛絕，斥之爲「統治階級麻醉勞動人民的鴉片」。共產黨的大會居然請和尚來旁聽，儼然背叛了老祖宗的無神論和唯物主義，該當何罪？

更有甚者，這個膽大包天的和尚，居然說馬、毛、鄧、釋其實是一個人，難道不是對無產階級革命家們的玷污和誹謗嗎？雖然毛澤東在與來訪的美國總統尼克森（Nixon）談話時，確實自比爲「和尚打傘，無法（髮）無天」，但毛內心深處對宗教是排

斥和痛恨的。「文革」剛開始，毛澤東便教唆紅衛兵橫掃「封資修」，僅北京一地，第一次文物普查中登記的六千八百四十三處珍貴的文物古蹟，竟有四千九百二十二處被毀掉。被毀的佛教寺廟及塑像、佛經有：白塔寺的山門和鐘鼓樓、碧雲寺的明清塑像二十二尊、西山八大處的明代佛像兩百二十二尊、潭柘寺和戒台寺的佛像八十尊、上方山兜率寺的數萬卷歷代佛經、大井寺延壽寺的千手千眼銅佛、天寧寺塔⋯⋯僅以「滅佛」而論，毛澤東的手筆便遠遠超過唐武宗。

越南和尚以自焚抗議南越獨裁政府的暴政，緬甸和尚掀起袈裟革命對抗橫暴的軍政權，這才是佛家「捨身飼虎」、「我不入地獄誰入地獄」的真諦。無論用哪種宗教的眼光來看，毛澤東就是魔鬼，共產黨就是邪惡黑幫。神州大地，無處不是毒奶粉、地溝油，李旺陽「被自殺」，上訪者「被精神病」，何處是學誠法師所謂之「莊嚴國土，利樂有情」？就在這群和尚畢恭畢敬地領受胡錦濤講話的同時，多名藏族僧俗自焚身亡，有家不能歸的達賴喇嘛心急如焚，同樣是和尚，差別為何如此之大？卑賤的中國專制文化，讓傳入中國的佛教也迅速卑賤化了。

**第三卷**

# 奴國已無知識人

　　華人文化圈中很少有這樣的追問：為什麼批評二十歲的青年不是問題，批評一百歲的老人卻成了大逆不道？老，只是出生得早一些和活得久一些而已，並不意味著「老」就天然地具備了智慧和勇氣，並享受來自他人的尊崇和榮耀。在公車上給老人讓座是禮貌，但不必盲目崇拜那些有「文化」的老人。老人也有可能平庸，老人也有可能愚蠢，老人也有可能邪惡，老人與老人之間是不一樣的。

# 蕭功秦、胡舒立、柴靜：
# 「灰色公知」三標本

專制不與蒙蔽期而蒙蔽至，蒙蔽不與腐敗期而腐敗至，腐
敗不與覆亡期而覆亡至。是則蒙蔽固專制之效果，而覆亡
之原因也。

——中國近代思想家／梁啟超

　　台灣資深媒體人朱建陵對我有一個詞的評論「黑白分明」。
我稍稍修正一下，更準確地說是「善惡分明」。我對善惡、真假、
是非的判斷，有自己固定的標尺，即基於清教徒傳統的古典自由
主義的世界觀。

　　但在探討當代中國的社會議題時，我又清楚地知道，在龐大
而繁複的中國，各種觀念、立場、人物和事件，宛如八面來風，
犬牙交錯，遠非黑與白這兩極所能斷定，其間存在著比黑與白更
為廣闊的灰色地帶。研究與探討當代中國，其重點正在於研究與
探討這些灰色地帶。

　　有灰色地帶，就有灰色人物。美國法學家波斯納（Richard
Allen Posner）論及公共知識分子時指出：「在共產主義世界的
知識分子，除了極少部分英雄式的例外，比如，巴斯特納克

（Pasternak）、索忍尼辛（Solzhenitsyn），其餘的人皆恐懼高壓政策，而不可能擔當反叛性角色，這一點絲毫也不令人驚異。」在極權體制下，除了極少數的勇敢者，大部分都是「灰色公知」。此種情形，正是當今中國公共知識分子的整體狀況，也是短短十多年之間，「公知」這一名詞在中國由「香」變「臭」的重要原因。

在當代中國的「灰色公知」中，我嘗試著選擇三個相當重要又截然不同的人物，作為個案來分析和評論。我特別關注他們與習近平政權之間的關聯性，這種關聯性如何影響他們的思想和表達，以及在變動中的中國社會獲取的「位階」。他們的言行在不同程度上形塑著中國的面貌，同時他們也被權力、金錢以及知識分子的虛榮心所包裹與滲透。

## 蕭功秦的「善變」與「不變」

政治學者蕭功秦是一位善變的人物，在善變的尺寸上宛如近代思想史上的梁啓超。不過，梁啓超始終是權力的批判者，他不斷拋棄舊我，趕超民主自由的時代潮流；而蕭功秦手捧新權威主義的理論，尋找願意接受其理論的不同的「買家」，不惜一次次地「棄暗投明」——二零一二年春，蕭功秦從「捧薄」變成「追習」，一夜之間毫不羞怯地實現華麗轉身。

在薄熙來倒台之前，蕭功秦搭上了最後一班「捧薄」的快車：二零一一年十二月二十三日，他在研討「重慶模式」的會議上作了題為《超越左右兩翼，重新審視重慶模式》的發言。那時，中共十八大卡位戰已經充滿血腥味道，薄熙來陣營已危機四伏，來日無多，離王立軍叛逃美領館、薄熙來褫奪「黃馬褂」僅

兩個多月的時間。薄熙來身邊的重要人物，個個惶惶不可終日。

　　然而，一心「學而優則仕」的蕭功秦，由於缺乏準確的「內線消息」，還以為薄督在次年召開的中共十八大上前途無量，必定是未來的黨國領袖。他迫不及待地飛赴重慶，高調為「重慶模式」背書，以便未來論功行賞時有功勞可表。

　　在那次規格頗高的研討會上，蕭功秦如此論述重慶模式的優點：「重慶的強人政治和強政府的運用幅度更大，採取的強政府模式具有更全面的社會規劃的藍圖，是一種巨大的社會工程設計和重組，並深入到與民生有關的更廣泛的領域，其施政方向是以解決民生為本位的。對官員的督責程度更高。用重慶人的話說，『變民不聊生為官不聊生』，重慶的『督責政治』色彩非常強，除了運用現成的強勢國家政治資源以外，還進一步動用了革命文化當中吸取某種資源，強化它的那種社會動員能力。」他對重慶模式中的「毛左特質」——即「從革命文化中吸取的資源」——缺乏應有的反省和批判立場，對於薄熙來以運動的方式而非法治的方式「唱紅打黑」造成的後遺症也避而不談。

　　蕭功秦進而認為，重慶模式可以推廣到全國：「重慶強政府模式如果發展得當，對於中國民主建設未必不是好事，某種意義上，從積極方面來說，重慶現在所做的事情，客觀上為中國未來民主創造了一些必要的社會條件。」最後，他總結說：「祝願重慶走得更為穩健，取得更大的成功，尤其在探索民主法制新路方面，能領全國風氣之先。」這裡，他沒有說出口的一句話是：以薄熙來之才華，不應被局限在重慶一地，若升到中央任職，則可飛龍在天，利國利民。

　　可惜，「重慶模式」馬前失蹄，王立軍的叛逃牽一髮而動全

身，薄熙來由明日之星淪爲階下囚。若稍有一點廉恥之心，偷雞不成蝕把米的蕭功秦，就當從此閉嘴，閉關修煉。然而，在追求功名利祿的路上，爭先恐後，時不我待，蕭功秦來不及抹殺昨天吹捧薄熙來的痕跡，就迫不及待地投向一代雄主習近平的懷抱。

就在美國學者沈大衛（David Shambaugh）提出中共統治已進入末日期的論點時，蕭功秦抓住此一機會，撰文反駁沈大衛，大肆讚美習近平，遞交上來一張投名狀。他把給友人的一封信命名爲《如何看待新一波的「中國崩潰論」》，將「私人信件」公開發表，以示自己公正無私。這是上海小男人的「猶抱琵琶半遮面」。

在這封信中，蕭功秦對習近平獻上美不勝收的讚譽，將習近平看成新權威主義的最佳執行者：「這樣的強勢政府體制，我們可以稱之爲新權威主義，在政治學上也可以稱之爲發展國家的監護型（Guardian）體制，這一發展階段在中國仍然是非常必要的。」他認爲，後發展國家現代化在政治上需要滿足三大條件：第一，開明導向的強勢政府；第二，強勢政治精英是明白人；第三，國家尊重健康的社會多元。而習近平時代恰好具備了此三大要素。

有趣的是，蕭功秦並不像某些毛派和極端民族主義者那樣公然否定民主自由的普世價值，他認爲中國的政治體制需要進一步的改革：「我個人相信，如果社會持續穩定，長期積累的官民矛盾與社會不公現象得到一定程度的化解，在政治安全感得到保證的情況下，執政黨出於對新常態社會治理的需要，會進行民主化的制度創新。」換言之，改革必須要在集權的前提下才可能發生，而習近平集權的目標必然是改革。由此，蕭功秦以此顯示自己並非普世價值的敵人，他也是一名貨眞價實的改革派。這樣，

他隱然也給自己留下了一條退路。

仔細梳理蕭功秦的思想變遷，在其善變的背後，有其始終不變的脈絡，就是從八零年代中期開始一直宣揚新權威主義。當年，蕭氏以此向趙紫陽獻策，差一點就成功了，若非八九年「六四」政治風暴，他說不定就成了鮑彤的接班人，比今日的三朝智囊王滬寧還要風光——蕭氏心中大概從來都看不起王滬寧。此後，蕭氏先後向江澤民和胡錦濤兩代黨魁兜售新權威主義這一治國秘方，可惜都是熱臉貼了冷屁股，一無所獲。他就像古代的讀書人一樣，充滿懷才不遇的哀嘆。

在「學得屠龍術，賣與帝王家」這個意義上，蕭氏的「捧薄」和「追習」互不矛盾。薄和習都是胸懷大志的梟雄，梟雄身邊必有搖著鵝毛扇的諸葛孔明——蕭功秦內心何嘗不想以當代孔明自居？薄、習在權力場上生死搏殺，但他們的本質並無太大的差異：薄唱紅，習崇毛，薄習都是毛左；薄利用王立軍清洗文強，習利用王岐山清洗周永康，薄習都是心狠手辣的厚黑王；薄以打黑之名查抄民企，習以反腐之名在石油、煤炭等領域洗牌，薄習都是以政治運動來鞏固權力的高手。

不過，蕭功秦這位科班出身的政治學者，在具體論述中卻自相矛盾：專制主義必然是一元的，不可能容許出現社會多元化的趨勢。習近平對人權活動人士的打壓，鄉村建設實踐者的打壓，這些舉動都表明，即便無意挑戰當局統治權的民間組織，也不能容許其有存在的空間。習近平不滿足於新權威主義，而要走向法西斯主義，蕭功秦這一次又落伍了，他會繼續奮起直追，乃至將新權威主義升格為法西斯主義嗎？

## 胡舒立：她是中國新聞自由的風向標嗎？

在江澤民和胡錦濤時代集結成一股力量的自由派或市場化媒體，在習近平掌權後迅速衰落。廣東的南方報系，此前幾經整肅，始終無法抹去其自由主義底色。於是，習近平再下辣手，對《二十一世紀經濟報導》及其網站實施毀滅性打擊，炮製了沈灝案等超過昔日南都案的大案。當事人未審而先在央視痛哭流涕，認罪悔改，其羞辱程度超過文革時期的遊街。

與南方報系衰微形成鮮明對比，北方由胡舒立執掌的「財新」系統，則成為中紀委書記王岐山如臂使指的御用媒體，甚至比中紀委的官網還要管用，就連中宣部也對其網開一面。難道胡舒立成了中國新聞自由的風向標？

「進化了的獨裁者」極其精明地從中國專制主義政治傳統中汲取資源——民眾的心中始終存在一個青天的幻想，而扮演青天是一件再容易不過的事情。習王體制在文宣上的第一步，就是將習王塑造成廉潔奉公的青天。「進化了的獨裁者」善於讓貌似獨立的媒體和知識菁英「為我所用」：特許「財新」系統等所謂「市場化媒體」或「自由派媒體」存在，讓其充當極權體制的「第二條戰線」（有別於新華社、央視、人民日報、環球時報等失去民眾信任的傳統官媒）。

胡舒立離開《財經》雜誌之後，攜帶出走的團隊，重新創建「財新」媒體集團，風頭很快蓋過了大出血之後黯淡無光的《財經》雜誌。尤其是王岐山執掌中紀委大權之後，與王關係密切的胡舒立拿到了尚方寶劍，終於可以大展宏圖了。

每一次習王要整肅政敵，必通過「財新」像擠牙膏一樣放

料。回顧周永康案的整個過程便可知道，每當案件有所進展，財新便配合其發表爆炸性的材料，其中有這樣四大階段：第一階段，披露周永康的馬仔、秘書和下屬的醜聞；第二階段，點名周永康的家人；第三階段，披露其老家、祖墳、少年和青年時代的往事，並使用其曾用名，康師傅呼之欲出；第四階段，新華社寥寥數語宣佈查處周永康，幾個小時之後，「財新」網站即發布長達六萬字的、相當「有料」的「全紀實」報導，宛如一部跌宕起伏的狗血電視連續劇。

有趣的是，就在財新發表周永康案調查報告的同一天，胡舒立獲得了菲律賓麥格塞塞獎（Ramon Magsaysay Award）。評委會指出，將此獎授予胡舒立是因其「對於新聞真相的不懈追求，對於政府和商業透明度、誠信度提升的無畏推動，對於更具獨立精神、更專業的新聞報導的著力倡導」。

這段評語難以讓人信服。胡舒立從來都不「獨立」，網路評論人王五四在《我不能悲傷地坐在傻逼中間》一文中評論說：「胡舒立和財新的報導，奉旨而為，談何新聞性客觀性獨立性？更別扯什麼媒體人的光榮和勇氣，被新聞管理體制踐踏這麼多年，服從了這麼多年，你們還好意思腆著臉說這些？」從當年頒獎給勇敢地揭露「六四」真相和 SARS 真相的蔣彥永醫生，到如今頒獎給在王岐山蔭庇之下的「偽自由媒體」操盤人胡舒立，「麥格塞塞獎」這個被譽為「亞洲的諾貝爾獎」的獎項已然「中國化」了。

胡舒立的角色相當於中紀委的編外新聞發言人。在黨內權力鬥爭的面向上，如果說執掌中紀委的王岐山是習近平使用的一把鍘刀，那麼胡舒立就是王岐山鋒利的刀尖；在安撫民間社會的面向上，如果說習近平是男一號的宋仁宗、王岐山是男二號的包青

天，那麼胡舒立就是包青天身邊形影不離的展昭大俠。胡舒立的哪一篇報導不是奉旨而爲？從來沒有「身在曹營心在漢」這回事，身在曹營，吃喝在曹營，就得按照曹營的規矩辦事，胡舒立享有的一丁點「市場」和「自由」，全都是黨特許和恩賜的。

王五四指出：「惡人沉下去，噁心人的必然要冒出來了，周永康沉下去時，首先冒出來的是各路媒體人，他們爭相抖著機靈，談新聞的時效性，談新聞從業者的專業性，談媒體人的良知、勇敢以及責任。一個新聞從業者津津樂道於新聞管理體制，活像一個太監在眉飛色舞地講閹割技術。」是的，專打死老虎的媒體人並不傻，而是故意裝傻，只有扮豬才能吃老虎。習近平不就在親自示範了這一絕招嗎？此前，不動聲色的習近平看起來遠不如鋒芒畢露的薄熙來聰明；如今，薄熙來卻淪爲習近平的階下囚。

中共高層狗咬狗，咬得呲牙咧嘴，鮮血淋漓，民間社會不必「偷著樂」。周永康垮台，不是維穩體制終結的信號，而是維穩體制升級換代的前奏。這兩年來，更多的維權人士被關進監獄，更多的教堂被拆毀，更多的辭彙成爲敏感詞，更多的書籍被查禁，習近平與希特勒、毛澤東「比狠」的心態，昭然若揭。周永康之惡與習近平之惡相比，很快就小巫見大巫了。王五四的預測是準確的：「無數事實無數次證明，黨內權鬥的勝利不是政改的開始，而是更嚴厲整改的開始，極權的巔峰時刻已經開始了。」

就在胡舒立橫刀立馬、好不風光之際，土豪郭文貴居然「以其人之道，還治其人之身」，讓胡舒立陷入空前的危機之中。郭文貴是一名崛起於社會底層的鉅賈，電影《變形金剛》中出現的那個北京樓盤「盤古大觀」即爲其所有。他與國安部副部長馬建

的親密關係，令其在商場所向無敵，就連擋路的北京市副市長劉志華也被掀翻在地。當馬建捲入周永康案落馬之後，郭文貴流亡美國。「財新」發表長文對其窮追猛打，郭文貴則高調反擊，宣稱其手上掌握大量高層機密資料，包括王岐山與胡舒立之間的通訊記錄，甚至披露胡舒立與被抓的北大方正 CEO 李友有私生子。胡及「財新」迅速對郭提起法律訴訟和新一輪的輿論戰。

胡郭之間刀刀見血的搏鬥，折射出中共上層權力鬥爭的白熱化，他們的勝負不由他們本人決定，而由他們背後的大鱷決定。胡舒立背後有王岐山，顯然她佔據上風。但在我看來，這一場鬥爭並無善惡之分，也跟中國未來的言論自由度無關。

## 柴靜：是奉旨打霾，還是為民請命？

前央視主持人柴靜自稱獨自拍攝的紀錄片《穹頂之下》，在網上熱播之後又突然被禁。官方在捉放之間舉棋不定的態度，讓這部紀錄片和柴靜個人的身分、角色更加撲朔迷離，也在民間引發激烈的討論。由於霧霾關乎國計民生乃至全球環境保護的前景，柴靜也由此成為國際矚目的人物。二零一五年十二月，國際知名雜誌《外交政策》發佈本年度全球思想家百人榜，柴靜赫然入選，顯示她獲得了國際社會的承認。

很多公知給柴靜以熱烈的讚美，也許是因為柴靜扮演了他們想做而又未能做到的英雄角色。柴靜所做的，已經達到他們想像力和勇氣的極限──他們當然不會向獄中的劉曉波致敬，他們知道監獄的界限在哪裡，他們當然不願冒進監獄的風險。

我不會用是否進監獄作為標準來衡量所有公知之優劣，這種期盼或逼迫他人當烈士的思路，差不多是另一種共產黨的絕對主

義。但我不願給柴靜和《穹頂之下》太高的評價。我不會將單單只給獄中的劉曉波的讚美，輕率地給予柴靜。因為，你可以誠實地說，「我的能力和勇氣有限，我只能做到五分的程度」；但你不能只付出五分的努力，就要求獲得十分的掌聲。

多年以前，大概是九零年代末，我剛剛出版處女作《火與冰》之後，還在湖南衛視做一檔文化節目的柴靜打電話邀請我去當嘉賓。一開始我拒絕了，後來她又找來一位做編導的北大學長遊說，我才勉強答應。拍攝節目期間，我與她有過幾場對話，感覺她身上文青的味道很重——不過，那時我也是如此。之後，我從文青變成異議知識分子，與劉曉波一起從事捍衛人權的活動；柴靜則進入央視，成了更年輕一代的敬一丹和吳小莉，她這十多年來的心路歷程，我不得而知。再以後，柴靜從央視辭職，寫了一本暢銷書《看見》，我在網上讀到過片段，我一點也不喜歡她對龍應台的刻意模仿。龍應台本來就過於矯揉造作了，模仿龍應台就成了北京人藝的話劇橋段。

如今，既然《穹頂之下》成了一個家喻戶曉的公共事件，對其置疑和批評（無論多麼尖銳）都是理所當然的。當然不能忽略柴靜雖然已從央視辭職，但其「前央視記者」的顯赫身分，以及在央視工作期間建立的人脈和資源網路，是其拍攝這部紀錄片得天獨厚的背景。而且，她在長達一年多的時間裡拍攝這部紀錄片，足跡遍佈中國各地和海外，採訪到諸多仍在掌權的高級官員，這個過程不可能脫離黨的宣傳部門和情治系統的監控——我從來不低估中共對中國社會的控制能力。

這部紀錄片在人民網高調登場，若非政治局常委一級的高官放行，是不可思議的。中共向來將宣傳領域當作戰場來看待，人

民網若無最高層的簽字或電話批准，豈敢如此自由放任？

後來這部紀錄片在中國國內網站上被封鎖，但瀏覽、下載的人早已「一飽眼福」。接下來，柴靜本人連「被喝茶」的經歷都沒有，將其與「女權五金花」的命運作一簡單對比，不能不讓人「別有想法」。中共維穩部門對於「誰是我們的朋友，誰是我們的敵人」的判斷從來不會出錯。

這樣的推測完全是合理的，不能簡單地斥之以「陰謀論」：中共宣傳部門先放這部紀錄片出籠，極有可能是當局對網路言論「放與收」的一次測試，如同二零一一年「茉莉花事件」中官方的「防爆演習」。就部門權力的轉移和洗牌而言，環保部門擴權和清洗石油系統的舊班子，是「習近平新政」的一部分。首先，在一定程度上加強環保領域，不會影響到整個體制的安全，甚至可以通過關心環保議題，成功轉移公眾對經濟下行的憂慮。其次，周永康時代的石油部門，則被當成歐威爾在《動物農莊》中所說的「公共污水溝」──石油部門確實民憤極大，那些貪官也是罪有應得。

在此背景之下，官方對《穹頂之下》的問世，一開始至少是一種默許甚至鼓勵的態度。當然，中共當局也保留了最後的「封殺權」：如果《穹頂之下》上網後的社會影響過大，則隨時從網路上將其清除掉──後來事態的發展確實如此。

在中國，環境（包括霧霾等）問題從來就不單單是環境問題，也是政治問題的一部分；或者說，中國社會面臨的所有問題都跟專制有關。所以，柴靜在紀錄片最後提出的「每個公民日行一善」的方法，根本不是治理霧霾的秘方。這跟于丹的心靈雞湯有異曲同工之妙：于丹說，當霧霾來臨的時候，可以「關上門

窗，儘量不讓霧霾進到家裡；打開空氣淨化器，儘量不讓霧霾進到肺裡；如果這都沒用了，就只有憑自己的精神防護，不讓霧霾進到心裡」。這不正是習近平的思維方式和語言風格嗎？

　　至於柴靜對這種「心靈雞湯」的角色有沒有某種自覺或警醒，我不得而知。我猜想，可能有兩種情況：其一，柴靜以為自己是在反抗體制，殊不知，她的反抗最後演變成極權政府維穩政策的一部分；其二，更可怕的是，柴靜與極權統治者之間達成了某種默契，她將自己的反抗行為「表演化」，甚至主動配合當局精密的維穩政策。無論如何，她的所作所為對官方而言利大於弊。學者張雪忠在「防止霧霾不能『從我做起』」一文中，嚴厲地批評了這種「將公共問題私人化、抒情化和泛道德化的惡劣習氣」。他認為，霧霾是一種公共危機，解決公共危機，是專屬於政府的責任，從而，重要的是民眾要能控制政府，並通過政府去解決公共危機，「一個真正有公民意識的人，並不會動輒進行自虐式的自我歸責，並試圖避開政府去嘗試各種於事無補的私人化努力，而是要對政府進行嚴正的質詢和問責」。我贊同這樣的批評。

　　《穹頂之下》傳播開來之後，中國民間對柴靜的評價呈現兩極化趨勢。尖銳批判現實的作家慕容雪村在《柴靜事件與中國的言論空間》一文中指出，人們關於柴靜事件的對立觀點，跟當下中國的局勢和言論環境有密切關係。「在日益艱難的環境中，言論者群體和社會公眾都開始了明顯的分化，一部分人投向主旋律的懷抱，一部分人閉上了嘴，還有一部分人則開始拋棄溫情話語，走向激烈甚至極端。」正是在此種時代背景下，人們對柴靜的看法再也不可能產生「共識」了（對其他很多社會議題也是如

此）。對同一人物或事件的不同解讀，背後是對中國現狀和習近平政權的本質的不同判斷。

在文網漸密、東廠肆虐的習近平時代，蕭功秦、胡舒立和柴靜等三人，以不同的方式生存下來，而且在名利場中各有斬獲。有別於「人渣榜」上名列前茅的胡鞍鋼、司馬南、孔慶東、胡錫進、強世功等臭名昭著者，蕭、胡、柴獲得相當部分民眾的正面評價。從某種程度上，他們的言論和作為成為習近平時代精神氛圍的「註腳」——要理解這個時代的中國，僅僅熟悉習近平本人的講話是不夠的，還必須探究蕭功秦、胡舒立和柴靜這樣的「灰色公知」的抗爭與妥協、慾望與幻想、成功與失敗、榮譽與詆毀。

# 屠呦呦獲諾貝爾獎是毛澤東的功勞嗎？

毛的「民族主義」贏來「大國尊嚴」，但是犧牲的是擁護共
產黨的數千萬農民，而不只是「階級敵人」。他有提供什麼
讓人民幸福的藍圖嗎？沒有。他在經濟、科技、管理各方
面一再瞎指揮而排斥比較務實的幕僚。他有的是稱霸世界
的野心和不容質疑的獨裁權力，他也沒有奢靡皇帝般的享
受。

——開放網主編／金鐘

　　諾貝爾醫學獎得主、年逾八旬的中國科學家屠呦呦在斯德哥
爾摩的諾貝爾獎演說中，回顧了四十年前發明青蒿素的過程。其
中，她引用了毛澤東的一句話：「中國醫藥學是一個偉大寶庫，
應當努力發掘，加以提高。」儘管她在演講中並未直接提及毛的
名字，但在同步播放的 PPT 圖片中，有一張毛澤東手書的這句
「最高指示」。那時，毛的健康狀況每況愈下，寫出來的毛筆字顯
得歪歪斜斜，早已失去了其年輕時張牙舞爪的勁頭。

　　青蒿素這項研究確實是在毛澤東時代完成的。六零年代後
期，越戰正在如火如荼地展開，越南爆發嚴重的痢疾，也傳播到
中國南方。救援外人比保護本國民眾重要，接到越南方面的求

助，毛澤東立即下令成立一個秘密軍事項目，研製可以治療痢疾的藥物，稱爲「五二三項目」——這個名字來自於它的啓動日期一九六七年五月二十三日。

然而，就像動亂期間的其他很多中國人一樣，公共衛生領域的頂級專家已經被打成「右派」靠邊站了。於是，當局不得不將這項任務交給中醫研究院以及一位名不見經傳的女性科學家屠呦呦。結果，對西醫和中醫均有過研究的屠呦呦，從中國傳統醫學中找到了解決方案，並成功提煉出青蒿素。

知名博主、央視名嘴紀連海發微博說：「屠呦呦完全是毛時代培養的，其重大成就也產生在如今早已被完全徹底否定的十年文革時期。」他的潛台詞是：屠的獲獎證明，毛時代也有好的一面、文革不應當全面否定。而「烏有之鄉」等毛派網站更是一片喧囂——「榮耀歸於毛澤東」、「屠呦呦是一名毛澤東思想武裝的人民院士」、「毛澤東思想的又一次偉大勝利」等充滿文革遺風的言辭甚囂塵上。甚至還有人主張，應當將毛澤東也列爲「共同獲獎人」之一。雖然諾貝爾獎規定是只能頒發給在世之人，但在頒獎典禮上至少要鄭重地向已故的、作爲「總策劃」的毛主席「致敬」。

然而，我要反問毛派的是：屠呦呦在文革時代完成青蒿素的突破性研究，難道必須歸功於毛的「卓越領導」？倘若沒有毛的倒行逆施政策，沒有文革時期殺人如麻的暴政，中國人享有眞實的言論自由、新聞出版自由和學術自由，中國的科學家們或許早就獲得超過十個諾貝爾獎了。如果硬要說毛對屠呦呦的獲獎有「功勞」，那麼毛的「功勞」大概就是：在那麼多科學家遭到迫害、凌辱，家破人亡、下放勞改之際，毛讓屠呦呦這個當時還不

是黨員的「白專分子」免於受紅衛兵的騷擾，擁有一間小小的實驗室，可以安靜地做實驗。這就是毛的手下留情，法外開恩吧！壞蛋少幹一件壞事，難道就是對壞蛋歌功頌德的理由？毛派的邏輯常常就是這樣匪夷所思。

如果以此種標準來衡量，希特勒和納粹黨當年在發展德國的科學方面亦是功不可沒。馬克斯普朗克研究院主席胡貝特・梅爾克爾（Hubert Markl）曾經發起一項歷時六年、耗資五百萬美元資金的項目，對納粹的科學政策和德國科學家在支持納粹政權上所扮演的角色，進行系統的分析研究。該研究報告指出，納粹時期所展開的諸多極其罪惡的研究，如果僅以科學標準來看，大部分並非「偽科學」。這些研究遵循了傳統的科學方法並且在當時處於學術的前沿。納粹對於基礎研究十分尊重，在戰爭年代增加了科研資金，卻並沒有以要求科學家加入納粹政黨為前提。

另一方面，許多德國科學家很自願地把研究方向確定在符合納粹的方針政策上，這樣可以獲得政府的資源和支持。他們似乎並不把納粹政權看成是一種可怕的威脅，而是一個實現研究野心的機會。對於那些生活在法西斯旗幟下的人來說，法西斯主義似乎是不朽的。一九四二年之前，幾乎沒有德國人會想到：納粹政權會被推翻，或者被一個民主政體所取代，而他們認為是忠誠、愛國的工作和研究，將來會成為一種罪過。

馬克斯普朗克研究院的這項研究並非為納粹翻案或者為那些納粹時代參與「共犯結構」的科學家辯護。這份研究報告揭示出，人類社會存在一個相當廣闊的道德灰色地帶——在那裡，人們試圖讓自己中立化和客觀化，從而卸下良性的壓力。

同樣的視角，也可以用來分析中國毛澤東時代的科學政策，

以及科學家與政治的關係。屠呦呦在演講中引用毛的指示，她本人並不覺得有什麼不妥，在場傾聽的西方人也都聽之任之。但是，如果有一名德國科學家在諾貝爾獎演講中正面引用一句希特勒的話，他將招致怎樣的後果，是不言而喻的——輿論肯定會被激怒，所有的媒體和無數的公眾，都會對其口誅筆伐。因為希特勒和納粹黨已經並釘在歷史的恥辱柱上，在西方社會成為不可讚美的禁忌，甚至在德國的法律中也有詳盡的規定。

毛澤東和共產黨殺人之多超過希特勒和納粹黨，但其滅絕人類的罪惡並未被曝光和清算。首先，是作為受害者的中國人自己的「選擇性的遺忘」，迄今為止，中國沒有一個以文革為主題的紀念館或紀念碑。然後是全世界也接受和默許了這種遺忘，在全球範圍內，毛並沒有被列為希特勒、墨索里尼和史達林的同類。毛是詩人，是哲學家，是理想主義者，這樣一些浪漫的面具仍然戴在毛的頭上。

就屠呦呦個人而言，她親身經歷過鎮反、反右、大饑荒和文革等殘酷的政治運動，當然知道毛時代充滿腥風血雨，就連中共的「減縮版人權」——生存權——也絲毫得不到保障。從國家主席劉少奇、副統帥林彪到屬於「地富反壞右」等「黑五類」的遇羅克、林昭，都成為毛玩弄權術過程的犧牲品。在那個人人道路以目的時代，屠呦呦當然也是如履薄冰，戰戰兢兢，這才僥倖生存下來。她刻意漠視和遺忘那個時代黑暗而邪惡的本質，只記住自己成功的時刻。所以，她不假思索地在諾貝爾獎演講的大廳中秀出了毛的那張親筆題詞。

我可以原諒屠呦呦引用毛澤東語錄的不當行為，中國的科學工作者缺乏人文素養、人道情懷、政治判斷力和說真話的道德勇

氣，乃是一種相當普遍的現象。屠呦呦一生埋首於實驗室，且被中國主流學界所排斥，多次遴選中科院院士未果，她早已練就了謹小慎微的「自我保護法」。對於這樣的老人，當然值得同情與悲憫。然而，我無法理解毛派的欣喜若狂、鼓盆而歌的反應。中共官方一向蔑視諾貝爾獎，認為這是一個被資本主義國家所支配的、對中國不懷好意的獎項。特別是當劉曉波獲得諾貝爾和平獎之後，再加上有數百位遍佈不同領域的諾貝爾獎得主發表聯署信要求中國政府釋放劉曉波，諾貝爾獎更成了中共眼中「西方國家的反華工具」。那麼，聲稱可以自力更生、自給自足的毛派，為什麼要為了這個洋人的獎項而興高采烈、奔走相告呢？

　　毛派若真有志氣，不妨向習近平提出建議，設立一個可以取代諾貝爾獎的「中華國家藝術與科學獎」。當年，希特勒就這樣嘗試過：一九三五年，因反對納粹擴軍備戰而被希特勒囚禁的和平主義者、記者和作家卡爾・馮・奧西茨基（Carl von Ossietzky）獲得諾貝爾和平獎，希特勒勃然大怒，下令修改法律，禁止所有德國人領取任何一項諾貝爾獎。隨即，希特勒特別設置並頒發「德國國家藝術與科學獎」，企圖以之取代諾貝爾獎。結果，十年之後德意志第三帝國就灰飛煙滅，而諾貝爾獎到了今天仍然屹立不倒。

　　那麼，希特勒沒有完成的遺願，習近平可以續寫精彩的篇章。今天，中國民間雖然有了一個自稱要與諾貝爾獎相抗衡的「孔子和平獎」，但名不正，言不順，且名聲不佳，獎金捉襟見肘。所以，倒還不如由中國政府直接出面設立一個「中華國家藝術與科學獎」，獎金為諾貝爾獎的一百倍（中國政府不在乎這點錢，外援項目都是以百億美金計算），並由國家元首親自頒

獎，再配以閱兵儀式以彰顯盛大場面。這樣，如此恢弘氣勢必能讓諾貝爾獎相形見絀，甘拜下風。而第一個獲獎者，當然就是躺在水晶棺中的「國父」毛澤東；第二個獲獎者，一定就是作爲「毛二世」的「今上」習近平——習近平可以自己給自己頒獎，就好像當年拿破崙從羅馬教宗手中奪過皇冠，自己給自己加冕一樣，那將是何等威風凜凜，何等意氣風發！

# 說謊是御用文人謀生的手段

謊言是極權主義宣傳中最常見的現象。

——美國政治理論家／漢娜・鄂蘭（Hannah Arendt）

二零一二年，我逃離中國之後，立即在自由世界發表文章揭露中共當局的暴行與劣跡。隨即，中共當局發佈了關於我離開中國的兩個信息。一個是外交部發言人劉為民的說法，一個是《環球時報》總編輯胡錫進的說法。這兩個說法自相矛盾，無法自圓其說，充分表明中共的外交系統和意識形態部門各自為政，已陷入了腦癱狀態。

## 外交部發言人劉為民：他不是「著名作家」

在一月十二日的外交部例行記者會上，有日本記者問：「余杰離開中國，您如何評價？」發言人劉為民回答說：「我沒聽清你說的是誰，每天那麼多人出國。」記者補充說：「余杰，中國著名作家。」劉為民回答說：「我不清楚你說的情況，但我沒覺得有多少中國人覺得他是著名的作家。」

從劉發言人的回答來看，他多多少少知道關於我的一些情況，至少他知道「沒有多少中國人覺得」我是一個「著名作家」。

但是，既然連日理萬機的劉發言人都知道我是一個「不著名作家」，進而專門調查過中國民眾對我的「不知道」，可見我還是有一點點「著名」的。

轉換話題，是中共外交部發言人的一件看家的本領。在那位日本記者所提的問題中，我的「著名」或「不著名」並非關鍵所在，他詢問的是中共當局對我離開中國「有何評價」。一個專制政權不能容忍任何批評意見，用暴力手段逼迫說真話的知識分子在自己的祖國無法生存而離開，劉為民應該如何評價呢？對他來說，這個事實是無法評價的，最好的辦法就是顧左右而言他。「中國影帝」溫家寶之下，外交部部長和外交部發言人，哪一個不是演技出神入化、說謊不臉紅的戲子呢？

能當上獨裁政權外交部的發言人，當然個個都是睜著眼睛說瞎話的謊話大王。伊拉克的海珊政權發言人薩哈夫（Saeed AI-Sahaf），在美軍兵臨城下，海珊不知所終之時，還大言不慚地說，伊拉克軍隊要與美軍決戰到底。言猶在耳，他本人立即倉惶逃竄，不久便落入法網。利比亞的格達費（Mu'ammar al-Qaḏḏāfī）政權發言人穆薩‧易卜拉欣（Moussa Ibrahim）口口聲聲說要與偉大領袖共存亡，讓外國侵略者血債血還。話音剛落，他便棄主而去，男扮女裝，企圖矇混過關，仍然鋃鐺入獄。這兩個謊話大王的下場都頗為淒慘。我相信，劉為民的下場未必比他的這兩個前輩好；因為他的主子胡錦濤的下場，未必會比薩哈夫的主子海珊和穆薩‧易卜拉欣的主子格達費要好。

中共治國的法寶，就是暴力和謊言。在極權體制下，不願說謊的人，或者情不自禁地說出幾句真話的人，必然被淘汰出局。遠的例子有「六四」時央視的播音員杜憲、薛飛，因同情學生而

穿喪服上鏡，被央視掃地出門；近的例子有央視主持人畢福劍在飯局上痛斥毛澤東禍國殃民，影片流傳在網路之後，立即「被下課」。

反之，習慣說謊、以說謊為榮的人，則可遊刃有餘、飛黃騰達。劉為民便是如此，他爬呀爬，從駐外使館低級文員做起，終於爬到大使級的發言人的位置。他的官位是由多少謊言堆砌而成的？他成為中共政權的「名片」，不是他長得多麼英俊瀟灑，而是他說謊的本領爐火純青。笨嘴拙舌、陰森刻板的胡錦濤及「真理部」的頭頭們，自然會重用此種具有指鹿為馬本領的人。

## 《環球時報》總編輯胡錫進：他製造了巨大的「敏感」

這邊外交部發言人口吐蓮花，那邊《環球時報》評論員吹拉彈唱。一向以黨中央打手自居的《環球時報》（流氓文人摩羅譽之為「中國最優秀的報紙」），在這個時刻當然不甘落後。在中國民間人士發佈的人渣榜上名列前茅的《環球時報》總編輯胡錫進親自出馬，在微博上發表了若干針對我的攻擊性言論。他說：「看看我在微博上受到的洶湧攻擊，就知道余杰在現實社會中那樣寫書，究竟製造了多大的敏感。這些敏感是客觀存在的，當余杰後來這幾年把它放到足夠大時，體制的反應是必然的，也是必須的。」

有趣的是，胡錫進在發言之前，顯然沒有跟劉為民作好充分的溝通工作。劉為民說我「不著名」，胡錫進本應當跟著繼續證明我的「不著名」。然而，胡的說法恰恰反證了我的「著名」——他一批評我，立即就遭到微博上言論的「洶湧攻擊」。由此，他認識到余杰「製造了多大的敏感」，對於這樣的「敏感因素」，當

局即便用暴力手段來整肅，也就是「必然的和必須的」。

外交部發言人和《環球時報》總編輯製造了兩個自相矛盾的「真相」——若真相如外交部發言人劉為民所說，像我這樣的「邊緣人士」，即便出走異國，也悄無聲息，又怎麼可能如胡錫進所說，引發「洶湧」的評論浪潮呢？但倘若胡錫進說的是真話，那就表明關注我的命運的人仍然很多，在公開的媒體上無法發表，遂在微博上彙集成汪洋大河。由此可見，我的「著名」程度未必低於佔據外交部發言人高位的劉為民。

在胡錫進在微博上發表如此言論的次日，《環球時報》發表了署名「單仁平」的社論《中國不是禁止自由主義的鐵幕》（此筆名發表的社論，很多都出自胡錫進的手筆）。這篇文章中涵蓋了胡錫進博客裡好幾句名言，可見這篇文章要麼是胡錫進親自操刀，要麼是他命令手下「口述實錄」。這篇社論指出：「余杰長期與中國主流社會格格不入，崇尚對現實的極端批判……這次他『出走』美國，對他個人來說應當算是一種解脫。」這篇文章又認為：「但值得注意的是，這樣的出走與世界大量有才華的人紛紛來中國創業，是逆向而行的。就在本週一，《紐約時報》的一篇評論號召美國青年『去中國』工作，原因是中國『有充裕的就業前景』，『有相當多自由』。」

在「單仁平」看來，我離開中國的選擇是逆世界潮流而動——人家紛紛進來，你卻孤零零地出去；人家紛紛前來淘金，你卻失去了發財致富的機會。這個說法倒是說出了部分事實——今天的中國是全世界最容易賺錢的地方之一——對於不法之徒來說。天下熙熙攘攘，為利而來，為利而去，到中國的老外確實很多，但這證明不了中國具備多大的軟實力，擁有多大的自由度。

外國人來中國只是為了賺錢，他們並不認同中國獨裁專制的政治制度。他們多半是賺到一筆錢之後就離開了，而不會永遠生活在霧霾密佈的環境之中。為什麼沒有多少外國人加入中國國籍、真正移居中國呢？答案是不言而喻的。

## 靠酷刑維持的政權有多大的吸引力和軟實力？

「單仁平」強詞奪理地將中國的現狀描述得如花似錦，他卻忘記了中新網上發佈的一則消息：「中國百分之六十以上的富人想要移民，而億萬富翁中，有移民意向的更高達百分之七十四。其實，這種狀況已非一日了。現實是，但凡有點家產，官員做裸官，演員改國籍，學者最好有國外的綠卡，而民營企業家，移民似乎成了一種潮流。」這個官方自己發佈的資料表明，不僅平民百姓對當局充滿怨恨，菁英階層在這個國家也缺乏安全感，對這個國家更沒有認同感。連習近平都將女兒送到美國哈佛大學鍍金，是美國好，還是中國好，習近平心中自有一個小算盤。習近平的官當得比「單仁平」和劉為民都大，智商應當也比他們高，習近平的選擇才是更多中國人的選擇。

這讓我想起了美國駐華大使李潔明（James Roderick Lilley）在回憶錄中記載的一則趣聞。一九八九年的民主運動中，國務院發言人袁木大出風頭，顛倒黑白不遺餘力，攻擊美國聲色俱厲，成為那個時代的「名嘴」。後來，大概中共也覺得其名聲太臭，將其作為舊尿壺扔到一邊去了。李潔明講的故事是關於袁木的女兒的：袁木的女兒在天安門事件後不久，去美國駐北京領事館申請「留學」簽證。

簽證領事接過申請書一看，來者竟然是中國國務院發言人袁

247

木的女兒，於是他故意把桌子下邊的麥克風音量調大，他要讓這裡的中國僱員和其他排隊等候簽證的中國人都能聽見他們的對話。他大聲地問道：「你眞的是袁木的女兒？」袁小姐把身子朝窗口靠，低聲回答說：「是的，我就是袁木的女兒。」然後，美國官員用更大的聲音說：「我不敢相信這麼討厭美國、天天詆毀辱罵我們美國的袁木，會要他的女兒到美國留學。」袁木的女兒怯生生地說：「他是他，我是我。」

最後，袁木的女兒得到了簽證，她的成績不錯，又得到美國一所大學的獎學金。只是由於這場對話，袁木的女兒也要到美國留學的消息迅速傳遍北京，在當時那場風暴之後成爲醜聞。

可見，對於像袁木的女兒這樣的官家小姐以及富貴人家來說，中國是一個沒有安全感的國家，爲了尋求安全感，他們選擇離開。而對於像我這樣將言論自由和宗教信仰自由視爲生命中不可或缺的知識分子來說，中國是一個自由極度匱乏的國家，爲了尋求自由，我選擇離開。

外交部發言人劉爲民認爲，一些公民受到法律制裁，不是因爲中國壓制言論自由或宗教自由，而是這些人違反了中國法律的底線才受到懲罰，這與所謂的「人權」毫無關聯——劉曉波是如此，我也是如此。胡錫進則認爲，我的言論是在「爲難」中國，就好像孩子爲難父母一樣。

但是，無論是劉爲民還是胡錫進，都不敢公開回應我揭露的秘密警察濫用酷刑的事實——我不是唯一遭受酷刑的中國公民，不是第一個，也不是最後一個。這些秘密警察的所作所爲，符合中國的哪一條法律和聯合國人權憲章的哪一項條款呢？

濫用酷刑，踐踏法治，最終的結果是搬起石頭砸自己的腳。

無論我著名或不著名，無論我的觀點是正確還是錯誤，我的言論都在憲法所保障的公民言論自由的範疇之內。今天，當局可以肆無忌憚地踐踏我的基本人權，對我施行暴力；明天，這種暴力也可能會降臨在每個中國人身上，包括劉爲民和胡錫進都無法倖免。

今天剃他人頭者，明天自己的頭亦被他人所剃。格達費的下場便是如此：他殘暴地殺戮，最終自己也落得個暴屍街頭的下場。恣意說謊、縱容暴力的劉爲民、胡錫進以及他們的主子胡錦濤、溫家寶、習近平、李克強，當三思而後行。

# 莫將流氓當英雄
## ——我為什麼從來不看好艾未未？

一篇讀罷頭飛雪，但記得斑斑點點，幾行陳跡。五帝三皇
神聖事，騙了無涯過客。有多少風流人物？盜跖莊蹻流譽
後，更陳王奮起揮黃鉞。歌未竟，東方白。

——中共黨魁／毛澤東

　　在中國數以百計的人權律師和異議人士被中共當局以黑幫的
方式抄家、綁架、酷刑之際，艾未未卻能獲得護照和簽證，赴歐
洲旅行，並與中共達成可以自由回國的默契，這本身就有悖於常
理。接著，艾未未接受德國多家媒體訪問，以《環球時報》總編
輯胡錫進的口吻，為中共政權塗脂抹粉，讓他的數十萬粉絲大呼
「偶像的倒掉」。事後，艾未未果然獲得《環球時報》的滿堂喝
彩。這些年來，《環球時報》讚揚過的究竟是些什麼貨色，我們
當然心知肚明。
　　其實，世上本無偶像，跪下的人多了，流氓也就成了偶像。
將艾未未當作偶像，如同艾未未將楊佳當作偶像一樣，本身就折
射出一種漢娜·鄂蘭所說的「平庸之惡」——董存瑞的連長叫董

存瑞先托一下炸藥包，他去找人來替換，結果替換的人像貝克特（Samuel Beckett）荒誕劇中的果陀（Godot）一樣，永遠也沒有來。別人去堵槍眼和托炸藥包，看客們從來不吝嗇眼淚和讚美的話語。

絕頂聰明的艾未未，當然不會被庸眾所利用，反倒是他大大地將庸眾要了一把。當初，很多窮苦人捐錢給這個大富翁，幫他繳稅，用四川話來說，簡直就是「雞腳杆上刮油」。如今，艾未未卻對自由世界的記者說，當年當局的調查並不是針對他個人的，而是針對公司的，是合理合法的政府行為。那麼，你為什麼要讓大家為你募捐呢？你為什麼還要像台灣的施明德那樣賴賬不還呢？

揮霍民眾的信任和善意，也就鞏固了黨國的威信和權柄。自由世界的記者天真地評論說，這個人彷彿還沒有抵達自由世界，還沒有學會自由地言說。殊不知，這個人對於在什麼地方說什麼話的謀略，早已爛熟於心。

此時此刻，我忍不住要講述一段我與艾未未的故事。我與艾未未從未謀面。最早，我是在朋友的藝術評論雜誌上看到他的作品。我不覺得那是藝術，它們並不比北京「798藝術村」裡的很多垃圾高明。

而後，我從劉曉波那裡聽到對艾未未在若干公共事務中表現的讚賞。二零零八年夏天，劉曉波正在忙於為《零八憲章》修改文本和徵集簽名。有一次，我們一起吃飯，劉曉波告訴我，艾未未願意在這份文本上簽名。劉曉波早在八零年代末期遊學美國期間，就與艾未未有一些交往。

劉曉波尤其對艾未未調查四川地震死難學生真相的作為豎起

大拇指。在我的老家四川，應當建立起一座鐫刻著每個死難孩子名字的紀念碑，孩子們既是死於地震，更是死於官商勾結的豆腐渣工程——所以，還要有一個鐫刻著貪官和奸商名字的恥辱柱。名字就是生命的延續：就如同美國首都華盛頓的猶太大屠殺博物館，不是由一個抽象的數字涵蓋無數鮮活的生命，而是讓一個又一個集中營死難者的名字，喚起人們對生命本身的關注；當然，還有那些黨衛軍軍官和獄卒的名字，一個都不能少。那時，艾未未與朋友們以民間力量，整理出地震中死難學生的名字和生日，當某個孩子的生日到來時，就將他的相關資料發佈到推特上，如同一座小小的網上紀念碑。艾未未的這一舉動讓四川地方官員醜態百出，後來就有了譚作人案和《老媽蹄花》的故事，那是艾未未在民間的聲譽達到頂峰的時刻。

劉曉波說，改天約艾未未一起吃飯，介紹給你認識。話音剛落，二零零八年十二月八日，劉曉波被警察從家中抓走，然後就是十一年漫長的刑期。

而我與艾未未距離最近的一次，是劉曉波獲得諾貝爾獎之後，我和妻子被警方非法軟禁在家時。艾未未一時興起，從外地返京之後，與友人一起驅車到我家所在的小區，要與我繼續網上沒有結束的一系列辯論。

艾未未是那段時間除了警察之外離我家最近的人：他突破社區保安的阻攔之後，被警察攔在離我家只有一百多米遠的警務工作站。他給我打來電話，我在陽台上卻望不到他的人影，只能從電話中聽到他與警察爭執的聲音。

有一個警察問艾未未，你跟余杰是什麼關係？艾未未說，我跟余杰不是朋友，是敵人，我要上門去罵他。他說的是真話，可

是警察不相信。

警察說，上級命令，任何人都不能跟余杰見面，去罵余杰也不行。艾未未又問，這是根據什麼法律？警察繼續勸告他說，你要相信政府，相信國家。

艾青著名的詩句：「為什麼我的眼裏常含淚水？因為我對這土地愛得深沉……」，胡錦濤和溫家寶都引用過。世界上，若真的愛這片土地和生活於其上的被凌虐的同胞，需要付出的不僅是眼中常常含著眼淚的代價，更是失去自由和尊嚴、健康乃至生命的代價。不知喜歡引用艾青詩句的黨國領導人，是否認同這一事實？

比納粹蓋世太保還要兇殘的國保警察說，要相信政府，相信國家，這是一個天大的笑話和超現實的行為藝術。一九五七年，左得「可愛」的詩人艾青，就因為太相信政府、太相信國家，才中了偉大領袖的「陽謀」之計，屈辱地當了二十多年的「右派」。一九九二年，艾未未聽說中國政府即將簽署聯合國《公民權利和政治權利公約》，以為中國從此走上了正軌，便滿懷希望地從美國回到中國，等待他的卻是各種自由遭到粗暴剝奪的命運。

時間再撥回二零零九年年底，我回成都探親，老友冉雲飛送我《老媽蹄花》的光碟。談起那幾個友情演出的警察，真不知他們的家人看到之後，會為之感到驕傲還是羞愧？冉雲飛教我如何上中文推特圈結交朋友。結果，在推特上，我與粉絲眾多的艾未未發生了幾次激烈的爭論。

首先，是如何看待劉曉波在法庭上的最後陳述《我沒有敵人》。艾未未在推特上說，「這話說大了。」並輕蔑地將劉曉波和支持「我沒有敵人」這一理念的人劃為「無敵派」，並嘲笑獄中

的劉曉波是「劉無敵」。向一個身陷牢獄、失去自由（當然也包括言論自由）的人潑髒水，在我看來，既不道德，也不厚道，只能凸顯出潑髒水者的淺薄、自私與自戀。我跟劉曉波也有很多觀點並不一致，常有激烈爭論；但艾未未的這種輕佻而蠻橫的言說方式，讓我相當厭惡，無法接受。

劉曉波堅持的「我沒有敵人」的理念，不是討好共產黨，而是蔑視共產黨——共產黨甚至連敵人都配不上！在民主社會中，彼此之間是「敵我關係」的各政治力量，靠選票來競爭；而在獨裁體制下，民主人士與獨裁政權之間，則是善惡對立的狀態。「我沒有敵人」背後的涵義是：不要以毒攻毒，而要以善勝惡。很多不顧上下文而單單抓住「我沒有敵人」這個說法，並由此將劉曉波看成「投降派」的人，並沒有讀懂劉曉波深沉寬廣的心靈世界。「我沒有敵人」這個理念，劉曉波從一九八九年的天安門民主運動一直堅持至今，豈是試圖與中共當局換取自由的籌碼？

所以，對於艾未未對劉曉波的誅心之論，我在推特上有這樣一番反駁：「你可以不同意劉曉波的觀點，但當對方被捕入獄，失去辯論權的時候，實在不宜如此冷嘲熱諷。」然而，艾未未當時已成不能批評的「艾神」，他和他的粉絲們不願文明地表達，用污言穢語對我破口大罵，讓我大開眼界。

其次，是對楊佳案的爭論。艾未未將衝進警局殺死多名普通警察的楊佳視為英雄和俠客，還專門為楊佳拍攝一部紀錄片，並以楊佳的代言人自居。他知道如何操弄民粹思潮和民間的暴戾之氣，這跟習近平重新祭出雷鋒、黃繼光、邱少雲、董存瑞這些革命烈士，究竟有什麼區別？

我和劉曉波都明確表示，不認同楊佳式的以暴易暴（劉曉波

稱之為「原始正義」），我們也都拒絕參與那封呼籲特赦楊佳的簽名信。我認同非暴力抗爭的原則，但並不把這個原則絕對化和教條化，我理解和認同使用有限的暴力消滅獨夫民賊或者正在行兇的惡徒的作為，比如少年汪精衛行刺滿清攝政王，比如德國神學家潘霍華參與暗殺希特勒的計劃。然而，我不認為楊佳事件對未來中國的民主法治有正面價值。楊佳殺戮的對象，並非加害他的兇手，有多名被害者是普通警察，是在辦公室處理文字材料的文職人員。在某種意義上，他們當然可以歸入獨裁政權的共謀者的行列，但無論如何，他們罪不至死。

　　法學泰斗江平也因贊同對楊佳處以死刑，而在演講現場被冀青威脅扔雞蛋。江平在一次訪談中指出：「你受了再大的委屈，你對社會發洩私憤，對公安機關發洩私憤，殺了六個無辜的警察，道理何在？這些人有什麼罪？所以我認為法院判決楊佳死刑是公正的。」如果楊佳的殺戮可以被原諒乃至讚美，那麼包括製造「九一一」事件的恐怖分子的暴行也可以被合理化。這個世界上，就沒有不能被突破的道德和法治底線了。

　　我對楊佳的看法在激情澎湃的推特上顯得「政治不正確」，但我從來不怕公開表達。我在推特上飽受那些對非暴力抗爭絕望的楊佳的崇拜者們的攻擊。在那樣的氛圍之下，這場爭論，支持艾未未的人，明顯比支持我和劉曉波的人多。這讓我對中國民間暗潮洶湧的民粹主義倍加警惕，更對推特上的人們將艾未未奉為「艾神」的做法不以為然——造神運動給中國帶來的災難還少嗎？只有沒有理性的原始人，才需要以人為神，炮製偶像崇拜。（後來，我對台灣太陽花學運中，對若干學生領袖戲稱為「神」的做法也不以為然。）

　　再次，是我對艾青的一些批評，亦讓艾未未惡語相向，喊打喊殺。

　　艾未未的父親艾青，是延安時代就追隨共產黨的紅色詩人。一九四二年六月九日，在批判王實味的鬥爭中，艾青即席長篇發言。七天後，艾青將發言整理爲長篇文章《現實不容許歪曲》，將王實味稱爲「我們思想上的敵人」和「我們政治上的敵人」，該文發表在六月二十四日的《解放日報》。後來艾青委託艾未未編《艾青全集》時，未將該文收入，這種刻意掩飾和漂白，是對歷史的不尊重。一九四四年夏，艾青寫出了《論秧歌劇的形式》一文，成爲當時論述秧歌劇最爲系統的文章，引起廣泛關注。該文經毛澤東審閱，除發表在《解放日報》之外，還印成小冊子，當作「範本」使用。

　　艾青在五十年代被打爲「右派」，開除黨籍，撤銷一切職務，直到文革結束後才獲得平反。但艾青一直抱著對共產黨的「第二種忠誠」，對中共體制以及自己對中共的吹捧並無反省。在作家白樺的回憶錄中，記載了艾青人格分裂的一面：八零年代，鄧小平批評白樺的《苦戀》時，艾青私下對白樺表示同情，但在作協的批判大會上卻又高調辱罵。

　　一九五九年，艾青被流放新疆，受到主政新疆的軍頭王震的保護和禮遇。到了九零年代初，王震死去時，艾青撰文歌頌王震，以報答其「知遇之恩」，卻漠視王震在天安門屠殺中的惡劣作用，此舉乃是以私誼取代公義。這是中國文人最不堪的品性。偽善、軟弱、冷酷、虛榮，讓艾青在共產黨殘酷的統治下生存下來。八零年代，中共以國家的力量幫助其翻譯詩歌、推廣介紹、國際行銷，推動其提名諾貝爾文學獎。

　　當我談及艾青的這些負面歷史時，艾未未立即用不堪入目的粗話辱罵我，彷彿他本人既已成爲「艾神」，他的老爸也就成了不可非議的太上皇。若他坐上胡錦濤和習近平的位置，還不對我這樣的「大不敬者」大開殺戒？在我看來，這本來是最簡單不過的道理：艾青對艾青自己的選擇負責，艾未未對艾未未自己的選擇負責；父是父，子是子，我批評艾青，關艾未未何事？然而，艾未未雖然年過半百，仍然認爲自己跟父親是一體的。兒子對父親的愛，是自然情感，無可厚非，但何必拚命地去捍衛父親的「光輝形象」？艾未未執迷於父親在共產黨文化體系內副部級高幹的優厚待遇，有揮之不去「紅二代」的傲慢與優越感。他的過激反應表明，即便那些走在追求民主道路前列的人士，自身的民主素質亦有待提高。用個人主義取代傳統的忠孝觀念，尚有漫漫長路要走。

　　從性情、經歷、審美、信仰以及政治理念諸多方面來看，我跟艾未未甚少有重合之處，我們一輩子都不會成爲朋友。我不可能贊同艾未未危險的民粹主義立場，也對他那種僞貴族的自我期許難以苟同。

　　我從不掩飾我與艾未未和其他異議人士之間觀點的分歧，也不同意我們必須放下分歧，進而建立「統一戰線」的建議。因爲，我們與共產黨的差別，就在於我們拒絕在所謂的「民主」之上「集中」。公民社會的力量正在於，每個公民都是「持自己政見者」——這比「持不同政見者」的命名更爲準確。換言之，「分」比「合」更爲可貴。

　　我對政治本無興趣，因爲自由被侵犯才參與到廣義的政治活動之中，正如波蘭人權活動者、異議知識分子米奇尼克（Adam

Michnik）所說：「我致力於政治，是在專政時期，因為我無法接受這種現實：我活在一個將我視為垃圾一樣的國家裡，因此我涉足政治。然而，我從來不曾想過當一位政治家。」我也堅信，自由和人權始終高於政治。我對言論自由的熱愛與追求，不僅要確保自己發表言論的權利，也要保障那些我不喜歡的言論、與我對立的言論自由地發表。所以，我盼望有機會與艾未未在眾人面前公開地、文明地辯論。

其實，在反抗共產黨的漫長過程中，最值得警惕的，乃是反抗者自身不知不覺地變得與反對的物件越來越相似，甚至不分彼此。自由主義思想大師以賽亞·伯林（Isaiah Berlin）指出：「我肯定不會認為，對共產主義的抗辯是一種對立的信念，它必須像共產主義信念一樣熱忱、一樣激烈等等，好像與魔鬼作戰就必須使用魔鬼的語言。」遺憾的是，艾未未陷入此種怪圈，他在公共領域故意使用粗魯、下流的方式說話，以粗俗和強橫為美。其實，這是毛澤東的伎倆，而不是艾未未的創意。

從某種意義上說，艾未未是另一種版本的張藝謀或莫言。他們最開始以反叛者或批評者的姿態，贏得了對中國非常隔膜的西方文化界的熱情追捧；然後，他們又用在西方擁有的崇高聲譽，在共產黨那裡換取高官厚祿，榮華富貴。這是一條梁山好漢走過的「殺人、放火、受招安」的老路。

張藝謀從拍攝《紅高粱》、《大紅燈籠高高掛》等影片起家，在西方各大電影節獲獎無數，然後華麗轉身，成為共產黨盛況空前的奧運會開幕式的總導演。莫言也是如此，左手是中國作家協會副主席這個副部級的官位（跟艾青的職位一樣），右手則是諾貝爾文學獎的獎牌，可謂「左右逢源，中西通吃」。

　　此前，艾未未在紐約的現代藝術圈子裡混跡了十多年，沒沒無聞且缺衣少食。這樣的寂寞日子，不是他可以過一輩子的。回到中國，發現扮演反抗者是一本萬利的買賣，而且頭上有老爸的光環，即便被黨國騷擾，也不會遭受其他平民子弟必然遭受的皮肉之苦。他傲慢地對西方記者說，我一個人的能量比劉曉波、高智晟和胡佳加起來都要大。也許如此吧，這就能證明你是未來的總統嗎？

　　《紐約時報》在一篇報導中寫到了一個細節：中國警方先後扣留的數百名律師及其助手「所受的待遇比艾未未要好」。這完全是一派胡言。當年，對我施加酷刑的國保頭子，也負責艾未未案，他「語重心長」地對我說：「在你身上發生的一切，不會發生在艾未未身上，他跟你們不一樣。」國保警察當然是聰明人，他們清楚地知道，艾未未跟「我們」不一樣。人家是票友，玩一陣子之後，又會回歸藝術家的身分，那時，他那些曾經無人問津的作品，在西方早已拍賣出天價。

　　劉曉波曾經說過，反抗者或異議者，跟共產黨對抗的唯一武器，就是道義和道德立場。在這個意義上，艾未未的私德跟那些垮台的共產黨官員的私德處於同一水準線上，他們包養二奶三奶及無數奶，留下私生子，他也包養二奶三奶及無數奶，留下私生子。如果他掌握權力的話，他玩弄女性的數量未必少於周永康、令計劃之流。那張他赤裸著肥胖而醜陋的軀體與若干裸女的合照，放在任何國家都會歸入淫穢色情圖片的類別中。那麼，以卑賤者取代卑賤者，又有何意義呢？

　　到了德國之後，艾未未最低限度可以選擇保持沉默，以換取回國的許可，這樣做人們大致可以諒解。然而，他為什麼要侮辱

那些仍然繫獄的律師，包括曾經與他並肩作戰的浦志強呢？艾未未告訴《南德意志報》：「警方向被扣押者解釋了對他們的指控，法院也正在決定該如何處理。當局不再不按法律辦事。」他又告訴《時代周報》：「從更大的圖景來看，任何國家或政治體制都必須維護社會穩定。逮捕了幾個人也沒有什麼大不了的。」當《時代周報》的記者懷疑自己聽錯了，再次詢問他對被捕律師的看法時，他說「我沒有必要再說一遍」，並威脅道，如果記者繼續追問這個問題，就要把他們趕走。艾未未發出的信號是清晰的，不是誤會或翻譯的錯誤。

前天安門學運領袖、長期從事「人道中國」救助國內政治受難者工作的周鋒鎖評論說：「從我有限的語言知識，流傳的幾個版本沒有本質不同。在律師面臨大搜捕時，剛剛李和平和余文生的妻子還被警察威脅，為艾未未辯護的浦志強還在獄中。這段話是假裝外賓，落井下石，為政府洗地。」維權律師張雪忠評論說：「在當局的高壓之下，原來的反對者若是選擇放棄和退出，我們完全可以尊重他們的個人選擇，並祝福他們回歸平靜安詳的生活。但是，如果他們還要對堅持反對的人踩上一腳，我們就有必要提醒他們：這種反戈一擊的做法，是對自己和同仁的雙重背叛。」而自由亞洲電台評論員梁京則指出：「艾未未的講話不僅在內容上，而且在表達方式上，對那些曾經支持他、同情他的人，尤其是對那些為了堅持自己的政治權利而仍在被當局迫害的人，構成了情感傷害。如果說，艾未未對當局政治態度的轉變會令過去的同道者不高興是不可避免的，但有些情感傷害卻並非不可避免。艾未未完全有機會，也應該對那些正在受到迫害的律師們表達理解和敬意，這並不妨礙他表達對中國的政治局勢已經有

了不同的看法和態度，但他並沒有這樣做。」

我從來不看好艾未未，所以我的感情沒有受到傷害。我只是長長地嘆出一口氣：一幕以正劇開始的演出，終於以鬧劇謝幕了。歷史經驗無數次證明，愈是高調激越的人，愈是容易變成自己當初蔑視和羞辱的對象。早期的共產黨人陳公博、周佛海就是這樣，先從共產黨叛變為國民黨，再投身汪偽政權。其實，海外民運圈子裡此類人物也有不少。

讓獄中的英雄們，早日歸來，並如花綻放；讓流氓和小丑各居其位，有人跪拜燒香，亦有人厭惡唾棄。

# 陳映眞爲什麼不值得我尊敬？

真正銳利的作家，寧可保持域外人的清醒批判狀態，而陳
映眞一心向「祖國」明月，卻忽略月亮的暗面。

——台灣當代作家／楊索

　　陳映眞在北京去世，台灣中央社的報導居然是《作家陳映眞
病逝北京，未能落葉歸根》。其實，陳映眞的國家認同從來都是
中國，北京才是他的根，台灣不是他的根。他在北京去世，眞正
實現了「落葉歸根」。

　　陳映眞當然有權堅持自己的國家認同和政治立場，如蔡英文
所言，任何人都不應當因爲自己的認同而遭受政治迫害。然而，
王曉波爲陳映眞打抱不平，我卻無法苟同。王曉波認爲，陳映眞
一生的文學貢獻都在台灣，可以說是「國家級」的文學家，晚年
卻不受台灣的照顧，反而是大陸給他中國作家協會、中國社科院
等榮譽，也協助負擔醫藥費——似乎中國才是尊重文化、尊重知
識分子的，心胸寬廣的「文化大國」。

　　只要在中國生活過的人都知道這個常識：中共的好處，從來
都不是白白給予的。陳映眞晚年有長達十多年時間在中國養病，
作品大量出版（儘管讀者並不多），是因爲中共將他當作反對台

獨的統戰工具來利用。繼金庸被任命爲中國作家協會「名譽副主席」之後，陳映眞是第二位獲此「殊榮」的非中國大陸作家。當時，新華社特別報導此消息：中國作家協會決定「聘請台灣作家陳映眞爲名譽副主席」。中國作協書記處書記陳崎嶸表示，聘請陳映眞爲中國作協名譽副主席，首先是陳映眞本人卓越的文學成就和社會影響。「一直以來，陳映眞在台灣地區積極倡導並致力於現實主義文學創作，旗幟鮮明地反對文化台獨，擁護祖國和平統一，是台灣地區文學的一面旗幟。」對中共來說，陳映眞的利用價值就在於其強硬、堅決的反對台獨立場。

中國作協並非民間組織或者「作家的工會」，而是模仿蘇聯體制而來的、共產黨牢牢控制作家的官方機構。作家協會直接受中宣部管轄，什麼話題可以寫，什麼話題不能寫，都要乖乖聽中宣部的指示。在編制和財政來源上，中國作協是靠國家財政撥款的「副部級單位」，現任主席鐵凝是中共中央候補委員。既然陳映眞具有「中國作協副主席」的輝煌頭銜，在拿中華民國護照的中華民國公民當中，他大概是在中國擔任「官方最高職位」的人了。

中國作家協會這個計劃經濟時代的怪胎，早已引發潛心創作、尋求思想獨立和言論自由的作家強烈不滿。近年來，已有若干作家退出作協，比如山西小說家李銳和北京童話作家鄭淵潔。人家退出來，陳映眞卻施施然地走進去。敢言的青年作家韓寒說：「我如果當作協主席，下一秒就解散中國作協。」此言引發衆作協掌門的聯手反擊，河北省作協副主席談歌放出話說：「要是我當韓寒他爹，那下一秒就把他打死。」這哪裡有半點作家的文質彬彬，溫文爾雅，簡直就是警匪片中黑幫大佬的嘴臉。陳映

真跟這些人為伍，真的會如魚得水嗎？

中國作協不僅在國內聲名狼藉，在國際社會亦臭名遠揚。國際筆會是聯合國科教文組織下列的 A 類非政府非營利組織，其宗旨是張揚自由精神，維護全球作家的寫作生命和精神自由。「六四」屠殺之後，國際筆會發表聲明譴責中共，當時中國作協代表團的領隊是「軍旅作家」、如今常常故作驚人之語的軍方將領劉亞洲，劉亞洲「憤而」率團退席。從此，中國作協與國際筆會老死不相往來。與中共御用的作協相比，被國際筆會接納為會員的獨立中文筆會，才是堅守言論自由的作家組織。曾任獨立中文筆會主席的劉曉波，卻因為批判中共的專制制度，而被中共以「煽動顛覆國家政權」的罪名判處十一年重刑。

今天劉曉波的處境，跟昔日陳映真的遭遇十分相似。一九六八年，在「民主台灣聯盟案」中，陳映真和友人遭國民黨政府以「組織聚讀馬列共黨主義、魯迅等左翼書冊及為共產黨宣傳等罪名」逮捕，被判十年有期徒刑並移送台東縣泰源監獄與綠島山莊。七年之後，陳映真才因蔣介石之死而獲特赦出獄。一九七九年十月，陳映真又被警備總部軍法處以涉嫌叛亂、拘捕防逃理由，帶往調查局拘留，最後在施明德、陳鼓應、白先勇、鄭愁予等人的聯署抗議下，在拘留三十六小時後獲釋。在台灣白色恐怖時代受過文字獄之苦的陳映真，為什麼對仍然在獄中的同行、諾貝爾和平獎得主劉曉波的境遇保持沉默呢？當劉曉波被判重刑之際，台灣有數十名立場不同的作家和學者聯名發表公開信表示抗議，其中卻沒有陳映真的名字。

一向以追求正義和自由的「真左派」自居的陳映真，晚年可悲地落入了中共的統戰羅網之中，甘為走卒而不自知。二零零六

年，龍應台因《中國青年報》「冰點」週刊被關閉一事撰文質疑中國國家領導人胡錦濤，陳映眞卻跳出來爲中共辯護，撰寫長文反駁龍應台未能看到中國的「偉大」。一家報紙被查禁算得了什麼呢？君不見，中國即將成爲取代美國的超級大國？從那時起，陳映眞就淪爲中共的幫閒文人了，那篇聲嘶力竭的文章是他進入北京的「投名狀」。

「眞左派」的標誌是捍衛平等的價值，爲工農大衆的權益搖旗吶喊，批判資本主義和帝國主義。如自始至終堅持這種立場，儘管我不認同，但起碼會給予基本的尊重。陳映眞早期的作品中有此種思想傾向，那種理想主義的熱情曾讓青春時代的我頗受感動。而今天的中國已成爲「權貴資本主義」帝國，成爲全球貧富懸殊最大的國家，也是利用超過一億「奴隸勞工」（農民工）血汗打造的「世界工廠」。若是一名「眞左派」，怎麼會看不到富士康工廠裡接連數十起的農民工不堪壓力、跳樓自殺的新聞報導？怎麼會不跟連組織工會的權利都沒有的、任人宰割的農民工站在一起？晚年的陳映眞在北京過著「食有魚，出有車」的奢華生活，一度住進作爲「權貴身分」標誌的、掏錢也不能住的釣魚台國賓館（在跟台灣友人通話中，他也以此沾沾自喜），哪裡有一絲一毫「眞左派」的風骨呢？他已然跟中國最等而下之的痞子群體「毛左」合流了。

從某種意義上來說，人一「左」，人一「統」，腦就殘。晚年的陳映眞成了一個意識形態掛帥的人，根本不顧現實世界的眞相爲何。台灣評論人北橋客在《左派的黃昏——從山路到迷路的陳映眞》一文中，戳破了「陳式人道主義」的眞相：「有一期《人間》雜誌報導北韓，圖文並陳，讓你覺得北韓人民貧苦得眞甘

心、眞乾淨、眞美。但全然不提北韓這個國家極度封閉、嚴控思想、世襲式極權的醜惡面貌；全然不探索北韓當權者的野蠻決策給自己人民造成的災害。難道這就是陳映眞社會主義理想國度的實現？……後來又有一期刊在六四之後，陳映眞痛罵那些天眞的學生，說他們的急躁不成熟阻撓了中國發展的步調，就只差沒明說他們罪有應得了。什麼時候天眞急躁不成熟（就算是吧）成了必網之羅不可赦之的大罪？陳映眞這個所謂的人道主義者，到底站在哪一邊？」在資訊自由的今天，誰會相信「北韓人民最幸福」的謊言呢？誰會認爲中共屠殺天安門學生是爲了實現「中國夢」呢？爲暴政和屠殺辯護，陳映眞走向了知識分子的反面──六四屠殺之後不久，陳映眞就成爲第一個到北京受江澤民接見的台灣文化界代表人物。天安門母親的眼淚，維權律師妻子的哭泣，他統統「非禮勿視，非禮勿聽，非禮勿言」。在精神取向上，此刻的陳映眞跟柬埔寨殺人魔王波爾布特已經沒有差別了──只是波爾布特拿槍殺人，陳映眞拿筆殺人。

陳映眞晚年的悲劇，乃是源於文人的虛榮心。中共爲之提供長袖善舞的舞台，他便乖乖入其彀中。民主化之後的台灣，「沉舟側畔千帆過，病樹前頭萬木春」，一度被當作神一樣供起來的「文學良心」陳映眞，一夜之間失去了他的「大聲公」。在台灣太寂寞了，而他太需要舞台和掌聲了（李敖不也是如此嗎？）。於是，他飛蛾撲火般飛赴北京。可惜，陳映眞到中國只有幾個月，便中風倒地，臥床不起，未能在中共導演的樣板戲中擔綱主角。

「周公恐懼流言日，王莽謙恭未篡時。向使當初身便死，一生眞僞復誰知。」晚年的陳映眞親自顚覆了中年以前的陳映眞。而陳映眞的去世，標誌著台灣持「左統」立場的文化人徹底退出

歷史舞台。

附錄：陳映真是中共的奴才嗎？——與傅月庵關於陳映真的爭論

對於很多台灣文化人來說，告別陳映真就是告別自己的青春時代，批判陳映真就是否定讓自己曾經熱血沸騰的理想。我當然知道，說陳映真是中共的奴才，會傷害不少與陳映真有交往的文化人的感情，也會惹惱不少死守「政治正確」和「中華文化」兩種意識形態的文化人。果不其然。

我在臉書上批評說：很多標榜有反抗精神的知識分子，一遇到中共暴政，就成了奴才。

台灣資深出版人傅月庵先生在臉書上回應說：也有些碰到資本主義就軟腳的，差不多吧！^_^台灣的偉大非僅在於主張台灣獨立的自由，更在於容忍主張與大陸統一的自由。至於奴才，擁護美國暴政而沾沾自喜選對邊者，同樣是奴才！

我回應說：我從來沒有否定過台灣統派的言論自由，也不是因為陳映真是統派而批評他。請注意我的批判焦點：諂媚中共，甚至支持六四屠殺。這已經超過了人性的底線。對於那些「寧做中共奴，不當台灣人」的公眾人物，尖銳的批評是理所當然的。陳映真不是第一個，也不是最後一個。

傅先生的回應方式很有意思，我沒有想到一位似乎學富五車的文化人，思維方式跟中國的五毛、憤青是一樣的。正確的對話、討論方式應當是，就問題本身展開對話，而不是偷樑換柱，轉移話題。中國的五毛、憤青的辯論模式是：你說中國有很多地方不好，難道美國就十全十美嗎？你為什麼不批評美國呢？傅先

生與這些五毛、憤青簡直如出一轍：你指責陳映真，你為什麼不反省自己？若說陳映真投靠中國，你不也投靠美國嗎？

美國當然有值得批判的地方，我對美國的批評甚至寫成了一本書。但是，美國是一個民主國家，不是獨裁暴政，這是大部分人都認同的常識吧？美國至少有充分的言論自由，我在美國寫了很多文章批評美國總統歐巴馬，美國政府從來沒有向我施加過任何壓力；而我在中國批評溫家寶、胡錦濤、習近平，被軟禁、被跟蹤、被綁架、被毒打，差點為此付出生命代價。如果硬要將美國跟中共同等對待，就只能用香港人慣用的一個名詞來形容：左膠。

傅月庵先生回應說：我沒將中共與美國同等對待，我是將不自覺擁抱美國者與自覺擁抱中國者同等對待（屠殺己國人民與屠殺他國人民，到底誰可惡？永遠扯不清的。）至於假批判之名而稱人「奴才」者，那是低劣了，不值一說，尤當出自一名基督徒之口。陳映真晚年很多事我也無法贊同，但我不會稱他「奴才」，也無法忍受人家稱他「奴才」。如此而已。要說偏見，這是個人很主觀的偏見。你若是說「不對！」「大大錯了！」我都沒話講。偏要將人家一輩子沒轉彎的坦蕩信仰與選擇，說成是屈膝事主的「奴才」，那真是不可忍了。你想想，有人說你的信仰與選擇乃是「搶著當帝國主義的走狗」，你作何感想？——沒有這種設身處地的同理心，言論自由恐也是講講而已。我滿腦子偏見，得罪了，也只能請見諒！

我的回應：說陳映真是奴才，不是我的「主觀偏見」（我說晚年的陳映真是共產黨的奴才，並不意味著我全盤否定他早年的文學成就）。我說陳映真是共產黨的奴才，是有事實支撐的，除

非你否定這些事實，才能為陳映真摘除「奴才」的帽子。一九九零年，六四屠殺的血跡未乾之際，陳映真率領一班「統盟」人士到北京訪問，受到江澤民的親自接見。隨即，陳映真發表若干支持六四屠殺的言論，讓當時四面楚歌的中共心花怒放。即便在統盟內部，陳映真的這些言論也受到杯葛。當時也是統盟成員的香港老作家寒山碧指出：「本人的《鄧小平最後歲月》（一九九三年出版）就說得很清楚。統盟裡胡秋原、錢江潮、尉天驄和本人等在言談間一直在譴責中共此一行為。至於其他掌權者，確有媚共行為。」一九九零年代遞交的那張投名狀，在二零零六年終於成了一本萬利的股票。陳映真到中國定居後，其著作在中國出版了多種簡體字版，但並沒有多少讀者和多大的印量，也不可能獲得巨額稿費。王曉波說，陳映真晚年在台灣窮困潦倒，去中國時差不多身無分文。那麼，陳映真在中國靠什麼維持生活呢？尤其是他一開始住在奢華的釣魚台國賓館，後來中風病倒之後又享受副部級的醫療待遇。一般人用腳趾頭都能想出來：陳映真是被共產黨包養起來，吃的喝的，都來自於共產黨從人民那裡掠奪來的財富。共產黨用巨額經費包養陳映真，難道經過納稅人的同意嗎？陳映真對中國作出了哪些貢獻，讓他可以享受這些待遇呢？對陳映真來說，這樣被包養起來，難道是出於傅先生所說的「坦蕩的信仰和選擇」嗎？如果陳映真是真左派，他能感到心安理得嗎？這難道不是「屈膝事主」嗎？如果說陳映真的信仰是坦蕩和真誠的，他為什麼不堅持左派理念，站在中國的窮苦大眾一邊，嚴厲批判共產黨政權奴役上億農民工的惡行呢？誰都知道今天的中國是「權貴資本主義」，陳映真為什麼還要迫不及待地向中共唱讚歌呢？從詆毀天安門民主運動中的學生到攻擊香港爭取普選權的

269

市民，他難道不是忠於共產黨的「統戰工具」嗎？

傅先生為了替陳映真辯護，對我展開一系列的攻擊。我需要澄清的是，我離開中國與陳映真離開台灣，背景完全不一樣。我是因為被共產黨秘密警察施加酷刑，險些失去生命，才被迫離開中國，宛如當年彭明敏被迫逃離台灣一樣。陳映真為什麼要離開台灣呢？二零零六年的台灣已經民主化了，有誰迫害他呢？而且他在台灣也享有全民健保，不至於生病得不到醫治。

其次，我在美國的生活跟陳映真在中國的生活根本不一樣。陳映真靠共產黨養活；我流亡美國之後，從來都是自己努力工作，自食其力，不曾拿過美國政府一分錢。我永遠保持獨立知識分子的身分，我竭盡全力說真話，批判中國，批判美國，也批判某些台灣人。在美國的華人中，大概沒有人比我對歐巴馬的批判更猛烈了。我熱愛的是美國建國之初的《獨立宣言》、《美國憲法》和背後的清教徒精神，我對現實中的美國政府和政治人物的批評向來不假辭色，我在中國的時候如此，到美國之後仍然如此，何來傅先生所說的「軟腳」、「擁抱」之類的汙衊之詞？

最後，我的結論是：看到傅先生的言論，我真的感到很遺憾。一個似乎讀過很多書的讀書人，卻如此邏輯混亂，是非不分。傅先生受不了我對陳映真所下的「奴才」的評語，並「仗義執言」，似乎頗有儒家溫文儒雅之風。可惜，傅先生拿不出一個事實來為陳映真辯護，除了無端攻擊批評陳映真的人之外，別無他法。若沒有公義和正直為準繩，「禮貌」不就成了偽君子的遮羞布嗎？

評論人廖偉棠對陳映真的這番評價於我心有戚戚焉：「陳映真先生的極端，來自他早年對白色恐怖的反彈，也來自於對自身

信仰過於執迷的盲目。去過蘇聯之後，紀德（Andre Gide）與沙特（Jean-Paul Sartre）的反應是不同的：紀德選擇了說出真相，沙特選擇了識大體繼續挺法共，最終與另一個堅持真相者卡繆反目。陳映眞先生也選擇了沙特曾經選擇的，他在一九八九年之後北上，獲當政者禮遇，矇蔽了他理應目擊大陸重重傷痕之眼，竟把鎮壓學生的政權與當年台灣鎮壓左翼的政權區別對待，這是最令人痛心的。」我理解那些曾經與陳映眞有過友情的前輩對他的溫情回憶，也理解那些受過陳映眞啟蒙的後輩對陳映眞的感念。但是，我也希望這些朋友理解，作為六四屠殺的「倖存者」與「後來者」的我，對於任何一個跟六四屠夫「共舞」的文化人的出離憤怒——正如沒有一個猶太人能對「納粹大屠殺就是好」的言論無動於衷，沒有一個愛台灣的台灣人能對「二二八只是一個小案子」的言論無動於衷。

# 姜維平爲何誹謗劉曉波？

一部《水滸》，說得很分明：因為不反對天子，所以大軍一
到，便受招安，替國家打別的強盜——不「替天行道」的
強盜去了。終於是奴才。

——中國現代作家／魯迅


　　曾經因爲跟與薄熙來存在私人恩怨而下獄，後來移居加拿大
的官方記者姜維平，近日在《縱覽中國》網站發表了《劉曉波近
況——獄中種菜》一文，披露了大量聲稱從「可靠人士」那裡得
到的若干劉曉波獄中生活的細節。然而，劉曉波及其家人跟姜維
平並無來往，姜不可能從劉曉波及其家人那裡得到任何第一手的
資訊，姜維平所謂的「可靠的消息管道」究竟是什麼呢？
　　姜維平文章中細節多半荒誕不經，而且與實際情況南轅北
轍。仔細推敲就能知道，要麼是姜維平自己的胡編亂造，要麼是
中共方面借助姜維平這個重新歸隊的「卒子」向外放話，醜化劉
曉波並美化中共監獄的狀況。在多名被捕的人權律師和活動人士
遭到密集審判的嚴峻時刻，傳播這種謠言所能起到的唯一作用，
就是幫助中共減緩外界的壓力。在此意義上，姜維平的惡劣行徑
宛如「超級五毛」——只能用「五萬」來形容了。

　　姜在文章中寫道：「據說，上級管理劉的撥款多達一千萬。但也有人說，那是周永康時代的事，現在沒那麼多，大約五百萬。」這兩個數字究竟是誰說的呢？姜故意語焉不詳。因爲這根本就不是事實，就是他自己出於惡意的編造。這個天文數字讓外人以爲，劉曉波似乎不是被關在監獄中，而是住在豪華的五星級飯店中──在五星級飯店中住一年，也花不掉一千萬的鉅款。那麼，只能說明，中共已經進步到無比溫柔的地步，你們還有什麼不滿意的呢？

　　姜在文章中寫道：「劉情緒恢復淡定，獄方與他達成口頭協定，他可以讀書看報，看電視，學英語，寫文稿，還可以種菜。……劉霞每月探監送來許多書，劉拚命地讀，寫了大量筆記，按規定放在管教那裡，統一保管，不得外傳，但監獄答應將來刑滿釋放時歸還他。」這是與事實完全相反的謠言。

　　劉霞於近日親口告訴我，二零一零年年底之後，當局就不允許她給劉曉波送書進去，劉曉波只能閱讀監獄方面提供的書籍。監獄方面提供的是什麼書籍呢？是監獄圖書館中原有的一些通俗讀物、官方的雜誌和報紙等等。劉曉波根本不願閱讀這類浪費時間的、毫無含金量的書籍。這幾年來，劉曉波基本處於無書可讀的痛苦境況之下──對於愛書如命的劉曉波來說，這是對他最大的折磨。

　　此前劉曉波幾次入獄，劉霞都可以給劉曉波送書進去。當然，每一本書都要經過監獄管理方的嚴格審查：首先，必須是中國國內的正式出版物；其次，即便是國內的正式出版物，若是某些作者寫的、具有敏感內容的書籍，也會被扣留。（劉霞曾經告訴我有哪些書被扣留或被退回）儘管如此，劉霞先後送去數百本

書，讓劉曉波「大飽眼福」，包括劉曉波這次入獄的前兩年也是如此。但是，最近幾年來，隨著中國大環境的惡化，劉曉波在獄中的待遇也隨之惡化，包括無法讀到劉霞幫他挑選的高質量的人文和文學方面的書籍。

姜維平的文章，很多細節乍一看活靈活現，彷彿他本人是聯合國派去的視察員，就在現場觀摩。但是，稍一斟酌，就會發現大都是一些相當拙劣的「野狐禪」。比如，姜寫道：「還有一次，劉因家屬探視難而情緒不穩，管教說，你是諾貝爾獎得主，有一百萬美金，海外有人也眼紅。你別太生氣傷身體，要多保重，將來好出去領獎；如果你死了，我們擔責不說，你錢也灰飛煙滅，太可惜啊！」

在姜的筆下，獄卒居然成了劉曉波善解人意的心理醫生，簡直讓人哭笑不得。劉曉波需要獄卒來安慰，就不是劉曉波了；獄卒有安慰劉曉波的水準，乾脆將諾貝爾獎頒給獄卒算了。可笑的是，難道獄卒抬出諾貝爾獎的一百萬美金獎金，就能誘惑劉曉波嗎？姜維平大概忘記了當初國際媒體報導過的那個鐵的事實：劉曉波在獲知自己獲獎的那一刻，就告知前去探望的劉霞，他決定將全部獎金捐獻給天安門死難者家屬成立一個基金會，他的決定得到了劉霞完全的支持。劉曉波根本不是一個貪財的人，若是為了錢，他早就出國到西方大學任教了，收入早已超過一百萬美金了，又何必在中國數十年如一日地堅持下去呢？這個編造的細節完全是姜維平以小人之心度君子之腹，只能讓人感到無比的噁心。

再比如，姜的文章中又寫道：「有一個管教對劉說，我們不想得罪你，誰都知道政治犯是怎回事，一旦中國變了天，你可能

是總統。千萬別狠我，我是聽喝的小人物，你要學曼德拉，給俺個機會上主席台見識一下。說完，劉與管教都大笑。」看來，姜頗有小說家的想像力，他不去寫小說眞是太可惜了。如果他寫小說，說不定會超過莫言，比莫言更有資格獲得諾貝爾文學獎。這樣，他就不用靠編造關於諾貝爾和平獎得主的謠言來混稿費了。中共監獄的管教人員如果具有這樣的幽默感，早就上央視取代趙本山了。實際上，那些根本不讀書、不思考的獄卒，哪裡知道誰是曼德拉，更不會有當年照顧曼德拉的南非獄卒的教育水準和道德觀念。

姜文還寫道：「可靠的消息來源說，劉學會了種菜，興趣盎然，收穫了很多，有的自己吃，有的給食堂，很多人都知道劉，包括一些管教都敬佩他。」如果監獄的小環境眞像桃花源一樣晴耕雨讀，和諧美好，那麼監獄比外面危機四伏的大千世界更加安全幸福，更多的中國人乾脆躲到監獄裡享福算了，至少不會像雷洋那樣被警察打死，而姜先生何必又要流亡到海外去呢？我本人的經歷以及很多遭到中共當局軟禁、監禁過朋友們的經歷都驗證了這樣的事實：從來沒有一個警察或獄卒敢於表達對異議人士的尊重。

從劉霞和劉曉波其他親人那裡傳來的眞實資訊是：幾年艱難的牢獄生活，劉曉波的身體健康受到嚴重摧殘。劉霞說，「曉波駝背了，變成了小老頭，還說我顯得年輕。」而劉霞本人長期處於非法軟禁、與世隔絕的狀態，憂鬱症愈發嚴重，白天需要服用藥物才能保持清醒，晚上需要服用其他藥物才能入睡。由於缺乏運動，劉霞近期體檢查出了高血脂。最近兩年，她的健康狀況不斷惡化，不得不放棄了心愛的寫作和繪畫——當然更不可能外出

攝影。

劉曉波、劉霞夫婦為了他們自己對自由的熱愛和捍衛，也為了中國的民主事業，付出了沉重的代價。這樣的苦難不是一般人所能承受的，我自己無力承受，我相信姜先生也不能承受——否則姜先生為什麼不留在國內與共產黨「死磕（作對）」呢？因此，我們應當將更大的敬意獻給像劉曉波夫婦、胡石根、張海濤那樣不惜將牢底坐穿的勇敢者。身在海外，更當利用自由世界的資源，竭盡全力為那些深陷黑獄、不能出聲的人權鬥士們呼籲，讓他們早日獲得自由，絕對不應當像姜維平那樣，出於某種無法形容的、陰暗的嫉妒心理，或是自覺不自覺地充當了中共的傳聲筒，寫作並發表此類與事實截然對立、用語油腔滑調、是非觀點顛倒的「維穩文章」。長期以來，只反對薄熙來，不反對中共整個體制，甚至還寫文章歌頌溫家寶和習近平的姜維平，我原以為他只是思想觀念的局限問題，但他的這篇文章發表後，我不得不對他產生更深的懷疑。

最後，我希望姜維平先生收回他編造或幫助傳播的謠言，並公開道歉。人在做，天在看，凡走過的必留下痕跡。

附錄：姜維平有當記者的基本素質嗎？

姜維平炮製了關於劉曉波獄中生活的謠言被我揭穿之後，居然不知悔改、不願道歉，繼續維持他的謠言。甚至因為我揭穿他的謠言而惱羞成怒，對我進行若干人身攻擊，比如對我遭受國保的酷刑幸災樂禍，比如說我要「壟斷」對劉曉波的「闡釋權」（實際上，我在得到劉霞的授權為劉曉波編輯文集的時候，邀請了陳

奎德、蘇曉康、胡平等劉曉波的朋友寫序言，希望他們從各自的角度闡釋劉曉波的不同面向；而我在撰寫劉曉波傳記的時候，也訪問了劉霞、廖亦武、周忠陵等數十位劉曉波的親人和朋友，何來「壟斷」之說？）

姜維平以他跟劉曉波的戶籍都在大連，且在大連有很多人脈，來說明他有確鑿的信息源頭，可惜他弄錯了時間。若是九零年代中後期，那一次劉曉波被關押在大連勞動教養院，姜維平能從大連的政法系統中打聽到某些劉曉波的生活細節，我倒有可能相信。但是，又過了十多年，這一次劉曉波被關押在遙遠的錦州監獄，難道錦州監獄的獄卒要向大連的司法系統匯報劉曉波的獄中生活，再由大連的司法系統轉告給姜先生嗎？姜先生是大連政法委駐加拿大的特派員嗎？

更荒謬的是，姜文雖然承認自己跟劉曉波的家人沒有任何聯繫，沒有任何第一手消息來源，但是為了顯示他有「廣泛」的資訊來源，如此解釋說：「大連是一個小城市，熟悉劉曉波及父親、弟弟等家人的朋友不少，我當了十八年黨報記者，應當關係不少的。」難道只要在大連當過黨報記者，就能知道劉曉波的獄中生活這類機密嗎？姜的解釋漏洞百出：首先，大連是一個「小城市」嗎？這個世界上，恐怕只有姜先生一個人才會認為大連是一個「小城市」。眾所周知，大連是地位不亞於長春的副省級城市，擁有數百萬人口，根本不是那種走在街上人人都互相認識、家家都可以串門的小鎮。所以，姜維平是大連戶籍，劉曉波也是大連戶籍，這兩個事實什麼都說明不了。其次，劉曉波的父親已經去世好幾年了，就算你認識他父親的同事，難道還能從他們口中挖出劉曉波的近況來嗎？你會招魂術嗎？

　　姜維平的辯護，只能越描越黑，貽笑大方。他在辯解的文章中說：「只要劉曉波在獄中種菜是真的，其他情節就不太重要了，在中共嚴密封鎖資訊的情況下，能披露到這種程度是不容易的，能陳述這一故事，對海外關心他的人是莫大的好事。」這個邏輯荒唐可笑之極：只要文章中有一個細節是真實的，哪怕其他九十九個細節都是虛假的，那麼這篇文章就靠得住，這是一個資深記者報導新聞事件的標準嗎？在新聞界，媒體人遵循的原則與之相反：若一個細節是虛假的，那麼全篇報導都靠不住。這是新聞界職業道德的底線，而不是過於苛刻的標準。

　　關於劉曉波是否真的可以在獄中種菜，我從來沒有聽到劉曉波的家人講述過，對此我持存疑的態度（但我並未絕對否認這一可能性的存在）。然而，姜文中說劉霞每月都能給劉曉波送書進去讀，劉霞已經親口否認，過去長達五年時間，她沒有能夠送任何一本書進去。姜在回應文章中，故意迴避我對這個關鍵細節的澄清。因為他還沒有無恥到敢於公開宣揚——我說的是真話，劉霞是故意抹黑中國政府。對於姜維平的說法和劉霞說法的真假，我相信每個讀者都會做出自己的判斷。

　　姜維平又說：「我真的沒有造謠，只是對轉述的一些細節，做了文字的形象描述，其目的是為了讀者易於接受。」真是此地無銀三百兩：對於事實，能在轉述過程中「做文字的形象描述」嗎？讀者需要瞭解的是事實，而不是你的「形象描述」，請不要低估讀者的智力，讀者不會為了「易於接受」而熱愛你那些如同小說情節般的虛構。姜文繪聲繪影地描述了好幾段劉曉波與獄卒的「親密交談」，彷彿他就在現場「對影成三人」，或是親眼看到有關的監控畫面。這究竟是在寫新聞報導還是在寫小說呢？連這

兩種文體都不能加以區分的人，居然能當多年的記者（還是記者站站長），黨媒質量之差也就可想而知了。難怪香港坊間普遍認為，文匯、大公這兩個中共媒體，充斥著若干沒有受過基本的新聞職業教育和訓練的中共特務。

姜維平又說：「從我個人情況看，二零零六年至二零零九年，被軟禁了三年，大連國安、國保、派出所曾因爭奪我的管理權而鬧矛盾，後來得知是爲了上級的撥款，據說，對我多達一百萬。劉曉波比我重要得多，五百萬至一千萬應當是可能的。」這個解釋更是讓人笑掉大牙：監控你花掉一百萬，你就可以由此推導出關押劉曉波花掉五百至一千萬？此前信誓旦旦地說這些數據是得之於「內線」，現在又搖身一變成了「應當是可能的」。姜先生，你可以去寫一部《天方夜譚》了。

姜維平還說：「至於諾貝爾獎金的事，余杰說劉要捐給天安門母親群體，但據我所知，目前並未兌現，我從來看一個人，不依據他講什麼，而是做什麼。」究竟有多麼大的惡意和仇恨，才能說出這樣的話來？劉曉波捐出獎金之事，是劉霞告訴香港《蘋果日報》的，不是我編造出來的。目前獎金由諾貝爾和平獎基金會暫時保存，是因爲劉曉波在獄中，無法與基金會的人員接觸，中共也不允許他寫捐獻獎金的授權書交給基金會。我相信一旦劉曉波獲得自由，一定會遵循法律程序完成獎金的捐獻。如今，姜維平居然用劉曉波目前沒有自由的艱難處境，來質疑捐助未能「兌現」，這不是助紂爲虐又是什麼？

最後，姜維平終於暴露出他的「惡意」，用捷克作家克里瑪的話來說，就是「陰溝中的氣味」：「我不認識劉，對其沒有成見，但見過魏京生，心裡很敬佩的，我覺得他比劉更應當得獎，

因為他的貢獻比劉大，這也是普遍的輿論。」你認為魏比劉更有資格獲獎，這是你個人的看法，我很尊重。但是，我不知道你憑什麼認為這是「普遍的輿論」，你親自或者委託專業機構做過民意調查嗎？

諾貝爾和平獎評委會並沒有你想像的那麼愚蠢，放過重要人物而頒獎給次要人物。你當然可以不認同他們的評選結果，在言論自由的西方社會，你可以寫文章抗議和批評，很多人已經這樣做了，包括魏先生自己，我覺得無可厚非。而且，既然姜先生頭上戴著加拿大某大學研究員、訪問學者的冠冕，根據諾貝爾獎對推薦者身分的要求，也就有了推薦他人作為候選人的權利，你可以去推薦魏先生作為候選人啊，不會有人攔阻你這樣做的。

姜先生覺得劉曉波不夠諾貝爾獎的資格，自然可以就此議題有話直說，寫一本專著出來都可以。但是，用炮製和散播關於劉曉波獄中生活的謠言來貶低劉曉波，實在是一種漢娜‧鄂蘭所說的「平庸之惡」。

# 中美通吃的「香蕉五毛」
## ——駁李成「一黨專制下可以實現法治」

一些西方的中國研究學者在中國有親屬。另外一些人在中國有公寓。那些母語不是漢語的中國研究學者，已經投入多年時間學習語言，把自己的事業建立在這一巨大而無法轉移的投入之上。通過與中國的關係，我們獲取資訊和觀點，從中得到利益，因而我們保護這種關係。如此一來，每個人都滿意，西方讀者得到學術界的最新觀點，我們自己得到工作上的成功，中共得到我們為他們提供的廣告宣傳。中國是唯一的，全體知識界都選擇了同一條路：那就是不要讓中共不高興。

——香港科技大學教授／卡斯頓・霍爾茨（Carsten A. Holz）


　　曾幾何時，隨著六四的槍聲漸漸遠去，「大國崛起」的中共政權不再像六四屠殺之後那幾年，在全球範圍內如同過街老鼠，人人喊打。有錢能使鬼推磨，世界各國到北京朝拜者不絕於途。荷包鼓鼓的中共政權，在海外找到一批願意竭盡所能為其漂白、

化妝、美容美髮的華裔學者。這些華裔學者供職於西方的大學、智庫、基金會等機構，雖早已歸化成他國公民，卻時刻想著要在實現「中國夢」的宏圖大業中發揮作用。即便這個「中國夢」的本質是帝國夢、皇權夢，他們並不在乎，只盼望可以從中分得一杯羹，乃至成爲「編外南書房行走」。所以，被凌虐致死的李旺陽和曹順利，被冤殺的聶樹斌和賈敬龍，被關押的劉曉波和許志永，不在他們宏大的「學術視野」之中。他們標榜說，「學術」要超越於政治之上，學術要保持客觀中立。這個在西方國家無比活躍的群體，我稱之爲「香蕉五毛」。

任職於美國霍普金斯學會並爬上部門主任位置的李成，就是這樣一個兩邊通吃的「香蕉五毛」。美方認爲，李成在中國出生、度過青年時代，對中國事務有白人難以企及的切身體驗，而且在中國有廣泛的人脈，可以爲美中外交戰略提供有價值的意見。故而，有「民主黨影子政府」之稱的霍普金斯學會，對其委以重任，甚至讓其當上美中關係全國委員會董事之要職。而中方認爲，李成雖然加入了美國籍，仍然是黃皮膚、黑眼睛的同胞，是身處「敵營十八年」（我少年時代看的第一部國產電視連續劇）的「自己人」，故而對其另眼相看，爲其提供諸多研究的便利，當然其研究結果必須對中國有利。就這樣，李成之類的「香餑餑（搶手）」，自由自在地在中美兩邊飛來飛去，在民主與獨裁兩個世界，盡享天時、地利、人和之便。在冷戰時代，不可能存在此種遊刃有餘、長袖善舞的美籍俄裔學者；而在後冷戰時代，中共成功地在西方的心臟地帶安插了無數此類「編外間諜」，其言論對中共政權好處多多，對美國和西方卻有百害而無一利。

## 一黨專制與一黨獨大可以混為一談嗎？

周永康垮台之後，李成接受美國之音採訪，盛讚習近平「打虎」之舉，甚至預測習近平的下一步將是「法治反腐」。他說：「習近平、王岐山非常及時的在四中全會當中把法治作為一個主題，而且會有一些規章制度推動出來。」

對於很多批評人士質疑的「在共產黨一黨專制下，很難有真正的司法獨立，因此法治也無從談起」，李成反駁說，一黨專制下無法實行法治的看法過於簡單化和走極端。「實際上，日本在很長時間當中是一黨獨大，在很多其他國家也是有一黨獨大，包括新加坡。你說它是民主國家嗎？它也不是。但它是一個法治國家。中國的香港在很大程度上講是英國的一個殖民地，它沒有真正意義上的民主，但同時它的法治建設很健全。」

這段論述，連中學公民課本中的常識都不具備，讓我懷疑其言說者是不是真擁有普林斯頓大學政治學博士的學位。在政治學領域，「一黨專制」與「一黨獨大」豈可混為一談？在中日政治制度比較方面，自民黨一黨獨大的日本，與共產黨一黨獨裁的中國，法治化程度難道一樣嗎？

戰後之日本，經過美國主導的社會改造和日本國民的自我反省，逐漸建立三權分立和多黨競爭的民主制度。這正是從鄧小平到習近平等歷屆中共統治者都發誓「決不搞」的政治改革。半個多世紀以來，在日本政壇上，大部分時間都是自民黨一黨獨大和一黨執政；但自民黨也多次在選舉中敗落，改由社會黨、民主黨等其他黨派上台執政。在國會中，從六零年代中期起，自民黨在絕大多數時候都未能佔據絕對多數，幾個在野黨合起來的席位大

致與自民黨相若。這種情勢迫使自民黨在通過相關議案時,與其他黨派商議和妥協,而不能剛愎自用,為所欲為。因此,一位政治觀察家指出,日本雖然並非兩黨制,但至少可以算是「一又二分之一政黨制」。

而新加坡和香港,只能算是「城邦國家」和城市,它們的社會政治結構,不能拿來與中國類比,這也是政治學常識。就新加坡而言,它繼承了英國統治時代留下的普通法傳統和自由經濟的遺產,獨立後保持了高效的行政團隊和面向全球的自由貿易。但李光耀家族的獨裁統治,使之既沒有民主,也缺乏法治。李光耀家族常常將政治問題法律化,用司法系統打擊反對黨和批評人士。近期對網路批評者的司法打擊,引起民眾的極大憤慨,破天荒地有六千民眾上街抗議。眼觀六路、耳聽八方的李成博士,難道對新加坡社會的這一脈動一無所知嗎?

就香港而言,英治時代的香港確實是法治社會,雖然民主不發達,但法治確保了香港人基本的自由與人權。然而,回歸之後,中共不斷出手破壞香港的法治傳統,不惜派遣黨人治港,並以發佈「白皮書」的手段,公然撕毀《中英聯合聲明》和《基本法》,使香港社會陷入空前的動盪之中。「占中」運動風起雲湧,連中學生都挺身而出組織社運團體「學民思潮」。可以花費公帑環遊世界的李成博士,難道從來沒有到過香港或者看到關於香港的新聞報導嗎?

## 戶籍制度改革能讓農民翻身做主人嗎?

李成進而盛讚中共四中全會討論的內容之一「取消中國城鄉隔離的戶籍制度改革」是如何英明正確,「這個改革所帶來的深

284

遠影響甚至比反腐還要大，因爲它會影響到中國幾億人，在某種程度上類似於南非取消種族隔離制度，具有重大歷史意義」。

可笑的是，這位誨人不倦的博士，居然不追問這套比南非種族隔離制度還要邪惡的「城鄉二元對立模式」究竟是誰打造出來的？難道它從天而降嗎？農民在中國是二等乃至三等公民，他們被取消基本的公民權利長達六十多年之久，這筆賬該跟誰來算？

從胡錦濤時代取消農業稅，到習近平時代放寬戶籍管理制度，平心而論，農民的日子比起毛澤東時代只能活活餓死當然是有改善，但要翻身做主人，仍遙遙無期。中共奪取政權，靠的不是工人，而是農民。毛將農民作爲其造反和奪權的工具，驅使成千上萬農民走上前線，以血肉之軀爲其賣命，無非是拋出歷代農民起義領袖屢試不爽的「打土豪，分田地」的誘餌，而非馬列主義的「先進理論」。一旦毛在金鑾殿裡坐穩龍椅，農民頓時跌入史無前例的農奴深淵。

如今，習近平許諾的戶籍制度改革，究竟有多大的「歷史意義」呢？李成將其吹噓得天花亂墜，作爲當事人的農民群體卻不以爲然。就連中共的官媒新華網都不得不承認，如果要交回承包地才能轉戶口，不願意轉變爲非農戶口的農民超過百分之九十。也就是說，一百個人當中有九十個人不願意轉變成高人一等的「城市戶口」。而中國人民大學經濟學院教授陶然亦指出：「如果沒有土地制度改革作爲基礎，那麼戶籍改革成本就會很高，就會出現一個我們年年談戶籍改革，但實際上戶籍改革改不動的情形。」那麼，土地私有制能夠實現嗎？土地一旦確立私有產權，從中央到地方的圈地運動、土地財政必然難以爲繼，中國的經濟崩潰指日可待。

關於中國農村和進城打工的農民工現狀，我建議高高在上的李成博士，讀一讀中國青年政治學院教授梁鴻撰寫的《中國在梁莊》和《出梁莊記》這兩本書。在我看來，這才是真正具備問題意識的學術著作，比李成提出的所謂「技術官僚」、「中產階級」等「創新型學說」更有千百倍的價值。

## 他們為何不以充當暴政的辯護士為恥？

周老虎入籠之後，不少中國民眾和公知欣喜若狂。對此，有名為「北京廚子」的網友稱之為「斯德哥爾摩症候群」：一大群人被幾個人綁架的時間實在太長了，其中一個看守被另外幾個看守打了一頓，旁觀的被綁架者會覺得很幸福。這種斯德哥爾摩症候群的變態類型，甚至在看守者每天仍然抽一百鞭子的情況下，也因為一個看守的被打，湧現出無限的幸福感和滿足感。

李成這樣的聰明人，當然不是「斯德哥爾摩症候群患者」。雖然李成在西方人的頂級智庫中騙吃騙喝，也像模像樣地寫出英文論文，但在骨子裡，他仍然是一個唯利是圖的中國士大夫。他之所以如此指鹿為馬，黑白顛倒，可以放置在九零年代以來中國文化人集體墮落的格局中來分析。學者徐賁指出，這個群體中的許多人放棄了一九八零年代的民主政治和憲政法治改革要求，也放棄了像個人自由、理性、尊嚴、權利這樣的自由主義價值追求。與此同時，他們放棄了知識分子的批判傳統，變得熱衷於當帝師、謀士、智囊、巧辯士一類的「有機知識分子」角色，並且不斷用各種理論來為中國的暴政提供合理性。

如果說身處中國極權體制下的知識分子，與狼共舞，違心發言，是為了生存；那麼，那些生活在自由世界的知識分子，並沒

286

有受到任何生存的威脅，為什麼要助紂為虐？美國社會學家托馬斯・索維爾（Thomas Sowell）發現，二十世紀知識分子的紀錄尤其令人震驚。在二十世紀，幾乎每一個濫殺無辜的獨裁者都能得到知識分子的支持：這些獨裁者不僅擁有自己國家內部的知識分子支持者，而且也擁有自己國家之外的民主國家內的知識分子支持者。在西方民主國家的知識分子中，史達林和希特勒都有各自的崇拜者、捍衛者和辯護者——儘管存在著這些事實：這些獨裁者中的每個人，最終都以前所未有的規模來屠殺過國民，更甚之前的專制政權。

那麼，華裔學者中的「香蕉五毛」是怎樣煉成的呢？他們雖然當上了西方名校的終身教授，但由於缺乏余英時那樣的「求真意志」，以及以自由為信仰的情懷，他們仍然需要一個崛起的中國在背後支撐其民族主義的想像。故而，他們可以忘卻六四屠殺的血跡，而與中共暴政再度結盟。在更加形而下的領域，他們需要中國的簽證、中國的資料、中國的特權和頭銜，以及舞台和聚光燈，以滿足在西方學界得不到的「今生的驕傲」。於是，當中共拋出橄欖枝時，他們就欣然接受。

李成這樣的「香蕉五毛」不是罕見的個案，在從事人文社會科學研究的海外華裔學者中，此類道貌岸然者比比皆是。反之，像孜孜不倦於史料收集工作的宋永毅、積極投身民主運動的政治學家夏明以及文革史研究者王友琴那樣，集勇氣與智慧於一身的華裔學者，則鳳毛麟角。

不過，李成的風光不會永遠持續下去，歷史不會放過他們為暴政辯護的惡行。哥倫比亞大學教授馬克・里拉（Mark Lilla）在其著作《心靈的疏漏》中指出：「卓爾不群的教授、有天賦的詩

人、有影響力的新聞記者，運用他們的天分去說服所有願意傾聽的人，讓他們用適當的視角將現代暴君當作解放者，將其難以想像的罪行當作高貴行為。」這些人已經被釘在歷史的恥辱柱上，李成等人，是這個隊伍中的候補隊員。

# 批評楊絳為何讓某些「公知」
# 如芒在背？

楊絳的一生，真正是雞湯的一生，是符合這個社會主旋律的一生：兩耳不聞窗外事，明哲保身度餘生。是的，我雖然不會活到一百零五歲，但是已經總結出了天朝最鮮美的雞湯：從出生的那一刻，就當做風燭殘年的餘生過，你也有希望活到一百零五。這就是楊絳被這個社會「雞湯」的根本原因吧。無論官方還是民間，都需要這麼一份麻痺心靈的雞湯。

——熱門博主／一劍飄塵

　　錢鍾書的夫人、翻譯家楊絳以一百零五歲高齡去世，在中國網路上引發些許討論。我對此類新聞興趣闕如，我關注的是天安門母親們在六四紀念日前夕又被當局切斷通訊、軟禁在家的遭遇。

　　很多讀者喜歡楊絳的《我們仨》裡關於親情「怨而不怒，哀而不傷」的描述，似乎那是中國文學的最高境界。楊絳稱女兒錢瑗是自己「平生唯一傑作」，對早逝的女兒一往情深，偏偏刻意迴避錢瑗的第一任丈夫、自己的女婿王德一的悲慘命運：王德一

是錢瑗的大學同屆同學，歷史系畢業。文革時期，王德一因「炮打林副統帥」的「罪名」被殘酷批鬥，在林彪事件發生前一年自殺身亡。不必用天安門母親丁子霖挺身反抗暴政的標準要求楊絳，但是，作為作家和母親，難道不應該記錄下王德一死難的經過以便警醒後人嗎？至少，相關史料可以讓王友琴收錄於她著作的《文革死難者》一書之中。

我從來就沒有喜歡過楊絳的任何一部作品，我只願意把敬意獻給也是剛剛去世的納粹集中營倖存者，一生致力於捍衛記憶的作家威塞爾（Elie Wiesel）。威塞爾活了八十七歲，他更值得被尊重和紀念。他在回憶錄《夜》中寫道：「我永遠不會忘記那個夜晚，那個我剛剛進入集中營的夜晚，它將我的人生變成了漫長的黑夜……我永遠不會忘記那些煙霧。我永遠不會忘記那些孩子們的面龐，他們的身體在我的面前，在寂靜的藍天之下化作一縷縷輕煙。」威塞爾在一九八一年接受《紐約時報》採訪時說：「我能活下來一定是有原因的。我必須用我的人生做一些事情。面對這個嚴肅的現實，我不能繼續以遊戲的態度對待人生了，因為獲救的完全有可能不是我，而是另一個人。所以，我要為那個人說話。」

說話者和沉默者不可等量齊觀。同樣是被中共暴政奪去親人的生命，各人反應天壤之別。父親被毛澤東嚇死、母親在文革中被折磨成精神病、妹妹自殺的俞正聲，仍然獻身於中共獨裁體制，熬成中共政權的第四號人物——政協主席。如果俞正聲留下日記，後世可以將其日記作為研究斯德哥爾摩症候群的第一手文獻。（在台灣，類似的人物是身兼二二八受難者家屬和國民黨榮譽主席兩種身分的吳伯雄。）

　　楊絳的若干名人名言，也成了這個時代的心靈雞湯，味道也許比昔日的汪國眞、劉墉要濃郁一些。會寫一百個「忍」字，並不能說明人生境界有多麼高明。反倒是台灣女作家楊索看得分明：「最末餘光的《走到人生邊上》一章談命數，有一段會刺到一兩代人，楊絳說，錢鍾書六十八歲從幹校回北京後的二十年（錢八十八歲辭世），『是運道最好時』。楊絳忘了這樣的運道是築基於一代才人血流成河的廢墟上。」無論霧霾有多深，長壽總是最大的福氣。所以，跨越三個世紀的宋美齡的傳記便賣出了十萬冊，楊絳也「一不小心」就成了暢銷書作家。

　　長期以來，我對錢鍾書和楊絳夫婦興趣闕如，只是在差不多二十年前還在北大唸書時寫過兩篇評論文章。有朋友將我的舊作找出來發佈於社交媒體上，有認同者，也有不認同者，在一個多元化的時代，這是最正常不過的事情。

　　然而，讓我吃驚的是，名噪一時的公共知識分子笑蜀居然高調譴責說，包括我的批評文章在內的文字，是「鞭屍」，是紅衛兵，是強迫別人當烈士。對此，我不能不感到莫名驚詫。

　　還好，如今的網路上藏龍臥虎，不再是少數幾個左右逢源的公共知識分子壟斷輿論。很多名不經傳的網友，幾句犀利的話語就讓那些自以爲是的公知的尾巴露出來。有一個名叫「陳傻子」的網友貼出《關於楊絳之爭給笑蜀說幾段話》，文章指出：「對楊絳，包括對任何所謂的大家、大師、大人物，我保留批評、質疑、反思、不讚美的權利，不是道德審判，也不是揭露隱私，不是『鞭屍』，這個是兩回事，你應該明白的。……你有幾段文字明顯表現出了對批評楊的反感、憤怒，我感到不解。一個批評精神比較強的人，怎麼不能對待對楊的批評，她是有免於批評的豁

免權?」笑蜀認為楊絳擁有不被批評的特權,其實是希望還不夠
老的自己也享有不被批評的特權。

於是,這種擅長修辭學的公知先要將批評者妖魔化,「紅衛
兵」是最容易貼的標籤。陳傻子評論說:「你還說,『對一個屍骨
未寒的不作惡的長者如此刻薄,這本身就是惡。而且這大有把一
切如錢楊之沉默者趕盡殺絕之勢,一如當年紅軍燒農民房來逼農
民上山入夥。強迫症嚴重到如此程度,令人不能容忍。』把一些
發出不同批評聲音的文章,誇大到『一如當年的紅軍燒農民房』,
這個結論我感到匪夷所思。有這麼嚴重嗎?太誇張、太彪悍了,
誇張彪悍到沒有經過大腦。『令人不能容忍』,我怎麼聽上去有點
像「文革」時期的社論。……何謂『鞭屍』,死掉的人一批評就
是『鞭屍』?那我說你們是在頌屍,因為你們在給屍體唱讚歌。」
笑蜀不是想像力過於豐富,而是故意對那些跟他看法不同的人作
出誅心之論。他不願意就問題本身作出論述,而是先作出「誅心
之論」。把別人說成是共產黨、紅衛兵、造反派,是另外一種方
式的「告密」。

最後,陳傻子指出:「讚美、批評、反讚美、反批評,對一
個有現代思維和理念的人,對一個有較高修養讀過很多書的人,
這應該是很正常的事情。一個有點名的人死了,對這個人出現了
多元的不同評價和認識,這是時代的進步,人們思維的進步,不
再是一面倒的高唱讚歌的聲音。人們批評,這是對人活著意義的
探討和追問,是時代到了這個節骨點上了。」對一個人、一件事
只有一種評價的時代已經一去不返了。中共的輿論控制雖然愈發
嚴厲,但功效似乎愈來愈差,不但《人民日報》、新華社、央視
等中央級官媒的讀者和觀眾愈來愈少,被拔掉羽毛的「南方報系」

也日漸式微。熟練使用各種社交媒體的民衆，每個人都成爲獨一無二的「自媒體」。中心不在，權威不在，當然是好事。那種在《南方週末》寫過幾篇社論就自以爲是輿論領袖的想法，跟在《人民日報》寫社論的人有什麼差別呢？今天的中國，早已不是用社論來統一思想的時代了。某些人再不高興，也改變不了此種歷史趨勢。網友的眼睛總是雪亮的。

近年來在網路上嬉笑怒罵皆成文章的王五四，先後寫了名爲《這屆朋友圈的弔客不行》和《這屆朋友圈的弔客眞行》兩篇文章，對「錢迷」和「楊粉」們畫皮畫骨，窮形盡相。這是我看到的評論「錢楊事件」最精彩的文字。王五四說，很多捍衛錢楊的人，指責沒有頌揚楊絳的言論或者說是從另外一個角度評價楊絳的人，給他們冠上諸如「逼人勇敢」、「逼人革命」、「跟黨有什麼區別」的帽子，「這類指責如有意爲之則是無恥，如發自內心則是無知，對公衆人物的褒貶，是再正常不過的事情了。……逼、控制、左右、強迫這類詞，如果不是權力機構是沒有辦法達成的，該去指責有實質性威脅的權力機構時，你一臉冰清玉潔與世無爭，絲毫不去觸碰，動不動就說『不談政治，我有犬儒的權利』，面對不必指責且沒有實質性威脅的個體時，你倒是來勁了，正義感爆棚，動不動就『文革來了，你們上台也是暴君』。」好像是莫泊桑（Maupassant）的小說《羊脂球》中的情節。

對抗中共要付出代價，而攻擊那些早已被中共打壓甚至剝奪話語權的反抗者，則是一本萬利的買賣。對於這類精於算計的買賣人，王五四批評說：「在這些人身上我分明看到了蠢和壞，以及既要當婊子還要立牌坊的心態。任何人都會軟弱，也都有權懦弱，更有自由選擇過自己的生活不問世事，這個一點問題也

沒有⋯⋯但你們不僅要人們表態認可你們『與世無爭』的純潔行為，人們還得鼓掌為你喝彩，還得寫頌詞讚頌你們的冰清玉潔超凡脫俗，你們的心怎麼這麼大呢？」化用北島的一句詩就是：勇敢是怯懦者的通行證，高尚是卑賤者的墓誌銘。某些大講寬容的公知，對楊絳談不上有多麼崇拜，只是將自己「用優雅的方式苟活」的意願投射到楊絳身上。

王五四還聯想到幾年前關於「開明總理」或「改革派總理」溫家寶的討論。那時，我因為寫作《中國影帝溫家寶》，一度遭到很多自以為政治正確的公知的猛烈攻擊。他們指責我既不懂得遵循「老吾老以及人之老」的中國傳統美德，也不懂得使用「支援一堆壞人中較好的那個」的反對策略。當年，很多「大知識分子」在評價溫的時候說，「他首先是個老人。」對此，王五四反駁說：「他首先是個總理好嗎？而且在公共議題裡，他只能是個總理，評價一個總理好不好，標準就是他的治理水準，而不是他穿著樸素，不是他輕車簡從，不是他一頓飯只吃一個菜，不是他一雙鞋穿了十幾年⋯⋯」這是讀多了儒家的《弟子規》之後嚴重中毒的影響。

華人文化圈中很少有這樣的追問：為什麼批評二十歲的青年不是問題，批評一百歲的老人卻成了大逆不道？老，只是出生得早一些和活得久一些而已，並不意味著「老」就天然地具備了智慧和勇氣，並享受來自他人的尊崇和榮耀。在公車上給老人讓座是禮貌，但不必盲目崇拜那些有「文化」的老人。老人也有可能平庸，老人也有可能愚蠢，老人也有可能邪惡，老人與老人之間是不一樣的：我尊敬的老人是被軟禁至死也不低頭的趙紫陽，是被放逐至死也不屈服的劉賓雁，是比楊絳更加長壽且敢於說真話

的周有光，是怒髮衝冠痛斥暴君毛澤東的劇作家吳祖光；而不是家人擁有數十億美金贓款的溫家寶，以及孤芳自賞、自認爲是世外高人的錢鍾書和楊絳夫婦。

湊上去爲錢楊夫婦塗脂抹粉，是一種有選擇性的「尊老愛幼」──這些善於權衡利弊的公知們，當然不會跟天安門母親站在一起，也不會珍視被殺戮的孩子的生命。就像絕頂精明的錢鍾書、楊絳夫婦一樣，他們清清楚楚地知道，支持什麼、讚美什麼，對自己有好處，反之亦然。文革之後，錢鍾書、楊絳夫婦在老同學中共左派理論家胡喬木的庇護下，住進了部長樓。他們對批鬥胡耀邦、製造文字獄的胡喬木的斑斑劣跡視而不見。視錢楊爲楷模的笑蜀也是如此：他以爲溫家寶可以保護他在南方報系發揮「第二種忠誠」，樂此不疲地倡導與共產黨「良性互動」，宣稱「圍觀可以改變中國」。這種屈原式的忠臣、諫客心態，早在八零年代就被劉曉波嚴厲批判過，直到今天在中國知識圈內仍然層出不窮。王五四揭開了這群人士的紅蓋頭：「你們如此『熱愛老人』，特別是那些名老人、權老人……你們就是這片土地上的食屍人。」

犬儒並不可怕，可怕的是欣賞、讚美犬儒，並且將犬儒當作唯一一種偉大且美好的生存方式。誠然，包括錢鍾書和楊絳在內的每個人，都有權利選擇做犬儒，沒有人「逼」他們當烈士；但是，他人同樣有批評犬儒主義和犬儒者的言論自由，更有不贊同將犬儒者美化爲聖賢的言論自由。

有人願意當頌屍人和食屍人，那是他們個人的愛好；但是，我要掩鼻而過，並誠實地說出自己的感受：臭不可聞。

# 誰，又不是憂鬱症患者？

我們紀念緒林，是期待更多的燭光燃起，驅散這片土地上
的黑暗。

——熱門博主／崇明

　　二零一六年二月十九日，張伯笠牧師回北維州開佈道會，講
題是《踏上回家的路》，講的是聖經中浪子回頭的故事。我們一
整天都在跟幾位老朋友們相聚聊天，我們共同的記憶與傷痕當然
是六四。就在佈道會前夕，我跟張牧師幾乎同時從網上看到北大
校友江緒林在華東師範大學自縊身亡的消息。江緒林也是一名自
我選擇的「天安門之子」，我還夢想著有一天回到北京大學，跟
他一起堂堂正正地在三角地點燃一支蠟燭，但他卻突然轉身離
開，不帶走一片雲彩。

　　比我小兩歲的江緒林，選擇以自縊這種極其痛苦的方式離開
世界，並在遺書中寫道：「上主啊，赦免我，我原以為總會有些
好奇的，但好奇心顯然被壓抑了。上主啊，我打碎了玩具，你
不要責罰我；然而，就是責罰我，也請給我勇氣面對未知的一
幕。⋯⋯上主啊，願你開啓希望之門。」這段話有如一無所有的
約伯在曠野中撕心裂肺的呼求。作為基督徒，江緒林當然知道包

括自己在內的所有人都是上帝所造，都是上帝所愛，不應該以自殺結束生命。但是，因爲精神的重荷無法承受，他又不得不狠心「打碎了玩具」。上帝會赦免這個大罪嗎？

此刻，我想起了江緒林此前爲我遭遇祕密警察遭暴力虐待一事所寫的文章，不禁淚流滿面。他在那篇題爲《其實我不熱衷政治，只是今夜還是很悲傷》的文章中提及，在得知我的遭遇之後「不禁十分悲傷而又無法自控的抑鬱」——那時，我的遭遇成爲加劇他憂鬱症的一根稻草。如今，我在遙遠的他鄉，爲他秉燭，爲他歌哭，爲他撰文，爲他祈禱。

## 我們在此生失之交臂

在那篇文章中，江緒林也提及我們在香港的一次失之交臂：「那時候我正在反對基督教，覺得基督徒基本上等於僞君子，就有意避開了余杰在浸會的講座。……但現在讀到他遭受迫害，卻突然有一種說不出的難受。」

我查了一下當年的電郵，發現細節稍有誤差。其實，江緒林主動發了一封電郵，邀請我在香港訪問期間跟他見面。因爲那時沒有智慧手機，在外旅行上網很不方便，我在香港奔波的那幾天一直無法上網，等到回到北京家中，才發現江緒林的電郵靜靜地躺在信箱中。

江緒林的電郵是二零零六年三月二十四日發出的：

余杰：您好。

久聞大名，素未謀面。

別離北大數年，聽聞君現在已經受洗？

　　我現在浸會大學讀一個博士課程，修讀 John Rawls 的自由主義和 Michael Sandel 的 civic republicanism。已經未曾返回北京一年半了，不知摩羅，劉蓓阿姨等可好？

　　聽聞你最近在香港，如若得空，願與私下一聚略敘，互為結識，或尖沙咀星光大道，或……因為最近我對攝影頗有興趣的緣故。

江緒林

　　我的回信是三月二十七日才發出的：

江兄：

　　你好。很遺憾，我在香港期間沒有時間上網，直到回北京才看到你的信件。此次沒有能夠會面，希望下次在北京或者香港見面。我七月底有可能再來香港。

　　我在很多文章中都提到你，現在我們不僅是北大校友，更是主內弟兄，真是神奇妙的安排。

　　我也見到了浸會的一位教授，他談起了你。這兩年一直沒有你的消息，很是掛念。

余杰

　　或許，因為沒有收到我的回信，敏感而驕傲的江緒林沒有冒失地到我演講的教室裡來找我。殊不知，那一次的失之交臂，使我們此生再也未能謀面。那幾年，我的身分變得愈來愈「敏感」，我自己有意減少與外界的交往，一般不會主動跟別人聯繫，害怕連累別人。

那時，我剛剛信主不久，在信仰上的思考還很淺薄，未必能與早已在哲學和神學上有透徹思考的江緒林做一番深刻的對話。但我至少可以跟他分享信仰見證，彼此鼓勵，同走天路。他大概沒有教會生活，或許我也能推薦香港或上海的教會給他。

如今，聽到江緒林離去的噩耗，我感慨萬千地對張伯笠牧師說，如果江緒林在我們身邊，在教會和團契中，今晚能來聽這場「回家就是回到天父懷抱」的佈道會，或許他能被上帝的話語安慰，能勝過死亡的誘惑與權勢。雖然他還是一根壓傷的蘆葦，卻不致如此猛烈地折斷。

## 為什麼黑暗厚重如棉絮？

我更記得江緒林在西元二千年在網上發表的那篇紀念六四屠殺十一週年的文章，他希望用「愛與和解」來化解殺戮與仇恨，他呼籲北大同學在那一天到三角地去點燃一支蠟燭。然而，那一天，他還沒有走到三角地附近，就被一群保安綁架，塞上一輛麵包車帶走。

真正看到江緒林的呼籲並來到三角地的同學，寥寥無幾——其中就有後來積極參與公共事務的郭玉閃。那時，我已完成了碩士論文答辯，搬離了學校。此前，我跟江緒林有一年重合的時間住在四十七號樓的研究生宿舍，他比我小兩屆，他在哲學系，我在中文系。或許，在熙熙攘攘的人流中，我們曾背著書包和飯盒擦肩而過。本應成為朋友，本該相濡以沫，卻無比陌生，相忘於江湖。

在江緒林的那篇文章中，他也提到了劉曉波：「就拿我最尊敬的曉波老師來說，他說，他心中沒有仇恨，只有深深的愛。但

那種經歷了煉獄的愛，與仇恨一樣，也有一種灼人的品質，與優雅或性感的愛截然不同，而我們普通人是天然親近後者的。」他沒有跟劉曉波近距離接觸的機會，卻以極度細膩的心靈捕捉到劉曉波身上最大的特質：不是對正義、自由的執著與勇敢追求，而是經歷了煉獄般的那種灼人的愛。這是我在跟劉曉波夫婦相處十年之後，才一點一滴發現的祕密。江緒林對「愛」是那麼敏感，但他身邊未曾出現一個真正的愛人——沒有愛人的人生，何其孤獨，何其不幸（他離世之後，我才知道他是孤兒，親人只有一個姐姐）。他也曾提及我寫的那本《香草山》，「他還寫了本很文雅的《香草山》，大概是解讀《舊約·雅歌》。」——其實，這個書名雖然來自聖經，但它並不是一本解讀聖經的書，而是我和妻子的愛情故事。江緒林顯然沒有讀過《香草山》。為什麼我沒有找到機會送他一本呢？若是向他分享我和妻子的愛情故事，至少能鼓勵他相信愛情，即便不像北島那樣「相信未來」，但至少可以相信愛情啊。

當年的「蠟燭行動」遭到嚴厲打壓之後，江緒林漸漸淡出行動者的行列。以他敏感內斂的個性，本來就不適合做行動上的反抗者。北大碩士畢業後，他赴香港浸會大學攻讀博士學位，然後返回內地，應聘到華東師大任教。他也許向當局作出過不問政治的許諾，這才得到體制內的教職——畢竟，當年的那次抗爭，必定在他的檔案中留下永久的記載，政治警察們不會那麼健忘。雖然放棄了改變中國「大氣候」的雄心壯志，但他至少還相信可以參與改善身邊的「小氣候」。正如劉曉波堅持的立場——儘管生活在一個沒有言論自由的國家，卻以擁有百分之百的言論自由的知識人的身分思考和寫作；江緒林的追求是：「在缺少自由和民

主的國度也能淡定。並且，就是在一個缺乏正義的國度，個體仍然可以努力維繫個體的尊嚴，使自己配得上一個正義國度（將到來的或烏托邦式的），做一個好學者、一個出色的市民，一個有品位的人。就自己而言，也能在書籍中找到自己的樂趣：在自己的能力範圍內，理解那些偉大的人物在人類複雜狀況中對人類知性、美好生活及其限度、生命意義的探討並予以汲取和實踐，是一件何其美妙的事情。」

這種理想能夠在現實中實現嗎？我們的故鄉已然淪陷，我們的信念正在崩壞，中國大學的黑暗更是超乎江緒林的想像。他單純得像一個孩子，數年之後依然停滯在講師這個最低職稱的位階上。週邊的教授博導們，個個「滿口仁義道德，滿肚男盜女娼」；學生則大半是「小粉紅」，不僅不願接受民主自由的啟蒙教育，反倒以喝法西斯的「狼奶」且呲牙咧嘴為榮，甚至加入「五毛黨」和告密者的行列。那麼，課堂上還能講述哪些「政治學」的思想呢？

## 在絕望中，我們仍然要尋求希望

在那樣的環境之下，江緒林的憂鬱症愈來愈嚴重。我記得李登輝在跟司馬遼太郎對談時，曾提及「身為台灣人的悲哀」；我更要說，「身為中國人的悲哀」乃是鋪天蓋地，撲面而來。在這個臭氣薰天的醬缸中，在血腥的暴政與無恥謊言的擠壓下，除了快樂的豬，誰，又不是憂鬱症患者？

偌大的中國，擺放不下一張安靜的書桌，容納不下純潔的心靈和睿智的大腦。其實，一百年來不斷在獨裁專制中掙扎的中國，哪年、哪月、哪天不是如此？江緒林在遺書中留下小小一筆

十萬元的存款給姐姐，可見他不是因為經濟窘迫而走向死亡，乃是因為在精神上走到絕望的盡頭。江緒林最後讀的一本書，是桑德爾（Michael J. Sandel）寫的《自由主義與正義的局限》，這種左派自以為是、自以為義的價值觀，並不能給江緒林以慰藉和滿足——如果他讀的是班揚（John Bunyan）的《天路歷程》或者C.S. 路易斯的《返璞歸真・純粹的基督教》，他能找到活下去的理由嗎？

向死而生，乃是對這個世界最後的抗議。江緒林不是這樣做的第一人。在得知江緒林離去的消息前兩天，我正在寫關於王國維為何自沉的故事。一九二七年六月二日，王國維向朋友借了五塊錢，僱人力車至北京頤和園，於園中昆明湖魚藻軒自沉。他不願坐以待斃地等候自己所預言的「以共和始，以共產終」時代的到來，他不願意與那些張牙舞爪的邪惡者生活在同一個時空中，他不願意像《舊約》中的先知那樣眼睜睜地看著「慈心的婦人，親手煮自己的兒女作食物」。

六十二年之後，一九八九年三月二十六日，詩人海子在山海關臥軌自殺，年僅二十五歲。海子隨身攜帶了四本書：《聖經》、梭羅（Henry David Thoreau）的《湖濱散記》、海爾達（Thor Heyerdahl）的《孤筏重洋》，以及《康拉德小說選》。那一天，離學運爆發還有二十天，但海子已然感覺到，最壞的鐵與血的時代又要到來了。

又過了五年，就在江緒林服務的華東師大，青年學者胡河清在深夜的暴風雨中從公寓樓上縱身跳下。胡河清的名字正應了一句古老的讖語：「俟河之清，人壽幾何？」五年前廣場上槍聲響過之後，是似乎永不止息的商潮濤聲，「河清有日」夢想徹底破

滅。胡河清很喜歡晚唐詩人許渾的一首《謝亭送別》：「勞歌一曲解行舟，紅葉青山水急流。日暮酒醒人已遠，滿天風雨下西樓。」他便是在這滿天風雨中與烏煙瘴氣的濁世告別。

又過了二十二年，輪到江緒林了。是無邊無際的絕望吞噬了他──「無法反擊，因為本身沒剩下值得捍衛的美好之物，公共正義也沒有燃燒我的心靈。」然而，抵抗絕望與荒謬，抵抗謊言與暴力，正是我們活下來的理由。一九二一年十月十九日，卡夫卡（Franz Kafka）在日記中寫道：「無論什麼人，只要你在活著的時候應付不了生活，就應該用一隻手擋開點籠罩著你的命運的絕望……但同時，你可以用另一隻手草草記下你在廢墟中看到的一切，因為你和別人看到的不同，而且更多；總之，你在自己的有生之年就已經死了，但你卻是真正的獲救者。」可惜，在江緒林生前，我沒有將這句話轉發給他。但是，我希望更多的絕望者能讀到這句話，重新振作起來，像《飢餓遊戲》中那群義無反顧的少年人，用戰鬥來實現自我救贖。

# 第四卷

# 中國人三部曲

近年來，經濟上的富裕和大學教育的普及並未改變中國人精神生活的粗鄙化趨勢。有權勢者不僅對弱者有粗鄙行為，他們自己也常常相互粗鄙對待。民眾也習慣於用「吊絲」、「草民」、「P（屁）民」等自我貶低的說法自我解嘲。

# 流氓中國

我們可以卑微如塵土，但不可以扭曲如蛆蟲。

　　　　　　——南非黑人民權領袖、南非總統／曼德拉

　　一九二一年，有鬼才之稱的日本作家芥川龍之介到中國採訪和旅行。跟很多日本文人一樣，他心中存著一種對古典中國的「鄉愁」和想像：中國人應該都像諸葛亮、李白、杜甫、辛棄疾、蘇軾、文天祥那樣，個個光明偉岸、個性分明，講氣節、懂禮貌。到中國後，芥川龍之介發現，他看到的中國人卻像《金瓶梅》中的西門慶、陳敬濟，用他的原話來說：「換言之，現代的中國並非詩文中的中國，而是小說中的中國，猥褻、殘酷、貪婪。」寫這句話前，他正看到一個中國男人當眾脫下褲子朝美麗的湖水裡撒尿，現實中國和他在書裡讀到的中國相去甚遠。

　　經過半個多世紀中共暴政的摧殘，當下的中國比起一九二一年的中國來，不知又「猥褻、殘酷、貪婪」了多少倍。有一位常年在海外居住的華人回國後的感受是：醫院裡，人滿為患，大家像一群動物那樣擠來擠去。護士對病人吆五喝六，一點都不體恤，也不尊重。如果不給紅包，麻醉師會故意讓你受苦。在其他地方也是一樣不被當人看，要辦點兒事，如果沒有有力的「關

係」，就得低三下四當孫子。這種感覺令人非常憋屈，特沒尊嚴感。

　　旅美學者徐賁用「粗鄙」這個詞來形容中國的現狀，而粗鄙的本質是無視別人作為人的尊嚴，其基本特徵是：無視別人的感受，沒有同情心，甚至用暴力、殘忍和故意使壞的行為來傷害別人。近年來，經濟上的富裕和大學教育的普及並未改變中國人精神生活的粗鄙化趨勢。有權勢者不僅對弱者有粗鄙行為，他們自己也常常相互粗鄙對待。民眾也習慣於用「吊絲」、「草民」、「Ｐ（屁）民」等自我貶低的說法自我解嘲。徐賁指出，與社會裡的許多道德惡疾一樣，粗鄙對人的心靈毒害會很深。它是道德惡疾，一開始人們討厭它，但漸漸從厭惡轉為失望和絕望，又逐步適應，隨遇而安，麻痹、冷漠，直到默默接受。粗鄙最嚴重的後果是「人人害人人」，互相不把他人當人對待，比如，在中國，有毒食品從生產到銷售形成一條「我害人人，人人害我」的鏈條，沒有人可以置身事外。

　　中國已經躍升為世界第二大經濟體，富起來的中國人到海外做的第一件事情就是搶購奶粉。在德國，有中國留學生因代購奶粉，從事跟自己身分不符的活動而遭驅逐出境。德國警方到學生家一看，滿地紙箱裝的全是奶粉。中國駐德國大使史明德接受媒體訪問時表示，看到中國民眾搶購德國奶粉，感到很傷心。「偌大一個中國，如果嬰兒都要靠外國奶粉來供養，全世界也養不起，這個問題的根源很清楚，就是食品安全問題，更是誠信問題，中國的企業要取信於民，要有最起碼的道德底線。」這位大使先生是獨裁政府的高級官員，說話只能點到為止，將責任一股腦地推到企業身上，彷彿一切過錯都歸於企業。他不敢說出的真

相是：食品安全問題看起來是發生在生產領域的經濟問題，但實質上卻是政治腐敗、經濟倫理畸變、環境生態持續惡化所產生的惡果。漫長的獨裁暴政使中國成了名副其實的流氓國家，如此才會出現有毒食品（包括嬰兒奶粉）泛濫和全球搶購奶粉的奇觀。

徐賁用「粗鄙」一詞形容中國，而柏楊當年的說法是「醜陋」，兩個貶義詞的含義近似。然而，在我看來，「粗鄙」和「醜陋」的貶義都太輕了，不足以窮形盡相地將中國的「壞」傳達出來。我使用的詞語是「卑賤」，這個充斥著流氓無賴的國家，這個統治者跟被統治者一樣下流的國家，只配得上「卑賤」這兩個字。

## 朝廷「儒表法裡」，民間《三國》《水滸》

東方多流氓（流氓是順民和暴民的複合體），西方多公民。東方文化與西方文化的重大差異，從中國文化與希伯來文化和希臘文化的對比中就可看出來。

希伯來文化和希臘文化，即所謂的「兩希文明」，是現代西方文明的源頭。以希伯來文明而論，摩西帶領以色列人出埃及，上帝將迦南美地賜予以色列人，以色列人形成了「土地神有」和「土地神賜」的觀念。《舊約‧利未記》記載：「地不可永賣，因為地是我的；你們在我面前是客旅，是寄居的。」《舊約‧民數記》記載：「以色列人要各守各祖宗支派的產業。」

摩西之後，以色列人進入士師時代。士師既是軍事領袖，也是宗教、政治和司法領袖。由於士師的失敗和百姓的罪性，在以色列人的強烈要求之下，上帝又為他們設立權力更大的國王。不過，以色列王不是「絕對君主」，其王權受到猶太傳統、祭司以

及民間輿論的諸多限制。以土地權而論，以色列王不像迦南諸王那樣對私人土地擁有絕對權力，需要用交易的方式取得土地。在「拿伯的葡萄園」故事中，亞哈王及邪惡的王后耶洗別想要獲取拿伯的葡萄園，一開始要用換地或市價購買，而且給予其優渥的價格，但拿伯根據摩西的律法拒絕出讓，因為以色列人依法不可把祖業賣斷給人，那是神賜給他的產業。

可見，公民權利跟私有財產息息相關。中國先賢孟子也意識到私有產權的重要性，《孟子・滕文公上》中說：「民之為道也，有恆產者有恆心，無恆產者無恆心。苟無恆心，放僻邪侈，無不為已。」然而，古代中國並未形成私有財產（特別是土地）神聖不可侵犯之觀念，所謂「普天之下，莫非王土；率土之濱，莫非王臣。」如果皇帝看上某人的土地和財產（包括妻女），他不用想方設法，直接下命令就拿來打上自己的烙印。在今天的中國仍然如此，富比士富豪榜上那些富可敵國的富豪，一夜之間就可能淪為階下囚──在黨國面前，再富有的商人也不過像螻蟻一般卑微。既然人民的「恆產」是水月鏡花，其他權利也就無從談起。

以希臘文明而論，公民作為一種政治身分，最早出現於希臘城邦政治結構之中。希臘文的「公民」（Polites）一詞由城邦（Polis）一詞衍生而來，其原意為「屬於城邦的人」。在困厄中堅持獨立思考的學者顧準在《希臘城邦制度──讀希臘史筆記》中指出，中國的政治制度與西方的分野在此就已出現：「希臘城邦制度的另一個特點，亦即使得這些蕞爾小邦頑強堅持其獨立的主權在民與直接民主制度，則是我國古代從來不知道的東西。」

那麼，誰是公民？亞里斯多德（Aristotle）指出：「凡有權參加議事或審判職能的人，就可以說他是那一城邦的公民；城邦的

一般涵義，就是爲了要維持自給生活而具有足夠人數的一個公民集團。」而且，「凡享有政治權利的公民的多數決議，無論在寡頭、貴族或平民政體中，總是最後的裁斷具有最高的權威。」這種意義上的公民，在中國仍未出現。我在中國生活的三十九年裡，從未投過一次票。那個像雜耍團一樣的「全國人民代表大會」如木偶般一年一度行禮如儀。而我的兒子在美國上小學二年級，老師就向他們講解如何投票選舉總統和議員——他們是人民選舉出來的，人民也可以用選票趕他們下台，兒子如此理直氣壯地向我宣佈。

既然沒有產權和人權，流氓便成爲百姓的主體。中國古代有「士農工商」四民之分，排在他們前面的群體其實是流氓，或者說在這四種「職業」中，具有流氓氣質的是大多數。流氓、無賴、痞子，大致都是一類人，是中國人的主體。

從有關辭典的釋義來看，對「流氓」的定義如下：一是指居所不定之流浪者，二是指所謂的莠民。胡祖德在一九二三年出版的《滬諺外編・新詞典》中，首次收錄「流氓」這一詞條，並詮釋說：「無業之人，專以浮浪爲事者，猶日本謂浪人，北京謂土混混，杭州謂光棍，揚州謂青皮。」這裡所說的流氓，最突出的特徵就是「無產無業」。《中文大辭典》的解釋是：「今謂擾亂社會秩序安寧、專事不良行爲者，亦曰流氓，與無賴同。」《漢語大詞典》解釋說：一是「本指無業遊民，後用以指不務正業、爲非作歹的人。」二是指「施展下流手段、放刁撒潑等惡劣行爲。」《現代漢語詞典》的解釋是：（一）原指無業遊民，後來指不務正業、爲非作歹的人。（二）指放刁、撒賴、施展下流手段等惡劣行爲。

一九三一年，魯迅在上海東亞同文書院作題爲《流氓與文學》的講演時，曾對「流氓」一詞作如下界定：「流氓等於無賴子，加壯士、加三百代言。流氓的造成，大約有兩種東西：一種是孔子之徒，就是儒；一種是墨子之徒，就是俠。這兩種東西本來也很好，可是後來他們的思想墮落，就慢慢地演變成所謂的『流氓』。」文中的「無賴子」、「壯士」、「三百代言」都是日語辭彙，「壯士」是指無業打手，「三百代言」是詭辯之徒的意思。

從上述各種界定中可看出，「流氓」包涵三層含義：一是從職業看，基本是無業或不務正業者。徐珂在《清稗類鈔》一書中，援引上述說法：「上海之流氓，即地棍也。其人大抵各戴其魁，橫行於市，互相團結，脈絡貫通，至少可有八千餘人。平日皆無職業，專事遊蕩，設阱陷人。今試執其一而問之曰：『何業？』則必囁嚅而對曰：『白相。』一若白相二字，爲惟一之職業也者。」二是從行爲特徵來看，流氓具有爲非作歹、擾亂社會秩序的特點。如黃式權說：「租界中無業遊民群聚不逞，遇事生風，俗謂之『拆梢』，亦謂之『流氓』。」三是從道德規範的角度看，流氓主要是以放刁、撒賴、施展下流手法，諸如鬥毆、猥褻強姦婦女等惡劣行爲，或以此惡劣行爲擾亂社會秩序的人。

以上所說之流氓，多爲皮相之談，只是狹義地界定出一部分人群。而「流氓」在中國社會中的影響，絕不僅止於此。作爲一種語言風格、思維方式、精神取向和人格形態的「流氓氣」，早已廣泛而深刻地存在於中國社會的各個階層之中，以至於影響和左右了社會的運作。比如，人們都知道黃金榮、杜月笙、張嘯林是上海灘的三大流氓頭子，卻不知道或不願承認，中國的政治領袖、文化領袖也都是黃金榮、杜月笙、張嘯林者流。蔣介石跟他

們有多大的差別呢？毛澤東又跟他們有多大的差別呢？一言以蔽之，朝廷是「儒法互補」，民間是《三國》《水滸》，合在一起就是上下勾連、聲氣相通的整個中國。

主宰中國社會運行的「明規則」，即「檯面上的規則」，是「儒法互補」的政治文化。儒學設定極高的道德標準，要求人人成爲忠孝仁義的道德聖人。台灣的中學國文課本收錄《廉恥》一文，讓學生學習明清之際的大儒顧炎武在論「廉恥」時，引用《新五代史・馮道傳》中的那段話：「『禮、義、廉、恥，國之四維；四維不張，國乃滅亡。』善乎管生之能言也！禮、義，治人之大法；廉、恥，立人之大節。蓋不廉則無所不取，不恥則無所不爲。人而如此，則禍敗亂亡，亦無所不至。況爲大臣而無所不取，無所不爲，則天下其有不亂，國家其有不亡者乎？」深愛儒學的蔣介石在《新生活運動綱要》中舉四維亦云：「禮是規規矩矩的態度，義是正正當當的行爲，廉是清清白白的辨別，恥是切切實實的覺悟。」台灣的很多城市都有四維路、八德路，但是，表面上說得好聽，說話的人自己做得到禮義廉恥嗎？中國的歷史上又有幾個人做到了？

如果說儒家的人格是僞君子，那麼法家的人格是眞小人。中國自漢武帝獨尊儒術以後，表面上是儒家得勢，不過儒家的內涵在孔孟時代已有變質，滲入了法家思想。荀子是引法入儒的關鍵人物。歷代統治者以法家政策輔儒、道之不足，而有陽儒陰法、王霸雜用之政。從《韓非子》、《商君書》到《厚黑學》，再到毛澤東的《湖南農民運動考察報告》，極端黑惡的統治權謀術一脈相承。有論者指出，《商君書》是專供帝王們統治群衆的實用技術，商鞅主義是中國一切問題的總根源。「中國天下第一黑書《商

君書》是左右通吃，文武百官黎民百姓通殺，只爲君王一人啊！商鞅給他主子的鬼計的核心內容就是：爲了主子一人的國的強大（即王業的強大，與群眾無關），只要做好兩件事，一是讓人民愚昧，愚昧了就弱，就可以容易被役使，就可以讓人民在平時做只幹活的牲口，戰時當炮灰。爲了達到人民聽話的目的，就配合殘酷的刑罰！」

「儒法互補」的統治階級文化，沉澱到被統治階級和下層社會，就成了「潛規則」或「檯面下的規則」，就是由演義小說和戲曲潛移默化地塑造出來的倫理道德觀念。《三國演義》、《水滸傳》乃是流氓的傳記與教科書。《三國演義》中的劉關張都是流氓，所謂「桃園結義」，用電影《投名狀》中的說法，其目標就是：搶糧，搶地盤，搶女人。多年以後，毛澤東率領中央紅軍，在蔣介石的國軍的圍追堵截之下，「萬里長征」來到陝北，其望梅止渴、鼓舞軍心的口號就是「打下陝北榆林城，一人一個女學生」。一千多年過去了，中國的歷史仍是循環往覆，毫無「進化」。

《三國演義》採用《世說新語》和《雜記》的資料，講述了曹操早年的一個故事：曹操爲逃避董卓任命而東歸，途中曾路過呂伯奢家，呂伯奢是曹操的結義兄弟，與曹操見面後吩咐家人殺豬款待，自己騎驢到西村去沽酒。曹操聞堂後有磨刀之聲，疑其圖己，將其全家老小殺掉。後來知道是誤殺，遂同陳宮策馬出逃。行不到二里，路遇呂伯奢驢鞍前　懸酒二瓶，手攜果菜，曹操揮劍砍伯奢於驢下，還大言不慚地說：「寧教我負天下人，休教天下人負我！」這句話成了那些想當皇帝和想當村長的中國人的座右銘。從整死劉少奇的毛澤東到打死雷洋的北京昌平某派出所副所長邢永瑞（曾經是甘肅省文科狀元）不都是如此嗎？

在《水滸傳》中，梁山泊頭領的「階級成分」以流氓無產者為主，少有真正的「貧下中農」。以最初投到梁山泊的晁蓋等七人的「階級成分」而論：晁蓋是專愛結識天下好漢的山東濟州鄆城縣富戶，吳用為不第秀才，公孫勝為雲遊道人，劉唐漂泊江湖，三阮打魚為生，白勝則為閒漢。他們反抗官府算不上「農民起義」，而是「流氓奪權」。他們建立的梁山，是另一個等級森嚴的官府，如同王實味批判的「衣分三色，食分五等」、「歌囀玉堂春，舞回金蓮步」的延安社會。延安就是用馬列主義、共產主義新思想包裹的「新梁山泊」。毛澤東及劉少奇、朱德、周恩來、任弼時等掌握最高權力的「五大中央書記」沒有一個是農民出身。

當這些英雄好漢從流民變成暴民之後，不但饑荒問題順利解決，便是色荒也可以迎刃而解。小霸王周通做了山上大王，竟然可以跟桃花村劉員外家的小姐訂婚。倘若周通未曾落草，哪能撒下二十兩銀子、一匹紅錦為定禮？縱令周通能拿出二十兩銀子和一匹紅錦，又哪能跟「門不當、戶不對」的地主家小姐訂婚？延安時期，從毛澤東以下的大小土匪頭子，不就娶到了上海影星、教會學校的女學生嗎？不僅有女人，更可排座次，分果果。流氓中的老大，甚至能修成正果，稱王稱霸乃至黃袍加身。

《三國演義》與《水滸傳》是中國人的「葵花寶典」，是「流氓速成教材」——當然還有《孫子兵法》。專制社會的常態是，政客相殘、軍人相殺、文人相輕、商人相騙、藝人相妒、草民相賤。專制社會沒有公平競爭，能爬上高位並且站穩的，大都不擇手段，心狠手辣。他們害怕別人也如此流氓下流，就祭出一套適用於聖人的道德標準，即作為「顯文化」的孔孟之道，冠冕堂皇，義正詞嚴，擺在檯面卻在實踐中處處行不通。而實際主宰這

個社會的則是一套精密的「潛文化」，包括厚黑文化、痞子文化、犬儒文化、遊民文化、拜金文化、拜權文化等，難於啟齒卻暗中過五關、斬六將，通行無阻。

除了《三國演義》、《水滸傳》、《孫子兵法》以外，千百年來口耳相傳、薰陶心靈的中國諺語蒙學讀本，乃是明、清兩代文人不斷增補的《增廣賢文》。這部雅俗共賞的民間智慧集錦，即便販夫走卒、引車賣漿者流都能誦讀若干章節。後世又有若干類似的格言集問世，如《菜根譚》。這類格言集一面教誨人們做君子，一面又教唆人們當小人。說「萬般皆下品，唯有讀書高」；又說「百無一用是書生」。說「人不可貌相，海水不可斗量」；又說「人靠衣裳馬靠鞍」。說「救人一命，勝造七級浮屠」；又說「各人自掃門前雪，哪管他人瓦上霜」。說「士可殺，不可辱」；又說「好死不如賴活」。說「貧賤不能移」；又說「人貧志短，馬瘦毛長」。說「善有善報，惡有惡報」；又說「人善被人欺，馬善被人騎」。說「明人不做暗事」；又說「兵不厭詐」。說「宰相肚裡能撐船」；又說「有仇不報非君子」。這些人生格言不能說沒有人間的智慧，卻是沒有光的黑暗的智慧，正如到中國宣教的亞瑟‧史密斯（Arthur Henderson Smith）說：「中國人最缺乏的不是智慧，而是勇氣和正直的純正品性。」

## 皇帝、軍人與文人，不脫流氓本色

主導西方歷史的有三種人：教士、商人和農場主人；左右中國歷史的也有三種人：皇帝、軍人和文人。中國的皇帝、軍人和文人，在骨子裡和精神上都是流氓無賴。

先說皇帝。皇帝中最具流氓氣的是漢高祖劉邦。據《史記‧

高祖本紀》記載，劉邦「不事家人生產作業」，也就是「遊手好閒」。劉邦的老爸常常罵他是「無賴」，認爲他比不上他的二哥。後來，劉邦做了皇帝，大宴群臣，置酒於未央宮前殿，特別舉起酒杯，爲太上皇祝壽，說了這番話：「始大人常以臣無賴，不能治產業，不如仲力。今某之業所就孰與仲多？」就是說，現在天下都是我的產業，我難道比不上二哥嗎？老爸你當年看走了眼！好一副小人得志太猖狂的嘴臉，當著群臣的面公開羞辱父親，非百分之百的流氓，豈能做出這種事情？

由於劉老漢只是個窮農民，青年劉邦沒有「我爸是李剛」的飛揚跋扈，也沒有如今中國首富王健林的兒子王思聰「專門挑選胸大的女生」的嗜好，只能在沛縣這個窮鄉僻壤當個「混混」。《史記‧高祖本紀》中記載：「常從王媼、武負貰酒，醉臥……歲竟，此兩家常折券棄責。」劉邦常去酒家喝酒，不給錢，只打白條。到了年底結算時，店家將賒賬一筆勾銷。店家爲何視金錢如糞土？《史記》的記載很有玄機：「見其上常有龍，怪之。」這是後來演繹出來的《聊齋誌異》的情節。「免單」的真正原因，大概是店家發現劉邦既是小公務員又兼黑社會頭子，黑白兩道通吃，能找他要錢嗎？別說錢要不到，說不定會把命丟了，全當交保護費了。

白吃白喝還不是大流氓，劉邦看到秦始皇出巡的顯赫與威風，產生了「大丈夫當如是也」的雄心壯志。在與項羽爭奪天下的過程中，劉邦取勝的原因是他比項羽更流氓。流氓無賴氣的表現是，只講利害，不講信用，不講道義，不講人情，所謂「無知者無畏」、「無情者剛強」。劉邦爲了自己保命，不惜將自己的孩子拋棄。「楚騎追漢王，漢王急，推墮孝惠、魯元車下（孝惠、

魯元爲劉邦一雙兒女），滕公（夏侯嬰）常下收載之。如是者三。」就連駕車的親信夏侯嬰都不忍心，將扔掉的孩子撿回來，而劉邦再次扔下，前後三次！其殘忍自私，堪稱「人間極品」。

還有一次，劉邦戰敗，家人被項羽俘虜。兩軍對壘，項羽設置一口巨大的鍋，把劉邦的老爸綁在旁邊，威脅說：「你趕緊過來投降，否則我將你老爸煮成一鍋肉湯。」劉邦的回答是：「吾與項羽俱北面受命懷王，曰『約爲兄弟』，吾翁即若翁，必欲烹而翁，則幸分我一杯羹。」千鈞一髮之際，劉邦還不忘幽項羽一默，意思是：「大哥啊，當年咱們可是結拜兄弟。這老劉不僅是我爹，也是你爹，你若當眞狠心將你爹煮來吃，我倒願意分得一杯肉湯，嘗嘗味道如何。」這眞是「我是流氓我怕誰」的想法！力拔山兮氣蓋世的項羽無計可施，乖乖將劉老漢歸還給劉邦。項羽沒有將劉老漢煮來吃並分一杯羹給劉邦，註定當不上皇帝；劉邦在這場「比狠」的心理遊戲中大獲全勝，這就是中國歷史的眞相。皇帝的龍椅必須是此種「厚黑無形」的人才能坐得上去。歷史學家史式在《皇權禍國》中評論：「漢帝國開國之君就是流氓無賴；劉邦能當上皇帝在歷史上開了一個惡例；秦帝制損害有限，漢帝制遺患無窮。」

劉邦這樣的流氓皇帝，不是「後無來者」。明朝的開國君主朱元璋比劉邦更流氓。近代以來，國民黨黨魁蔣介石和共產黨黨魁毛澤東又更上一層樓。歷史學家戴鴻超在《蔣介石與毛澤東治國之道》中，比較了蔣毛治國的種種異同，卻未能道出兩人在本質上的異同：蔣介石是城市流氓，毛澤東是農村流氓；蔣介石是沿海流氓，毛澤東是內地流氓。近代以來的中國，沿海的城市多少浸染了歐風美雨。蔣介石爲了跟宋美齡結婚，讀過《聖經》，

也會禱告和做禮拜，流氓氣淡了一點，奪天下的時候就敗在毛澤東手上。

再說軍人。李鴻章是清末淮軍和北洋的開山鼻祖，對中國近代歷史演進影響巨大。史家王爾敏在《淮軍志》中指出：「淮軍的形成，時勢的影響，與李鴻章個人的作風，均極關重要。」然而，無論是淮軍還是北洋軍，都只有近代的「硬體」（武器），而無近代的「軟體」（觀念）。李鴻章學習西方，停留在「器物」層面：「惟深以中國軍器遠遜於外洋為恥，且日戒諭將士虛心忍辱，學得西人一二秘法，期有增益……若駐上海久，而不能資取洋人長技，咎悔多矣。」

梁啓超在《李鴻章傳》中對其評價並不高：「史家評霍光曰不學無術，吾評李鴻章亦曰不學無術。」無論是軍事生涯，還是政治外交，李鴻章都用流氓手段解決。與西方列強合縱連橫，他既賄賂別人，也收取別人的賄賂，他不覺得這是「犯罪」。他一生的事業全是紙糊的房子，不等他撒手歸去，就親身經歷北洋海軍在甲午海戰中灰飛煙滅，又看到八國聯軍打進北京。他還得代表朝廷跟日本人和八國洋人簽訂《馬關條約》和《辛丑條約》，耗盡心力而死。

李鴻章一生最大的劣跡，是鎮壓太平天國時，背信棄義地屠殺數萬名已投降的太平天國將士。太平天國不是什麼好東西，不是共產黨正面評價的「偉大的農民起義」，但既然駐守蘇州的太平天國官兵已跟協助清軍的戈登（Charles George Gordon）「常勝軍」達成投降協議，清軍順利佔據蘇州，那麼殺害放下武器的俘虜，就是人神共憤的流氓行徑。

太平天國非常殘暴，鎮壓太平天國的清軍同樣殘暴，自相

殘殺向來是中國人的拿手好戲。一八六三年六月十三日的英文報《北華捷報》如此報導清軍對太平軍的殘酷屠殺：「每名俘虜都被綁在火刑柱上，有人把很多的箭針用力戳進俘虜身體的各個部分。他們從俘虜身上把肌肉一塊塊割下來，而後用鈍刀亂砍亂戳，並以鋸子鋸的行動將這幾個俘虜的頭顱從他們的身體局部地割斷。」西人辦的《中國之友報》亦披露說：「叛軍遭到可怕的屠殺。在俘虜的九千多人之中，據估計，主要被清軍殺死或溺斃的即達六千人。毫無疑問，清軍倘有機會，還會屠殺十倍的人數。」

作為傭傭軍首領的戈登曾在世界各地作戰，他不會有慈悲心腸，但他是邁入文明社會的西方人，不能容忍大肆屠殺俘虜的事件。一天以後，戈登得知屠殺俘虜的實情，憤怒地搭上火輪駛抵李鴻章的大營，欲找李鴻章興師問罪，但李鴻章已到對岸參加入城儀式。而後，戈登主動與英領事館通報此事件，揚言要將蘇州交還太平軍，並且率領他的常勝軍攻打李鴻章的部隊。幾經多方勸說，方才作罷。

戈登所信仰的是某種正在成形的「近代觀念」或者說「普世價值」。在英軍焚燒圓明園之際，戈登目擊悲慘之景，深感不安：「會送書于其本國，極言英軍之兇暴，殊非公理。」在昆山之戰中，戈登曾俘虜八百餘太平軍，「極厚遇之，彼等大喜，皆乃投于常勝軍，反向敵軍而誓戰」。當李鴻章屠殺俘虜之後，戈登拒絕清廷的賞賜：「陛下所授與物品，因蘇州陷落以來之事情快快而不敢納受，實為千秋之遺憾。」

跟戈登的悲憤形成鮮明對比，飽讀聖賢書的「中興名臣」們並不以殘殺俘虜為恥。聽說蘇州受降，曾國藩「初大喜，繼愁

絕」，得殺降之報後，欣然稱道，「此間近事，惟李少荃在蘇州殺降王八人最快人意」，「殊爲眼明手辣」。戈登對殺降的憤怒，在李鴻章看來是小題大作，「煦煦婦人之仁，脅令收撫，稍一濡忍，變生肘腋」。而清廷也認爲戈登「不知此中權衡自有一定之理」。梁啓超在《李鴻章傳》中引用一段日本學者德富蘇峰對李鴻章及中國人的苛刻評價：「彼可謂支那人之代表人也。彼純然如涼血類動物，支那人之性也；彼其事大主義，支那人之性也；其容忍力之強，支那人之性也；其硬腦硬面皮，支那人之性也；其詞令巧妙，支那人之性也；其狡獪有城府，支那人之性也；其自信自大，支那人之性也。」

　　中國的歷史是「槍桿子裡出政權」的歷史，軍人也未能脫離流氓氣，未能如其他國家那樣在近代轉型過程中成爲一個受人尊敬的群體。李鴻章的流氓氣質影響了北洋軍閥，他臨死之前向朝廷舉薦的接班人是跟他具有同樣流氓氣的袁世凱。袁世凱之後的軍閥頭子，更是一蟹不如一蟹。國民黨軍人則更等而下之，國共決戰之徐蚌會戰前夕，傅斯年上書蔣介石，痛陳前線指揮官劉峙之不稱職：「今日南京一般有識之士……最憂之對象，即爲劉峙將軍。劉將軍隨鈞座多年，戰前亦有戰功，然抗戰以來，未有勝仗，舉措多失，推求其故，彼有兩個大毛病：一，好錢。軍人如好賭，好酒，好色，以及好殺，同皆爲毛病，然毛病之最大者無如好錢，一經好錢，聰明人亦愚蠢，有作爲者亦無作爲矣。……二，天資不足。劉將軍不特無近代觀念，即一般常識亦在一般將領之下，貌雖似奉命唯謹，然以如此知識，實辦不了事。」可惜，蔣不聽勸告，終於導致全線潰敗。再到共產黨時代，因貪腐入獄的兩名軍委副主席郭伯雄、徐才厚，宛如劉峙之升級版，貪

財好色、結黨營私、販賣軍銜、無惡不作，直將軍隊當菜市場。中國至今沒有真正的國防軍，只有為獨裁政黨看家護院的「家丁」。

接著說文人。二十世紀中國文人中首屈一指的大流氓是康生。康生是誰？康生是毛澤東最信任的情報頭子。康生的傳記《龍爪》一書中指出，康生是一個沒有原則的機會主義者，只對權力有興趣，喜歡對人施以酷刑，不僅是中國集中營的創造者，且是一個鴉片癮者。康生喜歡讓別人痛苦，在這方面臭名昭彰，甚至有「閻王」的稱號。作者將康生與史達林（Stalin）的秘密警察頭子貝利亞（Beria）相提並論，沒有貝利亞也就沒有史達林，沒有康生也就沒有毛澤東。

粗魯的貝利亞不具備多少知識分子的氣質，康生卻充滿文雅博學的知識分子氣質。康生早年讀過傳統私塾和教會學校，精通中國的傳統文化。他還是一位優秀的畫家和書法家，以罕見的才能而聞名，左右手都能同樣熟練地使用毛筆，即便在專業的畫家和書法家中也很少有人達到他的境界。康生也是一名收藏家和藝術家，收集大量的繪畫、瓷器、青銅器、硯台、書籍和古代手稿。當然，大部分都是他從國家的博物館和個人那裡掠奪而來的。但他的藝術品位顯然比同樣很喜歡搶奪藝術品的納粹德國的元帥戈林更高。

一位研究中國當代政治的學者指出，康生是毛澤東的媒人，有過留蘇經歷的國際關係專家，還是一位老資格的馬克思主義理論顧問。康生微妙的政治藝術，優雅的品味，以及他的控制能力，甚至令毛都為之著迷。康生是極少數與毛保持親密的個人關係的高級官員和助手，劉少奇、林彪和鄧小平從未得到毛這樣的

青睞。康生與毛在一起度過無數的日日夜夜，最初在延安，以後在北京，而後在晚年巡視國家的途中。他們一起討論政治、中國歷史和文化，康生甚至幫助潤色毛的詩詞和推敲他在意識形態方面的文章。他喜愛以知識分子的形象出現在公共生活中，把興趣置於意識形態和文化領域，使他得以消除公眾的懷疑並隱瞞他的大部分罪行。

康生背叛王明，配合毛澤東發起的「延安整風」運動，成為毛的心腹。在中共黨史上，延安整風具有不可忽視的地位：正是通過延安整風，中共終於徹底淪為流氓政黨。等到其一九四九年中共佔領中國大陸之後，又將中國大陸變成一個流氓國家。此後，康生式的文人在中共政權內層出不窮：陳伯達、張春橋、姚文元、胡喬木、鄧力群……他們契合了毛澤東作為流氓文人的那一面，被毛選中當秘書，為毛起草那些殺人於無形之中的文稿。在同一條「流氓加才子」的飛黃騰達之路上，如今還有王滬寧、余秋雨、胡錫進、司馬南、周小平等人緊緊跟上。

不願流氓化的文人當然就被淘汰出局，並在中共的歷次政治運動中成為被整肅的對象。比如作家蕭軍，一輩子都是透明的人，那麼正直、剛強、善良，卻成為「祖國的異鄉人」。從國統區投奔延安的蕭軍，在日記中記載說：「他們打著，罵著，甚至用手扼著人底喉嚨，向人們要『反革命』的口供、證據、關係……向那些為求民族解放、真理而來的青年們要無產階級底『立場』……這就是這些『革命者』底『革命工作』！他們如今竟一點沒有良心上的愧悔，他們殺了人，卻用無恥的笑臉『道歉』來報償……」他一向秉持這樣一種認識：「一個政黨正當鬥爭的路，那是應該以宣傳、組織、軍事、理論、政治等光明手段來鬥

爭。」但是，「共產黨此次『搶救』削盡了一個作為人底尊嚴，一個作為黨員的尊嚴。」蕭軍在日記中發洩說：「這裡給予我的侮辱與損害是別處從來沒有過的，而且我還不能發聲！我不能再在這裡住下去了，我寧可到外面去住國民黨的監獄！」當然，「一日為奴，終身為奴」，延安不允許蕭軍離開，在以後的歲月裡，等待他的還有反右和文革等一次又一次的暴風驟雨。

## 上層黑社會，下層社會黑

二十世紀中國的革命，總體而言就是流氓革命。中華民國的所謂國父孫文是洪門弟子，在洪門中位居「紅棍」的高位。他的洪門弟子的身分遠遠重於革命家、基督徒和醫學院學生的身分。孫文的嫡傳弟子蔣介石是青幫弟子，早年拜在黃金榮門下，混跡於上海灘，未能成為杜月笙，這才走上了正常人家子弟不願選擇的「好男不當兵」之路。毛澤東更是破落戶子弟，想到北大鍍金，遭到意氣風發的新派教授們蔑視，於是跑回老家發動「痞子運動」，終於成了朱元璋第二。

毛澤東統治的延安，宛如蓄勢待發的梁山泊。充滿美好想像投奔延安的女作家丁玲後來有一段生動的回憶：

有一次毛澤東突然問丁玲：「妳看現在咱們的延安像不像一個偏安的小朝廷？」

丁玲回答稱：「我看不像，沒有文武百官嘛！」

毛澤東說：「這還不簡單呀！」馬上把毛筆和紙推到丁玲面前說：「來，妳先開個名單，再由我來封文武百官就是了。」

丁玲沒有開名單，只是報人名。毛澤東邊寫名字邊在這些人的名字下面寫官職、御史大夫、吏部尚書、兵部尚書等等。

弄完了這個，毛澤東突然又說：「既然是個朝廷，那就無論大小，都得有三宮六院呀！來，來，妳再報些名字，我來封賜就是了。」毛澤東拉住丁玲的手，扳住她的指頭一個一個地數起三宮六院七十二嬪妃來。

毛先封賀子珍做皇后，然後說：「丁玲，妳就封個貴妃吧！替我執掌文房四寶，海內奏摺。但我不用妳代批奏摺，代擬聖旨……那是慈禧幹的事，大清亡在她手裡……」

毛澤東奪取天下之後，整個中國無非就是擴大的延安。三宮六院自然不在話下，毛澤東的治國方式還是黑幫的那個套路。讀李銳的《廬山會議實錄》才知道，共產黨開高幹會議，一點也不偉大、光榮、正確，跟黑幫的會議沒有兩樣，比美國電影《教父》中的場景還要粗魯和醜惡。（沒有機會參加毛時代中央會議的習近平，只能看《教父》學習鬥爭手腕。）毛澤東一聲令下，彭德懷頓時成為人人喊打的過街老鼠，每個人都要以辱罵彭來表現對毛的忠心。昨天還是親密戰友，今天卻成為恨不得食肉寢皮的敵人。是非、善惡、真假拋到一邊，冠冕堂皇的「無產階級革命家們」，剩下的只有保住個人的權力。難怪當時還滿懷理想主義激情的「青年書生」李銳感到痛不欲生：這個黨跟黑幫有什麼兩樣？

毛澤東在大會上發表講話，對彭德懷《意見書》的觀點逐條批判。毛聲色俱厲地說：「假如做了十件事，九件都是壞的，都登在報上，一定滅亡，應當滅亡。那我就走，到農村去，率領農民打遊擊，造反。你解放軍跟不跟我走？我看解放軍會跟我走的。」毛的發言宛如潑婦罵街，又如無賴賭氣。他又說：「反革命殺了一百多萬。匈牙利沒有殺反革命。六億幾千萬人（所以

發生資產階級復辟），消滅那個一百多萬，這個東西我看要喊萬歲。」毛更是以秦始皇、曹操和商紂王自居，這些人都是歷史上臭名昭著的暴君加流氓，毛卻為之翻案：「秦始皇不是被罵了兩千年嘛，現在又恢復名譽；曹操被罵了一千多年，現在也恢復名譽；紂王被罵了三千年了。」

早已靠邊站、沒有實權的朱德不敢公開為彭辯護，在旁不冷不熱地說了一句：「大家都是在一口鍋裡吃過飯的人嘛！」朱又說：「彭總在生活方面注意節約，艱苦卓絕，誰也比不過他。」毛澤東不能容忍朱為彭辯護，立即做出動作來諷刺其「隔靴搔癢」，不留情面地羞辱之。

上面很黑，下面豈能白？上層黑社會，下層社會黑——毛澤東本來就來自中國底層的黑惡社會，他又大大加劇了上層和下層的黑惡化。美國學者杜贊奇（Prasenjit Duara）在《文化、權力與國家：1900-1942年的華北農村》一書中，以個案方式對華北六個村莊作出詳盡分析，展現了在國家政權現代化建設的大背景下，鄉村失去原有的文化傳統和權力結構保護，村民的生存被賦稅、土豪和貪腐的榨取威脅；政府的每筆稅收都伴隨它難以控制的經紀機構的擴大，政權「內捲化」出現。雖然政府的財政收入在增加，但經紀機構附著到整個體制上，使政權的合法性流失。「官僚」和「經紀人」的界限不復存在，他們共同構成龐大的既得利益集團，操控著各級政權。以學術化方式表達的「國家政權內捲化」之概念，用白話來說就是，原來的鄉紳階層解體，國家與社會之間的關係改變，經濟上的橫徵暴斂、政治上強迫專制、鄉村公職成為謀利的手段，一個控制基層政權的流氓階層登上歷史舞台。

　　清末以來的小說中，關於流氓混混的記載比比皆是。《官場現形記》第二十八回記載：「這夏十京城之內也很有幾個朋友。無奈同他來往的都是混混一流。」《負曝閑談》第八回記載：「回頭一問賈家的管家，管家說：『這三個人都是混混。』勁齋方知道是流氓。」《孽海花》第二十一回記載：「當庫丁的，都是著名混混兒。他們認定一兩個王公做靠主，謀得了庫缺。」在今天的中國，流氓混混的故事出現在諸如孔二狗的《東北往事：黑道風雲二十年》、慕容雪村的《成都，今夜請將我遺忘》等小說中，更出現在嚴肅的學術著作和論文中。這些著述和論文不約而同地指出：中國的基層社會已經流氓化和黑幫化。

　　學者黃海在《灰地：紅鎮"混混"研究（一九八一－二零零七）》一書中，描述了地處湘鄂贛三省交界處的紅鎮「混混當道」的亂象。混混們不僅顛覆了鄉村秩序，還顛覆了鄉村的價值觀。紅鎮裡「大混混」賭場老闆、高利貸主們的風光，小混混的囂張，不僅讓家長們對看不見明顯效果的教育投資充滿懷疑，更讓眾多青少年開始羨慕他們的「成功」方式並轉而紛紛效仿：「在鄉村內部壓制力量與懲罰機制日漸消亡的情況下，『混混』獲得了足以震懾他人的價值再生產能力，而鄉村社會不再認為『混混』行為是一種越軌和罪惡時，被認可的『混混』人生觀進而佔據了鄉村價值系統的主流地位。」

　　作者指出，當地形成一種「扶植型秩序」，即鄉村基層權力依靠越軌力量的金錢暴力與身體暴力治理農民。這種異化的結合既是大歷史的「常態」，又是被農民認為「世道變了」的「異態」，基層政權和越軌力量獲得生存價值與鄉村秩序，而弱勢農民的利益則被犧牲。無可奈何之下，村民們更多地信奉權力、金錢和暴

力等解決手段，這反過來進一步促進了社會暴力的彌散，越軌力量坐大的土壤進一步生成，紅鎮鄉土秩序也呈現「灰色化」特徵。

對於紅鎮的「混混」而言，營生模式主要有三種：「水飯」、「碼飯」和「血飯」。在當地方言中，「水」就是「賭」，開地下賭場的莊家與依賴賭場看場子、當「保安」、放貸與收賬的人統稱吃「水飯」。三十出頭的陳某某是紅鎮最大的地下賭場老闆，手下有一大批二十歲左右的「保安」，即鄉民眼中的打手。「癩子頭」、「三疤」、「定蠻子」專門負責在賭場看場子、管理打手和負責催收高利貸賬，「孝子陳」則負責在賭場物色有償還能力的輸錢賭徒作爲發放高利貸的對象，四人號稱「四大金剛」。

除了賭博，還有「地下六合彩」，俗稱「買碼」，在「地下六合彩」中營生的人就稱之爲吃「碼飯」。四十來歲的曾某某是紅鎮有名的「地下六合彩」莊家，他也依靠混混們幫他暴力斂財。在「地下六合彩」中當莊家的獲利來源是賺碼金，而開「地下賭場」的獲利來源則無非一是收取場子費，二是放高利貸賺利息。

無論是在陳某某的「地下賭場」中吃「水飯」，還是在曾某某的「地下六合彩」中吃「碼飯」，「癩子頭」、「三疤」、「定蠻子」與鎮裡好逸惡勞、不諳世事的小混混都是在吃「血飯」，即依靠逞勇鬥狠賺取傭金——這也符合學者吳思「血酬」的概念。

另一篇由陳柏峰撰寫的《混混：中國鄉村的＂超級權勢＂》一文，將研究區域由單一的「紅鎮」擴展到兩湖平原。楚江市沙橋村的一個村幹部說：「鄉村混混可不是好惹的，一般村幹部都要巴結他們，村支書也不例外。如果村支書的後台比較硬，關係比較廣，還可以置身事外，與鄉村混混互不干涉；如果村支書家門弱、關係窄，往往還要受氣。」在臨沙村，村內的混混橫行霸

道，侵佔公共財產，村幹部根本無力對付。二零零六年，村裡一混混想承包村集體的一口魚池，便在村裡放言：「如果村支書不讓我承包，我就要讓他斷兩根肋骨。」

於是，村幹部有時乾脆與鄉村混混「結盟」，從而依賴鄉村混混的暴力和暴力威脅，來支配普通村民。在一九九零年代的治理性危機背景下，鄉村兩級結成利益共同體，鄉村混混被納入共同體之中，幫助鄉村幹部完成收稅等各項任務。取消農業稅後，雖少了收稅難題，鄉村幹部仍需鄉村混混提供幫助，以解決村莊公共品供給中的諸多問題。鄉村混混對這些問題的解決依賴暴力和暴力威脅，這使得本應依賴政府力量和村莊共同體情感進行運作的村莊權力發生變形。鄉村混混被吸收為村幹部，被正式納入體制之內，使得村莊正式權力蛻變成鄉村混混赤裸裸的暴力。公權力與混混合流的一個細節是：楚江市沙橋村所在鎮的流氓頭子「劉爺」呼風喚雨，「劉爺」教訓同鎮其他混混，所長事先知道，只是說「不要鬧得太凶就行了。」在教訓混混的酒席上，所長竟然親自駕車過來敬酒，給足「劉爺」面子。

鄉村混混日益成為最有面子的人，兩湖平原的農民對他們的態度也日益曖昧。楚江市新王村的一個中年農民講述兒子做混混的混世經歷，言談間很為有這樣一個「有面子」的兒子而感到自豪。人們不再為鄉村混混而感到羞恥，而當他們是值得讚揚的英雄，是令人羨慕的有面子之士。這樣，鄉村江湖對年輕人有了很大的吸引力，更多的年輕人願意聚集在鄉村江湖的「成功之士」周圍。許多年輕人慕名而去，臨江縣湖場村甚至有家長主動將孩子送去。

在鄉村混混的結構中，這些年輕人可以找到畸形的社會理想

和特有的社會上升階梯。很多小混混都把做成「大混混」當成人生目標。很多小混混表示，能被大混混叫出去打架才「有個混頭」，他們覺得最有面子的事情是，有一天自己「混出來」了，在家裡就能控制公司股份、佔碼頭、搶地盤，還有人送錢來。

前兩篇文章研究鄉村社會的黑社會化，其實黑社會化不止於鄉村，縣城一級也是如此。學者呂德文在《中國小縣城的黑社會江湖》一文中指出：「一個縣城社會有幾十萬人口，但真正有權有勢或許只是幾百個人。這幾百個人裡面大概有兩三百個科級以上幹部，然後有幾十個較有影響的各行各業的老闆，再有就是幾個有頭有臉的江湖人士。」作者在河南新野做社會調查發現，兩三百個科級以上幹部當中，有不少是家族勢力。作者得出結論：在中國縣級政治當中，官黑之間的關係模式已經固化，成了一種政治生態。

呂德文發現，黑社會不是單個犯罪集團，而是由眾多犯罪個體、鬆散的犯罪團夥、有經營頭腦的組織者整合而成的體系；黑社會與正常社會之間有千絲萬縷的聯繫，它嵌入在市場社會、人情社會、權力網路之間，並從中汲取營養。完整的黑社會體系，必定有一個聯繫色譜：黑、灰、白等成分都有。犯罪集團生存的秘訣在於，它努力保證其底色是灰色的，而不是黑色或白色。

黑社會組織的頭目黑老大們，既與當地經濟圈相熟，也與權力圈有關連，公安系統更是黑社會必須籠絡之部門。這些黑社會有自己的組織內部規則（比如不犯命案，不與政府作對，嚴守秘密等）。黑社會組織之間因競爭關係，有血拼。在血拼過程中，會有黑社會組織消亡。但一般情況下，由於黑社會組織的保密規定，不會供出後台人物，它們在政府系統的保護傘下會安然

無事。黑社會生存的基礎當然是暴力，但純粹以暴力爲生的黑社會，幾乎是不存在的。黑社會的終極目的仍然是獲取利益，而暴力獲利的成本實在是太高。黑社會要長期存在，必須有賴於產業支撐；只不過，其產業利潤很大程度上來自於由暴力威脅所維持的壟斷市場。

在作者調研的縣城，存在黑社會控制的產業大致有三個：長途班線、米粉批發、土石方工程。這些產業基本上都是勞動密集型產業，也需要和各方打交道，黑社會具有一定優勢。典型如碰到徵地拆遷問題，大企業不願意碰這個矛盾，而將相關業務「轉包」給那些具有黑社會勢力的「拆遷公司」是最保險的做法。

在中國的基層社會，「卑賤者最榮耀」已經成爲不爭的事實。

## 當代中國的全盤流氓化：從語言到精神

高貴的時代或者趨向高貴理想的時代，有高貴的語言來標識；卑賤的時代或者向卑賤沉淪的時代，也有卑賤的語言來標識。前者的典範，是清末西人與華人合作完成的和合本《聖經》，它帶給正在成形中的白話文以高尚、乾淨、明亮的品質。還有傅雷翻譯羅曼‧羅蘭（Romain Rolland）的《約翰‧克利斯朵夫》、朱生豪翻譯的莎士比亞（William Shakespeare）戲劇，原書作者有高貴的靈魂，翻譯者也有高貴的靈魂，兩者的結合出現了高貴的譯文。在漢語文學中，無法出現「原生」的高貴，所以需要從西方引入高貴的文字和思想，來洗滌、更換與昇華。

如果你讀過和合本《聖經》，讀過傅雷翻譯的《約翰‧克利斯朵夫》，讀過朱生豪翻譯的莎士比亞戲劇，再來到當下中國的「微信群」之中，會是怎樣的感覺呢？

　　語言學者蘇祖祥寫過一篇題爲《爲什麼今天的漢語越來越猥瑣？》的文章，一針見血地指出：逗比，吊絲，逼格，撕逼，傻逼，牛逼，尼瑪，你妹，臥槽，媽蛋，小婊砸，草泥馬，屎上最牛逼，嚇尿了，然並卵，不須放屁……這些詞彙不僅在男人嘴裡經常冒出，在女性嘴裡也十分順溜地說出；不僅在網路世界鬧騰得歡，在紙媒上也十分火爆——據說「逗比」的使用頻率超過了「搶紅包」，獨占鰲頭。今天的漢語直奔生殖、排泄、臍下三寸、下三路的勢頭越來越猛，無人可以攖其鋒。連諾貝爾文學獎得主莫言，都最喜歡使用惡毒且粗俗的詞語，人們當然興高采烈地使用、轉發、傳播這些「比惡」、「比狠」的詞彙，並以此爲榮。「賤人」成了朋友間最親暱的稱呼，「你去死吧！」成了同事間最常見的問候。相比之下，帥哥、美女、高富帥、白富美、小鮮肉、老臘肉這類直奔身體、金錢的說法反倒顯得「溫柔敦厚」。曖昧的色情與赤裸的暴力交織在一起，如川菜的麻辣味道一樣刺激。

　　蘇祖祥觀察到的漢語越來越猥瑣的現象當然沒錯，但他尋找的原因大錯特錯。他認爲「漢語受到越來越多的踐踏人性、蒙昧奴性的蒙古語、滿語因素的浸染」，才變成如今的光景。這種思路背後，是不加掩飾的大漢族中心主義和種族主義，是把自家的屎盆子往別人頭上扣——這個行爲比他批評的那些使用猥瑣語言的人更卑賤。蘇祖祥不可能一點沒有意識到，漢語「猥瑣化」的根本原因乃是專制制度的戕害。反之，滿族語言之剛勁直白、朝氣蓬勃，對漢語的發展只有好處。比如，你讀一讀滿族作家老舍早期的優秀作品，就能看得一清二楚。「卿本佳人，奈何作賊？」漢語的墮落爲什麼要找蒙古人和滿人來當替罪羊呢？

　　敗壞的當代漢語，被某些聲稱反對體制、批判專制的人士視

為殺手鐧，比如王朔自稱「我是流氓我怕誰」，艾未未以「草泥馬」作為艾記招牌。會說這些詞語，似乎就證明言說者是勇敢者，是豪邁者，是徹底的革命者。由此，王朔、艾未未之流謀取到反潮流偶像的地位。

下流的語言，宣洩的是瀰漫在整個社會中的戾氣，展現的是大人物和小人物、統治者和被統治者、官僚及其反抗者共同構成的時代精神的低俗氣質。最邪惡的獨裁政權，將它的反對者塑造得跟它一樣卑賤。

中共政權絕對比納粹德國和蘇聯更加邪惡：即便納粹在德國受萬民擁戴的巔峰時刻，德國人當中仍然有潘霍華（Dietrich Bonhoeffer）、「白玫瑰小組」的蕭爾兄妹（Hans Scholl、Sophie Scholl）以及施陶芬貝格（Stauffenberg）這些高貴的靈魂；即便在史達林大清洗的恐怖氛圍中，阿赫瑪托娃（Akhmatova）、帕斯捷爾納克（Pasijie'ernake）、索忍尼辛（Solzhenitsyn）仍然鍥而不捨地如鷹展翅上騰。當貝利亞向史達林建議除掉帕斯捷爾納克的時候，作為前神學院學生的史達林多少還存有一點敬畏之心地說：「不要動他，他是天上的人，我們都是地上的人！」

中國的統治者和人民從來不知道什麼是「天上的人」，流氓人格是中國人的精神霧霾，在這伸手不見五指的霧霾中，人們將丑角當作英雄，將無賴當成偶像。如果共產黨的反對者都是艾未未、魏京生、李洪志式的人物，他們不都是小一號或小兩號的毛澤東嗎？他們跟他們反對的政權之間，在語言方式、文化結構和精神氣質等每個方面，都處於令人驚訝的「同構」狀態。

面對中國人的卑賤，你不需要太多的想像力，他們的卑賤超過你的想像力。中國人向來以四大發明為驕傲，其實中國人還有

更偉大的發明──最近有兩個中國的發明在推特上全球出名。煙台公園設置收費板凳，板凳上佈滿鋒利的釘子。坐前投幣，釘子就會縮進去；超過時間限制，釘子就會頂上來；然後你再投幣，釘子又縮回去。無獨有偶，浙江一處交流道下的空地上，鑲滿尖銳的水泥墩，這下徹底解決了無家可歸的流浪者露宿橋下「影響市容」的問題，執法人員們該為之而欣喜若狂吧？是多麼黑暗而卑賤的心思意念，才會想得出這樣的發明！中國人實在是過於聰明了，將才智用到苟且營生上，用在刁難和折磨同胞上。他們真無愧於發明了太監、纏足和凌遲酷刑的祖先。這樣厲害的發明，為什麼不去申請諾貝爾獎呢？

　　河南信陽市的紅山公墓有若干墓穴被人撬開盜取骨灰。方女士接到公墓職員來電，稱其家人的骨灰盒被盜，墓碑前留有一個手寫的電話號碼，對方稱想要拿回骨灰必須拿錢來換。方女士和家人隨即趕到紅山公墓，發現現場一片狼藉，撬開的水泥板散落在一旁，多處被砸壞。她按碑上的電話號碼打過去後，應對方要求先匯款兩萬元。豈料對方不但沒說出骨灰盒的具體位置，反而變本加厲繼續勒索。家屬譴責對方：「那你不給骨灰，你沒有良心！」但對方竟撒賴稱：「那我沒有良心就是沒有良心！」這些年來，中國流行關於盜墓主題的小說和電影，國人看得如醉如癡。或許因為中國的歷史太悠久，達官貴人的陵墓太多，盜幾個也無妨。孫殿英不就將清東陵的幾座陵墓盜竊一空嗎？如今，盜竊骨灰居然成為點石成金的生財之道。在如此卑賤的中國，死亡也不能讓你脫離被卑賤者無端凌辱的境遇。

　　據香港媒體報導，二零一六年十月二十日，浙江一對八零後年輕夫婦帶著孩子在日本隨團旅遊時，從名古屋的一家酒店偷走

智能馬桶蓋。據查，涉事的寧波遊客家境不錯，夫妻二人一個做生意、一個是企業職員。關於事件始末，浙江東港旅行社負責人提供了一份由當事人手寫的道歉聲明：「本人在二零一六年十月十七日晚間入住名古屋某酒店，在床底下發現一個盒子，以為是前一位住戶遺落物品，抱著貪小便宜心理，將此物帶出酒店。上大巴車之後，導遊通知該物品為酒店物品（備用馬桶蓋），本人當即答應導遊歸還此物。由於行程原因不能立刻郵寄回酒店，給旅行社、酒店等單位造成麻煩，本人由衷表示歉意、懺悔，希望酒店、旅行社能夠寬大處理此事件，這種不當行為，保證不會再發生，非常抱歉。」其實，何須道歉，這是中國人用自己特有的方式來反日，如果每個遊客都偷竊一個智能馬桶蓋，日本的經濟不就崩潰了嗎？

二零一五年八月二十四日晚間，浙江溫州「火鍋先生」店裡有一位顧客林女士與十七歲的服務員小朱，因往鍋中加水的小事發生爭執。林女士在微信上發文批評服務員並轉給店主，小朱要求對方刪除未果，遂惡向膽邊生展開報復。他從廚房盛了半塑膠盆滾燙的熱水走到林女士身後，全部潑下去。現場騰起一股白煙，林女士全身百分之四十二面積被燙傷。這還沒完，小朱將林女士連人帶椅拽倒在地，上前撲打，還踹了幾腳。這是匹夫之怒嗎？那一刻，忍氣吞聲許多日子的小朱，終於算是揚眉吐氣了——雖然他很快被拘捕並被判刑入獄。在服務生普遍得不到起碼尊重的中國，這是弱者最後的反抗嗎？為了捍衛自己的尊嚴，可以使用這種戕害對方的方式嗎？以毒攻毒，以暴易暴，絕對換不來真正的公平正義。

落馬的海南省副省長譚力，在二零零八年汶川地震時，擔任

重災區所在地綿陽的市委書記。在地震發生後第四天，胡錦濤抵達綿陽機場前往災區視察，在新華社記者拍攝的一張照片中，譚力春風得意，笑臉盈盈，大批網友給他取名爲「譚笑笑」。事後，譚力接受《南方周末》專訪時解釋說：「總書記和總理來了，我去迎接他們啊，當然心裡是高興的。」眞是越描越黑，百姓死活，無動於衷；領袖視察，喜笑顏開，這就是「奴在心者」。溫家寶安慰那些死於豆腐渣校舍的孩子的家長：「一定要淸查到底，給大家一個說法。」然而，負有直接責任的譚力不僅沒有被查處，反倒被提拔爲海南省副省長、省委常委。與此同時，有人揭露譚力在綿陽任職期間，「綿江公路建成時才花了一億多，他改造卻花了八億多，而且綿陽市多個改造工程都交給他前妻來做」。更諷刺的是，災區沒有倒掉的一所校舍，是與譚力過從甚密的黑幫老闆劉漢捐款修建的──黑幫老闆修房子，哪個工頭敢偷工減料？如此看來，當局沒有必要將劉漢槍決（雖然他是周永康的狗腿馬仔），如果讓其戴罪立功，負責重建災區學校，其質量一定可以符合抗震標準。

　　二零一零年三月二十三日早上七點二十四分在福建南平實驗小學，四十二歲的社區衛生服務站原醫生鄭民生因工作不順、戀愛受挫，圖謀洩憤，在校門口持刀連續捅刺無辜學生，致八名小學生死亡，五名小學生重傷。二零一二年十二月四日十五時三十分，廣東汕頭陳店鎮一間內衣工廠發生火災，十四死一重傷，縱火者劉雙雲因工資糾紛與老闆發生激烈口角，一氣之下縱火燒廠。此類弱者受盡屈辱，屢遭失敗，本是值得同情的對象。他們怒髮衝冠，計劃採取報復行動，針對的目標卻並不是那些眞正傷害他們的當權者，而是無權者。弱者仇恨的子彈，射向的不是

強者，偏偏是比他們更弱的人，如孩子、女性、老人、殘疾人。由此，他們從弱小的羊搖身一變成為殘忍的狼。讓無辜者家破人亡，這就是他們所希望的結果嗎？

二零一五年八月二十三日早上六點半，河南焦桐高速公路駐馬店市泌陽縣春水鎮段，一輛大貨車傾翻，二十噸蘋果散落在地。當地村民一組一組趕到現場，車主小辛剛開始以為是來幫忙的，結果他們卻是來搶蘋果的：「攔都攔不住，這老鄉，讓人心裡面挺寒的」。有村民來了一趟又一趟，足足搶了六個小時，有位趙大爺甚至開著拖拉機（Tractor）來拉蘋果。「差不多得了，你們都弄幾次了，給我們留條活路行不行！」小辛帶著哭腔，嗓子都喊啞了。八萬元的二十噸蘋果搶得只剩下兩噸，現場民警制止哄搶時，一位老大爺辱罵、推搡，甚至要動手打民警。春水派出所所長韓斌說：「有些村民認為集體哄搶財物不犯法，有些村民明知違法，卻認為法不責眾。」這些農民大都是窮人，但他們不僅僅是因為窮才哄搶他人的蘋果。在中國，每個人的私有產權都得不到保障，既然自己的財產有可能遭到剝奪，那麼當有了搶奪他人財產的機會而且不被法律追究的時候，人們又怎麼會放過呢？

在台灣也有這樣的卑賤者，不是台灣本土生成的，而是國民黨從中國敗退到台灣時帶到台灣的。其典型之一就是根正苗紅的國民黨人、四十多年前在「台大哲學系事件」中亂扣師長帽子的職業學生馮滬祥。二零一六年十月七日，多年來逃脫「轉型正義」追討的馮滬祥，卻因性侵菲傭而判刑三年四月定讞，需要即刻入獄服刑。

這個曾經「為人師表」的大學教授在接受媒體訪問時，居然毫無悔意地將個人的卑劣行為無限上綱為八竿子打不著的「政治

迫害」，還說「台獨必敗、統一必勝」，這是他爲中國統一大業所做出的巨大「犧牲」。言下之意，他是因爲心向中國而遭台灣民進黨政府迫害、構陷、判刑，他似乎幻想服完刑後，中國會因爲他的「愛國」行爲而向他頒發勛章。殊不知，此舉反而壞了大事，他將個人的性侵劣行和中國當局的「統一大業」牽扯在一起，不是讓世人更聯想到中國常常要「霸王硬上弓」地霸凌弱勢國家的鄙陋嘴臉嗎？如此「無恥者無畏」，誰能與之媲美呢？既然馮滬祥以中國人自居，那麼他的卑賤也是中國人的卑賤，而不是台灣人的卑賤，《環球時報》爲什麼不發表社論聲援他呢？

　　以上這些場景、事件和人物，足以拍攝成一部名爲《卑賤中國》的紀錄片了，一定能比賈樟柯的《天注定》還要精彩。流氓不可能被煉成貴族，醬缸中的蛆蟲永遠都不會仰望星空。所以，去除中國人精神上的卑賤特質，比顛覆共產黨政權更加重要——台灣民主化已經三十年多了，一代人已經長大了，可是卑賤者仍然卑賤。而人心的卑賤，是走向偉大國家和偉大社會最深的鴻溝。惟有流氓中國轉型爲公民中國的那一天，中國才是我的祖國。

二零一六年秋

附記：十多年前，我寫過《太監中國》和《優孟中國》兩篇互爲姊妹篇的長文。後來，一直想寫第三篇《流氓中國》。直到移居美國後，《流氓中國》才動筆。三篇文章放在一起，可構成「中國三部曲」，比習近平宣揚的「中國夢」更加真實。

# 太監中國

奄宦之如毒藥猛獸，數千年以來，人盡知之矣。乃卒遭其
裂肝碎首者，曷故哉？豈無法以制之與？則由於人主之多
欲也。

——明末清初思想家／黃宗羲

## 紫禁城裡的「淨身房」與「懷安堂」

紫禁城。遊人如織，一雙雙好奇的眼睛，一張張天真的容
顏，一聲聲驚異的嘆息。中外遊客爭睹瓊樓玉宇、雕欄玉砌。呼
風喚雨的幾條巨龍似乎要從九龍壁上飛下來，現代葉公們不停地
拍照。

這是一個晴朗的夏日，北中國慣有燦爛到刺目的陽光。在熙
熙攘攘的人群當中，我卻一口口地倒吸涼氣，我不知道自己為什
麼這麼冷——無論在巍峨雄偉的三大殿外，還是在曲徑通幽的御
花園裡，我都在不停地打著寒顫。

九千九百九十九間半的房間，沒有一間亮麗堂皇。光線被巧
妙地隔在房間之外，因為這裡的主人愛黑暗而不愛光明。只有殘
餘的幾束光從雕花的窗眼裡偷渡進去。在這幾束光中，有無數的

灰塵在飛舞，如昔日的霓裳舞曲。

紫禁城有兩個大多數參觀者都不會注意到的、小小的、破落的院落，中央電視台拍攝專題片《故宮》的時候，鏡頭覆蓋了這座輝煌的宮殿的角角落落，偏偏放過了這兩個院落，因爲它們「不足爲外人道也」。這兩個院落，一個在西華門附近，官方的名字叫「淨身房」，民間的名字叫「場子」或「廠子」，是宦官做閹割手術的地方；一個在中左門箭亭南邊，叫「懷安堂」，是宦官們保存他們閹割下來的性器官的地方。

關於太監的起源，歷史學家認爲，宦官制度在創建新巴比倫帝國時就已經開始，甚至認爲宦官與古代君主專制同時產生。被譽爲「歷史之父」的希羅多德（Herodotos）指出，使用宦官是波斯人的風俗，他們認爲宦官遠比一般人更值得信賴。古代印度的宮廷中也有大量的宦官，名爲「Hoza」，直到二十世紀初，印度還殘存部分宦官，陳存仁在《被閹割的文明》中提到，「印度政府拒絕把太監視爲特別身分或少數民族，可是也沒有適當的處置方法。」而《聖經·馬太福音》提到，耶穌在現今巴勒斯坦地區傳道的時候，討論到家庭及兩性關係時曾說過：「有生來是閹人，也有被人閹的，並有爲天國的緣故而自閹的。」以上這些地區都隸屬於東方。真正的西方世界，直到希臘文明晚期才有關於「閹人」的記載，而且還是從波斯學來的。今天英文中的 Eunuch 一詞從希臘文沿用而來，《韋氏大詞典》中解釋說：「閹人，原爲閨中之侍從，或宮中之太監。」希臘人從事販賣太監的商業活動，小亞細亞的古都或首都都有高價的波斯人太監出售，希臘參與了此種特殊的奴隸買賣。

以上種種都不足爲道。在「宦官文明」這方面，中國當之無

愧地是世界第一。上帝造出了亞當和夏娃兩種性別，殊不知東方還有個民族，運用他們卓越的魄力與想像，首先創造了一種無與倫比的「第三性」。早在殷商時期，中國便有「寺人」，據研究甲骨文的權威日本學者白川靜考證，甲骨文中有一個字便是用以描述被閹割之後作爲祭品的俘虜。余華青在《中國宦官制度史》提到：「甲骨文還有一段文字記載，當時的商王十分關注閹割術的成敗，以及被閹羌人的死活，顯然是因爲需要術後能夠存活的閹人，以供內廷充役之用。」有了閹割技術，有了君主專制制度，太監制度便應運而生。中國的太監制度不僅歷史最古老，設置最完善，延續時間也最長久。國粹家們確實有驕傲的本錢：沒有哪個國家的宦官有中國這麼多，沒有哪個國家的歷史如此深入地受到宦官的支配，即使是雄踞西亞與「東亞病夫」之中國並列、作爲「西亞病夫」的奧斯曼土耳其帝國亦望塵莫及。

「宦官」一詞，自秦漢以後逐漸成爲閹人的專稱。《禮記》中說：「宦學事師，非禮不親。」古人曾釋「宦」爲「養」：「宦者，養也；養閹人使其看宮人，『此是小臣。』」（《文選・范曄〈宦者傳論〉》注）中國正史爲此類人物作傳，一般名之曰《宦官傳》或《宦者傳》，而更通俗的名稱則是「太監」。太監本爲古代職官名稱，後來逐漸專指宦官。明代設置由宦官負責的二十四衙門，各設掌印太監等，特指高級宦官。清代則以太監作爲全體宦官的通稱。其他的名稱還有「寺人」、「宮人」、「腐人」、「中官」、「貂璫」、「黃門」、「宦寺」、「私白」、「內使」、「宮監」等等，不一而足。

宦官是如何煉成的呢？中國文化中缺少信仰的元素，中國人以歷史作爲信仰的一部分。所以，中國文化的核心是「史官文

化」。但是，在明代以前汗牛充棟的史書中，並沒有關於閹割技術的詳細記載。清代梁章鉅的《浪跡叢談》、吳長元的《宸垣識略》、孫靜庵的《棲霞閣野乘》等書，才出現了如何製造「第三性」的詳細記載。

首先，願意淨身入宮的人，要有一名地位較高的太監援引，憑證人立下契約。各種工作準備就緒之後，便來到「淨身房」。在此有數名「刀子匠」恭候，他們不在宮廷的編制之內，沒有固定的薪水，卻是宮廷認可的專家。他們的職業是製造宦官，其技術是家傳的，秘不示人。手術費是每人六兩銀子，一直負責到完全治好。如果被閹割者實在是太窮，當時拿不出手術費來，可以找保證人作保，待領到宦官薪水後再付清。

被閹割者需要做的準備工作是：先清理大小便，之後在「淨身房」中幽閉三、四天，不吃不喝，免得排泄的穢物沾染手術後的傷口，怕危及生命。「淨身房」的房間密不透風，以便傷口迅速癒合。到了手術那天，被閹割者仰面躺在房中的炕上，兩名助手一名按住被閹割者的雙肩，一名分開他的雙腿。刀子匠則站在被閹割者面前，口念：「後悔不後悔？」重複數次，如見被閹割者有猶豫之色，手術就取消。如果意志堅定，便由擔任介紹人的太監對其宣讀「自願閹割書」，此後手術便開始。

手術過程一般是這樣的：先用白色的繩子或紗布將被閹割者的下腹及腰間上部綁緊，用熱胡椒將陽具附近仔細洗三遍，然後用一根極韌的細絲繫在陽具的盡頭，另一端繫在屋樑之上。這時，刀子匠上場，拿起鐮刀狀的小刀，先用手感覺一下陽具的大小，然後手起刀落，寒光一閃便將陽具及陰囊一起切除。無論怎樣淒烈的慘叫與掙扎，都無力回天了。之後用白蠟的針形栓插入

尿道，傷口則用浸過冷水的紙小心翼翼地包起來。手術完成後，被閹割者由兩名助手扶著在房間裡走動二至三小時，然後才允許躺下。

手術之後三天不許喝水，據說這段傷痛及口渴的時間最是痛苦難熬。等過了三天之後將栓拔出，如果尿像泉水般湧出來，就表明手術成功了。否則便是失敗，只能悲慘地等待死亡的降臨，誰也無法伸出援手。但失敗的個案極少。手術後大約一百天，被閹割者才能痊癒。此後被送到王府學習各種規矩和禮儀，一年之後再進入宮廷，從此開始一段嶄新的人生。畢竟像魏忠賢、李蓮英那樣爬到「一人之下、萬人之上」的高位的太監是萬里挑一的，大部分人都只能在辛勞和催迫中默默無聞以至終了。當然，如果不是遇到天下大亂的時代，宦官至少還可以在皇宮中衣食無憂——這是這個饑餓之國中許多人的最高理想。

中醫雖然拙於手術，卻在閹割手術方面一枝獨秀，遙遙領先於全世界。日本學者三田村泰助在《宦官之秘密》一書中，研究了埃及和印度閹割的方法，其「科技含量」遠遠不能與中國相提並論。古埃及動手術的都是僧侶，先用毛巾包住被閹割者的性器官，再以利刃將性器官及毛巾一起割下，以熱油和草灰止血，以金屬鐵棒插入尿道，再將被閹割者自臍部以下之下半身埋在熱沙中五、六天。據說，這種方法導致死亡率高達百分之六十以上，與中國死亡率幾乎為零比起來真是天壤之別。

至於割下來的陽具，宮廷亦有特殊的安排。唐魯孫在《閒話太監》中記載：手術的過程中，刀子手旁邊的助手快速配合，將離體的殘具用轆轤吊開，以乳香、沒藥一類防腐劑摻拌。然後，擱在一個預先準備好的小瓷壇裡，外面套上一隻楠木匣，匣子上

寫明出家人的姓名、籍貫、年齡、淨身時日、哪位刀子手操刀、引禮太監是誰等等。然後，將這木匣送往所謂的「懷安堂」中列冊編號存放。

宦官們口中所說的「懷安堂」，非「大雅之堂」，而是一座不起眼的、有三間小屋的小小院落。既無匾額，又沒標誌，那就是收藏宦官們殘體的所在。堂屋正中設有兩座牌位，後大前小，後座供的是大勢至尊王菩薩，前座供的是史晨大師。究竟史晨大師是何方神聖？民國初年紫禁城開放，有人遇到仍然在這個院子裡管香火的老太監，詢問之下，他只說是祖師爺，也問不出個所以然。周圍牆壁都嵌有木雕長方小格，整齊劃一，有如寺廟供養的長生祿牌位的格局，一燈如豆，光線晦暗，陰森難耐，誰也不願在屋裡多事瀏覽。這些盒子都置於房間的高處，取「高升」意，以祝福該名太監未來能飛黃騰達，榮登高位。

所以，「懷安堂」就是宦官們的「檔案館」和「資料庫」。太監們精心保存此無用之「寶」，主要有兩個原因：一是當某人獲得晉升的時候，此人必須交驗自己儲存在此的「寶貝」，由上級太監來「驗寶」，否則不能晉升，這是一套相當嚴格的驗證流程。二是太監死後入棺埋葬的時候，還得將這「陳年油雞」取出來，縫合在死者的私處，那份「自願閹割書」也同時在靈前焚化。據說，這樣便可以讓死者「恢復」男兒身分，在陰間有面目見父母，且可瞞過閻王，來世不再繼續當太監。

參觀故宮的人們，通常都會對三大殿的精美絕倫讚不絕口。央視的專題片《故宮》用一貫亢奮的口吻指出：「這裡的磚瓦木石，這裡的色彩，這裡的空間佈局，都昭示著中國人曾經的文明意志和理念。從此這裡開始歷經二十四位皇帝和眾多嬪妃皇子們

的悲喜人生，開始上演中國歷史中許多精彩的瞬間。」然而，人數更多的宦官們的命運卻再次被忽略了。其實，太和殿與淨身房和懷安堂相比，只是「大巫」見「小巫」、只是一座「中看不中用」的紙房子而已。皇朝文明的「精髓」不在三大殿及皇帝居所，卻在「淨身房」與「懷安堂」。對於像黃仁宇寫的《萬曆十五年》主角萬曆皇帝這樣的天子來說，其在位數十年，在太和殿舉行正式朝會不過數次。在萬曆心目中，沒有太和殿倒無所謂，要是沒有「淨身房」和「懷安堂」那可是不得了的——皇帝沒有太監的服侍，一天的吃喝拉撒睡都沒辦法維持。所以，紫禁城是建立在「淨身房」和「懷安堂」的基礎之上，正如帝王制是建立在宦官制的基礎之上。帝國可以一天沒有皇帝，但皇宮不可一日沒有太監。

中國不愧為最偉大的文明古國，漢朝人將處宮刑的地方稱為「蠶室」，這個命名多有創造力啊！顏師古注釋《漢書‧張湯傳》時如此解釋說：「凡養蠶者，欲其溫而早成，故為密室蓄火以置之。而新腐刑亦有中風之患，須入密室乃得以全，因呼為蠶室耳。」李賢注釋《後漢書‧光武帝紀》時亦如此解釋說：「宮刑者畏風，須暖，作窨室蓄火如蠶室，因以名焉。」這個人間地獄被賦予了一個詩意十足的名字，似乎這裡是醜陋的蠶變作美麗的蝴蝶的一處美好居所——這就是中國文化中最卑賤的部分，用最美好的語言為最殘暴的行為進行包裝和點綴。

如此，一個帝制大廈中必不可少的尤物便誕生了。

## 太監與皇帝的共謀

我在古籍中看到過一些年紀不等的宦官畫像，經過比較後發

現：年輕時被閹的太監會逐漸發胖，但肌肉卻柔軟不結實，當然也手無縛雞之力。但是隨著年齡的增長，體重又會持續下降，而且皮膚易生皺紋，往往四十歲的太監看起來就像六十歲的老人一樣。作爲醫生的陳存仁這樣描述其行爲舉止說：「太監的行動異於常人，由於臀部和大腿的皮下脂肪增加，所以他們行動時的重心，由胸移到腰部，像女人一樣，雙腿緊接，腳尖向外呈八字形，步伐短而快。他們的行動，是明顯的身分標誌。」

由於男性生殖器被切除，太監的整個身體機能發生重大變化，便逐漸在外形呈現出來。清代學者唐甄在《潛書》中這樣描繪宦官之外貌：「望之不似人身，相之不似人面，聽之不似人聲，察之不似人情。」爲什麼這樣說呢？唐甄解釋說：「他們長得臃腫，彎曲，好似長了瘻結，鼻子裡呼呼作響，如同牛和豬一樣，因此不像人的身體；他們長著男人的頰骨卻不是男人，沒有鬍鬚卻不是女人，雖然面如美玉卻沒有一點生氣，因此不像人的面容；他們的聲音好像兒童一樣稚細卻不清脆，好像女人一樣尖細卻不柔媚，你說它嘶啞但又能成聲，你說它如猩叫但又能成人語，因此不像人的聲音。」

中國的儒家倫理強調愛護身體是孝道的根基，《孝經》中記載了孔子的一段話：「身體髮膚，受之父母，不敢毀傷，孝之始也。立身行道，揚名於後世，以顯父母，孝之終也。」但是，如此冠冕堂皇、語重心長的教導，卻未能制止纏足和閹割演化的制度與習俗。前者讓佔據中國總人口一半左右的女性，變成「半殘疾人」長達千年之久；後者催生了前仆後繼的太監群體並成爲皇權文化的一大表徵。可見，孔子的話在中國從來就沒有被人當眞，大家只是說說而已，或者需要的時候拿來爲我所用，正如于

345

丹之流在央視「開壇」歪講，將《論語》講成了一部愛國主義的
教材。

　　在太監得勢的時代，民間往往會相應地掀起「自宮潮」。不
僅貧寒子弟紛紛自願閹割入宮，許多小康之家的孩子也忍痛自
宮，以圖仕進。這確實是一條終南捷徑：讀書須受至少十年的寒
窗之苦，自宮卻是一時疼痛而能終身富貴。據《弇山堂別集‧中
官考十》記載：「南海戶淨身男九百七十餘人復乞收入。」南國
邊陲的一個小村子，居然就有如此之多的童男自宮。那麼，整個
國家會有多少自宮者呢？明朝天啓三年，徵募宦官缺額三千人，
結果應徵者多達二萬人。政府想不到竟會有如此多人，一時無
措，不得不增加一千五百個名額，並將剩下的人安置在京郊南苑
的收容所。即使如此，收容所也容納不下這麼多人，許多人不得
不淪為乞丐和偷盜者。沈德符《萬曆野獲編‧丐閹》中記載：「至
有兄弟俱閹而無一選者，以致為乞為劫，固其所宜也。」

　　太監不是正常人。生理的變態必然導致心理的變態，再加上
生活在充滿明爭暗鬥、天天如履薄冰的宮廷之中，他們當中很
少有人能保持心理健康。王夫之在《沿書引義‧舜典四》分析
說：「宮刑施之，絕人生理，老無收養，死無與殯。天罪之鬼，
無人除墓草而奠懷染。故宮者，均於大辟也。且宮刑之後，二氣
內乖，肢體外痿，性情內琢。故閹腐之子，豹聲陰鷙，安忍無
親。」唐甄也指出，太監們既可以表現得很愛人，也可能下毒手
害人；當他們憐憫你的時候流著眼淚說話、當他們憎惡你時，則
斬殺如草。因此，他們的感情不像人的感情。魯迅在《墳‧寡婦
主義》中說：「中國歷代的宦官，那冷酷險狠，都超出常人許多
倍。」在那被《紅樓夢》中的貴妃賈元春稱為「見不得天日」的

地方，太監們肆意發洩變態的性慾、貪慾和權力慾。

　　但是，就是這群生理和心理都殘缺變態的人，卻被納入帝國官僚體系的「正式編制」之中。既然是「宦官」，就是「官」的一部分，就是職責特殊的官。研究宦官制度的學者余華青在《中國宦官制度史》指出：「歷代的宦官，不僅僅是宮廷的奴僕，一般也都同時具有國家官員的身分。宦官制度，已經深深地融合、凝固在中國傳統的君主專制王朝的整個法統之中。」歷代統治者或比附天象，或追溯先人，為宦官的存在尋求合理與合法的依據，如《舊唐書·宦官傳序》說：「至書契已來，不無閹寺，況垂之天象，備見職官」；《魏書·閹官傳序》提到：「夫宮腐之族，置於閹寺，取則天象，事歷百王。」而與宦官階層尖銳對立的士大夫階層，長期以來皆抨擊宦官干政，卻很少有人敢於徹底否定宦官制度。司馬光在《資治通鑑》中說：「夫寺人之官，自三王之世，具載於《詩》、《禮》，所以謹閨闥之禁，通內外之言，安可無也。」他總結了歷代宦官亂政的教訓，卻仍然肯定宦官存在的價值。黃宗羲這個最激烈批判君權的思想家，看到了皇帝與宦官互為表裡、互相寄生的關係，在《明夷待訪錄·閹宦下》提到宦官誕生的根源便是君王的淫欲，「後世之君，視天下為娛樂工具。崇其宮室，不得不以女謁充之；盛其女謁，不得不以閹寺守之。此相因之勢也。」但並未從人道立場推倒整個宦官制度，而僅僅是建議君王適可而止，縮小宮廷、嬪妃及太監的規模，「吾意為人主者，自三宮以外，一切當罷。如是，則奄之給使令者，不過數十人而足矣。」

　　史書記載，唯一從「考據」的角度出發，建議廢除當局宦官制度的人，是東漢時候的襄楷。此一舉動，足以讓其名垂青史。

347

《後漢書·襄楷傳》記載，襄楷上書說「古者本無宦臣」，結果被朝廷以「析言破律，違背經藝」的罪名，而下獄「論刑」。襄楷的下場是可想而知的。君主當然要堅持宦官制度了，宦官自己雖然沒有命根子，宦官卻是皇帝的命根子。既然自詡為「天子」，皇帝就得龜縮在迷宮一樣的皇宮裡，就得跟一般老百姓保持相當的距離——若讓百姓知道皇上也是一個需要吃喝拉撒睡的凡人，那還得了！飛簷斗角的宮廷內，需要一群「絕對安全」的奴僕，一群不至於讓皇帝的嬪妃們受到威脅的奴僕。於是，害怕戴綠帽子的皇帝，便與不能人事的太監「焦不離孟，孟不離焦」，共同成為龐大的帝國大廈中的兩塊基石。

一開始，太監只是為皇帝打理內務，負責後宮的日常運作，屬於「貼身管家」。他們的官職品秩只是具有象徵意義。隨著專制制度的僵化與定型，帝王的性格日益暴虐和多疑。深宮中的皇帝誰也不信任，只信任宦官——儘管宦官並不足以讓他們信任。皇帝便任用宦官來幫助處理帝國龐雜的政務。宦官遂成為「實缺」，其重要性不斷提升，被君王當作牽制以士大夫為主體的官僚集團、控制軍隊甚至掠奪民間財物的工具。皇帝信任宦官，卻不信任士大夫、不信任軍人，甚至連自己的兄弟姊妹、皇親國戚都不信任。這是什麼原因呢？《漢書·石顯傳》說到漢元帝認為：「中人無外黨，精專可信任，遂委以政。」司馬光對宦官亂政的緣由於《資治通鑑·唐紀七十九》做過深入的分析：「宦官用權，為國家患，其來久矣。蓋以出入宮禁，人主自幼及長，與之親狎，非如三公六卿，進見有時，可嚴憚也。……則近者日親，遠者日疏，甘言卑辭之請，有時而從，浸潤膚受之訴，有時而聽。於是黜陟刑賞之政，潛移於近習而不自知，如飲醇酒，嗜

其味而忘其醉也。黜陟刑賞之柄移，而國家不危亂者，未之有也。」對皇帝而言，在外臣面前高高在上，而與宦官朝夕相處，感情親近；對宦官而言，沒有儒家道德的約束，爲了自己的利益，可以察言觀色，投其所好。

　　中國歷史上眞有過一個文武百官都是由太監組成的朝廷：西元十世紀，正逢五代十國亂哄哄，南方有一個小朝廷史稱南漢。南漢高祖有一套自以爲是的治國理論，他認爲一般人特別是士大夫都有妻兒老小，既有妻兒老小，便有私心，不能無私奉獻自己於皇上；而太監「無鳥一身輕」，不會爲後人考量，沒有後顧之憂，必死命效力。《資治通鑑‧後周紀五》記載，傳位到他的孫子劉鋹，更下了一紙文件，曰：凡是朝廷任用的人，不管他是進士還是狀元出身，一律要閹割，方能當官。於是，舉國上下皆爭先恐後地自宮，「凡群臣有才能及進士狀元，或僧道可與談者，皆先下蠶室，然後求進」，這樣便造成了南漢朝廷「顯貴用事之人，大抵皆宦者」的局面。在南漢所控制的一百萬人口中，宦官居然達到兩萬人左右，如此高的比例是空前絕後的。就連專門實行閹割手術的人，亦形成一個龐大的群體，《宋史‧南漢世家》說到，宋將潘仁美滅南漢時，曾「斬閹工五百餘人」。

　　太監禍國，尤以明朝爲最。有明一朝，宦官機構的編制不斷擴大，其職位依統轄內容之不同，區分爲十二監、四司、八局，總稱「二十四衙門」。司禮監有「影子內閣」之稱，其執掌太監權重於首輔大臣。令官民談虎變色的特務機構，全在太監的控制當中：錦衣衛、東廠、西廠、內廠的頭目，清一色的全都是宦官，宦官們組成了「大朝廷中的小朝廷」，正如研究明朝特務政治的學者丁易於《明代特務政治》所云：「明代特務總機關司禮

監既握有政府實權，司禮太監們成了眞宰相。」君權下移，宦官專權，士氣淪喪，百姓悲苦，於是流寇蜂起，天下大亂。因此，在淸初的統治集團中，流行過「明不亡於流賊，而亡於宦官」的說法——見《國朝宮史》卷首淸高宗諭敕。既然官官相護，那麼皇帝之間也要互相庇護。淸朝顚覆了明朝，仍然要給明朝的皇帝留點面子。丟掉明朝天下的，本來就是明朝皇帝自己；儘管宦官助紂爲虐、罪惡滔天，亦不過是「助」而已，宦官並非起決定作用的「敗家子」。

明朝吏治之敗壞，皇帝是首惡，宦官是催化劑，皇帝不能逃避責任。皇帝將國庫當作私人銀行，而太監又將皇帝的財產據爲己有。僅以貪污而論，據明人趙士錦在《甲申紀事》中載，明末李自成進京前，偌大一個明帝國的國庫存銀竟不到四千兩！而魏忠賢被抄家時，居然從他家中抄出白銀千萬兩，珍寶無算，以致崇禎多次痛心疾首地怒斥太監們說：「將我祖宗積蓄貯庫傳國異寶金銀等，朋比盜竊一空。」崇禎的「痛心疾首」既讓人同情、又不讓人同情。讓人同情，是因爲他貴爲天子，卻拿太監沒辦法；不讓人同情，是因爲他自己就是太監頭子，他是棵大樹，太監是在樹上築巢的鳥，倘若同情皇帝，誰來同情太監呢？誰來同情勞苦大衆呢？

太監們「赤條條，來去無牽掛」，故而自私無恥，敢於冒險，既不自愛亦不愛人。王夫之《尙書引義·舜典四》認爲：「刑人並齒於天地之間，人道絕而發已凋、音已雌矣，何懼乎其不冒死而求逞於一朝？而又美其名曰，姑且憐其無用，引而置之官府之間，不知埋下禍根深矣。宦寺之惡，稔於士人，只因其無廉隅之惜，子孫之慮耳，故憫不怕死，何況乎其以淫而在傍君主之

側耳。」船山先生這番推論大抵是正確的，漢、唐、明三代都有皇帝直接或間接地死於宦官之手，還有更多的皇帝成爲宦官的傀儡，這大概是發明宦官制的君王始料未及的吧，正所謂作繭自縛，害人終害己。

## 病梅館與畸人屋中的「文化太監」

　　閹割是文化的死敵，也是文化的一部分。閹割侵迫著文化、吞噬著文化、改造著文化，當閹割內化爲文化的本質的時候，文化便消除了被閹割的焦慮，而在一種特別的快感之中陶醉，如黃永玉所說：「一部文化史幾乎就是無數身體的局部或全部被刨去的行爲史，是由閹割與被閹割兩種不同性質的快感寫成的。」

　　西元前一百多年的司馬遷只不過幫李陵說了幾句話，就被皇帝將卵蛋刨了去，英明神武的「皇上」的價值觀可能跟法國思想家狄德羅（Denis Diderot）所估計的相同。狄德羅在評價法國波旁王朝時說：「在宮廷，『狂歡的工具』從來與政治媲美。」那麼犯了政治錯誤的司馬遷，一生豈非只好以失去「狂歡的工具」以悲苦恥辱而告終？不然。他發憤完成了「通古今之變，成一家之言」的《史記》。

　　從被閹到自宮只有一步之遙，從身體的殘疾到心靈的殘疾也只有一步之遙。當「去勢」是奴隸們必須對奴隸主履行的一項義務時，那些口口聲聲說「先天下之憂而憂，後天下之樂而樂」的聖人們只好裝作沒看見——他們也爭先恐後地加入其中。如果說裝在盒子裡的宦官們的「命根子」，保證了皇帝妻妾們的貞操，那麼大大小小的聖人們對閹割「命根子」的暴行保持沉默，則保證了皇帝們的權力在帝國的各個角落暢行無阻。

太監的數量，在最鼎盛時期的明朝中後期為十萬人左右，如丁易所云「千百衙門，十萬宦官」，即便如此，在天朝大國仍是滄海一粟；然而，宦官制度及其衍生出來的文化模式，卻像一片烏雲一樣，籠罩在天朝的每一寸土地上。帝國需要充當「守護床鋪的人」的太監，更需要一大批守護綱常倫理的太監。前者是顯現的宦官，後者是隱形的宦官，即「文化宦官」。如果說「刀子匠」們的閹割手術只能一個個做，無法大量生產；那麼，「文化太監」則可以用「四書五經」作為模子來大量生產，而每一個「文化太監」又可以對成千上萬的民眾實施愚民教育——那些在帝國的殿堂上風光無限的狀元、學士、弄臣、侍讀，都是「文化太監」。

生活方式和思維方式的「太監化」，是中國知識者的最大特點。培根（Francis Bacon）說，知識就是力量。知識確實是力量，知識如槍炮一樣，關鍵是槍炮口對準了誰。溫文爾雅的士人們不敢監督與批判君權，卻將筆鋒對準腳下如汪洋般的人群——他們在羞辱「引車賣漿者流」的時候最帶勁，因為老百姓沒有話語權可以反擊他們；而用語言文字為帝制大廈添磚加瓦，這一「神聖的工作」，「文化宦官」們更是幹得津津有味。多勞者必多得，他們獲得了朝廷如桃花般絢爛的封誥，比如明朝的宰相張居正去世之後，朝廷下旨在八寶山革命公墓中為他留下的位置是「太師兼太子太師、吏部尚書、中極殿大學士，諡文忠，贈上柱國」，其官銜和虛銜之長，令人目不暇給。

「文化太監」建構了東方專制主義大廈的牢固根基。高蹈如李白，卻汲汲於功業，自以為「我輩豈是蓬蒿人」，但在玄宗眼裡，卻是個連高力士也比不上的玩物。學術大師王國維當過幾

天「南書房行走」官職，便被遺老的身分壓死在昆明湖底。當不當太監，與道德之優劣、人格之高低無關，是一種體制的向心力，一種文化的慣性，並不是哪一個人所能抗拒的。艾森斯塔德（Eisenstadt S.N.）在《知識分子──開創性、改革性及其衝擊》一文中指出：「中國知識分子缺乏自己的組織，因而他們的組織架構幾乎等同國家官僚體系。在行政上，愈是接近權力核心，則用以反抗皇帝的自主的權力基礎與資源就愈少。當教育愈趨專精時，教育的具體活動往往是朝政治──行政制度設計而行。」看來，從教育方法到行政機構的設置，全都不過是「淨身房」的延伸、變形與擴大。孜孜不倦地注釋古書，考證典故，研究音韻，寫作駢文，這一切無異於被閹割了的「文化太監」們拙劣的射精行為。

「文化太監」所製造的知識，只能是「太監知識」。先秦子學、兩漢經學、魏晉玄學、隋唐佛學、宋明理學、清代樸學，無不是圍繞皇權做向心運動，有的軌道離中心近，有的略遠些，沒有本質的區別。無論學術內容怎麼變，士人的終極理想仍未超越升官發財、為帝王師之模式。「史」的目的是「資治」，「文」的目的是「助興」，兩千年的人文傳統是畸形、單一和片面的。所謂學富五車、德行高尚者，「禮樂兵農不務，即當世之刑名錢谷，亦懵然惘識，而搦管呻吟，自矜有學」。這種毫無用處的「學」，不是「太監知識」又是什麼呢？清人李剛主《恕谷集‧與方靈皋書》批評蛻化的儒學說：「宋後二氏學興，儒者浸淫其說，靜坐內視，論性談天⋯⋯而至於扶危定傾大經大法，則拱手張目⋯⋯當明季世，朝廟無一可倚之臣，坐大司馬堂批點《左傳》，敵兵臨城，賦詩進講，覺建功立名，俱屬瑣屑。」喜歡「太

監知識」的惟有皇帝一人。宋代的開國皇帝趙匡胤，計畫用「乾德」當作年號，一位「文化宦官」趕緊誠惶誠恐地告訴他說，五代時蜀國有個亡國之君也用過這個年號，恐怕不太吉利。趙匡胤遂重賞此人，並深有感慨地說：「以後宰相必須用讀書人！」這就是君王們重視讀書人的原因！而「文化宦官」們自然對這位英明君主如此重視「宦官文化」感激涕零。

經歷了康熙、雍正、乾隆幾朝的文字獄之後，士大夫階層徹底宦官化，他們的脊梁被打斷，他們的心靈被扭曲。愈是英明神武的帝王，愈是以打擊、玩弄、折磨知識者為樂。知識者身上承載的「道統」，威脅到了皇帝掌握的「政統」。帝王企圖將君王和祭司兩種身分合二為一，便不能容許士大夫把持意識形態的闡釋權，便不能容許帝國之內的任何居民保持人格獨立。康熙十五、六年間，湖北人朱方旦著書兩部，講修養身心，練氣聚功。朱認為，腦是人體最重要的部位，人的意念、思想、記憶均藏在腦子裡，並從那裡釋放出來。這個觀點與當時佔正統地位、受統治者支持的理學有所差異。理學將「心」看成萬物本源，所謂「聖人之學，心學也」。儘管朱方旦的設想更加符合近代科學的走向，卻因為與統治階級的意識形態發生齟齬，而導致殺身之禍。康熙二十年，大臣王鴻緒上疏參劾朱方旦「詭立邪說，煽惑愚民，誣罔悖逆」。康熙一看王之著述，雖然沒有任何挑戰其統治地位的地方，他卻不能讓老百姓自由思考，即便是形而上的思考。第二年，經康熙御批，朱方旦被斬，其著作「盡行銷毀」——在這個「普天之下，莫非王土；率土之濱，莫非王臣」的「動物農莊」裡面，還是老老實實地當個太監吧。

就在喜歡胡思亂想的朱方旦被康熙大帝下令斬首的同一年，

明末清初在思想啟蒙上走得最遠的大儒顧炎武黯然辭世。他沒有看到中國出現文藝復興的苗頭，反倒發現中國文化陷入了「太監文化」之深淵。也在同一年，即西元一六八二年，清教徒威廉·佩恩（William Penn）在北美建立了宗教上寬容、對印第安人友善的賓夕法尼亞殖民地；德國化學家貝歇爾（Johann Joachim Becher）發現煤氣可以燃燒，英國天文學家哈雷（Edmond Halley）根據牛頓力學測算出彗星的週期；法國戲劇家莫里哀（Molière）發表了著名的喜劇作品《太太學堂》；第一份德國科學雜誌《德國化學學報 Chemische Berichte》在萊比錫出版。兩個世界各自按照自己的規則運行。一百多年之後，當這兩個世界相遇的時候，其結果便可想而知了。

許多人都讀過《聊齋誌異》和《儒林外史》，一個個精神被閹割、思想被閹割的讀書人栩栩如生地站在我們面前，令人不知是「怒其不爭」好、還是「哀其不幸」好？為了有出頭之日，士子們只能讀死書、死讀書，以求科場中舉，青雲直上。然而，不少人皓首窮經，讀了一輩子書，卻在科場上一無所獲。而科舉不中，一切努力就全都如一江春水付諸東流。士子四體不勤，五穀不分，根本沒有其他的謀生能力。落第者固然讓人憐憫，成功者是否就揚眉吐氣了呢？無數讀書人羨慕的狀元郎，是否就具有健全的人格呢？

我在《明狀元圖考》中看到明朝狀元丁士美所撰的謝恩表。由華美的文辭可想見其才情，由古雅的典故可想見其淵博，最精彩的片段如下：「奎曜天開，萬國仰文明之象；乾符聖握，一人操製作之權。荷大造以相容，愧凡才之並錄。茲蓋伏遇皇帝陛下，道備君師，德侔天地。尊臨華夏，普六合以咸寧；仁者黎

元，無一夫之不獲。至敬恒持於夙夜，淵衷每救于時幾。神聖獨隆，猶切永賢之念；雍熙見洽，尚勤望治之心。……京兆送歸，南宮賜宴。冠袍特賜，出尚方玲瓏之奇；楮鏹均頒，布內帑寶元之富。臣等仰龍宸而戴德，極知覆載之難名；趨列以觀光，何幸照臨之孫遜。敢不勉行幼學，誓勵初心，斯不負於登廷，庶少申於報答。伏泉建中三極介福萬年。文運與國運並隆，地久天長，永撫亨昌之祚；臣心體君而共濟，景從雲附，載賡喜起之歌。」當時的皇帝是誰呢？就是以荒淫昏庸著稱的嘉靖皇帝——那個迷信道教、差點被宮女勒斃的傢伙。這個狀元郎卻不管他三七二十一，馬屁拍得震天響。所謂「文運與國運並隆」、「臣心體君心而共濟」，就像一隻哈巴狗向主人撒嬌。如果說閹割陽具是太監入宮的通行證，那麼閹割精神則是士人入仕的通行證。

《明史》中記載，丁士美爲廩生時，年齡尚小。依據當時規定，凡爲廩生者，官府皆每月供給廩米六斗。一些年齡較大的廩生欺丁年少，把他的廩米全部分掉。他依然和顏悅色，沒有一些不樂意。《明史》據此稱讚丁士美爲人「縝密端重，以道義自持」。我弄不清楚他所持的人是什麼樣的「道義」——一個不懂得保護自己權利的人，必不會保護他人的權利；一個以忍辱負重來獲取令名的人，必不知人格尊嚴之可貴；一個對黑暗安之若素甚至與之共謀的人，必不會期望光明的到來。丁氏之所以能夠當上狀元，當然不是買彩票中了頭彩，不是婚禮上接到了新娘扔出的彩球，乃是因爲他早已千錘百煉，具有狀元的基本素質，符合狀元身分的「硬指標」。與金庸武俠小說《笑傲江湖》中「葵花寶典」的要求「欲練神功，揮刀自宮！」一樣，在中華帝國的科舉考試中，「若要鼎甲，揮刀自宮。」

　　丁士美這樣的狀元，爲中國文化貢獻了哪些有價值的成果呢？當「太監文化」被頂禮膜拜，「太監人格」被內化爲一種集體無意識的時候，這個民族就變成了一個沒有個體、沒有面目、閱兵式上的巨大方陣——這是一群穿皮袍的人、穿絲綢的人、穿麻布的人以及沒有東西可以穿的人，他們的生存狀態千差萬別，有一點卻是一模一樣的：他們全是半人半鬼、半陰半陽、半截子在地上半截子已經入土的太監。自我閹割與被閹割是一枚金幣的兩面，中國人只有這兩種選擇之一，不管你是帝王將相、還是文豪大師。當晚清詩人龔自珍發現四周都是「無形之殺戮」的時候，在《乙丙之際箸議第五》憤怒地譴責統治者對士大夫的戕害：「戮之非刀、非鋸、非水火：文亦戮之，名亦戮之，聲音笑貌亦戮之……戮其能憂心，能憤心，能思慮心，能作爲心，能有廉恥心，能無渣滓心。」在龔自珍眼中，整個的中國，就是一個「病梅館」，就是一個「畸人屋」。

　　柏楊在《醜陋的中國人》裡說過：「中國傳統文化的特點就是效忠文化，效忠文化的最大特點就是要求人們如何當好奴才，至於人們是否道德、是否理性則是次而再次的事情。效忠文化必然塑造出極端的奴才來。」統治者的險惡用心得逞了。士大夫們只能全盤接受被閹割的命運。他們未能改造社會，卻爲制度所扭曲。艾森斯塔德指出：「中國知識分子各式各樣的創造活動衝擊了一般性文化，而且相當高的程度上持續地形塑了中國文化。其次，對社會制度架構的建立也產生了深遠的影響。然而，他們成爲政策聯盟的一員，喪失了大部分權力基礎，也喪失了從既存制度結構中改造的機會。」讀書是爲了做官，做官是爲了發財；做不了官便隱逸，隱逸則是爲了更快地成名——無論體制內還是體

制外，士人都以現存體制爲價值參照系，不可能成爲眞正意義上的「反體制」的力量。

## 天閹治國與舉國天閹

天閹，亦稱天宦、隱宮，意思是男子先天性陰莖短小，甚至缺如；或是非男非女的陰陽人。據元代陶宗儀《南村輟耕錄·卷二十八》記載：「黃門：世有男子雖娶婦而終身無嗣育者，謂之天閹，世俗則命之曰黃門。」《欽定古今圖書集成·醫部匯考二百》記載：「天宦者，謂之天閹。不生前陰，即有而小縮，不挺不長，不能生子。此先天所生之不足也。」中國歷史上有名的患者是漢哀帝、漢武陽侯、晉廢帝海西公、北齊臨潼令李庶、隋大將軍楊約、宋朝太尉高俅等。近代以來，以天閹之身而榮登首輔之位的，晚清有翁同龢，中華人民共和國則有周恩來。閹人治國，表面上注重道德教化，做出愛民如子的姿態；骨子裡卻以陰柔爲旨歸，以權謀爲脈絡，算計精明，冷酷到底。此等閹人，非但不能使得國家走向大治，使民衆獲得安寧，反倒使得國破家亡，民不聊生。

徐一士之《凌霄一士隨筆》記載，清代刑部尚書潘祖蔭和帝師翁同龢同爲天閹：「潘祖蔭有潔癖，不與其妻同寢處。……據云：尚書天閹，與翁常熟同。……同光間潘翁齊名，號爲京朝清流宗主而竟複同爲天閹，斯亦奇矣。」翁同龢是咸豐朝的狀元，狀元即爲「天子門生」；他後來先後做了同治、光緒兩位皇帝的老師，又堪稱「門生天子」。雖然他沒有在地方從政的經歷，更不曾在同光中興中有過值得稱道的貢獻；既不曾平定洪楊之亂，又不曾興辦洋務；卻因爲「天子門生」和「門生天子」的特殊身

358

分，進入中樞，位列軍機。

翁同龢確實很有學問，也是一個名副其實的大書法家，但他的學問藝術與國計民生無涉。到了清末，支撐專制王權的儒家文化全然敗壞，到了病入膏肓的地步。以天閹而爲狀元、爲帝師、爲軍機，這本身就說明朝廷的「潛規則」是任用宦官的同類，任用與宦官有同樣性格、心志和處事方式的人物。翁同龢是「宦官文化」打造出來的一個精品：他道貌岸然，看上去似乎是一名純樸的書生，卻在相當長的一段時間內，身處南派北派、漢人滿人、后黨帝黨的激烈紛爭中而巋然不動，這不是沒有理由的。當時，許多人便評價翁同龢說，「爲人好延攬而必求其爲用，廣結納而不能容異己」、「人多以其爲深沉，其蹉跌亦因此而起。——金梁《四朝佚聞》」翁身爲天閹，沒有子孫，就連過繼的養子也夭折，所以其行事爲人愈發偏狹冷酷，陰損苛刻。

甲午朝鮮事起，翁同龢和清流派盡力鼓吹戰爭。翁主戰，不是忠心爲國，乃是因爲與李鴻章有個人恩怨。李鴻章當年代曾國藩寫奏摺彈劾翁之兄長、棄城逃走的翁同書，從此兩人結怨。翁明知北洋不敵日本，也要鼓動朝廷對日宣戰，讓北洋丟盔卸甲，讓李鴻章名聲掃地。翁同龢的門生、後來擔任袁世凱顧問的王伯恭在《蜷廬隨筆》中記載說，他特意從天津到京城，勸說翁同龢不要輕易言戰。翁則笑他書生膽小。王曰：「臨事而懼，古有明訓，豈可放膽嘗試？且器械陣法，百不如人，似未宜率爾從事。」翁則曰：「合肥治軍數十年，屢次平定大亂。如今北洋海軍如火如荼，豈不堪一戰耶？」王謂：「知己知彼者，乃可望百戰百勝。今確知己不知彼，如何能夠取得勝利呢？」翁言：「我正是要試一試北洋的好壞，才有整頓他們的理由。」最後一句，

359

簡直將國家興亡當作兒戲，難怪黃濬在《花隨人聖庵摭憶》中評論：「國人恒喜詆所不喜者賣國之名，國固未嘗有人賣，臨事喜遷延，喜虛驕，一誤再誤，誤國之弊，十倍於流俗所謂賣國者，而國人反瞠目不敢言。」

翁同龢擔任戶部尚書期間，克扣海軍軍費，迎合慈禧修頤和園之舉。他在奏摺中主張，北洋海軍「十五年之內不得添置一槍一炮」，在日記中亦記載了「昆明湖易渤海，萬壽山換灤陽」之黑幕。他卻偏偏逼李鴻章開戰。胡思敬在《國聞備乘》中記載了翁李的一段對話：翁問及北洋艦隊之戰況，李「怒目相視，半晌無一語」。良久，李反問：「師傅總理度支，平時請款輒駁詰，臨事而問兵艦，兵艦果可恃乎？」翁對曰：「計臣以撙節為盡職，事誠急，何不復請？」李憤然答曰：「政府疑我跋扈，台諫參我貪婪，我再嘵嘵不已，今日尚有李鴻章乎？」翁氏為之「語塞」。高陽的《翁同龢傳》對翁多有袒護，指出：「在和戰的問題上，翁同龢主戰的態度始終不變，所變的是偏離了他的原則。……及至明知事不可為，而為了自己名聲執持如故，變成『為主戰而主戰』，實不能不謂之誤國。」

一八九八年五月末，當時的首席軍機大臣、恭親王奕訢病重，慈禧攜光緒帝去恭王府探視。光緒帝與恭親王單獨交談時，談到即將實施的新政。恭親王問及主持新政的人選，光緒帝答是翁同龢。恭親王卻說：「是所謂聚九州之鐵不能鑄此大錯。」光緒沒有聽從恭親王最後的勸告。果然，若不是翁首鼠兩端，處置失措，戊戌變法必不至以流血告終。一八九八年六月十六日，翁被免去一切職務，逐回原籍。這是光緒看透了老師的本色後的決絕之舉，而非來自慈禧的逼迫。對此，王照作詩一首：「當年

熄灶壞長城，曾賴東朝恤老成。豈有臣心蓄恩怨，到頭因果自分明。」其下注曰：「及翁之死，慶王爲之請恤，上盛怒，歷數翁誤國之罪，首舉甲午之戰，次舉割青島。太后不語，慶王不敢再言，故翁無恤典。」

百年來，中國有兩名天閹當政，雖非把持最高權柄，但對政局具有舉足輕重之影響力。翁同龢之誤國，比起周恩來之害國，又是小巫見大巫了。周恩來研究專家高文謙在《晚年周恩來》一書中分析說：「翻開中國現代史，周恩來的名字始終是和毛澤東的名字連在一起的。……如果說毛是掌舵的，是主宰，是精神領袖；那麼周則是執行者，是首輔，是內政外交的大管家。正是所謂『謀事在毛，成事在周』。」毛是狂想者，周是實幹家。毛如潑猴，周如老牛。毛之殺人計畫有賴於周的精心實施。可以說，如果沒有周的全力支援，在好幾場你死我活的黨內權力鬥爭的關鍵時刻，毛不可能大獲全勝並逐漸走上神壇；如果沒有周的通力配合，毛一個人單獨作惡亦不可能達到惡貫滿盈、人神共憤之地步。

毛一生中先後打倒了若干心腹、戰友、助手，卻一直沒有將周幹掉。這正說明周對毛具有不可或缺之價值。毛可以打倒彭德懷、劉少奇、林彪，卻無法將周打倒。非不能也，乃不爲也。好幾次周已經被毛逼到了粉身碎骨的邊緣，道貌岸然的「周公」即將重蹈彭、劉、林等人之覆轍，但毛仍然在最後一刻伸出手將周拉回來。並非毛不忍心，更非毛周之間有特殊的情誼，而是因爲一旦周垮台了，毛便失去了大內總管，黨政軍體系的運作都將失靈。其實，毛的內心深處對周懷有極深的怨毒。當周一死，毛立即命令身邊的侍從在中南海中放鞭炮以示慶祝。

周恩來也知道鳥盡弓藏、兔死狗烹的道理。一九七五年六月間，在癌細胞的吞噬下，周已經瘦得皮包骨，體重只剩下六十一公斤，即將油盡燈枯。自知不久於人世，他在病榻上強撐著起來，用顫抖的手提筆給毛寫了一封信，回顧反省了自己的一生，信上說：「從遵義會議到今天整整四十年，得主席諄諄善誘，而仍不斷犯錯，甚至犯罪，眞愧悔無極。現在病中，反覆回憶反省，不僅要保持晚節，還願寫出一個像樣的意見總結出來。」卑躬屈膝之態，宛如太監對君王，宛如小妾對老爺。周之對毛，始終曲意奉承，唾面自乾。明知毛的暴政殺人無數，禍國殃民，他亦全力維持，因爲他與毛早已被綁在同一輛戰車上。

「延安整風」是毛奪取全國政權之前鞏固黨內權力的一次重大政治運動，周亦是打擊和整肅的物件。在一九四三年十一月底的一次中央會議上，周恩來向毛澤東沈痛檢討，突然向毛下跪，連聲說：「我認罪，我認罪。」毛一驚，厲聲罵道：「你這不是罵我是封建皇帝嗎？」毛的私人醫生李志綏在回憶錄中寫道，五、六零年代，他多次親眼見到周親自爲毛的出行部署警衛，直接就跪在毛的身邊，指著桌子上的地圖一一爲毛解釋。周與其說是丞相，不如說是宦官。當年，周在黨內的地位一度高於毛，但他嘗試掌握最高權力，發現自己根本無力控制這個流氓國家和流氓黨，故不得不向毛輸誠，擁戴毛爲偉大領袖，甘心作毛的副手。毛的軍功章裡都有周的一半。

學者李劼以「嚴父」和「慈母」比喻毛周關係，殊爲妥貼。李劼指出：「中國的所謂帝王之術有霸道和王道之分，兩者相輔相成；而中國家庭中的父母形象也正好是這兩種角色互補；由父親施行暴政，由母親施行仁政，前者是陽剛的，後者是陰柔的；

前者雷厲風行，後者和風細雨。這種家庭結構與政治行為的對稱性，在一九四九年以後的毛澤東──周恩來的政治模式的構成上得到了完美的體現。」如果周不是天閹，則不能成功地扮演此種角色。身體完整的人，血氣尚存的人，不會像周那樣一輩子都「沒脾氣」。即便是對毛一貫隱忍的林彪，也有忍無可忍、奮力一搏的時刻，寧願折戟沉沙，也不願受毛胯下之辱；而周在肉體上失去了陽具，在精神上失去了自尊，任由毛為所欲為，此種低姿態反倒讓毛即便想整肅他，亦無從下手──畢竟蒼蠅難叮無縫的蛋。

李劼敏銳地觀察到周的天閹身分與政治角色之間的必然聯繫：「與毛澤東少時所受的那種中國式的父性教育不同，周恩來幼時在兩位知書達禮的中國式母親的培育和薰陶中長大，因此自小養成一種陰柔氣質，以至在五四「文明戲」時代，他在舞台上扮演的竟是女角。事實上，周恩來一生所扮演的都是這個角色。每當那個父親將那些不馴順的子民痛打一頓之後，總由這位『母親』出場作溫存的撫慰。中國式的家庭與中國式的政治由此獲得了有史以來最為完美的結合。」若沒有周所起的撫慰與麻醉作用，國人對毛的崇拜何須等到林彪叛逃才破滅？而國人對周的好感，至今猶存。此種「閹臣」的人格模式，已然深入國人的潛意識之中。

## 莫將「閹割」當「洗澡」

在中國知識分子看來，所謂「知識」，便是「應帝王」的本錢。沒有純粹的知識，便沒有純粹的知識者的人格。中國哲學玄之又玄，歸結到一點都是自閹與自慰之術而已，無論是讀《老子》還是《論語》，都讓我覺得陰風慘慘，透體生涼，絕對找不到讀

古希臘羅馬經典著作，如《亞里斯多德全集》時的那種感覺——清晰的邏輯、嚴密的體系、超乎於功利之上對知識單純的渴求，那一切都充滿了陽剛之氣，令人感到一種特別的溫暖。我想起美國知名的部落客、科技作家多克·希爾斯（Doc Searls）論述知識分子本質的一段話：「在每個社會裡，總有一些對神聖的事物具有特殊的敏感，對他們所處的環境的本質和引導他們的社會規律具有不尋常的反思能力的人。在每個社會都有少數人願意經常苦思冥想一些象徵性的事物，這些事物通常超越了日常生活的具體情況，並且在時間和空間兩方面都很遙遠。這些少數人有一個需要，需要把這種追求，表現在真摯的筆下對話中、詩歌中、雕塑中、歷史回顧和寫作中、儀式操演和崇拜活動中。」令人遺憾的是，中國恰恰少了這種未被宦官化的知識分子。

既然魏連殳、范愛農們都逃脫不了太監化的命運，那麼阿Q、華老栓們更是無知無覺地生活在這個龐大的「蠶室」裡。記得父親講過一個小故事，文革開始的時候，他還是一名大學生。午膳時，十幾個同學圍著一張大桌子進餐。值日生端來一盤白菜湯，同學們都注意到湯裡例外地漂著一片肥豬肉。儘管人人都直嚥唾沫，但在舀湯的當兒，大家都格外小心，提防著不要舀上那片肉。一個同學一不留神，把豬肉片盛到自己的碗裡了。就在他把肉片倒進碗裡的一剎那，他發現了自己的錯誤，兩眼瞪著那塊小肉片，臉上頓時蒼白無人色。當天下午，團支部書記找他談話，他痛心疾首地檢討了貪吃豬肉的資產階級思想。這個同學本來是班上的積極份子，黨組織發展的物件，因為錯舀了一片肉，往後每次積極份子的活動都沒了他的份。他則沉溺於貪吃豬肉的深刻內疚中，鬱鬱寡歡，一蹶不振，性情大變。

一個一片豬肉便可以改變一個人性格的環境，是「過分控制」的環境，按照心理學家佛洛姆（Erich Fromm）在《當代人的困境》中的分析，這樣的環境「削弱臣服者的獨立性、人格的完整性、批判性的思想和創造生產性。這並不是說它不會供給人們種種娛樂與刺激，而是以限制人格發展的那些娛樂與刺激爲限，它儘量少提供有助於人格發展的東西」。這就是一九四九年之後的中國，處處皆是「淨身房」與「懷安堂」，處處皆是「病梅館」與「畸人屋」。文革中爲什麼會有那麼多瘋狂的暴力行爲呢？究其原因，是因爲精神的極度貧乏產生致命的無能感，而無能感正是虐待狂症發生的主要來源。喪失了性慾的太監發展其攻擊性的性慾，而喪失了精神自主性的大眾則將懲罰當作快樂。

整個民族的內傾性、自虐性的病態人格，主體性與獨立精神的空缺，與千百年來以性壓抑爲根基的倫理機制緊緊相連。心理學家賴希（Wilhelm Reich）在研究法西斯主義群眾心理時指出，性壓抑產生僵化的性格，導致病態的榮譽、義務和自制的觀念，磨滅了人因經濟壓迫而產生的造反慾望。「性禁錮大大改變了在經濟上受壓迫的人的性格結構，以致他的行動、感覺和思想都違背了他的物質利益。……人在扼殺自己的生殖職能的過程中已在血漿上僵化了。」該理論同樣適用於東方專制主義的中國。賴希的觀點可以用一句粗俗的話來概括：生殖器就是自由的源泉。這一眞理，中國的皇帝們再昏庸也明白，再不懂得治國也會抓住這一法寶；所以，毛澤東將鐵血的革命倫理與禁慾主義（當然，他自己除外）融合在一起灌輸給人民。賴希認爲，「自由」指的是每個人爲了以合理的方式塑造個人的、職業的和社會的存在而承擔的責任。那麼，中國人之所以不需要自由，是因爲中國人沒有責

任感。而中國人之所以沒有責任感，是因為中國人喪失了生殖器。

　　拒絕接受權力有形無形之閹割的中國知識分子，可以說寥寥無幾。傅斯年便是其中之一，他將北大的薪火帶到了台灣大學。抗戰勝利之後，傅斯年被國民參議會推舉為訪問延安代表團的五名代表之一。在整個代表團中，傅斯年是唯一的清醒者。他看到了昔日王實味在延安所看到的一切，而與他同行的其他幾人無不對毛俯首貼耳。他痛斥同行的人沒有出息，說：「章伯鈞是由第三黨歸宗，最無恥的是黃炎培等，把毛澤東送他們的土織毛毯珍如拱璧，視同皇帝欽賜飾終大典的陀羅經被一樣。」傅斯年當面毫不客氣地對他們說：「你們把他看作護身符，想藉此得保首領以歿嗎？」後來章、黃二人在中共的治下結局果然都相當悲慘。

　　一九四九年之後，全民大閹割的計畫漸次展開，首要物件便是那些追求「自由之思想、獨立之精神」的知識分子。在反胡風、反右、文革之前，有兩場幾乎同時進行的「集體閹割」行動，一是思想改造運動，二是院系調整。思想改造運動初步清除了近代以來中國知識分子普遍遵從的自由主義思想，而以「忠黨愛國」、「順服聽話」的中國式馬列主義原則取而代之；院系調整則將民國時代的數十所私立大學和教會大學一網打盡，將大學全部納入黨的控制和管理之下，至此中國不再有蔡元培所倡導的「思想自由，兼容並包」的精神。

　　為了活命，許多博學鴻儒只能乖乖接受改造。即便善於見風轉舵的馮友蘭，也好不容易才過關：馮友蘭在清華文學院範圍內做思想檢查，幾次下來，群眾「反應很好」，領導卻認為「問題嚴重」、「不老實交待」。一天，金嶽霖去看馮，安慰之後突然很激動地說：「芝生，你問題嚴重啊！你一定要好好檢查，才能得

到群眾的諒解。」馮回答說：「我問題嚴重，問題嚴重……」這時金上前幾步，抱住馮，兩顆白髮蒼蒼的老人的頭緊緊地偎依在一起，眼淚和鼻涕齊下。此種痛苦，比起入宮前在淨身房中接受沒有麻醉的手術的準太監來說，何輕之有？

思想改造運動，美其名曰「割尾巴」，而不是「割陽具」。燕京大學校長陸志韋，畢竟是一名受過西式教育的基督徒，在批判大會上無法忍受此種差辱，急得要用頭撞牆自殺，幸虧被教務長、歷史學家翁獨健一把抱住。燕大宗教系主任趙紫宸則「與時俱進」，在會上大肆辱罵他的主內弟兄和對他關懷備至的前校長司徒雷登，斥之為美國間諜。他自稱雖然年邁，不能如同野馬般奔馳，但能像駱駝一樣步步前進，希望大家能給他進步的機會並一起來監督之。由此可見，趙紫宸業已丟棄了他昔日熱愛的基督信仰和世界觀。

像錢鍾書和楊絳那樣比較早就「知趣」的人物，輕描淡寫地將「閹割」當作「洗澡」，甚至還「洗」得不亦樂乎。後來，楊絳出版了半是自傳半是小說的《洗澡》一書，以優雅之文筆寫慘痛之思想改造，並炫耀其「靈魂脫殼」的本領。其實，對於大部分試圖保存一點面子的知識者而言，這場「洗澡」是用眼淚來「洗」的。將如此殘暴的「精神閹割」當作若無其事的「身體洗澡」，這種轉換過於涼薄、過於油滑和過於聰明了。所以，常常作貴族狀的錢鍾書和楊絳夫婦，不過是穿上了西裝革履的「趙本山」而已。「洗」完這場「澡」之後，還有何尊嚴與面子呢？從今以後，黨叫幹什麼就幹什麼。痛過之後，他們又快樂了──螺絲釘也有螺絲釘的快樂。

文革興起，早已成為驚弓之鳥的老教授們，當接到加入「梁

效」寫作班子、爲今上編寫歷史讀本，爲皇后侍講古典文學的命令的時候，誰敢不從呢？馮友蘭、周一良、魏建功、林庚等學識淵博的教授便成了「商山四皓」。往事並不如煙，如今重提往事，確實令人難堪，令先生們的學生及學生的學生難堪。然而，難堪與事實眞僞無關，它再次提醒我們：爲了生存或更好的生存下去，必須付出精神的殘疾爲代價。四位老人參加「梁效」的情況各不相同，有的積極主動，有的半推半就，有的被逼無奈。虐殺被合法化了，被虐殺也被合法化了，指責哪個人「晚節不保」是毫無意義的，正如指責泥鰍爲什麼要生活在污泥中。我所思考的角度是：污泥究竟是如何讓泥鰍適應它，甚至一刻也離不開它的？

最近我讀到了一本奇書，是由詩人郭小川的子女參與編輯的《檢討書——詩人郭小川在政治運動中的另類文字》。那個年代的中國人，沒有不曾寫過檢討書的；那個時代的文化名流，沒有一個所寫的檢討書不是汗牛充棟的，卻從未有過這樣一本「檢討書集錦」。由此，我對郭小川子女的敬重超過了對郭小川的敬重，那麼多名人之後，將他們的生命用於爲父母塗脂抹粉、打造「高大全」的形象，而郭家的後人卻敢於將父親的陰影呈現出來，在編纂全集的時候毅然決然將這些「不爲人知」的文字也一併收錄，「正因爲是痛史，所以更不應該被遺忘。」郭小川的女兒郭曉惠在前言中寫到：「父親的這些檢討書，從內容上看，是一個主動辯解，到違心承認，再到自我糟踐的過程。爲了解脫過關，不得不一步步扭曲並放棄自己的人格立場。從這一過程中，我們可以清晰地看到，一個人的精神是怎樣在這種『語言酷刑』的拷訊之下，一點一點被擊垮的。」郭小川如是，誰又能夠例外呢？

宦官的時代還沒有過去。一個冬日的黃昏，我騎著自行車沿著皇城根兒（皇帝住的地方）趕路。疲憊的太陽斜掛在角樓上，幾個縮頭縮腦的老頭在護城河邊聊天，厚棉襖包裹下的是一顆顆怡然自得的心。我忽然想起老舍的《四世同堂》來，這座古老的城市，這個古老的國家，在蹂躪、在踐踏中生存了下來，但卻只剩下一副殘缺的身軀。一切都在過去，一切都在重演。一些醜陋的面孔在微笑，一些美麗的面孔在流淚。夢還得做下去，只有在夢裡才不知身是客。時間打磨著鮮活的記憶，空間定格著飛揚的想像，無處逃遁，無從掙扎，無法改變。

魯迅說，這是一間黑屋子，滿屋子是熟睡的人們。

我則說，這是一間大蠶室，滿屋子是麻木的宦官。

一九九七年初稿
二零零九年二月十日二稿

附記：本文是我在大學三年級時完成的一篇長文。收錄於一九九八年出版的處女作《火與冰》時，原名《太監中國》被編輯改為《中國太監》。兩個名詞的順序一經顛倒，含義則迥然不同。為躲避中宣部的審查，這樣用心良苦、文字技巧之高，讓我不禁嘆為觀止：這難道不是一種殺人不見血的閹割之術嗎？後來，我重新修改這篇文章，篇幅擴充了許多，等到在台灣水牛出版社出版足本的《火與冰》時，終於讓全文一字不漏地跟讀者見面了。

# 優孟中國

何況到而今，即早生盛世唐虞，不過及身觀夢幻；
明知終一散，剩片刻當場傀儡，自將苦口入笙歌。

——清末百日維新著名人物／譚嗣同

　　小時候，奶奶經常帶我去看川劇。家鄉有一個小小的縣級川
劇團，演員們定期在縣城中心一個簡陋的劇場裡演出。小小的
我，既看不懂複雜多變的劇情，也聽不懂悠長迴旋的唱腔，剛開
始時還被舞台上絢爛的佈景和鮮豔的戲服所吸引，不久就在奶奶
的懷裡睡著了。一覺醒來，天色已黑，場地裡滿地都是橘子皮和
瓜子殼。奶奶背著我回家，慢悠悠地走在長長的青石板路上，一
路上還自得其樂地哼著劇中熟悉的唱詞。

## 中國人都是「會做戲的虛無黨」

　　有一位與母親同齡的鄰居阿姨是川劇團的一名團員。本來我
不知道她的身分，母親偶然告訴了我，當我知道這個小小的「秘
密」之後，觀察這位阿姨的眼光就悄悄地發生了細微的變化。以
前，在我的眼中，這位阿姨跟母親一模一樣，都是普通的家庭婦
女；此後，在我眼中，她卻成了一個從舞台上走下來的人，一舉

手、一投足之間，都像在演戲。我開始與這位阿姨保持一定的距離，她就像鏡子裡飄忽不定的影子，給我一種虛幻縹緲的、極不真實的感覺。每當她拎著一個菜籃子上街買菜的時候，我就感到困惑不解：像她這樣的人，還用得著去買菜嗎？戲裡的人物，難道也得像我們這些凡夫俗子一樣吃飯？

這是孩子的思維方式。在孩子心目中，演員們都是傳奇人物，個個是聰明絕頂的人。他們高居於日常生活之上，悠然注視著舞台下的大眾；他們能夠記住鏗鏘的台詞，彷彿把整個世界都掌握在手中。孩子不滿足於貧瘠單調的現實生活，因而對舞台充滿熱切執著的渴望。父親最早教我念的對聯，便是戲台上的對聯——「戲台小天地，天地大戲台」、「上場應念下場白，看戲無非做戲人」、「做戲何如看戲樂，下場更比上場難」。看似淺白，內中的哲理卻頗為深奧。這些道理需要等到孩子飽經風霜之後才能領悟。

很多年之後，當我讀莎士比亞的劇本時，在《李爾王》和《馬克白》中讀到了兩段話，頓時像被閃電擊中一樣，明白了戲劇之於人生的意義——「當我們生下地來的時候，我們因為來到了這個全是些傻瓜的廣大舞台上，所以禁不住放聲大哭。」、「人生不過是一個行走的影子，一個在舞台上指手畫腳的拙劣的伶人，登場片刻，就在無聲無臭中悄然退下；它是一個愚人所講的故事，充滿著喧嘩和騷動，卻找不到一點意義。」莎士比亞既是作家，又是演員；既是旁觀者，又是介入者。在莎士比亞的戲劇中，經常出現一個傻瓜或小醜式的人物，以此傳達他對世界和人生悲劇性的思考：只有傻瓜才看得到聰明人的愚蠢，只有瘋子才認得清正常人的瘋狂，只有瞎子才看得出明眼人的盲目，只有演

員才明白人人都在演戲……（易紅霞《誘人的傻瓜——莎劇中的職業小丑》）

演員在臉上所表現出來的喜怒哀樂，與他內心深處的情緒及感受並不吻合。演員是那種天生就戴著面具生活的人。而在中國，人人都是演員，每天都在演戲。中國人的生活太艱難了，中國的專制制度太酷烈了，將人生戲劇化，便成了一種自我保護，自我安慰。人生如此苦痛，唯有相信「人生如戲」（或「人生如棋」，「棋局」亦如「戲局」），人生才能繼續下去。中國人最愛發出的感嘆是「人生如夢」和「人生如戲」，「夢」與「戲」是互通的。《紅樓夢》也可以看作是一齣「紅樓戲」。余英時在《紅樓夢中的兩個世界》認為：「曹雪芹在《紅樓夢》裡創造了兩個鮮明而對比的世界。這兩個世界，我想分別叫它們作『烏托邦的世界』和『現實的世界』。」《紅樓夢》中多次出現眾人一起觀看和討論各種劇目的情節，每個人點的戲劇都與他的性格和思想暗合，戲劇亦隱喻著人物未來之命運。「大觀園」是一個讓讀者觀賞的大舞台，整部小說就是一齣大戲，所謂「風月寶鑑」也。於是，讀者、作者和書中的人物重疊在一起——「看我非我，我看我，我也非我；裝誰像誰，誰裝誰，誰就像誰。」而《好了歌》即全書之「文眼」所在，「亂哄哄你方唱罷我登場，反認他鄉是故鄉，到頭來都是爲他人作嫁衣裳」。

有趣的是，在二十世紀八、九零年代間，華人世界裡三位最有代表性的導演，都將目光瞄準了優伶生涯：侯孝賢拍攝了《戲夢人生》、陳凱歌拍攝了《霸王別姬》、張藝謀拍攝了《活著》。這三部電影分別從不同角度展示了中國人的高度「優伶化」生活狀態。無論是木偶戲還是皮影戲乃至於作爲「國粹」的京劇，在

電影中都成為某種象徵和隱喻——而電影本身亦是古代戲劇的一種現代技術化之後的翻版。老北京的同樂戲園戲台上有這樣一副對聯：「作廿四史觀，鏡中人呼之欲出；當三百篇讀，弦外意悠然可思。」這三部電影，互相參照起來，便是一部鮮活的中國當代歷史。有血有淚，有愛有恨，電影裡的主角最後都選擇了縱身一躍——進入那虛幻的舞台世界。

他們真的逃走了嗎？他們最後還是逃不出如來佛的掌心。

戲劇不單單是一種娛樂，它的背後蘊含了一種價值和生活方式。魯迅對京劇的厭惡，對梅蘭芳的負面評價，都根植於他對中國傳統文化的深切體認，並非無的放矢，隨便說說。京劇是一種典型的「幫閒文學」，是讓人的心冷下去，而不是熱起來；是讓人的脊梁彎下去，而不時直起來。說：「天下事無非是戲，世間人何必認真。」這是中國人對戲劇和人生的基本看法。魯迅說過，整個中國的天地是一個戲場，整個中國歷史就是一部做戲的歷史，而中國人個個都是「會做戲的虛無黨」。錢理群《話說周氏兄弟——北大講演錄》分析說，中國人總是在扮演兩個角色，或自己做戲，演給別人看，或看別人做戲，「演戲與看戲構成了中國人的基本生存方式，也構成人和人之間的基本關係」。

魯迅小說中的主角和配角，大都是「會做戲的虛無黨」。在《祝福》中，祥林嫂到處向別人講述兒子阿毛被狼吃掉的事，村子裡的人紛紛來聽她講，有些老太太沒有聽到，還從幾十里以外趕來聽。這不是對她同情，而是趕來尋求看戲（聽戲）的刺激。在看（聽）戲的過程中，人們落下眼淚，眼淚流完了，便心滿意足地回家，一路上還在議論著。祥林嫂的悲慘遭遇成了人們娛樂的一個材料，大家從中獲得一種快感，轉移了自己的痛苦——既

然還有人比我的處境更悲慘，我爲何不高高興興的活下去呢？從別人的災難中尋找活下去的勇氣，這正顯示出中國人的殘酷性。更可怕的是，在講述的過程中，祥林嫂本人也逐漸發生了變化，從一開始眞心實意地表達自己的痛苦、尋求衆人的安慰，到後來將這人生中至深至大的苦痛，也演化成一種不自覺的「表演」。而且，在演說者與傾聽者之間，建立起某種「心照不宣」的默契。這就是中國文化無堅不摧的腐蝕能力，這就是中國人生存能力超凡的秘密。

晚清名伶德珺如，是道光時期當過大學士的穆彰阿之孫。他不顧顯貴的出身，「下海」而爲藝人。家人強迫他承襲爵位，他斷然拒絕。叔父薩廉罵他自甘下賤，玷辱門風，將他逐出宗族，註銷族名。即便如此，德珺如也絕不回頭。有朋友勸他歸家繼承爵位，他卻回答說：「我在舞台上一身而兼帝王將相，威重一時，爲何要回家？」友人說：「這戲中的帝王將相可是假的。」他反駁說：「天下事還有什麼是眞的？」這是一種徹頭徹尾的大絕望。

在一個舉世皆騙子的世界上，德珺如認爲：既然我無法揭穿每一個謊言，那麼我乾脆就去做那個明目張膽地宣稱「我就是騙子」的演員。這種絕望正如魯迅所說的，是鐵屋子中的人醒來之後發現無法打破鐵屋子的絕望——魯迅就曾經激憤地說過：「我要騙人！」更何況有過像賈寶玉那樣生活經歷的德珺如呢？與當年「鼓盆而歌」的莊子一樣，德珺如選擇了「假作眞時眞亦假」的舞台生涯作爲他最後的救贖。然而，這種救贖不僅無法消除個體生命的苦痛，反倒加劇了社會的整體性崩潰。它就像是一劑麻醉藥，根本無法化解生命的苦痛，等藥效過去之後，所感知到的

依然是那刺骨的疼痛。

中國人經常以聰明和勤奮自居。中國人固然很聰明，但這種聰明僅僅是將「屢戰屢敗」篡改為「屢敗屢戰」的聰明；中國人固然很勤勞，但這種勤勞僅僅是苦練表演的招式，讓面具內化為面部肌肉的勤勞。在這個古老國度裡，從未有過真正的悲劇精神，遭遇到再大的慘劇，中國人也會巧妙地做一個鬼臉來將其消解掉。中國人生活在互相欺騙、互相捉弄的「優伶王國」之中，從來沒有嘗試過一種真實、誠懇、認真的生活。中國的歷史打上了「優伶史」的深刻烙印，中國的文化染上了「優伶文化」的致命毒素。在這個與現實生活重合的舞台上，無論皇帝還是弄臣，無論官僚還是黎民，都兼有「騙人者」和「被騙者」的兩重身分。

## 宮廷和皇帝的「優孟化」

中國是一個戲劇高度發達的國家。王國維在《宋元戲曲考》考證說：「歌舞之興，其始於古之巫乎？……是古代之巫，實以歌舞為職，以樂神人者也。」也就是說，戲劇是從原始崇拜儀式中誕生的，「優」是從「巫」中演化而來的。在上古時代，關於「優」，有「倡優」、「優伶」、「伶倡」、「俳優」、「優孟」等種種表述。如《左傳·襄公廿八年》記載：「且觀優，至於魚里。」杜預注曰：「優為俳優。」《列女傳》記載，暴君夏桀「收倡優、侏儒、狎徒能為奇偉之戲者，聚之於旁，造爛漫之樂。」

中國歷史的記載中，第一個具備生動的人物形象的優伶，是楚莊王時代的一名優孟。王國維說：「古代之優，本以樂為職。……《史記》稱優孟，亦云楚之樂人。」這個無名之優人，與楚莊王之間有過一段有趣的對話。

當時，一代霸主楚莊王性情暴戾，很少有大臣敢在他面前表達不同意見。

有一次，楚莊王的一匹愛馬病死了，他要以大夫之禮厚葬之。他知道大臣們不會同意，便宣佈說：「有敢以馬諫者，殺無赦！」

眾大臣噤若寒蟬。這時，這名身高八尺、相貌堂堂的優孟走進宮門，仰天大哭，如喪考妣。楚莊王驚問其故，他回答說：「我聽說大王的愛馬死了，心裡很傷心。又聽說大王準備以大夫的禮節來埋葬它，覺得實在是太簡易了，我們應當用國王的禮節來給牠辦喪事啊！」

楚莊王沒有想到這名優孟如此支持厚葬愛馬之舉，好像講到自己的心坎上。遂心花怒放、饒有興味地追問道：「你認為這場葬禮該怎麼辦理呢？」

這位優孟建議說：「我們要用雕花玉石和名貴木材來做棺材，要讓各國使者參與祭祀活動，要蓋一個大廟來紀念，還要挑選一個萬戶的大縣來供奉香火。我相信，各國聽說此事之後，肯定會讚揚大王愛馬勝過愛人的行動！」

聽到這裡，楚莊王瞠目結舌，這才猛然驚醒。最後，他放棄了他原先的想法。

從這個故事裡可以看出，漢民族是一個過於早熟的民族。這名優孟的遊說智慧，即為此種早熟之體現。在優孟與楚莊王的對話中，蘊含了多少語言學、修辭學、心理學、邏輯學的知識啊！這種早熟的智慧，哪個民族比得上呢？這難道不是又一個能讓中國人感到自豪的「世界之最」嗎？這個故事也從反面說明：從先

秦開始，中國就進入了嚴酷的專制主義時代。帝王擁有對所有民眾生殺予奪的絕對權力，民眾卻喪失了最基本的言論自由。在統治者與被統治者之間，沒有可以互相溝通資訊和意願的管道。值此「非常時刻」，便只好讓那些本來只承擔宮廷娛樂活動的滑稽藝人來充當半個「諫官」的角色。但優伶也只能在國王面前說「反話」而不能說「正話」，國王只願意偶爾聽聽「反話」而從來不聽「正話」。

所謂「反話」，也就是一種調侃的、滑稽的語言。《左傳》記載：「宋華弱與樂轡少相狎，長相優。」杜注：「優，調戲也。」所以，王國維說：「故優人之言，無不以調戲為主。優施鳥烏之歌，優伶愛馬之對，皆以微詞托意，甚有謔而為虐者。」當交流不得不以一種扭曲的方式展開的時候，「正話反說」是一種多麼可憐、多麼卑賤的「聰明」啊！

隨著宮廷文化逐漸成熟，人們用「優孟」來指稱宮廷裡為帝王提供日常娛樂服務的特殊階層。「優孟」這一「服務業者」所服務的物件，也由神祇轉化為君王，如王國維所言：「漢之俳優，亦用以樂人，而非以樂神。」馮沅君也認為，隨著社會的演進，「倡優繼承巫者娛神的部分而變為娛人」。宮廷中專門設置了優伶之「編制」，且人數日漸膨脹，如漢代之「樂府」、唐代之「梨園」及「教坊」，清代之「南府」及「升平署」。以清代之「南府」而論，譚帆的《優伶史》指出，該機構分為「內學」與「外學」，「內學」即原來的習藝太監和藝人子弟，「外學」則是蘇州籍藝人，住在景山。南府規模龐大，在千人以上，有專管後台事務的「錢糧處」，專管內廷行奏樂之事的「中和樂」，以及被稱為「十番學」的專門樂隊等。

　　上有所好，下必效之。每個皇帝都需要優伶來排解深宮中的寂寞與恐懼，優伶階層便成爲冷酷森嚴的宮廷中的「潤滑劑」。隨著西漢君主專制的建立和牢固，優伶在宮廷中愈發「長袖善舞」。在《史記‧滑稽列傳》中可以發現許多有趣的場景，昭示出帝王與優伶之間微妙的關係，正如學者閔定慶在《俳優人格》所指出的：「俳優日夜近侍在帝王身旁，諧官諢臣調笑戲弄，悅愉天顏。帝王對俳優的寵幸，是基於一種感官娛樂的偏嗜。寵幸成了人格的桎梏，導致了更深的心理焦慮，政治信仰、宗教崇拜也因之失去了應有的神性。於是，介入帝王生活的俳優對於政治的覬覦全賴於社會良心和政治直覺的導引。」一般而言，在優伶身上並不存在「良心」，良心都被生存的壓力粉碎了。爲了生存而放棄良心，是優伶們普遍的選擇。「理直氣壯」地說謊、「毫不臉紅」地獻媚，是優伶們普遍的作爲。「良知」從來都是靠不住的，少數良知猶存的優伶利用其特殊的身分和處境，對匡正敗壞之政治發揮一丁點作用；而更大多數天良喪盡的優伶者，則紙醉金迷地與宮廷一同腐化墮落。

　　在《漢書‧東方朔傳》中，記載了這樣一段漢武帝與東方朔之間有趣的對話：

　　上以朔口諧辭給，好作問之。嘗問朔曰：「先生視朕何如主也？」朔對曰：「自唐、虞之隆，成、康之際，未足以喻當世。臣伏觀陛下功德，陳五帝之上，在三王之右。非若此而已，誠得天下賢士，公卿在位咸得其人矣。譬若以周、邵爲丞相，孔丘爲御史大夫，太公爲將軍……」上乃大笑。

　　可見，讓皇上「大笑」是優伶的最高目標。在「朕即天下」的帝國之內，皇帝的權力是無限的。隨著皇權的膨脹，外廷的監察機構形同虛設，優伶的話語空間也日漸狹窄。他們只有越來越「醜」、越來越「卑」，才能博得皇帝一「笑」。皇帝笑了，也就意味著自己安全了。當然，也有少數優伶在一百句假話中夾雜一兩句真話——即便出現此種情況，也沒有必要為優伶之「忠心耿耿」而感動，正如閔定慶所說：「政治制度之於俳優以娛樂為務的本質特癥的規定，實際上捨棄了這個藝術群落的社會責任，一旦出現俳優諷諫乃至『台官不如伶官』的現象，只能說明政治流弊已到了岌岌可危的地步。」因此，優伶在某種程度上的「表達自由」，並不能掩蓋「萬馬齊喑」的事實；優伶某一時刻靈光乍現的「勇敢」，並不能改變專制制度下民眾全面奴化的趨勢。

　　在中國歷代的帝王及統治者中，許多人都酷愛戲劇，寵幸優伶，最為突出的有漢武帝、唐明皇、後唐莊宗、宋徽宗、明武宗、乾隆、慈禧等人。唐明皇被後世視為梨園始祖，他那首美妙的霓裳舞曲，如果不是被安祿山叛軍的號角打斷，不知還將被楊貴妃演繹多久。從「漁陽鼙鼓動地來，驚破霓裳羽衣曲」，到「君王掩面救不得，回看血淚相和流」，卻在眨眼之間。而後唐莊宗甚至比唐玄宗還要淒慘，他因寵幸優伶而國亡身死，歐陽修在《新五代史‧伶官傳序》中有一段冷峻的評說：「憂勞可以興國，逸豫可以亡身，自然之理也。故方其盛也，舉天下之豪傑，莫能與之爭；及其衰也，數十伶人困之，而身死國滅，為天下笑。夫禍患常積於忽微，而智勇多困於所溺，豈獨伶人也哉！」

　　然而，君王不能將亡國之罪歸咎於伶人，正如不能歸咎於紅顏一樣。不是伶人敗壞了宮廷，而是宮廷催生了伶人文化並將其

推廣到帝國的每一個角落。中國人最喜歡爲君王開脫罪行，而優伶不幸地就成了替罪羊。《管子・四稱》記載：「昔者無道之君，進其諛優，繁其鐘鼓，流於博塞，戲其工瞽。誅其良臣，敖其婦女，馳騁無度，戲樂笑語」。《管子・立政九敗解》記載：「國適有患，則優倡、侏儒起而議國事矣，是驅國而捐之也。」《國語・齊語》亦記載：「優笑在前，賢材在後，是以國家不日引，不月長。」這是都是「只反優伶不反皇帝」的迂腐之論。

而皇帝一旦沉淪，眞個是「龍陷淺灘遭蝦戲」，其生存能力還不如一名受衆人鄙視的優伶。近人張江裁在《燕都名伶傳》記載：

趕三既以藝著，升平署總管招爲供奉。一日，慈禧后命演《十八扯》，飾皇帝。臨入座，忽弔場曰：「汝看，吾爲假皇帝，尚能坐，彼眞皇帝日日侍立，又何曾得坐耶？」緣慈禧與德宗結怨，待德宗極苛。每觀劇，慈禧后坐堂中，而令德宗侍立於側，視同僕妾，故趕三爲之鳴不平也。慈禧爲掩衆口，自是賜德宗坐焉。

可憐的光緒皇帝，居然要靠一名優伶的笑話才能得到慈禧賞賜的座位。從反面可以看出，當時慈禧的飛揚跋扈到了怎樣的地步，而慈禧周圍奴才的恐懼戰兢又到了怎樣的程度。當「不正常」的情形成爲「正常」的時候，一個王朝的衰亡就露出了徵兆。優伶雖然不是決定王朝興衰的關鍵因素，但人們從優伶與王朝的關係之上，亦可判定王朝的成敗大勢，可謂「一粒沙裡見世界」也。

## 朝廷和官場的「優孟化」

優伶及其形成的文化，並沒有被禁錮於宮廷之中，它是一種處於「運動」狀態的、不斷擴展的文化取向和人格模式。當優伶從內廷走向朝堂的時候，「優孟人格」首先便滲透到朝廷和官場之中。

在中國，向來都是這樣一個「潛規則」——說謊者、騙子無賴們，永遠活得比「醒了之後卻無路可走」的先知們更加快樂。道光朝，大臣曹振鏞擔任首輔。曹氏一身歷任要津，以恭謹為宗旨，厭惡後生躁妄之風。門生後輩有擔任禦史監察之類職務的，前去拜見老師時，他便告誡說：「毋多言，毫意興。」曹氏晚年恩禮益隆，身名俱泰。有一個門生向他請教箇中原因，曹氏概括說：「沒有別的原因，多磕頭，少開口罷了。」況周頤在《眉廬叢話》中感嘆說：「道光、咸豐之後，仕途波靡，風骨消沉，濫觴於此。」位極人臣的曹振鏞順應了中國傳統政治文化中「做戲」的原則，所以官才能做得大，位子才能保得久。既能獲得皇帝的信任，又能獲得同僚的尊重。「多磕頭、少開口」，堪稱官場的「六字箴言」。李宗吾在《厚黑學》說到，誰能將這「六字箴言」運用到「厚黑無形」之地步，誰就能飛黃騰達，青雲直上。在金碧輝煌的朝廷和道貌岸然的官場，那些三跪九叩的大臣和奴才，早已不再是活生生的「人」了，而是帶著面具、如同行屍走肉般的優伶。

晚清政局之敗壞，無論在優伶之戲場還是官僚之官場，都可以看得一清二楚。晚清著名的維新人士、《時務報》主辦者汪康年，在《汪穰卿筆記》中感嘆說：「二十年前，餘至京，謂人曰，

京師之事，可二言蔽之，曰：『遊戲做官，認真做戲。』不料逾二十年，尚如是，甚至做戲者又做官，做官者又做戲也。」汪氏獨具隻眼，敏銳地發現了官場「做官」與「做戲」之間奇妙的共同性。他還講述了一個頗值得玩味的小故事：

嘗見法國畫報上一紅頂花翎之大員，高坐堂皇，手攜鬼臉二具；下有小官朝服跪拜，兩手高拱，獻元寶兩錠。報下書：「小官云：『請大人賞臉。』大官云：『好極。適才日本公使送我二具，那個標緻的，我欲與姨太太借光；這個猙獰可怕的，即賞與爾，爾出去辦事，尤體面得很。』」嗟夫！官場傀儡，當局者蓇夜苞苴，以見鬼蜮伎倆傳為衣缽，而與國之旁觀者早已窺見肺肝，宜乎甲午一敗而庚子再敗也。

對於這個故事中，官員賞賜下屬的「日本鬼臉」其來歷，汪康年有一番考證：「鬼臉之制，日本為最。東京某日町業此者比鄰而居，約數十百家，睜目張牙，鬼頭鬼腦，種種幻想，五色爛斑，莫可窮詰。」其實，汪氏不是要寫日本鬼臉，而是要寫中國人的精神狀態；他要諷刺和批判的，並非此種「看得見」的「鬼臉」，而是中國文化中源遠流長的「鬼蜮伎倆」和「優伶傳統」。在那山崩地裂的前夕，汪康年已然認識到，中國在甲午戰爭中慘敗於日本，並非軍艦數量少、士兵戰鬥力弱、軍官指揮不力等外部原因，其根源乃是「官場傀儡」和「鬼蜮伎倆」，也就是根深蒂固的「瞞與騙」（魯迅語）的文化特性與政治痼疾。

黃濬《花隨人聖庵摭憶》之《做官與演戲》記載：乾隆朝之江西巡撫國泰，與藩司于某，同演《長生殿》，國飾玉環，于飾

明皇。于想到自己是下屬的身分，不敢盡情發揮。國泰便鄭重地責備他說：「在官言官，在戲言戲。苟非應有盡有，則戲之精神不出。」其實，官場亦如戲場，如果沒有唱戲的功夫與精神，官也做不好。況周頤《眉廬叢話》之《戲提調》一則記載：「光緒朝，江西巡撫德馨酷嗜聲劇，優伶負盛名者，雖遠道必羅致之。」新建縣令汪以誠專門負責安排衙門裡的演出事務，即民間所說的「戲提調」。江西人寫了一副對聯諷刺說：「以酒為緣，以色為緣，十二時買笑追歡，永夕永朝酣大夢；誠心看戲，誠意聽戲，四九旦登場奪錦，雙麟雙鳳共銷魂。」橫批曰：「汪洋欲海」。聯中之「四九旦」、「雙麟雙鳳」皆是當時名角的名字。此聯還巧妙地將汪以誠的名字鑲嵌其中。汪以誠僅僅是官場中的一個小小「戲提調」，他的上級以及上級的上級，也在操勞著類似的「國家大事」。巡撫有巡撫的舞台，總督有總督的舞台。由此推之，皇帝不也是一個「總戲提調」嗎？

從晚清到民國，政壇上出現了一種奇怪的現象：無論是太后、皇帝、親王、督撫，還是總統、總理、部長、督軍，都瘋狂地熱愛包括京劇在內的各種戲劇，並且與諸多名角保持密切而曖昧的私人關係。說他們「附庸風雅」或者「熱愛國學」，並不足以解釋此種現象。我認為，深層的原因在於：那些官僚們發現，優伶是一群跟他們本人最相似的人，「婊子無情，戲子無義」，優伶從來不把他們歌詠的那些忠誠義士的故事當真，而官僚們自詡「治國、安邦、平天下」的事業又何嘗不是在演戲呢？在這樣的意義上，一齣齣戲曲為官僚們提供了一種潛移默化的「政治啟蒙」，他們無須讀書，僅僅通過看戲便可以「聰明絕頂」了。

晚清軍機大臣剛毅，是一個連字也認識不了幾個的滿人，卻

深受慈禧的寵愛。剛毅輩瘋狂排外,是釀成義和團大亂的罪魁禍首。黃濬《花隨人聖庵摭憶》記載,剛毅奉命到江南搜刮財產回來,慈禧令他密保將才,剛毅奏曰:「江南武員唯有楊金龍,可稱古之名將。」后問:「能比何人?」剛毅答:「可比古人黃天霸。」后爲莞然,反稱剛毅率直不欺。後來,楊金龍升任講述提督,朝廷對萬國宣戰的詔書發佈之後,他命令駐紮在吳淞的水師攻擊列國兵艦、商船,險些破壞「東南互保」,讓南方亦生靈塗炭。剛毅將楊金龍比作黃天霸,顯然是從戲曲中得到的知識,而慈禧太后也喜歡戲曲而少讀詩書,兩人的知識結構和思維方式都是從戲曲中來的,故而能夠迅速「對接」。可見,中國的軍國大政亦由戲曲故事在背後主導之。

天懺生的《復辟之黑幕》記載了張勳復辟期間若干鬧劇般的細節。張勳最喜戲劇,在徐州的時候,每逢宴客,當酒酣耳熱之際,興致勃發,常常在紅地毯上親自扮演《空城計》、《四郎探母》、《碰碑》、《逼宮》諸戲,自命爲「小叫天第二」。這樣時間長了成了習慣,凡語言動作,皆含有戲劇化之意味。此次入京謁見僞帝宣統,其跪拜奏對,一如劇家之態度,無毫髮差異。溥儀賜勳旁坐。勳即操戲白對曰:「萬歲在上安有老臣座位。」而張勳身邊的秘書侍衛皆是如此。當張勳入宮逼迫小皇帝登基,而瑾太妃等人反對,正在相持的時候,張勳的心腹參謀萬繩杖趨前相勸,出口成章,編成七字韻語,似說似唱曰:「我勸太妃休吃驚,細聽微臣說分明。臣等今天請復辟,上承天命下歸心。張康二臣非小可,他是文武兩聖人。文武兩聖來護駕,天下指日可太平。」相傳萬氏係優伶出身,所以能夠在匆促之間,脫口而自然成文也。張勳酷愛戲曲,使用一個優伶出身的人當參謀長,也在

情理之中。

　　張勳復辟之後，規劃未來的政局，忙得不可開交，卻忘不了「優伶承值」的方案。他對瑾太妃說：如今聖清日月重光，事事當恪遵祖訓，即如宮中演劇，來謳歌聖德，雅頌承平之盛舉，老臣愚見，此後當更擴充而長大之。瑾妃問他說，有什麼具體的擴充辦法？張勳回答說，擬定坤角入值，男伶班頭，以梅蘭芳充之；女伶班頭，則請以愛妾王克琴入選，而使劉喜奎爲副。如此搞笑的復辟，哪有不失敗的道理呢？張勳全部的知識和經驗，都來自於戲劇和演義小說，「自古文武今時見，歷代君王自此知」，影響他的並不是四書五經、孔孟之道的「大傳統」，而是「一部西遊全憑大聖翻跟斗，半場三國多賴孔明用計謀」的「小傳統」。張勳如是，十有八九的中國人亦如是。所以，中國的官場與戲場一直是平行發展的。

　　近代以來，中國之政治，體制有變異，架構有調整，但其內在的「優伶精神」卻一脈相承。由大清而北洋，由國民黨而共產黨，掛的羊頭變了，賣的狗肉卻沒有變。從晚清以李寶嘉之《官場現形記》和吳沃堯之《二十年目睹之怪現狀》爲代表的「譴責小說」中，從今天以李佩甫之《羊的門》和王躍文之《國畫》爲代表的「官場小說」中，讀者看到的一個幾乎「同質」的官場，一個高度「優伶化」的官場。在中國官僚的人格構成和文化資源中，「優伶」與「儒家」和「法家」三足鼎立，更加隱蔽，卻如影隨形。從呂不韋到諸葛亮，從魏徵到司馬光，從張居正到曾國藩，這些能文能武、出將入相的人物，幾乎都是身兼三者而有之。

## 儒林和文苑的「優孟化」

　　當官場「優孟化」之後，士大夫即「儒林」也迅速「優孟化」，《儒林傳》、《文苑傳》與《伶官傳》可以參照閱讀。官員本身就是士大夫當中「脫穎而出」的一部分精英，官員的人格形態必將啓示和引導那些即將走上仕途的讀書人。

　　中國的「士人傳統」與「優孟傳統」一開始就同源同質，糾纏不清。儒家的老祖宗孔子曾經敗在優伶的手下。孔子本來將在祖國魯國有一番大作爲，鄰國齊國害怕了，遂設計了一齣離間計，而優伶正是這齣離間計的主角。《史記‧孔子世家》記載說：「定公十四年，孔子年五十六，由大司寇行攝相事。……齊人聞而懼，曰：『孔子爲政必霸，霸則吾地近焉，我之爲先並矣。盍致地焉？』黎鉏曰：『請先嘗沮之；沮之而不可則致地，庸遲乎！』於是選齊國中女子好者八十人，皆衣文衣而舞《康樂》，文馬三十駟，遺魯君。陳女樂文馬於魯城南高門外。季桓子微服往觀再三，將受，乃語魯君爲周道遊，往觀終日，怠於政事。」看到此種「邦無道」的情形，孔子不得不背井離鄉，並歌曰：「彼婦之口，可以出走；彼婦之謁，可以死敗。蓋優哉遊哉，維以卒歲！」

　　幸運的是，孔子也找到了一個機會贏得一局。據《穀梁傳》記載：「頰谷之會，齊人使優施舞於魯君之幕下。孔子曰：『笑君者罪當死。』使司馬行法焉。」王國維考證說：「古之優人，其始皆以侏儒爲之，《樂記》稱優侏儒。頰古之會，孔子所誅者，《穀梁傳》謂之優，而《孔子家語》、何休《公羊解詁》，均謂之侏儒。」由此可見，孔子斬殺優伶是毫不留情的。因爲這是

意識形態之爭，亦是權力之爭，是你死我活的鬥爭。

然而，極具反諷意味的是，在孔老夫子人格構成中，亦投射了揮之不去的優伶的陰影。當孔子像喪家之犬般在列國之間周遊的時候，其人生目標不就是成為「帝王師」嗎？而他夢寐以求「帝王師」的角色，在他生前沒有實現，在身後卻實現了——他成了被帝王利用的一個道具。在北京國子監的大成殿裡，有康熙親自題寫的「萬世師表」的匾額。然而，在帝王的眼裡，「老師」跟優伶並沒有根本的差別。孔子孜孜以求的身分，居然是他最為不齒的優伶的身分。這種讓人哭笑不得的尷尬，兩千多年來一直就是孔子的徒子徒孫們的尷尬。

如果說中國文化是一棵「根深葉茂」的大樹，那麼專制制度就是它那深深的樹根，而優伶人格就是這棵樹上結出的一顆苦澀的果子。中國沒有一個代代相傳的貴族階層，其官僚不是通過世襲而產生；中國沒有一個生機勃勃的市民社會，其官員也非通過選舉產生。於是，中國便誕生了一個龐大而完備的科舉制度，它導致歷代文人的讀書寫作，目的都是將自己「賣」給「帝王家」。在這個「家天下」的險惡環境下，士人階層如同帝王家中的奴僕，並無任何獨立性可言。士人的榮華富貴全都依賴於帝王的賜予，哪能不以帝王之是非為自己之是非、以帝王之好惡為自己之好惡呢？

正是在這個意義上，文人是優伶的同類和兄弟，文人一點也不比優伶高貴。優伶沒有獨立人格的原因是沒有成熟的市民社會為他們提供經濟獨立的機會，他們只能寄生於宮廷和官場，閔定慶在《俳優人格》記載：「一主一奴，涇渭分明。帝王的感情世界和行為方式遠非俳優所能支配或左右，帝王的喜怒哀愁絲毫無

需顧及俳優的顏面，而俳優也難以觸摸帝王的思想脈絡，他們不過是侍立、低窪管理眼前的匹夫、小人、奴才、賤伎，茫然無助地飄浮在寵幸與懲罰的邊緣」。而伴君如伴虎，優伶既沒有人身自由，也缺乏安全保障，只能唱一天戲算一天了，「俳優的命運操縱在他者的手中。俳優慘遭帝王懲罰的案例不可勝數，杖責、鞭撻、黥字、放逐、鑿齒、捺頭水底，甚至射殺、腰斬、烹煮，歷史的陣陣涼意撲面而來，令人毛骨悚然。（閔定慶《俳優人格》）」而士大夫的處境又能好多少呢？無論是與意識形態有關的「儒林」，還是專司文學藝術的「文苑」，專制帝王都是「倡優蓄之」罷了。從秦始皇的「焚書坑儒」到當代的「反右」和「文革」，中國文人的悲慘遭遇與優伶極其相似。他們是無根之萍，只能如履薄冰，並屈尊向優伶學習「生存之道」。

所謂的「生存之道」，也就是如何讓自己處於「麻痺」的狀態。漢武帝一朝是文人集團與優伶集團產生最大交集的時代。比如，東方朔這樣的「滑稽」人物，既是著名的文士，又是典型的優伶。正如明人李贄《誡兒詩》說：「明者處世，莫尚於中；悠哉遊哉，於道相從。首陽為拙，柳惠為工。飽食安步，以仕代農。依隱玩世，詭時不逢。才盡身危，好名得華。有累群生，孤貴失和。遺餘不匱，自盡無多。聖人之道，一龍一蛇。形現神藏，與物變化。隨時之宜，無有常家。」這是一種赤裸裸的自我糟蹋式的「縮頭烏龜」理論：我都不把自己當人看了，皇上您總要對奴才手下留情吧？

像東方朔這樣的人物，在武帝一朝數不勝數。魯迅在《漢文學史綱要》中指出：「文學之士，在武帝左右者亦甚眾。先有嚴助……又有吾丘壽王、司馬相如、主父偃、徐樂、嚴安、東方

朔、枚皋、膠倉、終軍、嚴蔥奇等；而東方朔、枚皋、嚴助、吾
丘壽王、司馬相如尤見親幸。相如文最高，然常稱疾避事，朔皋
持論不根，見遇如俳優」。豈止漢武一朝，此後歷朝歷代直至今
日，「東方朔」從來沒有離開過政治舞台的中心位置。再偉大的
帝王，如果身邊沒有一個「東方朔」陪襯，未免會遜色許多吧。
如今，東方朔又在電視螢幕上瘋瘋癲癲、蹦蹦跳跳了。中國人滿
足於總結和繼承此類了不起的生存智慧——作家王蒙便津津樂道
於種種曲學阿世的「人生哲學」。那麼，今天的中國究竟離東方
朔那個時代有多遠呢？某些「國際化」的大都市裡，有不少精英
人士先「富」起來了，他們住洋房、開洋車，但他們仍然是「假
洋鬼子」，血管裡流的還是東方朔的血液。

　　皇帝本人從來沒有將士人看得高於優孟，張載所謂「為天地
立心，為生民立命，為往聖繼絕學，為萬世開太平」，只是他個
人一廂情願的妄想罷了。《滿清外史》記載，乾隆皇帝「挾其威
權，叱辱群臣如奴隸」，「故六十年間，能不受侮辱者唯劉統勳
一人。嘗叱協辦大學士紀昀曰：『朕以汝文學尚優，故使領四庫
書，實不過倡優蓄之，汝何敢妄談國事？』夫協辦大學士，位亦
尊矣，而曰倡優蓄之，則其視群臣如草芥，摧殘士氣何如者！
尹會一視學江蘇，還奏云：『陛下幾次南巡，民間疾苦，怨聲載
道。』弘曆厲聲詰之曰：『汝謂民間疾苦，試指明何人疾苦；怨
聲載道，試指明何人怨言？』夫此何事也，豈能指出何人乎？尹
會一於此惟有自伏妄奏，免冠叩首，不久乃謫戍遠邊。」中國的
士大夫從來就沒有實現「達則兼濟天下，窮則獨善其身」的理
想。亂世之中，當然是求為天平犬而不得；盛世卻只是皇上的盛
世，而非士子的盛世。如果遇到強勢的皇帝和輝煌的盛世，則

只需要「幫閒」而不需要「幫忙」，士大夫必須謹守「幫閒」之界限，而不能有「幫忙」的「非分之想」。對此，魯迅於《且介亭雜文二集·從幫忙到扯淡》一針見血地指出：「中國的開國雄主，是把『幫忙』和『幫閒』分開的，前者參與國家大事，作為重臣。後者卻不過叫他獻詩作賦，『俳優蓄之』，只在弄臣之列。」可惜紀曉嵐、尹會一之流，聰明一世，糊塗一時，錯把「幫閒」作「幫忙」，馬屁拍到馬腿上，便只能招來主子的痛罵和訓斥，真是自作自受。

所以，優伶不是誰想當就能當的，當優伶需要莎士比亞所說的「生活的智慧」以及「審時度勢」的本領。無論在宮廷還是在官場，誰最後能生存下來，關鍵就看誰最能忍受侮辱，誰最能放棄尊嚴。司馬遷在《報任安書》中寫道：「僕之先非有剖符丹書之功，文史星曆，近乎卜祝之間，固主上所戲弄，倡優畜之，流俗之所輕也。」士大夫總是喜歡美化自身的處境，提高自身的地位。其實，無論是飄飄欲仙的李白，還是「奉旨填詞」的柳三變；無論是號稱要「資治通鑑」的司馬光，還是縱情於酒色之中的韓熙載；無論是牢騷滿腹要斷腸的柳亞子，還是被周恩來稱作「文化班頭」的郭沫若……古往今來，中國的文人儒生們，從來都沒有超越過與優伶同等的卑賤地位——那些象徵性的「尊貴」並不能改變此一恥辱的事實。一生享盡榮華富貴的紀曉嵐，寫過一副戲台長聯：

堯舜生、湯武淨；五霸七雄醜末耳，伊尹太公便算一隻耍手，其餘拜將封侯，不過搖旗吶喊稱奴婢。

四書白、六經引；諸子百家雜說也，杜甫李白會唱幾句亂

彈，此外咬文嚼字，大都沿街乞食鬧蓮花。

　　「不過搖旗吶喊稱奴婢」、「沿街乞食鬧蓮花」不正是紀曉嵐
自己顧影自憐的寫照嗎？

## 民間和江湖的「優孟化」

　　優孟人格「擴大化」的第三個層面，是從儒林和文苑走向了
民間與江湖。

　　中古以前，優伶爲宮廷和官府所壟斷，由於城市文化尚未興
起，市民社會未形成娛樂習慣，也缺乏足夠的消費能力。所以，
在一般情況下，優伶都是皇家或官家「包養」起來的，是有「單
位」的人，是拿公家「鐵飯碗」的人。否則除非出現巨大的社會
動盪和戰亂，他們一般不會輕易「出海」。安史之亂後，唐王朝
的中央政府一蹶不振，原有的梨園與教坊亦無法復原到開元天寶
的全盛狀況，故而，大量的優伶流落民間。唐詩中有許多關於梨
園子弟人生跌宕、歲月蹉跎的詠歎，如杜甫的《江南逢李龜年》：
「岐王宅裡尋常見，崔九堂前幾度聞。正是江南好風景，落花時
節又逢君。」又如王建的《溫泉宮行》：「梨園弟子偷曲譜，頭
白人間教歌舞」。詩人既是在爲優伶哀，也是在爲自己哀，沒有
主人的士大夫，與沒有主人的優伶一樣可憐。

　　中唐以後，脫離宮廷和官府之職業性優伶團體逐漸開始出
現。譚帆在《優伶史》載：中唐時期的周季南、周季崇及妻子劉
采春以家庭組成的戲班，是中國歷史記載最早的民間職業優伶團
體。宋代的優伶班子稱爲「社會」，光南宋首都臨安一地，便有
「清音社」、「遏雲社」、「鮑老社」等幾十個「社會」，最多的有三
百多人。明清兩代，民間的優伶團體更是大盛，看戲不僅是達官

貴人的享受，也是尋常百姓常有的娛樂方式。於是，這些戲劇中蘊含的人生觀和價值觀，便日復一日、年復一年地滲透到普通民眾的生活之中，進而形成了一種比儒家倫理更加牢固的「集體無意識」和「國民性」。

在更為大眾化的民間文化和民間信仰中，戲曲是最重要的傳播管道，尤其是對那些不認識字，沒有閱讀能力與精英文化隔絕的農民來說，戲曲是他們唯一獲得歷史知識和道德訓導的管道。如果說在歐洲，是教堂的生活幫助普通民眾完成了最基本的啓蒙教育，形成了最初的道德倫理觀；那麼在中國，是戲曲和說書打開了人們心靈的第一扇視窗。美國學者韓書瑞（Susan Naquin）和羅友枝（Evelyn S. Rawski）合著的《十八世紀的中國社會》指出：「戲曲和說書使得文人和農民同樣有了瞭解有關中國過去歷史知識的機會，並有助於形成共同的價值觀念和理想。」尤其是到了明清以後，「戲曲對文化的整合以及加強一種所有人能共用的中國文化的活力貢獻最大」。於是，無論是救苦救難的觀音菩薩，還是瘋瘋癲癲的濟公和尚；無論是獨釣寒江雪的姜子牙，還是羽扇綸巾的諸葛亮；無論是古靈精怪的孫悟空，還是漂洋過海的「八仙」；無論是千里走單騎的關公，還是滿門忠義的楊家將，這些亦眞亦假的人物及其精神取向，深深地內化於民眾的日常生活之中。他們的道德判斷、行事規範和語言風格，都建立在這些戲曲故事的基礎之上。

中國民間和江湖的「優孟化」，最典型的歷史事件就是發生在清末的義和團運動。義和團運動在中共的官方史學中仍然被譽為「反帝反封建的農民革命」。其實，這是一場愚昧對文明的絕望的反撲，它大大阻礙了中國的近代化歷程。美國學者周錫瑞

（Joseph W. Esherick）指出，義和團運動的起源之一便是農村的社戲，義和團的精神資源許多都與這些千錘百煉、膾炙人口的戲曲故事有關。《義和團運動的起源》一書指出：「在很多方面，戲台上的人生劇把與義和團有最直接關係的各種文化因素結合起來。這裡有對保家衛國的謳歌，有武林高手的形象，還有義和拳拳民祈求附體的眾神，這些神被秘密宗教和非秘密宗教共同擁戴。當年輕的義和拳民被神附體後，他們就好像舞台上的演員一樣，開始為正義和榮譽而戰。」然而，依靠這些民間戲劇便可以拯救中國嗎？

正是在這些戲曲故事中，保存著一把打開中國人精神世界大門的鑰匙。朝廷上的決策，士大夫的著述，跟中國人真實的精神生活沒有多大的關係。這些堂而皇之的經史子集，在戲曲故事面前都黯然失色。普通老百姓的生活是依靠另外一些「潛規則」或「小傳統」支撐的。美國學者柯文（Paul A. Cohen）在《歷史三調：作為事件、經歷和神話的義和團》中認為：「義和團降神附體活動的文化模式和使用的文化語言，無不帶有中國民間戲劇的印痕。舉行降神附體儀式的拳壇和拳廠一般都選在廟前的空地上，而這個地方正是村民趕集和過節時觀看戲劇表演的地方。義和團常請的神有關帝、孫悟空、張飛、趙雲、豬八戒等，他們都是小說《三國演義》、《西遊記》和《封神演義》中的人物，說書人、木偶戲和鄉間戲劇的素材主要來自這些小說，中國北方地區的民眾都耳熟能詳。」中國老百姓的倫理道德和世界觀都是由這些戲曲故事浸潤和打造而成的。

於是，農民們對自然災害的怨恨，對貪官污吏的不滿，以及對外來的西方文明的猜忌，融匯成一股如同火山岩漿。這股火山

岩漿如何尋找突破口呢？一齣前所未有的「大戲」上演了——說
義和團運動是一齣「大戲」，並非對其有所不敬，而是述其真實
情況。義和團既愚昧、無知又狡猾無比：說他們愚昧，是因為許
多參與者確實是抱著唱戲、當主角的心態參與其中的，他們要
是知道法術不管用，他們才不會去送死呢；說他們狡猾，是因為
他們打出了「扶清滅洋」的旗號，這點聰明當然是從戲曲中學來
的——「忠於朝廷」、「忠於皇上」是經過時代的淘洗之後保存下
來的絕大多數戲碼共同的「中心思想」。於是，朝廷中最邪惡的
那股勢力遂與之合流，一起向萬國宣戰，最終生靈塗炭、喪權辱
國。然而，直到今天，教科書上仍然將其讚美得像一朵鮮花似
的。對此，日本學者佐藤公彥在《義和團的起源及其運動》分析
說：「義和團民眾所體現的，就是傳統中國的人倫價值、宗教文
化的秩序、天下的人倫秩序。儘管運動存在著野蠻粗野令人不
忍目睹的一面，但卻堪稱彰顯了中國的『民族魂』，因此可以成
為愛國主義的永久神話，同時該運動也是漢族民眾文化的陳列
館。」在「大國崛起」的虛火之中，義和團的時代並沒有過去，
優伶的時代也還沒有過去。

　　從晚唐杜牧的「商女不知亡國恨，隔江猶唱後庭花」，到晚
清狄葆賢的「國自興亡誰管得，滿城爭說叫天兒」，我們的夢還
沒有醒。在近年來流行的各種古裝電視連續劇中，無論是號稱世
界上最長的電視連續劇的《康熙微服私訪記》，還是一度讓青少
年如癡如醉的《還珠格格》，以及《鐵齒銅牙紀曉嵐》、《宰相劉
羅鍋》、《快嘴李翠蓮》、《神醫喜來樂》、《楊門女將》等等，其人
物設置和情節進展都有驚人的雷同之處。一般都有既對立又互相
需要的三方：一方是威而有慈的、充當最高仲裁者的皇帝，一方

是智慧幽默的優伶式官員或皇親國戚（如紀曉嵐、還珠格格、八賢王），還有一方則是陰險狡詐而腐敗貪婪的奸臣（如和珅、潘仁美）。優伶總是能夠盡情地捉弄奸臣，優伶總是能夠得到皇帝的支持，其結局全都是大快人心的「大團圓」。於是，觀眾便享受了一場妥貼的精神按摩。

電視與網路的普及，使得「優孟中國」迎來了一個「全民作秀」的時代——「我秀故我在」成為這個時代最響亮的宣言。在影視螢幕上是「群醜亂舞」，民間則充斥著各種各樣黃色的政治笑話。從「我就嫖娼，我就吸毒」的小說家王朔到「要狠狠地作秀」的戲劇策劃人張廣天，從「含淚勸說災區父老」的「傳媒學者」余秋雨到「歪講論語」的「學術超女」于丹，從芙蓉姐姐到宋祖德，以及一北一南兩大「怪胎」——「詞壇怪才」張俊以和「影視巨鱷」鄧建國，不論才華之多寡、學歷之高低、地位之尊卑，這些人共同的特點是：作秀之高手，「優伶中的優伶」。在這樣「思想解放」的時刻，就連企業家們也認識到「作秀是第一生產力」。於是，牟其中宣稱要炸掉珠穆朗瑪峰、張朝陽穿著太空服走上街頭、楊斌被任命為朝鮮「新義州特區」的「特首」，吳征頂著「克萊登大學」的博士帽四處張揚……真個是：「全民大作秀，全民大發財。」

如果要選擇一個代表今天中國時代精神的人物，這個人物只能是被「文化大師」余秋雨冊封為「藝術大師」的趙本山。誰能比趙本山更有代表性呢？對於許多中國人來說，沒有春節聯歡晚會便沒有春節，而沒有春節便沒有幸福可言。春晚既然如此重要，趙本山就更重要了，可以說沒有趙本山便沒有春晚——沒有趙本山的春晚，就如同沒有趙子龍的長阪坡，沒有諸葛亮的草

船，那還有什麼戲唱呢？當趙本山的節目沒有通過審查的消息傳開後，多少人爲之魂牽夢繞啊！十年以來，如果沒有趙本山，過年也沒了味道。趙本山將以「性」爲噱頭的東北民間文化「二人轉」提升到央視春晚「主打節目」的高度上，實在是功不可沒，說一個人振興了一種地域文化亦不過譽。他的笑料個個都說到同胞們的心坎上，他知道中國人有多麼卑賤，就像搔癢一樣，只有他才能搔到那個真癢的地方。他清楚地知道：村長可以嘲弄，但縣長不能嘲弄；「超生遊擊隊」違反國家政策，而警察叔叔永遠鞠躬盡瘁；美帝國主義是夕陽西下的紙老虎，而中華帝國是冉冉升起的朝陽……誰說趙本山的小品只是逗樂呢？只懂得逗樂的郭德剛就上不了央視、上不了春晚，因爲你沒有人家那麼會「講政治」。

不是趙本山引導中國人民的娛樂方向，而是中國人民的審美趣味孕育出趙本山這樣的「天才」。我不知道後人會如何看待以趙本山爲表徵的、這個時代「喜聞樂見」的「娛樂形式」，但我知道他是「優伶中國」在「丑角時代」的集大成者。他的「小品」是對中央政策最通俗化的闡釋，永遠都是「政治正確」的；被他嘲弄的人物，永遠都是農民、農民工、殘疾人和乞丐等沒有話語權的、社會底層人物——而他本人早已從農民的身分「脫胎換骨」了，他既當過人大代表，也當過政協委員。正如當年的大觀園裡需要瘋言瘋語、打打鬧鬧的劉姥姥，今天的人肉宴席上也需要苦中作樂、雅俗共賞的「趙公公」——大部分中國人都變得沒心沒肺了，所以都能從趙本山嘲弄比自己更底層的人當中獲得快感和安慰。趙本山並非看上去那麼憨厚，他比觀眾聰明得多，他知道如何一邊「頌君」，一邊「愚民」。趙本山沒有成爲妙語連珠的「東

方朔」——他沒有那樣的文化修養；他卻成了大小通吃的「韋小寶」——他有那種來自底層的油滑與卑賤。

趙本山的後繼者還會層出不窮。我們這個時代的文藝只能是「優伶當家」。如果「韋小寶」們依然是這個時代的「幸運兒」，那麼「魯迅」們便無法擺脫被凌辱和被嘲弄的命運。

## 俄羅斯「聖愚傳統」與中國「優孟傳統」之比較

中國有「優孟傳統」，俄羅斯則有「聖愚傳統」。兩者之間有何異同呢？

關於俄羅斯文化中「聖愚」或「顛僧」的傳統，美國學者湯普遜（Ewa M.Thompson）有《理解俄國：俄羅斯文化中的聖愚》一書作專門的研究。「聖愚傳統」是在東正教信仰與沙皇絕對專制的政治制度背景下產生的，它是在「上帝之城」與「世俗之城」之間的巨大張力之下，一群信仰者的生命實踐。所謂的「聖愚」或「顛僧」，類似於舊約聖經中「先知」序列的人物，卻又打上了俄羅斯民族特有的烙印。「聖愚傳統」可以追溯到十五世紀甚至更早，但直到十八世紀才成為值得注意的對象。《見證：蕭士塔高維奇回憶錄》的整理者伏爾科夫（Solomon Volkov）指出，這是俄國的一種宗教現象，在其他任何語言中，沒有任何字眼能夠準確地表達這個俄文詞語的意義以及它的歷史和文化的含義。「顛僧能看到和聽到別人一無所知的事物。但他故意用貌似荒唐的方式委婉地向世人說明他的見識。他裝傻，實際上堅持不懈地揭露邪惡與不義。他在公開場合扮演的角色是打破眾人視為天經地義的『道德』準則，藐視習俗。」

這是一個好走極端的民族。湯普遜生動地描述了「聖愚」們

397

古里古怪的外貌：「俄國的聖愚裸體也好，著衣也好，身上都要披掛幾磅重的鐵製物件，有鎖鏈、十字架和其他的金屬物品。有的還佩戴銅環、鐵環，甚至鐵帽盔。」他們的性格誇張而狂放，他們奉行苦修和苦行的生活方式，與正常的世俗生活有一定的隔離，卻又時常針對時局和時尚發出逆耳之言。他們深受民眾的尊崇，這種尊崇讓皇室也不得不忍讓三分。他們摸不著頭腦的預言，農民聽，沙皇也聽。在很長的一段歷史時期，沙皇當局默許了聖愚們的若干「大逆不道」的言行。湯普遜認為：「聖愚平生所受到的崇敬、懼怕和嘲諷的混合態度對待，被認為是對他們的威權的可以接受的、恰當的反應。」

　　由於沙皇專制統治之酷烈，連《國王的新衣》中那個孩子的容身之地都沒有，那些熱愛真理的人只能以「聖愚」或「顛僧」的方式存在，真理只能隱蔽於瘋子的包裝之下。於是，「聖愚」不僅是某些教士的生活方式，也逐漸變成了以表述真理為志業的一些俄羅斯知識分子的生存方式。托爾斯泰（Leo Nikolayevich Tolstoy）便是這樣一個聖愚式的人物，他已經擁有了世俗世界所能有的一切——他是文壇泰斗，他是道德楷模，夫復何求？托爾斯泰卻在一個風雪之夜離家出走，最後死在一個小小的車站，多麼不可思議啊！原因其實很簡單，托爾斯泰有一顆激盪衝突的心靈，那顆心抑制不住對真理的渴求。托爾斯泰的女兒後來在回憶錄中這樣寫道：「在阿斯塔波沃車站，父親在彌留之際最後的遺言是：『我熱愛真理！』每一部真正的藝術作品都應當為內心世界所照亮。」

　　杜斯妥也夫斯基（Dostoyevsky）也是一個聖愚式的人物，《白痴》的主人梅詩金公爵便是這樣一個「人人不為我，我亦為

人人」的「白癡」，但這個白癡卻比其他所有的聰明人更接近上帝原初造人的樣子。耶穌說，你們當回轉到小孩子的樣式。梅詩金公爵便是這樣做的，人們卻不能接受他的愛，因爲他的存在讓那些習慣生活在黑暗與邪惡中的人感到被冒犯了。他們疏遠他、辱罵他、毆打他，甚至恨不得置他於死地。杜斯妥也夫斯基在最後一部作品《卡拉馬助夫兄弟們》中，用聖經中的一段作爲題詞：「我實實在在地告訴你們：一粒麥子不落在地裡死了，仍舊是一粒；若是死了，就結出許多子粒來。」愛這個不可愛的世界，就是這位聖愚一輩子努力實現的理想。

音樂家蕭士塔高維奇（Shostakovich）在回憶錄《見證》中承認自己是「顛僧」群落中的一員。他以「大智若愚」的方式在史達林瘋狂的殺戮之中生存下來，他的許多朋友都被捲進了那血跡斑斑的絞肉機。他親眼看到在這個國家裡：「虛僞成功了，因爲在一個極權主義國家裡，人是無足輕重的，唯一要緊的是要使國家機器無情的運轉。」他要生存下來並繼續批判，怎麼辦呢？回到顛僧傳統之中是唯一的選擇，「蕭士塔高維奇在他的一生中不時回到這種繼承了對受壓迫人民關懷的顛僧角色上來」。正是有了顛僧的面具，他才得以用音樂爲死難者塑造了一座座「流動的墓碑」。音樂響起，書本翻開，還有那麼多俄羅斯的靈魂都寄居於「聖愚傳統」之中，果戈理（Nikolai Gogol）、左琴科（Zoshchenko）、阿赫瑪托娃、索忍尼辛……。

與俄羅斯的「聖愚傳統」相比，中國的「優孟傳統」缺乏宗教信仰的背景。沒有信仰，沒有來自於上帝的啓示與託付，沒有以彼岸世界來審視此岸世界的智慧，也就沒有建立在基督信仰上的對人的自由與尊嚴的肯定，對眞理至死不渝的堅守以及對「弟

兄中最小的那個」的愛、悲憫與同情。沒有信仰，中國人的「優伶人格」便呈現爲明哲保身的冷漠與聰明，對世俗功利的狂熱追求，對確定性價值的虛無主義態度，以及拒絕崇高與蔑視弱者的「雙重變奏」。在俄羅斯，每一個聖愚是信心十足的人，因爲他們是一群自願選擇追隨基督的人，「爲了基督」他們願意承受任何的苦難與挑戰；在中國，每一個優伶都是卑賤到骨子裡的人，因爲他們沒有一個可以追隨的遠景，便只能將這種卑賤內在化了——在《儒林外史》中，有一名老藝人鮑文卿，有一次他看見另一名藝人戴高帽，身穿寶藍長袍，腳穿粉底皂靴，便趕緊斥責說：「兄弟，像這衣服、靴子，不是我們行事的人可以穿得起的，你穿這樣衣裳，叫那讀書人穿甚麼？」這就是魯迅所說的「奴在心者」，已經完全不可救藥了。如果說「聖愚傳統」保存了俄羅斯文化中最偉大部分的話，那麼「優伶傳統」則複製了中國文化中最卑賤的部分。

　　「優孟」不是「聖愚」，他們既不「聖」，也不「愚」。魯迅早就看穿了那些以「忠黨愛國」（周星馳《凌凌漆大戰金鎗客》中醒目的標語）自居的優伶們的眞面目。魯迅指出，「二丑藝術」乃是中國人「優伶人格」的巔峰狀態。在紹興的地方戲曲中有一種「二丑」的角色，其特點是「二花臉藝術」。他一方面給主人幫忙，爲主人服務，是走狗；另一方面又有點知識文化，對形勢看得比較清楚，常常看到主人也不可靠，時刻注意到主人有一天會垮台，因此也與主人保持距離。莎士比亞的歷史劇《亨利四世》中的福斯塔夫爵士便是這樣一個類似的人物。在舞台上二丑的表現是：既演僕人爲主人服務，又常常離開主人，跑到前台對觀眾說，你看這公子多可笑，他準備一旦主子倒台就與主子劃清

400

界限。他是狗，但又不是忠實的狗。因此他的語言有更大的表演性，而這種表演性是雙重表演，既是表演給現在的主子看，對主子表現忠誠，並獲得最大限度的利益，但另一方面，又是表演給現在主人的對立面看的，因爲現在主人的對立面將來可能成爲他的新主人。這類「二丑」擠滿了中國的歷史與現實的每一個縫隙，他們也是時代症候的顯性標示，正如錢理群於《話說周氏兄弟——北大講演錄》所論：「越是到統治危機嚴重的時候，這種折衷主義的、奴才表演性的語言就越要盛行。」

　　當我看到川劇中「變臉」的絕招時，發現這是另一種「優孟藝術」的集大成者。諾貝爾文學獎得主卡內蒂（Elias Canetti）在《群眾與權力》中談到「形象與面具」，他認爲在這一個面具後面可能會有另一個面具，沒有什麼阻止演員在一個面具後面再戴上另一個面具。「我們發現很多民族都有雙重面具：揭開一個面具跳躍到另一個面具，而這一個也是面具，是特別的終極狀態。」中國人臉上的面具最多，就像川劇的「變臉」一樣，脫去一層還有一層，無窮盡也。中國人戴著面具生活太久了，明明是在舞台上表演，卻渾然不覺。卡內蒂揭示說：「面具清楚明瞭的效果就在於它將其背後的一切隱藏起來。面具的完美是基於它的專門存在以及它背後的一切無法辨認。面具本身越是清晰，它背後的一切就越是模糊。沒有人知道面具後面會突然出現什麼。」在中國浩如煙海的《二十六史》當中，密密麻麻地擠滿了那些利用面具控制別人而自己也被面具所控制的人。恍惚之間，他們宛如秦陵兵馬俑中那一排排沒有邊際的泥俑。那些如同冰凍河流般的兵馬俑，確實是中國文化最輝煌的「代表」。

　　中國人真的生活在現代嗎？不，中國人依舊生活在古代。戴

上了面具，抹上了油彩，中國人都是優伶。

中國人擁有了文明嗎？不，中國人依舊陷入在愚昧之中。失去了恥辱感，失去了疼痛感，中國人都是優伶。

鐵屋子是優孟們最為得心應手、最為風光無限的大舞台。而先知和聖愚們早已料到，他的吶喊與哀哭會被淹沒在優伶們驚濤駭浪般的「幫腔」之中。

二零零三年一月一日至二月十三日初稿

二零零九年二月八日、九日二稿

附記：本文最早收入由上海三聯出版社出版的我的文集《鐵磨鐵》一書。當然，論及當代中國部分全都被刪除。後來，在香港和台灣出版政論集《中國影帝溫家寶》的時候，鑑於本文與「影帝」概念的相關性，遂作為附錄收錄其中。

## 主流出版

所謂主流，是出版的主流，更是主愛湧流。

### 主流出版旨在從事鬆土工作—

希冀福音的種子撒在好土上，讓主流出版的叢書成為福音
與讀者之間的橋樑；
希冀每一本精心編輯的書籍能豐富更多人的身心靈，因而
吸引更多人認識上帝的愛。

【徵稿啟事】
主流歡迎你投稿，勵志、身心靈保健、基督教入門、婚姻家庭、靈性生
活、基督教文藝、基督教倫理與當代議題等題材，尤其歡迎！
來稿請e-mail至lord.way@msa.hinet.net，
審稿期約一個月左右，不合則退。錄用者我們將另行通知。

【團購服務】
學校、機關、團體大量採購，享有專屬優惠。
購書五百元以上免郵資。
劃撥帳戶：主流出版有限公司　　劃撥帳號：50027271

部落格網址：http://mypaper.pchome.com.tw/news/lordway/

## 心靈勵志系列

信心，是一把梯子（平裝）／施以諾／定價 210 元

WIN TEN 穩得勝的 10 種態度／黃友玲著、林東生攝影／定價 230 元

「信心，是一把梯子」有聲書：輯 1／施以諾著、裴健智朗讀／定價 199 元

內在三圍（軟精裝）／施以諾／定價 220 元

屬靈雞湯：68 篇豐富靈性的精彩好文／王樵一／定價 220 元

信仰，是最好的金湯匙／施以諾／定價 220 元

詩歌，是一種抗憂鬱劑／施以諾／定價 210 元

一切從信心開始／黎詩彥／定價 240 元

打開天堂學校的密碼／張輝道／定價 230 元

品格，是一把鑰匙／施以諾／定價 250 元

## TOUCH 系列

靈感無限／黃友玲／定價 160 元

寫作驚豔／施以諾／定價 160 元

望梅小史／陳詠／定價 220 元

映像蘭嶼：謝震隆攝影作品集／謝震隆／定價 360 元

打開奇蹟的一扇窗（中英對照繪本）／楊偉珊／定價 350 元

在團契裡／謝宇棻／定價 300 元

將夕陽載在杯中給我／陳詠／定價 220 元

螢火蟲的反抗／余杰／定價 390 元

你為什麼不睡覺：「挪亞方舟」繪本／盧崇真（圖）、鄭欣挺（文）／定價 300 元

刀尖上的中國／余杰／定價 420 元

我也走你的路：台灣民主地圖第二卷／余杰／定價 420 元

起初，是黑夜／梁家瑜／定價 220 元

太陽長腳了嗎？給寶貝的第一本童詩繪本／黃友玲（文）、黃崑育（圖）／定價 320 元

拆下肋骨當火炬：台灣民主地圖第三卷／余杰／定價 450 元

## LOGOS 系列

耶穌門徒生平的省思／施達雄／定價 180 元

大信若盲／殷穎／定價 230 元

活出天國八福／施達雄／定價 160 元

邁向成熟／施達雄／定價 220 元

活出信仰／施達雄／定價 200 元

耶穌就是福音／盧雲／定價 280 元

## 主流人物系列

以愛領導的實踐家（絕版）／王樵一／定價 200 元

李提摩太的雄心報紙膽／施以諾／定價 150 元

以愛領導的德蕾莎修女／王樵一／定價 250 元

## 生命記錄系列

新造的人：從流淚谷到喜樂泉／藍復春口述，何曉東整理／定價 200 元

鹿溪的部落格：如鹿切慕溪水／鹿溪／定價 190 元

人是被光照的微塵：基督與生命系列訪談錄／余杰、阿信／定價 300 元

幸福到老／鹿溪／定價 250 元

從今時直到永遠／余杰、阿信（2017 年 8 月出版）

## 經典系列

天路歷程（平裝）／約翰・班揚／定價 180 元

## 生活叢書

陪孩子一起成長（絕版）／翁麗玉／定價 200 元

好好愛她：已婚男士的性親密指南／Penner 博士夫婦／定價 260 元

教子有方／Sam and Geri Laing／定價 300 元

情人知己：合神心意的愛情與婚姻／Sam and Geri Laing／定價 260 元

## 學院叢書

愛、希望、生命／鄒國英策劃／定價 250 元

論太陽花的向陽性／莊信德、謝木水等／定價 300 元

## 中國研究叢書

統一就是奴役／劉曉波／定價 350 元

從六四到零八：劉曉波的人權路／劉曉波／定價 400 元

混世魔王毛澤東／劉曉波（2017 年 8 月出版）

鐵窗後的自由／劉曉波（2017 年 8 月出版）

卑賤的中國人／余杰／定價 400 元

## 團購服務

學校、機關、團體大量採購，享有專屬優惠。
劃撥帳戶：主流出版有限公司
劃撥帳號：50027271

主流網路書店：http://store.pchome.com.tw/lordway

中國研究系列5
# 卑賤的中國人

作　　者：余　杰
社　　長：鄭超睿
責任編輯：李瑞娟
封面設計：黃聖文

出版發行：主流出版有限公司 Lordway Publishing Co. Ltd.
出 版 部：臺北市南京東路五段 389 巷 5 弄 5 號 1 樓
電　　話：(02) 2766-5440
傳　　眞：(02) 2761-3113
電子信箱：lord.way@msa.hinet.net
劃撥帳號：50027271
網　　址：www.lordway.com.tw

經　　銷：

紅螞蟻圖書有限公司
台北市內湖區舊宗路二段121巷19號
電話：(02) 2795-3656　傳眞：(02) 2795-4100

華宣出版有限公司
新北市中和區連城路 236 號 3 樓
電話：(02) 8228-1318　傳眞：(02) 2221-9445

2024年2月　初版6刷
書號：L1705　　　　　　　　　　著作權所有 翻印必究
ISBN：978-986-92850-9-4（平裝）
Printed in Taiwan

國家圖書館出版品預行編目資料

卑賤的中國人 / 余杰作. -- 初版. -- 台北市：
主流, 2017.07
　　面；　公分. -- (中國研究系列 ; 5)

　ISBN 978-986-92850-9-4（平裝）

　1. 中國大陸研究　2. 民族性　3. 文集

574.107　　　　　　　　　　　106010044